20
24

JOSÉ
ROBERTO
DELLA
**TONIA
TRAUTWEIN**

ECONOMIA DO COMPARTILHAMENTO

ANÁLISE DA **RELAÇÃO CONTRATUAL COLABORATIVA** E A **REGULAMENTAÇÃO JURÍDICA** DOS **DIREITOS FUNDAMENTAIS** DOS **USUÁRIOS**

Dados Internacionais de Catalogação na Publicação (CIP) de acordo com ISBD

T778e   Trautwein, Jose Roberto Della Tonia
        Economia do compartilhamento: análise da relação contratual colaborativa e a regulamentação jurídica dos direitos fundamentais dos usuários / Jose Roberto Della Tonia Trautwein. - Indaiatuba, SP : Editora Foco, 2024.

      288 p. ; 16cm x 23cm.

        Inclui bibliografia e índice.
        ISBN: 978-65-6120-049-3

        1. Direito. 2. Direito fundamentais. 3. Usuários. 4. Relação contratual colaborativa. 5. Regulamentação jurídica. I. Título.

2024-442   CDD 340   CDU 34

Elaborado por Vagner Rodolfo da Silva - CRB-8/9410
Índices para Catálogo Sistemático:

                1. Direito 340

                2. Direito 34

JOSÉ ROBERTO DELLA **TONIA TRAUTWEIN**

ECONOMIA DO COMPARTILHAMENTO

ANÁLISE DA **RELAÇÃO CONTRATUAL COLABORATIVA** E A **REGULAMENTAÇÃO JURÍDICA** DOS **DIREITOS FUNDAMENTAIS** DOS **USUÁRIOS**

2024 © Editora Foco
Autor: José Roberto Della Tonia Trautwein
Diretor Acadêmico: Leonardo Pereira
Editor: Roberta Densa
Assistente Editorial: Paula Morishita
Revisora Sênior: Georgia Renata Dias
Capa Criação: Leonardo Hermano
imagens: Márcio Abreu e Catherine de Paula Sellan
Diagramação: Ladislau Lima e Aparecida Lima
Impressão miolo e capa: FORMA CERTA

DIREITOS AUTORAIS: É proibida a reprodução parcial ou total desta publicação, por qualquer forma ou meio, sem a prévia autorização da Editora FOCO, com exceção do teor das questões de concursos públicos que, por serem atos oficiais, não são protegidas como Direitos Autorais, na forma do Artigo 8º, IV, da Lei 9.610/1998. Referida vedação se estende às características gráficas da obra e sua editoração. A punição para a violação dos Direitos Autorais é crime previsto no Artigo 184 do Código Penal e as sanções civis às violações dos Direitos Autorais estão previstas nos Artigos 101 a 110 da Lei 9.610/1998. Os comentários das questões são de responsabilidade dos autores.

NOTAS DA EDITORA:

Atualizações e erratas: A presente obra é vendida como está, atualizada até a data do seu fechamento, informação que consta na página II do livro. Havendo a publicação de legislação de suma relevância, a editora, de forma discricionária, se empenhará em disponibilizar atualização futura.

Erratas: A Editora se compromete a disponibilizar no site www.editorafoco.com.br, na seção Atualizações, eventuais erratas por razões de erros técnicos ou de conteúdo. Solicitamos, outrossim, que o leitor faça a gentileza de colaborar com a perfeição da obra, comunicando eventual erro encontrado por meio de mensagem para contato@editorafoco.com.br. O acesso será disponibilizado durante a vigência da edição da obra.

Impresso no Brasil (3.2024) – Data de Fechamento (2.2024)

2024
Todos os direitos reservados à
Editora Foco Jurídico Ltda.
Rua Antonio Brunetti, 593 – Jd. Morada do Sol
CEP 13348-533 – Indaiatuba – SP

E-mail: contato@editorafoco.com.br
www.editorafoco.com.br

AGRADECIMENTOS

Ao meu orientador, professor Marco Antonio Lima Berberi, exemplo de acolhimento, dedicação e paciência, que não mediu esforços para me auxiliar em todos os momentos.

Aos professores Doutores Laís Gomes Bergstein, Rita de Cassia Correa de Vasconcelos e William Soares Pugliese, pelos conselhos dados na qualificação.

Aos professores Doutores Alexandre Barbosa da Silva, Antonio Carlos Efing, Rita de Cassia Correa de Vasconcelos e William Soares Pugliese por aceitarem participar de minha banca.

À minha querida esposa, Andrea Izabel Krasinski, e às minhas princesas, Clara e Luísa, por todo auxílio e incentivo em minha vida. Conviver com vocês tem sido maravilhoso.

Aos meus avós, pais e sogros, por todos os ensinamentos.

Aos meus irmãos e cunhados, por simplesmente estarem presentes em minha vida. À minha querida prima Bernadete de Lourdes Michelatto, por sempre incentivar a todos para o conhecimento, por sua presença e auxílio em minha vida.

Aos amigos de trabalho, especialmente aos Doutores Rogéria Dotti e Julio Brotto, pela compreensão e pelo efetivo auxílio.

Aos professores, funcionários e amigos do Doutorado, pelo convívio e aprendizado.

Agradeço, por fim, a Deus, pelo dom da vida e por ter me presenteado com o convívio de pessoas maravilhosas e especiais.

PREFÁCIO

"Tudo quanto vive, vive porque muda".[1] Esses versos de Fernando Pessoa demonstram a importância do presente trabalho para a sobrevivência de certas noções jurídicas em um contexto marcado por grande evolução tecnológica.

A denominada "Economia do Compartilhamento" vem alterando, de modo muito significativo, a realidade das relações contratuais no Brasil e no mundo. Basta examinar o que vem ocorrendo com o uso de plataformas digitais como a Airbnb e o Uber. Se, nas últimas décadas, os contratos costumavam ser realizados entre pessoas que se conheciam e se relacionavam diretamente, hoje, com o avanço da *internet*, as obrigações podem decorrer de um simples toque em uma plataforma digital. Como muito bem destaca o autor, "a relação contratual colaborativa consiste em uma disrupção, embasada no acesso" e não mais na antiga "lógica da aquisição da propriedade". Isso implica em grandes transformações jurídicas, tanto no que diz respeito à confiança no adimplemento futuro, como também quanto à forma de controle para a observância da lei e dos valores constitucionais.

O direito, como é natural, não pode ficar alheio a tais mudanças. Nesse sentido, o autor demonstra a absoluta incompatibilidade entre aquele modelo antigo (baseado no individualismo proprietário) e o novo perfil de contrato, decorrente da economia compartilhada.

O mais interessante é que a obra procura destacar a relação contratual colaborativa não apenas como fonte de possível lesão aos direitos fundamentais, mas também como um expediente relevante para sua promoção. E aí parece residir o grande mérito do trabalho: ao invés de apenas criticar os aspectos negativos dessas novas relações contratuais, ele apresenta os avanços e as ideias para superar os problemas. Ou seja, esse mundo novo de contratos coligados é identificado pelo autor em todas as suas nuances. Ele enaltece os pontos positivos (a preservação do meio ambiente e o acesso a bens e serviços até então inatingíveis para grande parte da população), sem deixar de apontar as suas

---

1. PESSOA, Fernando. *Livro do Desassossego*, por Bernardo Soares. Mem Martins: Europa-América, 1986. v. II.

falhas (a vulnerabilidade dos usuários e o forte poder outorgado às guardiãs de acesso) ou de propor soluções.

Para contornar o risco de lesão aos valores constitucionais, por exemplo, o autor sugere a utilização da cláusula geral da boa-fé objetiva, como uma forma de tutela dos direitos fundamentais dos usuários das plataformas digitais.

Em relação à confiança – fundamental para a celebração dos negócios jurídicos – ele destaca que as plataformas digitais não são meras intermediárias, mas atuam como guardiãs de acesso, responsáveis pela atração dos membros e pela licitude das atividades desenvolvidas. Consequentemente, defende – com muita razão – que as *gatekeepers* deverão responder por eventuais prejuízos causados aos consumidores, ainda que tentem se valer de cláusulas de exclusão de responsabilidade. Afinal, a confiança gerada por elas constitui o elemento central do mercado colaborativo. Tanto é assim que a reputação adquire o valor de um verdadeiro ativo, dotado de conteúdo econômico.

A boa-fé objetiva, nesse contexto, aplica-se tanto nas relações contratuais paritárias entre fornecedor e plataforma digital (sob a disciplina do Direito Civil) como nas relações assimétricas entre fornecedor e consumidor (sob a disciplina do Direito do Consumidor). Tal cláusula geral deve reger, portanto, todos os efeitos da relação contratual colaborativa.

Em suma, na visão do autor, "a boa-fé objetiva constitui a cláusula geral por meio da qual incidem os direitos fundamentais nas relações interprivadas", isto é, mesmo sem a atuação do Estado. Com isso, ele responde ao principal questionamento da tese, concluindo ser possível tutelar, pela boa-fé objetiva, os direitos fundamentais de todos os usuários dessas novas relações contratuais, dando especial destaque aos direitos dos usuários consumidores.

Por fim, não se pode deixar de mencionar que o autor procurou trazer a visão dos tribunais a respeito do tema. Suas considerações, portanto, não se limitam à esfera acadêmica. Como grande advogado que é, José Roberto Trautwein procurou conciliar as novas ideais da doutrina com a visão cautelosa da jurisprudência, citando julgados recentes de diversos tribunais do país, de modo a embasar tudo o que está sendo defendido. Ao assim agir, faz ecoar as sábias palavras de Hely Lopes Meirelles: "O direito é – para nós – instrumento de trabalho e não tertúlia acadêmica. É simultaneamente teoria, realidade e vivência... Não compreendemos o direito divorciado da lei e da orientação dos tribunais".[2]

---

2. MEIRELLES, Hely Lopes. *Direito Administrativo Brasileiro*. Nota ao Leitor. São Paulo: Ed. RT, 1964.

Por todos esses motivos, fiquei muito feliz com o convite para prefaciar essa obra. Tenho a convicção de que ela terá grande utilidade na luta pela preservação dos direitos de milhões de pessoas que, hoje, vivem a realidade dos contratos colaborativos.

Boa leitura!

Rogéria Fagundes Dotti

Doutora e mestre pela Universidade Federal do Paraná; Secretária geral do Instituto Brasileiro de Direito Processual; Presidente da Comissão de Processo Civil da OABPR; Advogada.

APRESENTAÇÃO

Foi-me confiada a missão de apresentar a presente obra. Ônus e bônus num mesmo momento. Ônus por causa da grande responsabilidade de apresentar uma obra tão rica, fruto de excelente trabalho de pesquisa; bônus, pois significa um agraciamento do autor, uma oportunidade ímpar de participar da exposição deste trabalho para a sociedade. Uma tese que sai, com láurea, do Doutorado do Programa de Pós-graduação em Direito do UniBrasil Centro Universitário (Curitiba-PR) e ganha as prateleiras das livrarias nacionais.

José Roberto Trautwein me permitiu orientá-lo, estar ao seu lado na longa e dura caminhada do Doutorado. Brilhante desde o início, o então doutorando tinha na cabeça várias ideias e o tema surgiu com o amadurecimento decorrente do tanto pensar: a economia do compartilhamento e seus desafios, da contratualística à regulação.

Possuir ao invés de ter é o cerne do modelo econômico do compartilhamento. Se antes o sonho de todos era ser proprietário de um imóvel (o sonho da casa própria), de um automóvel (materialização da liberdade de locomoção), hoje quer-se usar, fruir, gozar, sem as obrigações inerentes do direito de propriedade. De outro lado, há pessoas que são proprietárias de bens que acabam por não atingir plenamente sua utilização, ficando ociosos. Une-se, assim, aqueles que querem usar com outros que não conseguem usar plenamente seus bens, compartilhando-os. Todavia, essa é apenas uma das explicações sobre a economia do compartilhamento.

Com o avanço das tecnologias digitais, o compartilhamento se intensificou na contemporaneidade; as plataformas de peer-to-peer (P2P) impulsionam as transações de curto de prazo de serviços ou ativos ociosos, por exemplo. Airbnb, serviço online comunitário de hospedagem e acomodação e Uber, serviço online de transporte urbano são exemplos bem-sucedidos de compartilhamento de bens.

Este livro, que recebe o sugestivo título *Economia do compartilhamento: análise da relação contratual colaborativa e a regulamentação jurídica dos direitos fundamentais dos usuários*, aborda o assunto com rara habilidade. A obra é dividida em quatro capítulos muito bem estruturados, que abordam (i) as metamorfoses do contrato na economia do compartilhamento, (ii) a economia colaborativa e novas categorias contratuais, (iii) a relação contratual colaborativa: disrupção e seus efeitos jurídicos e (iv) a eficácia dos direitos fundamentais na relação contratual colaborativa. Explicativo, o texto situa perfeitamente a leitora e o leitor no mundo do compartilhamento, lançando luz sobre os desafios trazidos, explorando a sua contratualística e questionando a suficiência de sua regulação.

Como o objetivo da apresentação não é resumir a obra ou dar *spoiler* sobre seu conteúdo, limito-me a advertir: a leitura deste trabalho é viciante. José Roberto tem escrita fluida e envolvente. Trabalha os tópicos de forma precisa e com a objetividade possível para uma obra de tamanha envergadura. O texto informa ao mesmo tempo que encanta. Por essas características, transpassa o mundo do Direito e é útil para outros tantos ramos do conhecimento. Informativo e questionador, este livro terá lugar permanente nas estantes e mesas, ainda que virtuais, das operadoras e dos operadores do Direito. Enfim, uma prazerosa e útil leitura!

Marco Antonio Lima Berberi

Doutor em Direito, Professor universitário, Advogado e Procurador do Estado do Paraná.

SUMÁRIO

AGRADECIMENTOS... V

PREFÁCIO VII

APRESENTAÇÃO... XI

INTRODUÇÃO... XV

1. METAMORFOSES DO CONTRATO NA ECONOMIA DO COMPARTILHAMENTO 1

    1.1 Contrato como instrumento do individualismo proprietário 1

    1.2 Contrato e operação econômica: subordinação ou autonomia 15

    1.3 Individualismo de massas e uma nova principiologia contratual 19

    1.4 Contrato como ponto de encontro de direitos fundamentais na sociedade do compartilhamento.. 32

2. ECONOMIA COLABORATIVA E NOVAS CATEGORIAS CONTRATUAIS 43

    2.1 Um novo modelo econômico em face do guardião do acesso (plataformas digitais): a economia do compartilhamento 43

    2.2 Economia do acesso e desintermediação do consumo compartilhado 56

    2.3 Novos arranjos contratuais na economia colaborativa............................ 67

        2.3.1 Direito de acesso aos bens da economia desmaterializada 69

        2.3.2 Da partilha do espaço à partilha do tempo: os contratos de *time sharing*... 72

        2.3.3 Plataformas digitais Uber e Airbnb 77

        2.3.4 Compartilhamento de bens existenciais... 83

        2.3.5 Desmaterialização do contrato: *smart contracts* na economia colaborativa e execução facilitada 90

    2.4 Ruptura da lógica proprietária na economia colaborativa: o direito de acesso... 99

3. RELAÇÃO CONTRATUAL COLABORATIVA: DISRUPÇÃO E SEUS EFEITOS
JURÍDICOS 111

3.1 Contratos coligados e a natureza jurídica da relação contratual colaborativa: contrato único ou pluralidade de contratos 111

3.2 Princípio da boa-fé na relação contratual colaborativa 122

3.3 Deveres anexos de conduta na relação contratual colaborativa 137

3.4 Reputação do fornecedor na plataforma e sua qualificação jurídica: confiança como elemento-chave do mercado colaborativo 152

4. EFICÁCIA DOS DIREITOS FUNDAMENTAIS NA RELAÇÃO CONTRATUAL
COLABORATIVA 165

4.1 Relação contratual colaborativa como um instrumento de risco de lesão aos direitos fundamentais dos usuários 165

4.2 Direitos fundamentais na relação colaborativa: entre os modelos de constitucionalização e de convergência no direito privado 177

    4.2.1 Modelo de Constitucionalização: eficácia direta dos Direitos Fundamentais nas relações privadas 177

    4.2.2 Cláusula geral de boa-fé objetiva e os direitos fundamentais na relação contratual colaborativa 185

    4.2.3 Modelo de Convergência: os deveres de proteção na relação contratual colaborativa 198

4.3 Relação contratual colaborativa como instrumento de realização dos direitos fundamentais 202

    4.3.1 Relação contratual colaborativa como instrumento do direito de acesso 202

    4.3.2 Direito fundamental do usuário aos dados pessoais na relação contratual colaborativa: uma cessão temporária de uso? 212

4.4 Proibição de discriminação na relação contratual colaborativa 220

CONCLUSÃO 231

POSFÁCIO 235

REFERÊNCIAS 239

INTRODUÇÃO

Em estudo realizado pela empresa de consultoria PriceWaterhourseCoopers (PwC) aponta-se que a economia do compartilhamento é responsável por negócios que totalizam anualmente 15 bilhões de dólares, com possibilidade de atingir 335 bilhões de dólares até o ano de 2025. Outro dado relevante está presente na afirmação feita por 86% dos entrevistados, de que esse novo modelo econômico assegura o acesso e uma expressiva economia aos usuários consumidores.[3]

Se não bastasse os pontos acima elencados, a relação contratual colaborativa ainda representa uma melhoria das condições ambientais, sobretudo por evitar o desperdício e a fabricação em larga escala de bens. Logo, trata-se de um modelo solidário, que permite ao não proprietário acessar bens e serviços sem a necessidade de adquiri-los, contribuindo para o desenvolvimento da qualidade de vida dos indivíduos, tanto no aspecto individual quanto metaindividual.

Claudia Lima Marques, ao tratar da economia do compartilhamento, afirma estar-se diante de um novo modelo de consumir, no qual se passa, dentre outros pontos, a remunerar a carona, a hospedagem, a utilização de um determinado equipamento, transformando em economia aquilo que anteriormente não seria cobrado.[4]

Esse novo modelo econômico e de consumo alterou significativamente o cotidiano dos indivíduos, que puderam se tornar fornecedores de produtos ou serviços para pessoas, em regra, desconhecidas, com o uso das novas tecnologias. Para tanto, faz-se necessária a adesão aos termos e às condições de uso elaborados prévia e unilateralmente pela plataforma digital, também chamada *gatekeeper* ou guardião do acesso, que é responsável pela organização, assegurar credibilidade e confiança a essa nova relação contratual, denominada colaborativa. No outro extremo, tem-se os usuários consumidores, igualmente aderentes aos termos e às condições de uso feitos pela plataforma digital para poderem ter acesso aos bens e serviços.

---

3. TERRA. Economia colaborativa já movimenta US$ 15 bilhões anualmente. 8 fev. 2021. Disponível em: https://www.terra.com.br/noticias/economia-colaborativa-ja-movimenta-us-15-bilhoes-anualmente,da324623140142da553faf99b143a39et39g5klv.html. Acesso em: 12 maio 2023.
4. MARQUES, Claudia Lima. A nova noção de fornecedor no consumo compartilhado: um estudo sobre as correlações do pluralismo contratual e o acesso ao consumo. *Revista de Direito do Consumidor*, v. 111, ano 26, p. 251, maio-jun. 2017.

Em síntese, a relação contratual colaborativa permite ao indivíduo que deseje aumentar sua renda mensal ceder ao usuário consumidor, por determinado período, o uso de seu imóvel ou de parte dele. Outra possibilidade também ocorrerá quando uma pessoa passa a utilizar seu automóvel para fazer o transporte de passageiros ou, ainda, a troca ou cessão temporária de uso de equipamentos que deixaram de ser utilizados ou não são mais usados com frequência, como exemplificativamente acontece nos livros, furadeiras, cortadores de grama, dentre outros.

Esse novo modelo econômico ainda não possui uma regulamentação específica e conta com uma expressiva atuação do guardião do acesso, que recebe os dados pessoais de usuários, organiza pormenorizadamente a atividade, desde a celebração do contrato até a quitação das prestações, especialmente no tocante ao seu cumprimento satisfatório.

A plataforma digital ainda sujeita os usuários a um regime de reputação, que pode acarretar a exclusão ou suspensão dos usuários, especialmente o consumidor – parte mais fraca e vulnerável na relação contratual colaborativa.

Assim, como a relação contratual colaborativa pode se transformar em uma fonte de lesões de direitos fundamentais, sobretudo pelas práticas discriminatórias, relacionadas a gênero, etnia, religião, dentre outros, é que se apresenta o problema de pesquisa: *É possível tutelar os direitos fundamentais dos usuários na relação contratual colaborativa?*

Outrossim, a despeito da possibilidade dessa violação, hábil a caracterizar a responsabilização da plataforma digital, em razão de sua intervenção no disciplinamento do negócio, é evidente que a relação contratual colaborativa também atua como fonte de promoção dos direitos fundamentais, presente exemplificativamente na busca por assegurar o direito de acesso dos não proprietários ou a tutela do meio ambiente.

Para tanto, a tese apresenta como hipótese de solução que a relação contratual colaborativa, para além de ser uma disrupção característica da "era do acesso", pode desempenhar um papel instrumental. Investigando-se sua regulamentação jurídica, o princípio da boa-fé foi escolhido para desempenhar esse papel no plano infraconstitucional, uma vez que ele é positivado pelo Código Civil como uma cláusula geral. Deste modo, os direitos fundamentais decorrentes do acesso aos bens e serviços, à proteção dos dados pessoais e à proibição de discriminação encontram acolhida nas relações privadas, fazendo-se da relação contratual colaborativa um novo "ponto de encontro de direitos fundamentais".[5]

---

5. MARQUES, Claudia Lima. *Contratos no Código de Defesa do Consumidor*: o novo regime das relações contratuais. 8. ed., rev., atual. e ampl. São Paulo: Ed. RT, 2016, p. 256.

O estudo teve como marcos teóricos Clóvis do Couto e Silva, com a noção de obrigação como processo, Cláudia Lima Marques e de Judith Martins-Costa, respectivamente sobre o funcionamento da economia do compartilhamento e da cláusula geral da boa-fé objetiva.

Assim, a presente tese se enquadra na linha de pesquisa "Constituição e Condições Materiais de Democracia" do Programa de Pós-graduação em Direito – Mestrado e Doutorado, do Centro Universitário Autônomo do Brasil (UniBrasil), que deve ser objeto de estudo científico para demonstrar a materialização dos direitos fundamentais existentes na Constituição Federal de 1988, bem como para a efetivação do Estado Democrático de Direito.

Isso se justifica no fato de que a relação contratual colaborativa, celebrada em um ambiente virtual por indivíduos, em regra, desconhecidos, torna imprescindível a análise acerca da necessidade de serem tutelados os direitos fundamentais de seus usuários, assim como se a economia do compartilhamento representa instrumento de promoção desses direitos considerados fundamentais.

Sob essa perspectiva, advém a relevância do tema, especialmente porque a plataforma digital exerce expressivo controle na atuação dos usuários na economia colaborativa. É o que se verifica exemplificativamente no recebimento pela plataforma digital dos dados pessoais dos usuários, que acabam sendo submetidos a um sistema de reputação que pode excluí-los ou suspendê-los de suas atividades, muitas vezes sem uma análise aprofundada. Ou seja, está-se diante de temas dotados de significativa importância para o cotidiano dos usuários, quer por inseri-los socialmente, quer por tutelar os interesses metaindividuais da presente e das futuras gerações.

A tese ainda se pautou no método dedutivo, com a análise dos modelos contratuais do Estado Moderno, com base na lógica proprietária, e da economia colaborativa, fundamentada no acesso aos bens e serviços, assim como dos princípios elencados na Constituição Federal de 1988 e no Código Civil de 2002. Na sequência, tratou de dirimir o problema de pesquisa, relacionado com a possibilidade de tutela dos direitos fundamentais dos usuários da economia do compartilhamento. Além disso, utilizou-se como metodologia a pesquisa bibliográfica e a legislação existente, bem como a pesquisa jurisprudencial do Supremo Tribunal Federal, do Superior Tribunal de Justiça e dos Tribunais dos Estados, para se chegar à hipótese do trabalho, qual seja, o reconhecimento de que a relação contratual colaborativa consiste em uma disrupção, embasada no acesso, devendo-se utilizar a cláusula geral da boa-fé objetiva como expediente necessário para a tutela dos direitos fundamentais dos usuários da economia compartilhada. Além disso, ainda será demonstrado que esse novo modelo contratual também consiste em um instrumento de promoção e desenvolvimento dos direitos fundamentais dos usuários.

A tese foi dividida em quatro capítulos. O capítulo inicial aborda o modelo do individualismo proprietário, no qual se desenrolou a noção de contrato e de propriedade no Estado Moderno, que resultou no advento e na evolução da noção de sujeito de direito, assim compreendido como o indivíduo dotado de liberdade, igualdade e autonomia. Consequentemente, os direitos fundamentais disciplinavam nesse período apenas as relações entre a pessoa e o ente estatal. Não incidiam nas relações contratuais entre particulares, que possuíam nítida função econômica e eram disciplinadas pelos Códigos Civis existentes, caracterizados por serem dotados de completude. Predominavam os princípios clássicos dos contratos, quais sejam, o da força obrigatória, produção de efeitos apenas entre os envolvidos, por terem eles agido em conformidade com a autonomia de sua vontade. A propriedade, por sua vez, seria utilizada da forma como seu proprietário desejasse e não poderia ser objeto de qualquer ofensa por parte dos demais membros da sociedade.

O surgimento da era industrial alterou a noção de propriedade, que se desprendeu do proprietário para se tornar princípio organizativo do sistema, preocupando-se apenas com a produção ilimitada para a aquisição pelos particulares, gerando um consumo desenfreado. Assim, tem-se a substituição do individualismo proprietário pelo de massas e a consequente transformação do sujeito proprietário em consumidor.

Esse modelo acabou sendo modificado após se constatar a presença de um sistema de desigualdades nas relações contratuais. Tal acontecimento resultou na ingerência estatal nas questões particulares a fim de se assegurar a dignidade da pessoa humana e os direitos fundamentais, que passaram a incidir nas relações particulares. É o que aconteceu no Brasil com a Constituição Federal de 1988, que, por se preocupar com os direitos fundamentais do consumidor, determinou fosse elaborado e entrasse em vigor o Código de Defesa do Consumidor.

Essas modificações, decorrentes da inserção do indivíduo no centro do ordenamento jurídico, fizeram com que o contrato se tornasse um ponto de encontro dos direitos fundamentais, em razão da necessidade de se estabelecer uma maior proteção do consumidor, parte mais fraca e vulnerável na relação contratual, inclusive na colaborativa. Logo, instituiu-se um modelo de direito diferenciado, a fim de se tutelar o consumidor.

O capítulo seguinte trata da economia do compartilhamento, compreendida como a distribuição daquilo que pertence a um indivíduo para ser utilizado pelos demais membros da sociedade, com o auxílio das novas tecnologias. Apresenta-se suas principais características, especialmente a de assegurar o acesso, que fez com que a sociedade contemporânea passasse a se preocupar com serviços, informações, tempo e geração de experiências, ao invés da produção de bens corpóreos. Na sequência, discorre-se sobre a atuação dos principais envolvidos na relação contratual colaborativa, a fim de demonstrar que o usuário consumidor é vulnerável e que a plataforma digital não pode ser vista como mera intermediária, mas, sim, como parte.

O acesso aos bens desmaterializados impactou a economia e representou significativa melhoria da qualidade de vida dos usuários. Entretanto, o risco de deficiência no processo informacional pode efetivamente representar lesões aos direitos fundamentais dos usuários consumidores, pelo simples fato deles não terem tido conhecimento das consequências e dos efeitos da contratação, em regra realizada pela internet e entre pessoas distantes. Consequentemente, surge a necessidade de serem tutelados os bens existenciais presentes na relação contratual colaborativa, em atendimento aos valores elencados na Constituição Federal de 1988 e aos direitos fundamentais.

O terceiro capítulo é dedicado aos contratos celebrados no âmbito da relação colaborativa, que se caracterizam como coligados e contam com participação relevante da plataforma digital, que se encontra em contato com os usuários, disciplinando-a e trazendo confiança, credibilidade e segurança. Assim, a coligação contratual acaba instituindo um dever de colaboração entre os envolvidos para que seja atingido o objetivo comum. Nesse cenário, tem-se o surgimento de um modelo contratual baseado no acesso aos produtos e serviços com a adoção de contratos coligados. Também se discorre sobre a cláusula geral da boa-fé objetiva e os deveres anexos de lealdade, cooperação e proteção, demonstrando a forma com que incidem na relação contratual colaborativa, cuja finalidade consiste no cumprimento da obrigação e o atendimento das finalidades econômicas e sociais.

No último capítulo, aponta-se que a relação contratual colaborativa apresenta alta incidência de lesão dos direitos fundamentais do usuário consumidor, que celebra o contrato em um ambiente totalmente virtual e sem a presença física de todos os envolvidos. Discorre-se sobre as teorias da eficácia dos direitos fundamentais nas relações privadas, ressalvando-se a necessidade de maior incidência dos direitos fundamentais para a defesa dos vulneráveis, especialmente o usuário consumidor da relação contratual colaborativa. Demonstra-se ainda que a cláusula geral da boa-fé objetiva, por se fundamentar no princípio da dignidade da pessoa humana, torna-se instrumento hábil para a defesa dos direitos fundamentais dos usuários, quer para se evitar os riscos de lesão, quer para promover os direitos fundamentais desses indivíduos, que possuem o direito de serem incluídos socialmente e de exercerem a cidadania.

Como principal resultado da pesquisa, será demonstrado que a cláusula geral da boa-fé objetiva é instrumento de suma relevância para a defesa dos direitos fundamentais na relação contratual colaborativa, que, a despeito de poder se tornar em uma fonte de lesão desses direitos fundamentais, também acaba se tornando expediente para sua promoção.

1
METAMORFOSES DO CONTRATO NA ECONOMIA DO COMPARTILHAMENTO

1.1 CONTRATO COMO INSTRUMENTO DO INDIVIDUALISMO PROPRIETÁRIO

O Estado Moderno constitui-se em um evento histórico social dotado de um discurso filosófico fundamentado na subjetividade, caracterizada pelo surgimento e desenvolvimento da noção de sujeito.[1-2]

Pietro Barcelona argumenta que o indivíduo, nesse período, tornou-se o centro de disseminação do pensamento sobre as coisas, resultando em uma nova noção de ordem social, constituída sobre a base de um sistema diferenciado de atingimento das necessidades humanas, fundamentado nas liberdades dos indivíduos.[3]

Daí é que se extrai que a subjetividade se manifesta por abstrações como universalidade, individualidade e autonomia. A universalidade consiste na noção de que o pensamento não deve se limitar às fronteiras nacionais, além de possuir igualmente um caráter transcultural, no sentido de reconhecer uma única natureza humana nas inúmeras espécies de culturas dos seres humanos.[4]

Com o individualismo, o homem tornou-se consequência de sua vontade e tem-se o advento de uma subsistência mais acentuada da produção, que passou a ser mais eficaz com a ciência, tecnologia e administração e da "organização da

---

1. FONSECA, Ricardo Marcelo. *Modernidade e contrato de trabalho*: do sujeito de direito à sujeição jurídica. São Paulo: LTr, 2002, p. 68.
2. Francisco Amaral argumenta: "A idade moderna (...) caracteriza-se pelos importantes processos de natureza política, econômica, social, religiosa e cultural que nela se verificam, dos quais os mais importantes, com profunda repercussão no Direito Privado, foram a revolução comercial, a reforma religiosa, o desenvolvimento dos estados nacionais e dos governos absolutos, a revolução intelectual do racionalismo e o desenvolvimento do individualismo." (AMARAL, Francisco. *Direito Civil*: introdução. 5. ed., rev., atual. e ampl. Rio de Janeiro: Renovar, 2003, p. 116).
3. BARCELONA, Pietro. *El individualismo propietario*. Madrid: Editorial Trotta, 1996, p. 45.
4. FONSECA, Ricardo Marcelo. *Modernidade e contrato de trabalho*: do sujeito de direito à sujeição jurídica. São Paulo: LTr, 2002, p. 69.

sociedade, regulada pela lei e a vida social, animada pelo interesse, mas também pela vontade de se libertar de todas as opressões."[5]

Francisco Amaral adverte que, no individualismo,

> acentuava-se o predomínio da personalidade (individualismo filosófico), considerando-se que as instituições políticas e jurídicas de um país devem colocar-se a serviço dos interesses particulares, de preferência aos serviços coletivos (individualismo político), acreditando-se que a 'autoridade pública não deve perverter o resultado do livre jogo das atividades econômicas individuais, mas deve reduzir sua intervenção no domínio econômico ao mínimo, concentrando-se em garantir a cada um a liberdade do trabalho e do comércio e o benefício da propriedade de seus bens' (individualismo econômico), ou ainda, que o 'indivíduo é a única finalidade de todas as regras do direito, a causa final de toda atividade jurídica do Estado' ou, também, 'a fonte das regras de direito ou de mutações jurídicas' (individualismo jurídico).[6]

Por fim, a autonomia possui, "na leitura de Rouanet, dois estratos diversos: a liberdade (que tem relação com os direitos de cada um) e a capacidade (que tem relação com o poder efetivo de exercer os direitos)".[7] Disso resultam as noções de direito objetivo e subjetivo, compreendidos, respectivamente, como norma de agir estabelecida pelo Poder Público e faculdade concedida ao indivíduo para exercer os direitos estabelecidos na norma.[8]

A autonomia divide-se em vários aspectos. O primeiro deles é o intelectual, presente na necessidade de os indivíduos atingirem sua plenitude intelectual e não aceitarem qualquer tipo de proteção. O conhecimento deve ser obtido pela razão, não se admitindo quaisquer tipos de crenças e opiniões que a ela não estejam relacionadas. A autonomia política relaciona-se à extinção da arbitrariedade, à "valorização da liberdade civil (entendida como a capacidade de o homem agir no espaço privado sem interferência ilegítima) e da liberdade política (entendida como a capacidade de o homem agir no espaço público)."[9] Por fim, tem-se a autonomia econômica compreendida na livre atuação do indivíduo nas áreas de consumo, produção e circulação.[10]

Assim é o sujeito de direito, cujo conceito é formado por intermédio de uma "abstração formalista e ideológica de um 'ente moral', livre e igual, no bojo de

---

5. WOLKMER, Maria de Fátima S. Modernidade: nascimento do sujeito e subjetividade jurídica. *Revista de Informação Legislativa*, v. 41, n. 164, p. 33, out.-dez. 2004.
6. AMARAL, Francisco. *Direito Civil*: introdução. 5. ed., rev., atual. e ampl. Rio de Janeiro: Renovar, 2003, p. 119.
7. FONSECA, Ricardo Marcelo. *Modernidade e contrato de trabalho*: do sujeito de direito à sujeição jurídica. São Paulo: LTr, 2002, p. 69.
8. FONSECA, Ricardo Marcelo. *Modernidade e contrato de trabalho*: do sujeito de direito à sujeição jurídica. São Paulo: LTr, 2002, p. 69.
9. WOLKMER, Maria de Fátima S. Modernidade: nascimento do sujeito e subjetividade jurídica. *Revista de Informação Legislativa*, v. 41, n. 164, p. 33, out.-dez. 2004.
10. FONSECA, Ricardo Marcelo. *Modernidade e contrato de trabalho*: do sujeito de direito à sujeição jurídica. São Paulo: LTr, 2002, p. 71.

vontades autônomas, reguladas pelas leis do mercado e afetadas pelas condições de inserção no processo do capital e do trabalho".[11-12]

A noção de sujeito de direito instituída no Estado Moderno é distinta da existente no medievo, no qual se tinha uma forma de sociedade caracterizada pelo fato de os indivíduos integrarem uma comunidade com responsabilidades específicas,[13] a fim de assegurar a ordem e o atingimento de suas finalidades.

Dava-se ênfase ao coletivo, sem que se pudesse falar na existência de uma pessoa livre e autônoma[14] – presente na noção de sujeito de direito instituída pelo Estado Moderno. Vivia-se, assim, em um comunitarismo, em que apenas a sociedade era perfeita e completa,[15-16] assim como se caracterizava por ser "estratificada, hierarquizada, desigual por natureza, mas auto-organizada e ordenada em virtude das diferentes e específicas funções aceitas e desenvolvidas por cada órgão social."[17-18]

---

11. WOLKMER, Antonio Carlos. Idéias e instituições na modernidade jurídica. *Sequência Estudos Jurídicos e Políticos*, v. 16, n. 30, p. 21, 1995.
12. Rosalice Fidalgo Pinheiro sustenta: "Com efeito, o sujeito moderno apresenta-se como uma construção ideológica. Destituída de sua socialidade, uma das peças fundamentais do capitalismo que se projeta: abstraído de sua posição social, o homem reveste-se do *status* de titular de direitos subjetivos, reduzindo-se às vozes que figuram por trás das mercadorias, as vontades que residem nos polos de uma relação jurídica". (PINHEIRO, Rosalice Fidalgo. *Contrato e direitos fundamentais*. Curitiba: Juruá Editora, 2009, p. 17).
13. Alexandre Barbosa da Silva adverte: "Uma das características que moldava o aludido formato social consistia na distribuição de funções a cada indivíduo, que, dentro do sistema, deveria realizar por si mesmo. A posição que a pessoa ocupasse no grupo era o que determinava certas obrigações e incumbências, com seus correspondentes direitos, fixados pela tradição e pelos costumes. O senhor se encarregava de administrar o feudo, a justiça (a seu modo) e proteger o domínio geral, ainda que à custa de sua morte. Ao sacerdote cabia ensinar e celebrar os cultos religiosos. O campesino e o artesão tinham por atribuição assegurar a todos o suprimento das necessidades de alimentação e estrutura. Nenhum deles – nem mesmo o senhor – poderia abandonar seus afazeres." (SILVA, Alexandre Barbosa da. *A propriedade sem registro*: o contrato e a aquisição da propriedade imóvel na perspectiva civil-constitucional. Tese – Doutorado em Direito. 307 p. Universidade Federal do Paraná. Curitiba, 2014, p. 35).
14. STAUT JÚNIOR, Sérgio Said. *A posse no Direito brasileiro da segunda metade do século XIX ao Código Civil de 1916*. Tese (Doutorado em Direito). 211 p. Universidade Federal do Paraná. Curitiba, 2009, p. 30-31.
15. DIAS, Rebeca Fernandes. *Vida e Direito*: poder, subjetividade no contexto biopolítico. Dissertação (Mestrado em Direito). 285 p. Universidade Federal do Paraná. Curitiba: 2007, p. 28-29.
16. Ricardo Marcelo Fonseca afirma: "O indivíduo, a partir dessa representação organicista, era definido a partir de suas funções sociais ('pai', 'clérigo', 'vizinho' ou outra 'qualidade' atinente à sua função social) e não por características que lhe fossem 'individualmente' atribuíveis." (FONSECA, Ricardo Marcelo. *Modernidade e contrato de trabalho*: do sujeito de direito à sujeição jurídica. São Paulo: LTr, 2002, p. 32).
17. STAUT JUNIOR, Sérgio Said. A escola da exegese: percurso histórico de uma simplificação e redução do direito. In: OPSUKA, Paulo Ricardo; CARBONERA, Silvana Maria (Org.). *Direito moderno e contemporâneo*: perspectivas críticas. Pelotas: Delfos, 2008, p. 105-106.
18. Eroulths Cortiano Junior, por sua vez, sustenta: "Quatro características marcam a sociedade feudal: o desenvolvimento dos laços de dependência de homem para homem, o parcelamento máximo do direito de propriedade, a hierarquia dos direitos sobre a terra e o parcelamento do poder público com hierarquias regionais de instâncias autônomas". (CORTIANO JUNIOR, Eroulths. *O discurso proprie-*

Nesse ponto é que se verifica significativa diferença entre o indivíduo do medievo e do Estado Moderno. Enquanto no período medieval as pessoas desempenhavam funções objetivando a realização de finalidades coletivas, desprezando em certa medida sua liberdade, atualmente, tem-se a presença de um homem livre e autônomo. Logo, ao contrário do que aconteceu no Estado Moderno e, atualmente, a pessoa inexistia individualmente, sendo analisada apenas como integrante do grupo a que pertencia.

Daí a relevância de se apontar as características do indivíduo no Estado Moderno e as diferenciações com o existente no período medieval, sobretudo porque as características daquele ainda subsistem, atentando-se ao fato de que atualmente, com o advento da economia do compartilhamento, faculta-se aos indivíduos celebrarem livremente contratos de compra e venda ou de troca para acessarem produtos e serviços, em um ambiente de total informalidade, até mesmo dentro de suas residências, por intermédio de smartphones e das novas tecnologias.

O Estado Moderno também se notabilizou por ser formado por uma ordem jurídica única, que contemplasse todos os indivíduos,[19] com base nos Códigos, sobretudo o Civil, que compreendia toda a disciplina do Direito Privado.[20] Tal modelo era distinto do adotado no medievo, que era plural e tinha o intérprete como principal personagem,[21] e do vigente nos dias atuais, caracterizado pela instituição de legislações extravagantes responsáveis por disciplinar o direito de grupos específicos da sociedade, como aconteceu com o início da vigência do Código de Defesa do Consumidor, Estatuto da Pessoa com Deficiência, Estatuto do Idoso, dentre outros.

Assim, pode-se afirmar que a pluralidade de fontes estabelecida atualmente impactou as relações efetivadas na economia do compartilhamento, objeto de análise desse trabalho, especialmente pelo fato de que tais relações podem ser

---

tário e suas rupturas: prospectivas e perspectivas do ensino do direito de propriedade. Tese (Doutorado em Direito). 190 p. Universidade Federal do Paraná. Curitiba, 2001, p. 16.

19. CORTIANO JUNIOR, Eroulths. O discurso proprietário e suas rupturas: prospectivas e perspectivas do direito de propriedade. Tese (Doutorado em Direito). 190 p. Universidade Federal do Paraná. Curitiba, 2001, p. 19.

20. TRAUTWEIN, José Roberto Della Tonia. Os direitos fundamentais e a inclusão social das pessoas com deficiência: a Convenção da ONU e a Lei 13.146/2015. In: SCHIER, Adriana da Costa Ricardo; GOMES, Eduardo Biacchi; SCHIER, Paulo Ricardo; GOLDENSTEIN, Adalberto Israel Barbosa de Amorim; ULIANA JUNIOR, Laercio Cruz; FLORES, Pedro Henrique Brunken (Org.). *Direitos fundamentais e democracia*: homenagem aos 10 anos do Mestrado em Direito do UniBrasil. Curitiba: Instituto Memória/Centro de Estudos da Contemporaneidade, 2016, p. 62.

21. STAUT JÚNIOR, Sérgio Said. *A posse no Direito brasileiro da segunda metade do século XIX ao Código Civil de 1916*. Tese – Doutorado em Direito. 211 p. Universidade Federal do Paraná. Curitiba, 2009, p. 34-35.

concretizadas no ambiente informal exemplificativamente por crianças, pessoas idosas e/ou pessoas com deficiência, que possuem pouco conhecimento com as novas tecnologias, sendo, assim, relevante um melhor disciplinamento desses contratos a fim de se evitar lesões aos direitos fundamentais desses usuários, tidos como vulneráveis pelo Código de Defesa do Consumidor e pelo Estatuto do Idoso.

Foi nesse período que se teve o surgimento do Estado de Direito Liberal, no qual deveriam ser cumpridos os "direitos e garantias individuais contidos na Constituição, bem como dos '[...] valores e interesses da burguesia, afirmando-se como projeção de sua ditadura econômica."[22]

A Constituição no Estado de Direito Liberal cingia-se a disciplinar o regime político, a forma de governo e a garantia dos direitos fundamentais dos indivíduos, sem qualquer preocupação com o que se passava na sociedade.[23]

Daí é que se extrai a diminuição da ingerência estatal nas relações entre particulares e o fortalecimento da autonomia da vontade dos indivíduos. Nesse momento é que se tem a separação entre o Estado e a sociedade e o advento de um sistema de garantias disciplinando a atuação estatal impessoal, já que os indivíduos seriam iguais perante a lei.[24]

Também se teve o advento do Código Civil francês de 1804 e da Escola da Exegese,[25] instituída para acabar com a insegurança existente no Direito em razão da pluralidade de fontes. Nela se verifica a existência da supremacia da lei "e sua

---

[22]. TRAUTWEIN, José Roberto Della Tonia. *Os direitos fundamentais e a compensação do dano moral na responsabilidade contratual*. Dissertação (Mestrado em Direito). 169 p. Curitiba: UniBrasil, 2018, p. 16.

[23]. TONIAL, Nadya Regina Gusella. *A boa-fé objetiva nos contratos e sua fundamentação nas decisões judiciais*: um olhar sob o viés da sustentabilidade humanística e a teoria da argumentação jurídica de Manuel Atienza. Tese (Doutorado em Ciência Jurídica). 379 p. Universidade do Vale do Itajaí (Univali). Vale do Itajaí, nov. 2021, p. 53.

[24]. TRAUTWEIN, José Roberto Della Tonia. Os direitos fundamentais e a inclusão social das pessoas com deficiência: a Convenção da ONU e a Lei 13.146/2015. In: SCHIER, Adriana da Costa Ricardo; GOMES, Eduardo Biacchi; SCHIER, Paulo Ricardo; GOLDENSTEIN, Adalberto Israel Barbosa de Amorim; ULIANA JUNIOR, Laercio Cruz; FLORES, Pedro Henrique Brunken (Org.). *Direitos fundamentais e democracia*: homenagem aos 10 anos do Mestrado em Direito do UniBrasil. Curitiba: Instituto Memória/Centro de Estudos da Contemporaneidade, 2016, p. 62.

[25]. Iara Menezes Lima adverte: "Perelman distingue três fases na Escola da Exegese. Na primeira, que se inicia em 1804, com a promulgação do Código Civil, findando entre 1830 e 1840, tem-se a própria instauração da Escola. A segunda fase, que se estende até 1880, corresponde ao apogeu da Escola da Exegese. A terceira e última fase é de declínio da Escola, cujo término tem como marco a obra de François Geny (*Méthode d'interprétation et sources en droit privé positif*, 1899), que critica o fetichismo legal da Escola da Exegese, ao argumento de que a diversidade das relações humanas e a sua complexidade inerente estão sempre além da capacidade criativa dos autores do direito legislado". (LIMA, Iara Menezes. Escola da Exegese. *Revista Brasileira de Estudos Políticos*, v. 97, p. 111, jan.-jun. 2008).

decorrente higidez, anulando qualquer empenho criativo no ato de interpretação e fechando o direito nos limites da lei estatal".[26-27]

Riccardo Ferrante assevera que a Escola da Exegese consistia em um grupo de estudiosos do Direito Civil, formado especialmente por franceses e belgas, que inseriram no Código Civil francês de 1804 o método consistente no comentário artigo por artigo. Também apontava para uma interpretação literal pura, despreocupada com a originalidade e com o caráter sistemático da norma.[28] O referido Código Civil ainda se caracterizou pela adoção do "racionalismo jurídico que tem raízes no iluminismo reformista. O ponto de partida é o otimismo com os avanços logrados nas ciências físico-naturais e se funda na crença de um Direito natural e imutável".[29] Além disso, as normas jurídicas, sobretudo a lei, eram tidas como "expressão da razão".[30] E a criação do Direito passou a ser monopólio do Estado, sendo o Poder Legislativo o único responsável pela elaboração das leis.

A atuação do intérprete perdeu relevância, na medida em que a ele competiria aplicar o Direito conforme disposto na norma, elaborada de acordo com o entendimento do legislador, cujo método de ensino jurídico se baseava apenas e tão somente na lei, tida como sendo uma declaração de "vontade geral do povo".[31]

O Estado Liberal ainda resultou no advento do Estado de Direito, que tem como um de seus pilares o princípio da legalidade, o Estado somente poderia

---

26. STAUT JUNIOR, Sérgio Said; LUZ, Pedro Henrique Machado da. A questão da legitimidade do Direito: cautelas e caminhos possíveis. *Revista Jurídica da UFERSA*, v. 4, n. 7, p. 100, jan.-jun. 2020.
27. Ingo Wolfgang Sarlet e Arnaldo Sampaio de Morais Godoy advertem: "A interpretação do Direito se resumiria a um processo de investigação do sentido do texto codificado. Ao intérprete caberia buscar a intenção e a vontade do legislador. Charles Aubry (1803-1883), Raymond-Theódore Troplong (1795-1869) e Jean Charles Florent Demolombe (1804-1887) foram os nomes mais expressivos dessa escola de interpretação, que na França foi criticada e de algum modo superada pela obra superveniente de François Geny (1861-1959). Para a Escola de Exegese, ao jurista, caberia, tão somente, a tarefa de exposição e de comentário dos códigos então promulgados. (SARLET, Ingo Wolfgang; GODOY, Arnaldo Sampaio de Moraes. *História Constitucional da Alemanha*: da constituição da igreja de São Paulo à Lei Fundamental. Porto Alegre: Editora Fundação Fênix, 2021, p. 95.
28. FERRANTE, Riccardo. Los orígenes del modelo de codificación entre los siglos XIX y XX en Europa, con particular atención al caso italiano. *Revista de Derecho Privado*, n. 25, p. 33, julio-diciembre 2013.
29. GUTERRES, Thiago. A escola histórica do Direito e a escola austríaca: a influência de Savigny em Menger, Leoni e Hayek. *Interdisciplinary Journal Law and Economics*. São Paulo, v. 7, n. 1, p. 3-4, jan.-abr. 2019.
30. SILVA, Almiro do Couto e. Romanismo e germanismo. *Revista da Faculdade de Direito da Universidade Federal do Rio Grande do Sul*, v. 13, p. 7, 1997.
31. FRIEDE, Reis. Considerações sobre o juspositivismo. *Revista Direito em Debate*, v. 26, n. 48, ano XXVI, p. 89, jul.-dez. 2017.

agir nas hipóteses previstas na lei,[32-33] que, por sua vez, deveriam ser abstratas e genéricas. A abstração dizia respeito à necessidade de a norma dispor sobre um número indeterminado de comportamentos, ao passo que a generalidade corresponderia ao entendimento de que a norma se dirigiria a todos os integrantes do sistema normativo,[34] instituindo a igualdade.[35]

Daí é que se extrai o entendimento de que seria caracterizado como Direito somente o que estivesse disposto na Lei,[36] sendo o Código visto como "o critério normativo único e exclusivo".[37] Estava-se diante de um sistema dotado de completude e fechado.[38] A eventual existência de lacunas seria dirimida pela analogia, devendo, em toda hipótese, no processo interpretativo buscar-se a real intenção do legislador.[39]

---

32. Parcelli Dionizio Moreira afirma: "O objetivo precípuo do liberalismo era estabelecer limites à atuação do poder absoluto do rei, expurgando a influência despótica das relações que envolviam os interesses burgueses, especialmente no que concerne aos direitos de propriedade e de liberdade. Era interesse da burguesia conter o poder dos monarcas, isso porque o Estado absolutista era visto com desconfiança na medida em que interferia indevidamente na economia e na propriedade, além de criar privilégios e desigualdades que embaraçavam o exercício das atividades comerciais, que começaram a florescer e se intensificar na Europa a partir do fim da Idade Média e que, majoritariamente, eram controladas pela *bourgeoisie* então emergente". (MOREIRA, Parcelli Dionizio. *Medida Provisória e tributação*: a reserva de lei como uma garantia fundamental do cidadão-contribuinte. Dissertação (Mestrado em Direitos Fundamentais e Democracia). 194 p. Centro Universitário Autônomo do Brasil. Curitiba, 2020, p. 23.
33. Eliseu Figueira adverte: "(...) b) Princípio da legalidade – enquanto na monarquia absoluta se concentravam no monarca os poderes que, com a doação de terras, por ele eram concedidos aos senhores e que por estes eram exercitados, no sistema constitucional a arbitrariedade é formalmente afastada através do princípio do primado da lei. O Estado agora não é o monarca, mas Estado de Direito, onde todos os poderes derivam da lei, a ela se subordinando o poder político na sua função administrativa e os particulares na solução dos conflitos entre eles desencadeados". (FIGUEIRA, Eliseu. *Renovação do sistema de Direito Privado*. Lisboa: Editorial Caminho S/A, 1989, p. 64).
34. FIGUEIRA, Eliseu. *Renovação do sistema de Direito Privado*. Lisboa: Editorial Caminho S/A, 1989, p. 64-65.
35. PINHEIRO, Rosalice Fidalgo. *Contrato e direitos fundamentais*. Curitiba: Juruá, 2009, p. 31.
36. Sérgio Said Staut Junior e Pedro Henrique Machado da Luz afirmam: "A lei seria, então, na lógica de Rousseau o instrumento responsável pela consagração do primado da igualdade (afinal, todos a ela se submetem) e, de igual modo, o marco da liberdade, pois a lei teria sido formulada por homens iguais reunidos no Parlamento representantes da vontade geral (*volonté générale*). Aqui, o 'soberano monarca' cede lugar ao 'soberano população', sendo o texto legal a representação da soberania popular em um instrumento amplo e geral. (STAUT JUNIOR, Sérgio Said; LUZ, Pedro Henrique Machado da. A questão da legitimidade do Direito: cautelas e caminhos possíveis. *Revista Jurídica da UFERSA*, v. 4, n. 7, p. 99, jan.-jun. 2020.
37. STAUT JUNIOR, Sérgio Said. A escola da Exegese: percurso histórico de uma simplificação e redução do direito. In: OPSUKA, Paulo Ricardo; CARBONERA, Silvana Maria (Org.). *Direito moderno e contemporâneo*: perspectivas críticas. Pelotas: Delfos, 2008.
38. STAUT JUNIOR, Sérgio Said. A escola da Exegese: percurso histórico de uma simplificação e redução do direito. In: OPSUKA, Paulo Ricardo; CARBONERA, Silvana Maria (Org.). *Direito moderno e contemporâneo*: perspectivas críticas. Pelotas: Delfos, 2008.
39. LIMA, Iara Menezes. Escola da Exegese. *Revista Brasileira de Estudos Políticos*, v. 97, p. 111, jan.-jun. 2008.

Além disso, tem-se nesse momento a inserção do comerciante em um lugar de destaque na sociedade,[40-41] assim como de um relacionamento envolvendo a formação de um mercado voltado para a efetivação de permutas "e a sistemática de apropriação de bens, principalmente da terra: a utilização autônoma, plena e exclusiva das coisas é necessária em um processo voltado não mais para o consumo, mas ao mercado."[42]

O homem deixa de ser obrigado a trabalhar, como acontecia no medievo. A coação para o trabalho, todavia, passa a ser econômica e resulta na separação da economia, da política e das relações comunitárias, fazendo com que as pessoas fossem tidas como livres e dotadas de liberdade sob o enfoque jurídico. A pessoa que vendia sua capacidade para trabalhar, por questões econômicas, permanecia livre no âmbito do Direito.[43]

A propriedade, por sua vez, passou a ser compreendida no Estado Moderno como dotada de uma única espécie, a despeito da existência de conteúdo dos mais variados, absoluta, no sentido de que incumbiria ao proprietário, e tão somente a ele, a escolha da forma de sua utilização e perpétua, que não seria extinta pelo não uso.[44]

Também foi necessário estabelecer a pessoa do proprietário, ou seja, de um sujeito de direito responsável por operacionalizar a propriedade, que não possuía condições de atuar sozinha e por conta própria.[45] Consequentemente, como bem observa Pietro Barcelona, a propriedade tornou-se uma etapa imprescindível para a caracterização do "eu" e para a evolução da pessoa. Daí o surgimento de uma

---

40. CORTIANO JUNIOR, Eroulths. *O discurso proprietário e suas rupturas*: prospectivas e perspectivas do ensino do direito de propriedade. Tese (Doutorado em Direito). 190 p. Universidade Federal do Paraná. Curitiba, 2001, p. 19.
41. José Reinaldo de Lima Lopes, por sua vez, sustenta: "A modernidade abre-se com eventos de extraordinária repercussão: a reforma protestante e a chegada dos europeus à América. (...) Ao lado de tais eventos, continua a desenvolver-se a economia monetarizada e mercantil, constituindo-se em mercado. Segundo Braudel (1986, p. 49), o capitalismo começa com um relacionamento entre economias por força de algumas mercadorias excepcionais, entre as quais os metais preciosos (e com a chegada à América, os tesouros e riquezas aqui produzidos). Este intercâmbio, até o século XIX, diz ele, é apenas parcial. Arrasta a inflação e alguma comunicação de economias, mas não arrasta ainda a vida cotidiana da maioria dos homens". (LOPES, José Reinaldo de Lima. *O Direito na história*: lições introdutórias. São Paulo: Max Limond, 2000, p. 178-179).
42. CORTIANO JUNIOR, Eroulths. *O discurso proprietário e suas rupturas*: prospectivas e perspectivas do ensino do direito de propriedade. Tese (Doutorado em Direito). 190 p. Universidade Federal do Paraná. Curitiba, 2001, p. 19.
43. BARCELONA, Pietro. *El individualismo proprietario*. Madrid: Editorial Trotta, 1996, p. 46.
44. AMARAL, Francisco. *Direito Civil*: introdução. 5. ed., rev., atual. e ampl. Rio de Janeiro: Renovar, 2003, p. 146.
45. SILVA, Alexandre Barbosa da. *A propriedade sem registro*: o contrato e a aquisição da propriedade imóvel na perspectiva civil-constitucional. Tese (Doutorado em Direito). 307 p. Universidade Federal do Paraná. Curitiba, 2014, p. 45.

lógica possessiva,[46] da qual a propriedade passou a ser vista como "projeção da personalidade individual",[47] libertando o indivíduo de todos os privilégios que formavam os poderes político e econômico dos nobres e do clero.[48]

Os novos parâmetros de propriedade e de proprietário viam a pessoa como responsável pela condução de sua vida e de seus atos. Ela se tornava "proprietária de sua própria pessoa e tem capacidade de agir independente dos outros. Essa autonomia significa liberdade de agir, e a liberdade confunde-se com a propriedade. Ser proprietário significa ser livre".[49-50]

A relação entre liberdade e propriedade, portanto, é um dos ideais do liberalismo econômico, consistente no fato de o sujeito ser proprietário de bens, ou melhor, dos meios de produção, ou de si mesmo e sua força de trabalho. Cada um a utilizava de forma livre, formando uma unidade produtiva constituída pela atuação conjunta do detentor dos meios de produção e dos trabalhadores. Os que possuem apenas a força de trabalho acaba vendendo-a àquele que possui o meio de produção, de modo a que se possa evidenciar que o sujeito privado individualmente é "um proprietário e encontra-se na sociedade como indivíduo, separado de todos os outros".[51]

Pietro Barcelona adverte que a compreensão de que todo sujeito se caracteriza como proprietário decorre da noção de que, por intermédio de um procedimento complexo, a propriedade passa a ser vista como um princípio de organização do sistema em sua integralidade, assegurando que o sujeito, ao final, seja convertido em um consumidor.[52]

Ricardo Marcelo Fonseca, de igual forma, aduz que o sujeito passa a ser conceituado formalmente, no sentido de poder se tornar proprietário, o que acaba por implicar a total impossibilidade de defini-lo qualitativamente. "O

---

46. BARCELONA, Pietro. *El individualismo propietario*. Madrid: Editorial Trotta, 1996, p. 122-123.
47. AMARAL, Francisco. *Direito Civil*: introdução. 5. ed., rev., atual. e ampl. Rio de Janeiro: Renovar, 2003, p. 146.
48. FIGUEIRA, Eliseu. *Renovação do sistema de Direito Privado*. Lisboa: Editorial Caminho S/A, 1989, p. 116.
49. CORTIANO JUNIOR, Eroulths. *O discurso proprietário e suas rupturas*: prospectivas e perspectivas do ensino do direito de propriedade. Tese (Doutorado em Direito). 190 p. Universidade Federal do Paraná. Curitiba, 2001, p. 61.
50. Derlayne Detroz assevera: "A pessoa é proprietária da sua própria coisa e possui capacidade de agir independentemente dos outros. Tal autonomia significa liberdade de agir, que é confundida com a propriedade". (DETROZ, Derlayne. *A hipervulnerabilidade e os direitos fundamentais do consumidor idoso no Direito brasileiro*. Dissertação [Mestrado em Direito]. 153 p. Centro Universitário Autônomo do Brasil [UniBrasil]. Curitiba, 2011, p. 27).
51. PRATA, Ana. *A tutela constitucional da autonomia privada*. Coimbra, Portugal: Almedina, 2017, p. 138.
52. BARCELONA, Pietro. *El individualismo propietario*. Madrid: Editorial Trotta, 1996, p. 90-91.

princípio organizativo da sociedade e aquilo que, portanto, qualifica o sujeito e a propriedade, é o sistema proprietário".[53]

Prossegue afirmando que o indivíduo acaba sendo transformado em um equipamento de produção das mercadorias, assim como por se inserir em um "sistema que a tudo qualifica como princípio proprietário. Todos estão enquadrados e classificados por todos os lados, mas envoltos apenas em papéis sociais formalizados, em status vazio de conteúdo material e de qualidades."[54]

Tem-se assim, como bem anota Ricardo Marcelo Fonseca, uma estreita relação entre a modernidade, a propriedade e o sistema capitalista.[55]

Todas essas considerações são de suma importância para o presente trabalho, na medida em que serão confrontadas com o modelo de propriedade existente atualmente, especificamente com base no novo modelo econômico do compartilhamento, no qual se busca acessar bens e serviços, sem dar relevância ao ser proprietário. Enquanto no Estado Moderno se tem a lógica proprietária, fundamentada na relevância de o indivíduo ser proprietário, na economia compartilhada, ao contrário, prevalece a lógica do acesso.

Tanto é assim que Pierre Crétois compreende o direito de propriedade como um direito de administrar o acesso à propriedade, por meio de uma lógica instrumental. Os museus permitem o acesso à cultura para certo número de pessoas. A administração do acesso à residência é feita para que o proprietário possa ter paz e tranquilidade, incluindo os que desejam e excluindo aqueles que não se quer que nela adentrem.[56]

O contrato, por estar relacionado à propriedade, tornou-se um instrumento do individualismo proprietário, sobretudo porque tais relações contratuais, especialmente as dispostas no Código Civil francês de 1804, eram caracterizadas pelo fato de os indivíduos serem livres e atuarem em condições de igualdade formal.

O contrato está disciplinado no terceiro livro, denominado "Dos bens e das diferentes modificações da propriedade", do Código Civil francês de 1804. Enzo Roppo relata que essa escolha adotada pelo legislador certamente se fundamenta no fato de que o contrato na referida Codificação, se notabiliza por assumir "num certo sentido, uma posição não autônoma, mas subordinada, servil, relativamente à

---
53. FONSECA, Ricardo Marcelo. *Modernidade e contrato de trabalho*: do sujeito de direito à sujeição jurídica. São Paulo: LTr, 2002, p. 81.
54. FONSECA, Ricardo Marcelo. *Modernidade e contrato de trabalho*: do sujeito de direito à sujeição jurídica. São Paulo: LTr, 2002, p. 81.
55. FONSECA, Ricardo Marcelo. *Modernidade e contrato de trabalho*: do sujeito de direito à sujeição jurídica. São Paulo: LTr, 2002, p. 82.
56. CRÉTOIS, Pierre. La propriété repensée par l´acess. *Revue Internationale de Droit Economique*. Associação Internationale de Droit Economique, 2014/3, t. XXVIII, DOI: 10.3917/ride.283.0319, p. 325.

propriedade, que se apresenta como instituto-base, em torno do qual são ordenados todos os outros".[57] Isso decorreria não apenas pelo motivo de o contrato e o poder de contratar consistirem em maneiras pelas quais o indivíduo manifestava sua vontade, como também na circunstância de tais instrumentos jurídicos serem utilizados para a circulação de riquezas e, consequentemente, da propriedade. Disso se extrai o entendimento existente à época de que "a propriedade (privada) é o fundamento real da liberdade, o seu símbolo e a sua garantia relativamente ao Poder Público, enquanto, por sua vez, a liberdade constitui a própria subsistência da propriedade (...)".[58]

A França pós-Revolução Francesa se submeteu efetivamente ao capitalismo, cujos valores até resultaram no desencarceramento e impulsionamento da propriedade fundiária e, especialmente, na transferência de riquezas da nobreza e do clero para a burguesia, que passou a ser a grande detentora dos recursos produtivos. Tudo isso foi efetivado por intermédio do contrato,[59] caracterizado pelos princípios do consensualismo[60] e da autonomia privada, que sofria restrições apenas pela ordem pública[61] e dos bons costumes. O princípio da pacta sunt servanda, igualmente aplicável aos contratos, estava disposto no art. 1.134, que determinava que "as convenções legalmente formadas têm força de lei para aqueles que as fizeram".[62]

---

57. ROPPO, Enzo. *O contrato*. Trad. Ana Coimbra e M. Januário C. Gomes. Coimbra, Portugal: Almedina, 2009, p. 42.
58. ROPPO, Enzo. *O contrato*. Trad. Ana Coimbra e M. Januário C. Gomes. Coimbra, Portugal: Almedina, 2009, p. 42.
59. ROPPO, Enzo. *O contrato*. Trad. Ana Coimbra e M. Januário C. Gomes. Coimbra, Portugal: Almedina, 2009, p. 44-45.
60. Mário Júlio de Almeida Costa adverte: "O Direito moderno é dominado pelo *princípio consensualista*, segundo o qual basta o acordo de vontades para a perfeição do contrato. Não sucedia assim nos sistemas antigos, como o romano e o germânico, eminentemente formalistas e simbolistas, em que a celebração dos contratos obedecia a determinados rituais." (COSTA, Mário Júlio de Almeida. *Direitos das obrigações*. 12. ed., rev. e act. 2. reimp. Coimbra, Portugal: Almedina, 2013, p. 282).
61. Georges Ripert afirma: "O artigo 6º do Código Civil francês enuncia um princípio cuja aplicação varia incessantemente. Ele estipula a nulidade de convenções contrárias às leis que interessam à ordem pública, mas não oferece nenhum modo de reconhecê-las. Em nenhum outro lugar do Código, encontramos uma definição do que seja ordem pública. A noção, sem dúvida, parecia clara. A lei é de ordem pública, dizia Portalis, quando 'interessa mais diretamente à sociedade que aos particulares'. Forma de liberdade individual, a liberdade de contratar se interrompe quando coloca em perigo o agrupamento ao qual pertencem àqueles que pretendem servir-se dela. Todo contrato é uma união. Ele cria entre o credor e o devedor uma pequena sociedade temporariamente constituída para um fim determinado. Essa pequena sociedade só pode ser formada se não comprometer a vida e o funcionamento do corpo em que pretende viver. Pelo contrato, não podemos infringir leis que regulem o Estado, a família, a profissão. Trata-se da ordem pública no sentido político da palavra. As relações econômicas entre os homens cedem lugar à necessidade da vida em sociedade. Há uma primazia do político sobre o econômico". (RIPERT, Georges. A ordem econômica e a liberdade contratual. Trad. Letícia Resende e revisão de Adauto Vilela. *Rónai – Revista de Estudos Clássicos e Tradutórios*, v. 4, n. 2, p. 148, 2017).
62. FACCHINI NETO, Eugênio. *Code civil* francês: gênese e difusão de um modelo. *Revista de Informação Legislativa*, v. 50, n. 198, p. 59-60, abr.-jun. 2013.

Assim, pode-se afirmar que os três princípios clássicos do Direito Contratual previstos no Código Civil francês de 1804 consistem na força obrigatória dos vínculos, também conhecido como pacta sunt servanda, na relatividade dos contratos, no sentido de eles obrigarem apenas as partes e/ou seus sucessores, e da autonomia da vontade, consistente na liberdade para realizar a escolha da espécie de contrato a ser celebrado, do outro contratante e de seu conteúdo.[63-64]

Daí a conclusão de Vicenzo Roppo, para quem os particulares atuavam de forma livre, com autonomia plena em seus relacionamentos pessoais e econômicos, sem a possibilidade de intervenção estatal. O Direito Privado era visto como um espaço fechado às interferências dos agentes públicos, de modo que institutos fundamentais, como família, testamento, propriedade e contrato, evidenciavam a liberdade atribuída às pessoas e se apresentavam como referência na tutela contra a intervenção do Estado.[65]

Outro Código instituído para a defesa dos interesses da burguesia foi o Código Civil alemão, aprovado em 24 de agosto de 1896, com início da vigência no dia 1º de janeiro de 1900.[66] Aludida codificação se diferencia do francês em três pontos. O primeiro, denominado ética material escolhida, decorre da atuação da pandectística, que não aderiu ao Direito natural, e

> se reconhece no conceito formal de dever e de faculdade que deriva da incondicionada e infinita autonomia da personalidade moral, e cujos princípios fundamentais constituem o acordo perfeito da própria liberdade com a liberdade dos outros e da adequação da máxima do comportamento individual à norma geral, imperativo categórico.[67]

---

63. BERGSTEIN, Laís; TRAUTWEIN, José Roberto. A tutela externa do crédito: aplicabilidade e fundamentação adotada pelos tribunais. *Redes: Revista Eletrônica Direito e Sociedade*. Canoas, v. 7, n. 3, p. 122-123, dez. 2019.
64. Luiz Edson Fachin e Uiara Andressa Brekailo afirmam: "A concepção tradicional de contrato do século XIX tem como princípios fundamentais a liberdade contratual e a intangibilidade dos contratos. Nos contratos, o indivíduo é livre para manifestar sua vontade em conformidade com a lei e, com isso, criar direitos e contrair obrigações. O princípio pelo qual se reconhece à manifestação da vontade o poder criador de efeitos jurídicos é o da autonomia da vontade." (FACHIN, Luiz Edson; BREKAILO, Uiara Andressa. Apontamentos sobre aspectos da reforma do Código Civil Alemão na perspectiva de um novo arquétipo contratual. BRASIL. *Superior Tribunal de Justiça*: doutrina: edição comemorativa, 20 anos. Brasília, DF: STJ, 2009, p. 142.
65. ROPPO, Vicenzo. El Derecho Privado en el sistema jurídico. *Revista Ius Et Veritas*, n. 51, p. 97, Diciembre 2015.
66. MARTINS-COSTA, Judith. *A boa-fé no Direito Privado*: sistema e tópica no Direito Obrigacional. São Paulo: Ed. RT, 1999, p. 233.
67. MARTINS-COSTA, Judith. *A boa-fé no Direito Privado*: sistema e tópica no Direito Obrigacional. São Paulo: Ed. RT, 1999, p. 233.

Outro ponto de distinção reside na estruturação técnica do Código Civil alemão, que primava pela obtenção de elevada precisão, quase matemática, com a adoção de fórmulas claras. O francês, por outro lado, buscava impedir que o Juiz atuasse na elaboração das normas, nos moldes previstos pela Escola da Exegese.[68]

A diferenciação mais importante, contudo, verifica-se na estrutura do Código Civil alemão de 1900 que, ao contrário do francês, contém uma parte geral,[69] responsável por garantir a unidade do Código, a fim de possibilitar que o Direito "seguindo a tradição pandectística – seja construído de forma centralizada através da dedução lógica entre os conceitos gerais ali postos e os casos ou espécies tratadas na Parte Especial".[70]

Sua parte geral, portanto, não contempla "regras gerais sobre o comportamento nas relações jurídicas, nem os princípios da interpretação, do direito costumeiro, da discricionariedade judiciária e da oneração da prova".[71] Na verdade, o que se verifica é o objetivo de disciplinar de forma genérica e abstrata os institutos existentes em suas partes remanescentes, denominados Direito das Obrigações, Coisas, Família e Sucessões.[72]

Enzo Roppo afirma que o contrato, no Código Civil alemão, é contemplado e instituído "do interior e, por assim dizer, à sombra de uma categoria mais geral, compreensiva do contrato e de outras figuras, e da qual o contrato constitui, por isso, uma subespécie; esta categoria geral é o negócio jurídico".[73]

O Código Civil alemão define o negócio jurídico como sendo um ato – ou um conjunto de atos interligados, realizados por uma ou inúmeras pessoas –,

---

68. MARTINS-COSTA, Judith. *A boa-fé no Direito Privado*: sistema e tópica no Direito Obrigacional. São Paulo: Ed. RT, 1999, p. 234.
69. Erasmo Marcos Ramos afirma: "Os institutos jurídicos que se encontram na parte geral não foram obra do legislativo alemão; esses foram simplesmente transcritos da escola pandectística do século XIX. O ideal pandectística via sua tarefa pura – e simplesmente – na redação sistemática e dogmática do legado romano." (RAMOS, Erasmo Marcos. A influência do Bürgerliches Gesetzbuch Alemão na Parte Geral do Código Civil Português. *Revista da Faculdade de Direito da Universidade Federal do Rio Grande do Sul*, v. 15, p. 75-76, 1998.
70. MARTINS-COSTA, Judith. *A boa-fé no Direito Privado*: sistema e tópica no Direito Obrigacional. São Paulo: Ed. RT, 1999, p. 235.
71. RAMOS, Erasmo Marcos. A influência do Bürgerliches Gesetzbuch Alemão na Parte Geral do Código Civil Português. *Revista da Faculdade de Direito da Universidade Federal do Rio Grande do Sul*, v. 15, p. 76, 1998.
72. RAMOS, Erasmo Marcos. A influência do Bürgerliches Gesetzbuch Alemão na Parte Geral do Código Civil Português. *Revista da Faculdade de Direito da Universidade Federal do Rio Grande do Sul*, v. 15, p. 76, 1998.
73. ROPPO, Enzo. *O contrato*. Trad. Ana Coimbra e M. Januário C. Gomes. Coimbra, Portugal: Almedina, 2009, p. 47.

para a produção de um efeito jurídico na área do Direito Privado, ou seja, uma alteração nas relações jurídicas firmadas entre privados.[74-75]

O Código Civil de 2002[76] adotou o critério estabelecido no Código Civil alemão, disciplinando o negócio jurídico no Título I, do Livro III, em seus arts. 104 a 184. No título II, ao tratar dos atos jurídicos lícitos, referida legislação expressamente determinou em seu art. 185: "Aos atos jurídicos lícitos, que não sejam negócios jurídicos, aplicam-se, no que couber, as disposições do Título anterior."

Nesse sentido, Álvaro Villaça Azevedo assevera que o Código Civil vigente alterou o revogado com a troca da palavra atos jurídicos por negócio jurídico. Tal acontecimento motivou-se no aperfeiçoamento da doutrina, que restringiu o negócio jurídico, entendendo-o como uma decorrência da noção ampla de ato jurídico.[77]

Miguel Reale afirma que o negócio jurídico é uma espécie de ato jurídico "que, além de se originar de um ato de vontade, implica a declaração expressa da vontade, instauradora de uma relação entre dois ou mais sujeitos tendo em vista um objetivo protegido pelo ordenamento jurídico".[78-79] Já Roberto de Ruggiero defende que o negócio jurídico pode ser conceituado como a "declaração de vontade do indivíduo tendente a um fim protegido pelo ordenamento jurídico".[80]

A importância da análise dos princípios clássicos do contrato, assim como da forma com que foi feita a elaboração do vigente Código Civil brasileiro, é de suma importância para o desenrolar do presente trabalho. Isso se deve não apenas

---

74. LARENZ, Karl. *Derecho Civil*: parte general. Traducción: Miguel Izquierdo y Macías-Pievea. Santiago, Chile: Ediciones Olejnik, 2019, p. 267.
75. Jan Schapp assevera: "Como *negócio jurídico*, entende-se todo negócio em que a vontade das pessoas está direcionada à realização de um efeito jurídico e esse efeito realiza-se porque a ordem jurídica reconhece a vontade como razão da realização do efeito jurídico. Com isso, negócios jurídicos são, principalmente, os contratos, mas também os atos jurídicos unilaterais como a rescisão de um contrato, a resolução do contrato ou o testamento." (SCHAPP, Jan. *Introdução ao Direito Civil*. Trad. Maria da Glória Lacerda Rurak e Klaus Peter Rurak. Porto Alegre: Sergio Antonio Fabris Ed., 2006, p. 225).
76. BRASIL. Casa Civil. Lei 10.406, de 10 de janeiro de 2002. Institui o Código Civil. Disponível em: http://www.planalto.gov.br/ccivil_03/leis/2002/l10406compilada.htm. Acesso em: 6 abr. 2023.
77. AZEVEDO, Álvaro Villaça. *Curso de Direito Civil: teoria geral do Direito Civil* – parte geral. 2. ed. São Paulo: Saraiva, 2019, p. 174.
78. REALE, Miguel. *Lições preliminares de Direito*. 27. ed. São Paulo: Saraiva, 2005, p. 208-209.
79. Marcos Bernardes de Mello conceitua negócio jurídico: "é o fato jurídico cujo elemento nuclear do suporte fático consiste em manifestação ou declaração consciente de vontade, em relação à qual o sistema jurídico faculta às pessoas, dentro de limites predeterminados e de amplitude vária, o poder de escolha de categoria jurídica e de estruturação do conteúdo eficacial das relações jurídicas respectivas, quanto ao seu surgimento, permanência e intensidade ao mundo jurídico". (MELLO, Marcos Bernardes. *Teoria do fato jurídica*: plano da existência. 22. ed. São Paulo: Saraiva, 2019, p. 256).
80. RUGGIERO, Roberto de. *Instituições de Direito Civil*. Tradução da 6. edição italiana, com notas remissivas aos Códigos Civis brasileiro e português pelo Dr. Ary dos Santos. v. 1. São Paulo: Saraiva, 1934, p. 242.

ao fato de que tais princípios continuam em vigor, devendo, contudo, serem lidos à luz dos princípios da boa-fé, da função social do contrato e da equivalência material das prestações. Mas que, por trás da concepção moderna de contrato, há um viés econômico, que subsiste em sua formulação contemporânea, sob a égide da economia do compartilhamento.

1.2 CONTRATO E OPERAÇÃO ECONÔMICA: SUBORDINAÇÃO OU AUTONOMIA

O contrato possui nítida função econômica. A partir dele, as partes efetivam a transferência de benefícios para o atendimento de suas necessidades.[81] Daí a observação de Lucas de Abreu Barroso e Andressa Soares da Cruz, no sentido de que o contrato está relacionado com a operação econômica, a ponto de inexistir sem ela.[82-83]

As operações econômicas, por sua vez, caracterizam-se como atuais, presentes quando sua efetivação acontece no instante em que é concluída a transação, ou como "potencialmente asseguradas ao seu titular".[84] Ou seja, as trocas descritas nos contratos podem acontecer no exato momento em que as obrigações firmadas pelas partes são efetivadas ou podem estar relacionadas a promessas, nas quais as obrigações não são cumpridas ao mesmo tempo. Isso se verifica quando uma pessoa se compromete a realizar o pagamento do valor prometido tão logo aconteça a finalização da edificação de sua residência.[85]

Orlando Gomes assevera que os contratos, a partir das operações econômicas passíveis de serem concretizadas, podem ser elaborados como instrumentos necessários

a) para promover a circulação de riqueza;

---

81. THEODORO JÚNIOR, Humberto; FIGUEIREDO, Helena Lanna. *Negócio jurídico*. Rio de Janeiro: Forense, 2021, p. 111.
82. BARROSO, Lucas Abreu; CRUZ, Andreza Soares da. Funcionalização do contrato: o Direito Privado e a organização econômico-social contemporânea. *Revista Brasileira de Direito Comparado*, v. 28, 2005, p. 182.
83. Mário Júlio de Almeida Costa adverte: "o contrato se reporta às relações patrimoniais, quer dizer, aos domínios dos direitos de crédito e do direito das coisas, tanto do ponto de vista da sua criação como da sua modificação ou extinção. Excluem-se, por conseguinte, as relações extrapatrimoniais." (COSTA, Mário Júlio de Almeida. *Direitos das obrigações*. 12. ed., rev. e act. 2. reimp. Coimbra, Portugal: Almedina, 2013, p. 219).
84. TUCCI, Rafael Lauria Marçal. Partilha do lucro na 'reversão de lucros líquidos' em patrimônio incomunicável. *Revista Jurídica Luso-brasileira*, ano 2, n. 1, p. 450, 2016.
85. ARENHARDT, Fernando Santos. *A boa-fé na relação contratual*: uma abordagem de Direito e Economia. Dissertação (Mestrado). 158 p. Universidade Federal do Rio Grande do Sul, Faculdade de Direito, Programa de Pós-graduação em Direito. Porto Alegre, RS, 2014, p. 110.

b) colaboração;

c) para prevenção de risco;

d) de conservação e acautelatórios;

e) para prevenir ou diminuir uma controvérsia;

f) para concessão de crédito;

g) constitutivos de direitos reais de gozo, ou de garantia.[86]

A classificação descrita também se aplica aos contratos firmados no âmbito da economia do compartilhamento, que igualmente contemplam uma operação econômica. Entretanto, deve ser feita a ressalva de que os contratos, especialmente os da economia colaborativa, atualmente também se destinam ao cumprimento de finalidades existenciais pelo menos de um dos contratantes – ponto que será abordado na sequência.[87] É o que se constata nos contratos de compra e venda e/ou troca de livros eletrônicos, assim como nos pacotes de turismo de lazer pelas plataformas digitais.

Também se verifica na prevenção de riscos, quando se efetiva o seguro de incêndio para a concretização de contrato firmado por plataforma digital para o uso de determinado imóvel, ou, ainda, na obtenção de crédito para o desenvolvimento e implantação de determinado projeto, concebidos por intermédio do guardião do acesso. Logo, a despeito de se estar diante de operações econômicas, destinadas à circulação de riquezas, o caráter existencial encontra-se presente por se estar diante de objetivo destinado a assegurar o desenvolvimento dos direitos da personalidade.

Outrossim, o objeto da circulação de riquezas não precisa necessariamente consistir em dinheiro, sobretudo porque subsistem operações atingindo "bens móveis, imóveis, vantagem social, dividendos, benefícios, quotas, ações etc.".[88-89]

---

86. GOMES, Orlando. *Contratos*. Rio de Janeiro: Forense, 1995, p. 19.
87. Ivan Guimarães Pompeu e Renata Guimarães Pompeu afirmam: "O que se troca por meio da transação apresenta sempre uma natureza patrimonialmente apreciável. Porém, o processo dessa operação econômica conta igualmente com preocupações ou expectativas de ordem existencial. A formação do vínculo, seja ainda em nível anterior ao mundo jurídico, como fato social, pressupõe uma rede de pretensões imaginadas pelos agentes para realizarem trocas". (POMPEU, Ivan Guimarães; POMPEU, Renata Guimarães. O contrato como operação econômica: contributo científico a partir da obra de Enzo Roppo. *Revista da Faculdade Mineira de Direito*, v. 12, n. 23, p. 124, jan.-jun. 2011).
88. TUCCI, Rafael Lauria Marçal. Partilha do lucro na 'reversão de lucros líquidos' em patrimônio incomunicável. *Revista Jurídica Luso-brasileira*, ano 2, n. 1, p. 449-450, 2016.
89. Rafael Lauria Marçal Tucci adverte: "Apesar de existirem circulação de 'riqueza' gratuitamente, importante observar que sempre que houver recompensa patrimonial, seja desde já assegurada ou potencialmente aferível, há presente a característica da onerosidade na operação econômica realizada". (TUCCI, Rafael Lauria Marçal. Partilha do lucro na 'reversão de lucros líquidos' em patrimônio incomunicável. *Revista Jurídica Luso-brasileira*, ano 2, n. 1, p. 450, 2016).

Enzo Roppo adverte que se deve entender por circulação de riquezas toda e qualquer utilidade passível de ser avaliada economicamente, enquadrando-se no conceito até mesmo as promessas de fazer ou de não fazer algo que venha a resultar em vantagem para outrem, por representar ao beneficiário uma riqueza.[90]

O contrato pode ser definido como expediente impulsionador da ordem econômica, que exerce também as funções de dar juridicidade e segurança jurídica aos negócios jurídicos entre particulares,[91] visando evitar o comportamento oportunista de um dos contratantes em detrimento do outro, ocasião em que assume a nítida função de dirimir eventuais dificuldades relacionadas à confiança e incerteza.[92]

Assim, denota-se que o contrato pode ser visto sob o enfoque de uma operação econômica, consistente na permuta de bens e serviços, assim como em sua acepção técnico jurídica, com a finalidade de apontar os efeitos previstos na legislação acerca de uma específica operação econômica, ou para apontar as construções da doutrina realizadas pela ciência jurídica acerca das normas e regras. Aqui, o contrato é visto como elemento necessário para a formalização jurídica, como um "fenômeno que está indiscutivelmente dotado, no plano lógico, de uma autonomia própria".[93-94]

Consequentemente, o contrato e a operação econômica devem ser considerados de forma igualitária, sem, contudo, se confundirem ou serem tidos como um mesmo instituto. Ou seja, o contrato não é uma mera decorrência da economia. Trata-se de "título jurídico (ou formalização jurídica) sobre a qual a operação econômica é fundada".[95]

---

90. ROPPO, Enzo. *O contrato*. Trad. Ana Coimbra e M. Januário C. Gomes. Coimbra, Portugal: Almedina, 2009, p. 13.
91. BARROSO, Lucas Abreu; CRUZ, Andreza Soares da. Funcionalização do contrato: o Direito Privado e a organização econômico-social contemporânea. *Revista Brasileira de Direito Comparado*, v. 28, 2005, p. 183.
92. ARENHARDT, Fernando Santos. *A boa-fé na relação contratual*: uma abordagem de Direito e Economia. Dissertação (Mestrado). 158 p. Universidade Federal do Rio Grande do Sul, Faculdade de Direito, Programa de Pós-graduação em Direito. Porto Alegre, RS, 2014, p. 111.
93. ROPPO, Enzo. *O contrato*. Trad. Ana Coimbra e M. Januário C. Gomes. Coimbra, Portugal: Almedina, 2009, p. 8-9.
94. Ivan Guimarães Pompeu e Renata Guimarães Pompeu afirmam: "O contrato como realidade jurídica que é, representa, em linhas gerais, um acordo ou ajuste de condutas, legitimado pelas diretrizes que emanam do princípio da autonomia negocial. Ser autônomo no âmbito do Direito Privado pressupõe a titularidade de um poder jurídico de se auto-regular". (POMPEU, Ivan Guimarães; POMPEU, Renata Guimarães. O contrato como operação econômica: contributo científico a partir da obra de Enzo Roppo. *Revista da Faculdade Mineira de Direito*, v. 12, n. 23, p. 123, jan.-jun. 2011).
95. FORNASIER, Mateus de Oliveira. Bancos de dados de consumidores no novo Direito Civil brasileiro: uma perspectiva crítica. *Observatório da Jurisdição Constitucional*, ano 6, v. 1, p. 77, 2013.

Como aponta Enzo Roppo, embora o contrato esteja extremamente relacionado à operação econômica nele descrita, prevalece sua autonomia, não havendo que se falar na sua subordinação em relação àquela.[96]

A noção de contrato encontra-se compreendida na ideia de operação econômica disciplinada pelo Direito. Já o Direito dos Contratos consiste no

> conjunto – historicamente mutável – das regras e dos princípios, de vez em quando escolhidos para conformar, duma certa maneira, aquele instituto jurídico, e, portanto, para dar um certo arranjo – funcionalizado a determinados fins e determinados interesses – ao complexo das operações econômicas efectivamente levadas a cabo.[97-98]

Essa mutabilidade histórica, a partir do panorama econômico e social em que se encontra, pode ser exemplificada na análise dos contratos nos sistemas capitalista e soviético, nos quais se constatava configurações distintas de ordenamentos jurídicos.[99] Igualmente, pode-se apontar tal característica nas transformações existentes no contrato nos períodos do Estado de Direito Liberal e do Estado Social de Direito, assim como com o surgimento da economia compartilhada, nas quais as contratações são feitas pela internet, em regra pelo uso de smartphones.

Pode-se, portanto, entender que o contrato tem por finalidade "servir de instrumento de operações econômicas e veículo de realização da vontade humana na construção da sociedade".[100]

Nos últimos anos, tem se observado um aumento na contratualização das operações econômicas, a fim de se obter um disciplinamento dos novos interesses e pretensões, com o oferecimento das respostas necessárias para o atingimento das finalidades contratuais.[101] Disso se verifica que o Direito dos Contratos não

---

96. ROPPO, Enzo. *O contrato*. Trad. Ana Coimbra e M. Januário C. Gomes. Coimbra, Portugal: Almedina, 2009, p. 24.
97. ROPPO, Enzo. *O contrato*. Trad. Ana Coimbra e M. Januário C. Gomes. Coimbra, Portugal: Almedina, 2009, p. 8-9.
98. Fernando Santos Arenhart afirma: "O principal objetivo do direito contratual é garantir a cooperação entre os agentes econômicos em uma situação em que, sem uma intervenção estatal (direito), tal cooperação não ocorreria. Por essa ótica, cumpre ao direito contratual oportunizar a criação de riqueza, dotando determinadas promessas de força executiva". (ARENHARDT, Fernando Santos. *A boa-fé na relação contratual*: uma abordagem de Direito e Economia. Dissertação (Mestrado). 158 p. Universidade Federal do Rio Grande do Sul, Faculdade de Direito, Programa de Pós-graduação em Direito. Porto Alegre, RS, p. 110-111, 2014).
99. ROPPO, Enzo. *O contrato*. Trad. Ana Coimbra e M. Januário C. Gomes. Coimbra, Portugal: Almedina, 2009, p. 25.
100. MELLO, Adriana Mandim Theodoro de. A função social do contrato e o princípio da boa-fé objetiva no novo Código Civil brasileiro. *Revista dos Tribunais*, v. 801, 2002, DTR\2002\376.
101. Sérgio Seleme sustenta que: "Assim, tanto mais será frequente e importante a ideia de contrato, quanto maiores forem as trocas de riqueza dentro da economia. Por isso, com a evolução das transações econômicas, acentua-se a importância do contrato (que se consolida como uma categoria básica do pensamento jurídico) e incrementa-se o Direito dos Contratos (que acaba por ser tendencialmente

atua apenas na formatação dos instrumentos. Sua atuação também consiste na determinação e orientação das operações econômicas, "segundo objetivos que podem apelidar de políticos lato sensu".[102]

A análise do contrato como operação econômica é de suma importância ao trabalho ora desenvolvido, na medida em que tais aspectos devem ser considerados nas relações contratuais firmadas sob a égide da economia do compartilhamento, que igualmente consistem em operações econômicas e expedientes necessários para a circulação de riquezas – os quais obrigatoriamente devem ser funcionalizados a partir dos valores descritos na Constituição Federal de 1988.

1.3 INDIVIDUALISMO DE MASSAS E UMA NOVA PRINCIPIOLOGIA CONTRATUAL

Os códigos civis que entraram em vigor no século XIX acabaram por instituir a pessoa natural como uma classe abstrata, compreendida como requisito para sua caracterização como sujeito de direito, ou seja, como pessoa capaz de se tornar titular de direitos e de assumir obrigações.[103]

A pessoa se notabilizou por ser proprietária, utilizando a sua propriedade da maneira que melhor lhe aprouvesse e vivendo de forma isolada na defesa apenas de seus interesses.[104] Também era vista como quem realizava operações econômicas, voltadas à circulação de riquezas, dentre as quais se pode indicar, de forma exemplificativa, a compra e venda e as disposições de última vontade.[105]

Ocorre que essa noção de propriedade sofreu profunda modificação com a evolução da era industrial, transformando-se, conforme orientação de Orlando Gomes, em uma propriedade despersonalizada. Isso se justificou na circunstância de que o estreito vínculo entre a coisa e a pessoa não mais poderia subsistir, já que a utilização das "riquezas latentes e a produção de novas riquezas tornaram-se

---

ampliado e especializado dentro da estrutura jurídico-normativo)." (SELEME, Sérgio. Contrato e empresas: notas mínimas a partir da obra de Enzo Roppo. In: FACHIN, Luiz Edson (Coord.). *Repensando fundamentos do Direito Civil brasileiro contemporâneo*. Rio de Janeiro: Renovar, 1998, p. 259-260).

102. ROPPO, Enzo. *O contrato*. Trad. Ana Coimbra e M. Januário C. Gomes. Coimbra-Portugal: Almedina, janeiro de 2009, p. 22-23.

103. MEIRELLES, Jussara. O ser e o ter na codificação civil brasileira: do sujeito virtual à cláusula patrimonial. In: FACHIN, Luiz Edson (Coord.). *Repensando fundamentos do Direito Civil brasileiro contemporâneo*. Rio de Janeiro: Renovar, 1998, p. 97-114.

104. ROPPO, Vicenzo. El Derecho Privado en el sistema jurídico. *Revista Ius Et Veritas*, n. 51, p. 98, Diciembre 2015.

105. MEIRELLES, Jussara. O ser e o ter na codificação civil brasileira: do sujeito virtual à cláusula patrimonial. In: FACHIN, Luiz Edson (Coord.). *Repensando fundamentos do Direito Civil brasileiro contemporâneo*. Rio de Janeiro: Renovar, 1998, p. 91.

empreendimentos que exigiam enormes cabedais, impossíveis de serem possuídos por um só homem".[106]

A sofisticação dos processos produtivos das grandes empresas, que passaram "a assumir proporções gigantescas por força da celeridade com que produziam, não era compatível com aquela direção pessoal que o proprietário da terra podia imprimir no seu latifúndio".[107]

Assim, a propriedade deixou de ser vista como um direito da pessoa proprietária e se tornou um princípio organizativo do sistema, que passou a produzir ilimitadamente, preocupando-se apenas com a quantidade e sua disponibilidade para a apropriação pelos particulares.[108] Os produtos nesse período deixaram de ser vendidos a granel e se padronizaram para serem distribuídos nacionalmente, com o objetivo de incrementar o consumo.[109]

Nesse processo, caracterizado pela ampliação da mercadoria, a propriedade acaba se desprendendo do proprietário, de modo que a autonomia da economia passa a ser o local exclusivo em que a lógica da propriedade é realizada. Disso se extrai a compreensão de que foi a instituição da economia de mercado e de um sistema de relações econômicas capaz de durar indefinidamente que resultou na indeterminação dos consumidores, que passaram a ser tidos como livres,[110] no sentido de que podiam escolher o que desejavam comprar.

Pode-se assim dizer que a transformação da propriedade em sistema de princípios constitutivos permite a máxima generalização dos processos de individualização e simultaneamente impede a identificação do sujeito. O sujeito proprietário acaba sendo inserido na economia de mercado e se transforma em um sujeito genérico e empobrecido qualitativamente. Logo, entende-se ser essa lógica quantitativa que transforma o sujeito proprietário em sujeito consumidor,[111] que simplesmente desaparece no contexto que passa a existir.[112]

Daí é que se tem a substituição do individualismo proprietário pelo individualismo de massas, que aparentemente resulta na rejeição da forma de subjetividade jurídica e consiste em uma decorrência do desenvolvimento dos

---

106. GOMES, Orlando. A despersonalização da propriedade. In: GOMES, Orlando. *Contratos*. Rio de Janeiro: Forense, 1995, p. 166-167.
107. GOMES, Orlando. A despersonalização da propriedade. In: GOMES, Orlando. *Contratos*. Rio de Janeiro: Forense, 1995, p. 166-167.
108. BARCELLONA, Pietro. *Diritto Privato e società moderna*. Napoli: Jovene, 1996, p. 222-225.
109. FACHIN, Luiz Edson. Reflexões sobre risco e hiperconsumo. In: OLIVEIRA, Andressa Jarletti Gonçalves de; XAVIER, Luciana Pedroso (Org.). *Repensando o Direito do Consumidor III*: 25 anos do CDC: conquistas e desafios. Curitiba: OABPR, 2015, p. 26. (Coleção Comissões, v. 19).
110. BARCELLONA, Pietro. *Diritto Privato e società moderna*. Napoli: Jovene, 1996, p. 222-225.
111. BARCELLONA, Pietro. *Diritto Privato e società moderna*. Napoli: Jovene, 1996, p. 222-225.
112. BARCELLONA, Pietro. *Diritto Privato e società moderna*. Napoli: Jovene, 1996, p. 222-225.

princípios organizativos específicos do individualismo proprietário, oriundo da burguesia do Estado Moderno.[113]

Essa alteração implica na mecanicidade da sociedade, que passa a ser vista "como um autorreferencial e do indivíduo como uma estrutura emergencial, diretamente vinculada aos terminais de sistema de produção".[114] Tudo isso leva a um consumo desenfreado de produtos e serviços inúteis e no consequente processo de descarte e de resíduo.[115]

Evidencia-se, assim, o surgimento da sociedade de massas e da massificação das relações jurídicas no plano contratual, marcada pela despersonalização e pelos contratos de adesão, nos quais o aderente acaba se submetendo às condições preestabelecidas.[116-117]

Orlando Gomes assevera que o contrato de adesão é formado em dois momentos. No primeiro, o empresário elabora o contrato e as cláusulas para disciplinar as relações jurídicas a serem concretizadas com os indivíduos de um modo geral. O segundo é caracterizado pela adesão do cliente às condições previamente estabelecidas pelo empresário, estabelecendo-se entre os envolvidos um vínculo jurídico negocial, no qual são constituídos direitos e obrigações.[118]

Esse consumo desenfreado e sem qualquer preocupação com a sustentabilidade é questionado pela economia do compartilhamento, que foi instituída para que o acesso aos produtos e serviços resultem na redução significativa da produção e compra de bens, de modo a se tutelar o meio ambiente, assegurando-se o consumo sustentável. Foi com a economia colaborativa que se acentuaram as preocupações com questões voltadas ao meio ambiente, que deveria ser tutelada

---

113. BARCELONA, Pietro. *El individualismo propietario*. Madrid: Editorial Trotta, 1996, p. 134.
114. MÖRKING, Francelize Alves. *A proteção dos direitos fundamentais do consumidor superendividado e o mínimo existencial*. Dissertação (Mestrado em Direito Fundamentais e Democracia). 130 p. Centro Universitário Autônomo do Brasil (UniBrasil). Curitiba: 2015, p. 94.
115. MÖRKING, Francelize Alves. *A proteção dos direitos fundamentais do consumidor superendividado e o mínimo existencial*. Dissertação (Mestrado em Direito Fundamentais e Democracia). 130 p. Centro Universitário Autônomo do Brasil (UniBrasil). Curitiba: 2015, p. 94.
116. LÔBO, Paulo. *Direito Civil*: contratos. 3. ed. São Paulo: Saraiva, 2017, p. 117.
117. Carlos Nelson Konder e Paula Greco Bandeira afirmam: "A massificação das transações, em decorrência da produção e comercialização em série de produtos e serviços, conduziu à estandardização também do processo de contratação. As tradicionais etapas de negociação por tratativas, propostas e contrapropostas se revelam incompatíveis com a exigência de celeridade e redução de custos negociais. A contratação em massa impôs também a negociação em massa, uma maneira própria de formação dos contratos. Surge assim, predeterminado por uma das partes ou por autoridade administrativa competente, a padronização do conteúdo dos contratos, que recebe a designação de condições e cláusulas gerais dos contratos, normativa padrão a ser utilizada de forma recorrente". (KONDER, Carlos Nelson; BANDEIRA, Paula Greco; TEPEDINO, Gustavo (Org.). *Contratos*. Rio de Janeiro: Forense, 2020, p. 77).
118. GOMES, Orlando. *Contratos*. Rio de Janeiro: Forense, 1995, p. 110.

para as futuras gerações, especialmente com a finitude da água, a diminuição e o destino a ser dado aos resíduos.

Todo esse cenário tinha por finalidade assegurar as atividades desenvolvidas pelo burguês – classe ascendente desde o advento da Revolução Francesa – no cenário do Estado de Direito Liberal. Um dos principais expedientes para o atingimento desse fim se verificou com as codificações do século XIX, que acabaram por instituir um período denominado "era da ordem", na qual se tinha uma nítida distinção entre o Direito Público e o Direito Privado, que resultou na impossibilidade de o Estado, em regra, intervir nas relações firmadas entre particulares,[119] de modo a assegurar a prevalência da força obrigatória dos contratos, baseada na igualdade formal entre as pessoas.

Guido Alpa, por sua vez, identifica como o mundo da segurança o período que vai de meados do século XIX até o início da Primeira Guerra Mundial. Nesse momento, a segurança consistia em assegurar as regras do jogo, gerando os elementos para que os indivíduos pudessem contar com determinado comportamento do outro ou aguardar, caso necessário, o uso do poder coercitivo do Estado.[120]

Esse modelo de ordem e/ou de segurança começa a ruir a partir da Primeira Guerra Mundial, quando sobressaem as diferenciações entre os indivíduos e os grupos sociais e econômicos.[121] Constatou-se que a igualdade formal acabava por privilegiar a parte mais forte em detrimento da mais fraca na relação jurídica firmada,[122] assim como que o mercado não possuía meios de assegurar "sobrevivência digna aos seres humanos com o consequente desfrute dos direitos fundamentais. A liberdade individual sem a igualdade material seria em verdade um mal e não um bem, pois não haveria igualdade social".[123]

---

119. LORENZETTI, Ricardo Luis. *Teoria da decisão judicial*: fundamentos de Direito. 2. ed., rev. e atual. São Paulo: Ed. RT, 2010, p. 39.
120. ALPA, Guido. *L'età della decodificazione vent'anni doppo*. Dott. A. Milano: Giuffrè Editore, 1999, p. 21-22.
121. FIGUEIRA, Eliseu. *Renovação do sistema de Direito Privado*. Lisboa: Editorial Caminho S/A, 1989, p. 57.
122. Carmem Lucia Silveira Ramos afirma: "(...) preocupado com eliminar as discriminações pessoais características do medievo e do período absolutista monárquico, o Estado de Direito liberal ignorou as desigualdades econômicas e sociais, considerando todos os indivíduos formalmente iguais perante a lei, parificação esta que só acentuou a concentração do poder econômico capitalista, aumentando o desnível social cada vez mais, na esteira do desenvolvimento tecnológico e produtivo". (RAMOS, Carmem Lucia Silveira. A constitucionalização do Direito Privado e a sociedade sem fronteiras. In: FACHIN, Luiz Edson (Coord.). *Repensando fundamentos do Direito Civil brasileiro contemporâneo*. Rio de Janeiro: Renovar, 1998, p. 6).
123. PEIXOTO, Francisco Davi Fernandes. Análise dos aspectos material e forma da Constituição. *Revista Direitos Fundamentais & Democracia*, v. 3, 2008, p. 5-6.

As dificuldades econômicas das partes menos favorecidas acabaram resultando na necessidade de se limitar a liberdade de contratar e o uso da propriedade, tornando-se pública a imperatividade de serem comercializados quase a integralidade dos bens e da adoção de iniciativas legislativas para se conter a falta de moradia.[124-125]

Além disso, começam os questionamentos acerca da excessiva quantidade de horas trabalhadas pelos empregados, reajuste de salários e a concentração de capitais em grandes empresas,[126] como também sobre o modelo até então adotado e, sobretudo, se ainda subsistiam as justificativas sociais, econômicas e científicas que acarretaram o advento das codificações.[127]

As insurgências levantadas importam para o desenvolvimento do presente trabalho, na medida em que elas acabaram por acarretar o reconhecimento da vulnerabilidade das pessoas físicas que adquirem produtos e/ou serviços, que passaram a receber maior proteção do ordenamento jurídico a fim de assegurar seus direitos fundamentais e a igualdade material. A preocupação com a tutela dos vulneráveis também incide na economia do compartilhamento, na medida em que as transações nela efetivadas são feitas em um ambiente de informalidade, por meio da internet, muitas vezes sem o recebimento das informações adequadas pela plataforma digital, também conhecida como guardião do acesso – responsável, em síntese, por assegurar o êxito dos contratos na economia colaborativa.

---

124. WIEACKER, Franz. *História do Direito Privado moderno*. Trad. A. M. Botelho Hespanha. 2. ed. rev. Lisboa: Fundação Calouste Gulbenkian, 1967, p. 629;631.
125. Miguel Maria de Serpa Lopes adverte: "As dificuldades econômicas agravaram-se; a concepção de um indivíduo, senhor dos seus próprios interesses nos contratos em que aparentava convencionar livremente, se patenteou falsa, em face das seguintes razões: 1º) porque o indivíduo é por vezes desarrazoado; 2º) porque frequentemente não se encontra em situação de poder prever um futuro cada vez mais aleatório do que o era no século passado; 3º) porque contrata frequentemente sob o império da necessidade, tendo ante ele um co-contratante cuja força econômica é, ante a dele, incomensurável". (LOPES, Miguel Maria de Serpa. *Curso de Direito Civil*: fontes das obrigações: contrato. v. III. Revista e atualizada por José Serpa Santa Maria. Rio de Janeiro: Freitas Bastos, 1991, p. 16).
126. Dalmo de Abreu Dallari preconiza: "Já no século dezenove, com o grande desenvolvimento da indústria e do comércio e a decorrente ampliação do número de trabalhadores, surgiu a reivindicação de reconhecimento dos direitos básicos aos membros das camadas sociais economicamente inferiores. Isso ganhou grande ênfase no século vinte, quando a defesa do Estado de Direito, que era a exigência do respeito aos direitos fundamentais, com ênfase para a liberdade, a propriedade e a igualdade dos indivíduos e entre os indivíduos, surgiu a concepção do Estado Social de Direito. Nessa concepção está presente a exigência de segurança jurídica para todos, mas também a busca de realização dos ideais de justiça e igualdade pela efetivação dos direitos fundamentais proclamados e garantidos em documentos jurídicos de máxima relevância, como os tratados e as Constituições". (DALLARI, Dalmo de Abreu. Tomo Direito Administrativo e Constitucional. *Enciclopédia Jurídica da PUCSP*. 1. ed. São Paulo: Pontifícia Universidade Católica de São Paulo, 2017. Disponível em: https://enciclopediajuridica. pucsp.br/verbete/70/edicao-1/estado-democratico-e-social-de-direito. Acesso em: 3 jun. 2023).
127. AMARAL, Francisco. A descodificação do Direito Civil brasileiro. *Revista da Academia Brasileira de Letras Jurídicas*, v. 13-14, p. 117.

Tais fatos acabaram por transformar o Estado de Direito Liberal no Estado Social de Direito.[128-129] Na Alemanha, por exemplo, tem-se significativas alterações nas questões envolvendo o Direito Constitucional e o Direito Privado, especialmente na segunda parte da Constituição de Weimar de 1919, em matérias relacionadas aos direitos e às obrigações fundamentais. Continuou-se a proteger a propriedade e teve início a tutela do matrimônio, família e igualdade jurídica entre os filhos não resultantes do casamento. Foi também estabelecida a liberdade contratual em temas econômicos, nos termos previstos em leis civis e inserido o direito à herança, com a extensão da liberdade de expressão nas relações de trabalho e de emprego público. Tais preceitos, entretanto, não foram dotados de caráter vinculante, sendo vistos como princípios programáticos, sem caracterizarem direitos subjetivos, a serem considerados por ocasião de eventual produção legislativa.[130]

Pietro Perlingieri faz relevante observação aduzindo que no "Estado Social, o princípio da legalidade coincide com a legalidade social: a valoração do fato deve ser enquadrada pelo juiz na perspectiva social do ordenamento".[131]

O Brasil, também sob a influência da Constituição de Weimar de 1919, adotou o Estado Social de Direito na Constituição de 1934,[132] quando dispôs sobre a subsistência (art. 113) e preconizou que a propriedade deveria ser exercida em observância ao interesse social ou coletivo, de acordo com as limitações previstas em lei (art. 113, 17).[133]

---

128. Rosalice Fidalgo Pinheiro aponta que o Estado Social modificou a relação entre o Estado e a sociedade, com a alteração da visão individualista pela solidária, resultando no rompimento "da dicotomia público-privada que sustentava o Estado de Direito Liberal". (PINHEIRO, Rosalice Fidalgo. *Contrato e direitos fundamentais*. Curitiba: Juruá Editora, 2009, p. 36).
129. Hans-Uwe Erichsen afirma: "A concepção do Estado de Bem-Estar Social é o resultado da busca das forças sociais, de tal modo que o Estado se responsabilize pelo atendimento das necessidades sociais e pela pacificação das tensões sociais. Só por essa razão, a liberdade no Estado Social traz consigo sempre um elemento de orientação para o Estado, bem como de sua participação." (ERICHSEN, Hans-Uwe. A eficácia dos direitos fundamentais na Lei Fundamental Alemã no Direito Privado. In: GRUNDMANN, Stefan et al. *Direito Privado, Constituição e fronteiras*: encontros da Associação Luso-alemã de Juristas no Brasil. 2. ed., rev., atual. e ampl. São Paulo: Ed.RT, 2014, p. 24).
130. HESSE, Konrad. *Derecho Constitucional y Derecho Privado*. Traducción e introducción de Ignácio Gutiérrez Gutiérrez. Madrid: Editorial Civitas, S.A, 1995.
131. PERLINGIERI, Pietro. *Perfis do Direito Civil*: introdução ao Direito Civil Constitucional. Trad. Maria Cristina De Cicco. 3. ed., rev. e ampl. Rio de Janeiro: Renovar, 2002, p. 44.
132. BRASIL. Casa Civil. *Constituição da República dos Estados Unidos do Brasil, de 16 de julho de 1934*. Disponível em: https://www.planalto.gov.br/ccivil_03/constituicao/constituicao34.htm. Acesso em: 6 abr. 2023.
133. Luís Roberto Barroso assevera: "Apesar de sua relativa proeminência na história das ideias, foi apenas ao final da segunda década do século XX que a dignidade humana começou a aparecer nos documentos jurídicos, começando com a Constituição do México (1917) e com a Constituição alemã da República de Weimar (1919)". (BARROSO, Luís Roberto. *A dignidade da pessoa humana no Direito Constitucional contemporâneo*: a construção de um conceito jurídico à luz da jurisprudência mundial. Belo Horizonte: Editora Fórum, 2013, p. 19).

Assim, como bem observa Natalino Irti, os questionamentos acerca dos valores da burguesia fizeram com que o Estado saísse da condição de espectador, cuja preocupação residia em assegurar as regras do jogo, passando a atuar ativamente na economia, como empresário, como agente com a incumbência de limitar a vontade dos particulares,[134] para que fosse possível assegurar o bem comum. Em outras palavras, o Estado passa a ter uma participação ativa, tanto nas questões econômicas quanto nas relacionadas aos Poderes Legislativo e Judiciário, na defesa de interesses voltados à obtenção do bem comum.

Consequentemente, tem-se a busca não só da justiça distributiva, para se combater a desigualdade entre as partes e a vulnerabilidade de uma delas, como também da justiça social, que acarreta "transformação, promoção, mudança, segundo o preceito constitucional: 'reduzir as desigualdades sociais'".[135]

A liberdade contratual não é extirpada ou suprimida do Direito. Contudo, ao contrário do que acontece no Estado de Direito Liberal, passa a ser vista como um "princípio funcional em relação ao conjunto da ordenação social".[136-137] No tocante à atuação econômica das empresas, as limitações atingiam o controle

> dos carteis e dos preços de monopólio inadmissíveis. Por outro lado, no domínio global das empresas de abastecimento, de transporte (incluindo o transporte de mercadorias de longo prazo), de seguros e das profissões liberais, a retribuição dos serviços, está geralmente sujeita ao tabelamento pelos poderes públicos.[138]

Em relação ao comércio de produtos alimentícios, tem-se o predomínio de uma "organização dirigista de mercado, apesar de uma progressiva liberalização".[139]

---

134. IRTI, Natalino. *L'età dela decodificazione*. Doutrinas essenciais e contratos. v. 1, p. 405-429, jun. 2011, DTR\2012\1191.
135. LÔBO, Paulo. *Direito Civil*: contratos. 3. ed. São Paulo: Saraiva, 2017, p. 41.
136. WIEACKER, Franz. *História do Direito Privado moderno*. Trad. A. M. Botelho Hespanha. 2. ed. rev. Lisboa: Fundação Calouste Gulbenkian, 1967, p. 633.
137. Jorge Miranda afirma que, no Estado Social de Direito, "Há que criar *condições de liberdade* – de liberdade de *facto*, e não só *jurídica*; mas a sua criação e a sua difusão somente têm sentido em *regime de liberdade*. Porque a liberdade (tal como a igualdade) é indivisível, a diminuição da liberdade – civil ou política de alguns (ainda quando socialmente minoritários), para outros (ainda quando socialmente maioritários) acederem a novos direitos, redundaria em redução da liberdade de todos. O resultado almejado há de ser uma *liberdade igual para todos*, construída através da correção das desigualdades e não através de uma igualdade sem liberdade; sujeita às balizas materiais e procedimentais da Constituição. (MIRANDA, Jorge. Os novos paradigmas do Estado Social. *XXXVII Congresso Nacional de Procuradores de Estado*. Instituto de Ciências Jurídico-Políticas; Centro de Investigação de Direito Público. Belo Horizonte, 28 set. 2011, p. 3-4).
138. WIEACKER, Franz. *História do Direito Privado moderno*. Trad. A. M. Botelho Hespanha. 2. ed. rev. Lisboa: Fundação Calouste Gulbenkian, 1967, p. 633.
139. WIEACKER, Franz. *História do Direito Privado moderno*. Trad. A. M. Botelho Hespanha. 2. ed. rev. Lisboa: Fundação Calouste Gulbenkian, 1967, p. 634.

Dentre as iniciativas implementadas, merece destaque a adoção das leis especiais, que resultaram na instituição de outro tipo de Direito, cuja vigência seria feita paralelamente aos códigos, notabilizando-se pela efemeridade e mutação.[140]

Todavia, no período que se iniciou com a Primeira Guerra Mundial até, aproximadamente, a Segunda Guerra Mundial, os códigos continuaram exercendo a função de norma fundamental do Direito Civil; entretanto, aumentou-se "a abrangência da legislação especial em áreas do próprio Direito Privado, mas também do Direito Público, devido às ingerências do Estado nos campos social e econômico".[141]

Após o término da Segunda Guerra Mundial, iniciou-se o período da descodificação,[142] na qual os códigos deixaram de ocupar a função de única fonte legislativa do Direito, por subsistirem no ordenamento jurídico regras que seriam aplicadas em decorrência da função desempenhada pelo indivíduo, ou seja, suas qualidades concretas e dos fins sociais a serem atingidos.[143] Também deixaram de ser vistos como um Direito geral para se caracterizarem como um Direito residual, cujo elemento fático para sua identificação se verifica cada vez mais na relação de pertencimento dos indivíduos a determinadas categorias de sujeitos.[144]

Portanto, nesse novo momento, o sujeito de direito passa a ser visto como um sujeito que deveria ser analisado de forma concreta e que se encontra socialmente relacionado com a posição ocupada na sociedade.[145-146]

No Brasil, parte da doutrina se manifesta no sentido de que o início da descodificação ocorreu com o advento da Constituição da República dos Estados Unidos do Brasil,[147] de 16 de julho de 1934, com o disposto no art. 113, item 17,

---

140. IRTI, Natalino. *L'età dela decodificazione*. Doutrinas essenciais e contratos. v. 1, p. 405-429, jun. 2011, DTR\2012\1191.
141. TIMM, Luciano Benetti. Descodificação, constitucionalização e reprivatização no Direito Privado: o Código Civil ainda é útil. *Revista de Direito Privado*, v. 27, 2006. DTR\2006\455.
142. TIMM, Luciano Benetti. Descodificação, constitucionalização e reprivatização no Direito Privado: o Código Civil ainda é útil. *Revista de Direito Privado*, v. 27, 2006. DTR\2006\455.
143. FIGUEIRA, Eliseu. *Renovação do sistema de Direito Privado*. Lisboa: Editorial Caminho S/A, 1989, p. 57.
144. ALPA, Guido. *L'età della decodificazione vent'anni doppo*. Dott. A. Milano: Giuffrè Editore, 1999, p. 40.
145. FIGUEIRA, Eliseu. *Renovação do sistema de Direito Privado*. Lisboa: Editorial Caminho S/A, 1989, p. 57.
146. Glenda Gonçalves Gondim adverte: "A definição do sujeito de direito como '*o indivíduo isolado deixa de constituir o ponto de focagem do saber social e passa a ser tido como uma abstração metafísica realmente inexistente*', e não mais corresponde aos novos interesses que '*excedem o âmbito estritamente individual, mas não chegam a constituir interesse público*', deslocando o foco do indivíduo para um grupo". (GONDIN, Glenda Gonçalves. A metodologia da codificação: dez anos do atual Código Civil. *Revista da Faculdade de Direito da Universidade Federal de Minas Gerais*, n. 63, p. 289, jul.-dez. 2013).
147. BRASIL. Casa Civil. *Constituição da República dos Estados Unidos do Brasil, de 16 de julho de 1934*. Disponível em: https://www.planalto.gov.br/ccivil_03/constituicao/constituicao34.htm. Acesso em: 6 abr. 2023.

o qual estabelece que "É garantido o direito de propriedade, que não poderá ser exercido contra o interesse social ou coletivo, na forma que a lei determinar".[148]

Nesse cenário, pode-se afirmar que a função social da propriedade acabou por resultar no advento de inúmeras leis especiais, como a Lei 4.504, de 30 de novembro de 1964, que dispõe sobre o Estatuto da Terra. No Direito dos Contratos, a Lei de Locação de Imóveis Urbanos, editadas em 1979 e 1991.

Outra parte da doutrina entende que a Constituição da República Federativa do Brasil de 1988,[149] que recepcionou temas relevantes levou ao Estado Social de Direito e deu início ao processo de constitucionalização do Direito Civil, consistente na ascensão à Constituição "dos princípios fundamentais do Direito Civil, que passam a condicionar a observância pelos cidadãos e a aplicação pelos tribunais, da legislação infraconstitucional".[150]

Seus principais elementos caracterizadores consistem no reconhecimento da força normativa da Constituição, na existência de pluralidade de fontes, que devem seguir aos preceitos constitucionais, e em uma nova forma de interpretação não formalista, baseada da mesma forma nos valores e princípios fundamentais.[151]

A norma estabelecida pela Constituição da República, portanto, não deve ser vista tão somente como sendo uma regra hermenêutica, "mas também como norma de comportamento, idônea, a incidir sobre o conteúdo das relações intersubjetivas, funcionalizando-as aos seus valores".[152]

Glenda Gonçalves Gondim, por sua vez, adverte que a constitucionalização não representa o desaparecimento ou a diminuição do Direito Civil. Na verdade, busca-se a prevalência das pessoas quando confrontadas com institutos patrimoniais, sem, contudo, implicar na sua extinção. "Ampliam-se as relações dos indivíduos e suas necessidades sociais que não são apenas patrimoniais, mas também existenciais."[153]

Nesse sentido, Luiz Edson Fachin afirma que a Constituição da República fez com que o Direito Civil rompesse o patrimonialismo estabelecido pelo Es-

---

148. TIMM, Luciano Benetti. Descodificação, constitucionalização e reprivatização no Direito Privado: o Código Civil ainda é útil. *Revista de Direito Privado*, v. 27, 2006. DTR\2006\455.
149. TIMM, Luciano Benetti. Descodificação, constitucionalização e reprivatização no Direito Privado: o Código Civil ainda é útil. *Revista de Direito Privado*, v. 27, 2006. DTR\2006\455.
150. LÔBO, Paulo. Direito Civil Constitucional. *Cadernos da Escola de Direito e Relações Internacional*. Centro Universitário Autônomo do Brasil (UniBrasil), v. 2, n. 13, p. 3, 2010.
151. LÔBO, Paulo. Direito Civil Constitucional. *Cadernos da Escola de Direito e Relações Internacional*. Centro Universitário Autônomo do Brasil (UniBrasil), v. 2, n. 13, p. 3, 2010.
152. MORAES, Maria Celina Bodin. O Direito Civil Constitucional. In: MORAES, Maria Celina Bodin de. *Na medida da pessoa humana*: estudos de Direito Civil. Rio de Janeiro, 2016, p. 29.
153. GONDIN, Glenda Gonçalves. A metodologia da codificação: dez anos do atual Código Civil. *Revista da Faculdade de Direito da Universidade Federal de Minas Gerais*, n. 63, jul.-dez. 2013.

tado de Direito Liberal, "migrando para uma concepção em que se privilegia o desenvolvimento humano e a dignidade da pessoa concretamente considerada, em suas relações interpessoais".[154]

A igualdade, formal e material, a dignidade da pessoa humana e a solidariedade tornaram-se os parâmetros a serem adotados pelo intérprete,[155] de modo que a dignidade da pessoa humana passasse a ser vista como uma "verdadeira cláusula geral de tutela de promoção da pessoa humana".[156-157]

Maria Celina Bodin de Moraes apresenta o substrato material da dignidade da pessoa humana, constituído pelos postulados a seguir transcritos:

> i) o sujeito moral (ético) reconhece a existência de outros como sujeitos iguais a eles; ii) merecedores do mesmo respeito à integridade psicofísica de que é titular; iii) é dotado de vontade livre, de autodeterminação; iv) é parte do grupo social, em relação ao qual tem a garantia de não vir a ser marginalizado.[158]

Um dos institutos alçados na Constituição Federal de 1988, representativo da defesa da dignidade da pessoa humana e dos direitos fundamentais descritos no art. 5º, é a tutela do consumidor.

Assim, em atendimento à determinação constitucional, tem-se o início da vigência da Lei Especial (microssistema) 8.078, de 11 de setembro de 1990,[159] que dispõe sobre a proteção do consumidor e dá outras providências.

Dentre as inúmeras normas criadas para a tutela do Direito do Consumidor, tem-se o disposto nos arts. 91 e seguintes que tratam das ações coletivas para a defesa de interesses individuais homogêneos, razão pela qual se denota a proteção desse sujeito em uma perspectiva coletiva.[160]

---

154. FACHIN, Luiz Edson. *Direito Civil*: sentidos, transformações e fim. Rio de Janeiro: Renovar, 2015, p. 58-59.
155. MORAES, Maria Celina Bodin. O Direito Civil Constitucional. In: MORAES, Maria Celina Bodin de. *Na medida da pessoa humana*: estudos de Direito Civil. Rio de Janeiro, 2016.
156. TEPEDINO, Gustavo. A tutela da personalidade no ordenamento civil-constitucional brasileiro. In: TEPEDINO, Gustavo. *Temas de Direito Civil*. 4. ed. Rio de Janeiro: Renovar, 2008, p. 54.
157. Pietro Perlingieri adverte que na Itália o "art. 2 Const. é uma norma diretamente aplicável e exprime uma cláusula geral de tutela da pessoa humana: o seu conteúdo não se limita a resumir os direitos tipicamente previstos por outros artigos da Constituição, mas permite estender a tutela a situação atípicas". (PERLINGIERI, Pietro. *Perfis do Direito Civil*: introdução ao Direito Civil Constitucional. Trad. Maria Cristina De Cicco. 3. ed., rev. e ampl. Rio de Janeiro: Renovar, 2002, p. 155).
158. MORAES, Maria Celina Bodin de. O conceito de dignidade humana: substrato axiológico e conteúdo normativo. In: SARLET, Ingo Wolfgang. *Constituição, direitos fundamentais e Direito Privado*. Porto Alegre: Livraria do Advogado Editora, 2010, p. 120.
159. BRASIL. Casa Civil. Lei 8.078, de 11 de setembro de 1990. Disponível em: http://www.planalto.gov.br/ccivil_03/leis/l8078compilado.htm. Acesso em: 6 abr. 2023.
160. Nesse sentido é a orientação do Tribunal de Justiça do Paraná: "Apelações Cíveis – Ação Civil Pública – Análise Conjunta – Possibilidade Frente Às Peculiaridades Do Caso Concreto – Sentença De Parcial

O Código de Defesa do Consumidor também instituiu os direitos básicos do consumidor, dentre os quais se destaca a tutela do direito à vida, a necessidade de recebimento de informações adequadas e claras, a modificação de cláusulas contratuais que estabeleçam prestações desproporcionais ou sua revisão em razão de fatos supervenientes que as tornem excessivamente onerosas e a facilitação da defesa de seus direitos, inclusive com a inversão do ônus da prova, a seu favor, no processo civil, quando, a critério do juiz, for verossímil a alegação ou quando for ele hipossuficiente, segundo as regras ordinárias de experiências.

Outro microssistema que entrou em vigência foi a Lei 8.069/1990, que dispõe sobre o Estatuto da Criança e do Adolescente e dá outras providências. Nele se verifica o reconhecimento da vulnerabilidade das crianças e dos adolescentes, dispondo seu art. 3º que eles "gozam de todos os direitos fundamentais inerentes à pessoa humana, sem prejuízo de sua proteção integral (...)".

O Superior Tribunal de Justiça, a despeito do reconhecimento da vulnerabilidade, também tem aplicado o conceito de hipervulnerabilidade, no sentido de se conceder uma proteção ainda mais acentuada a determinados grupos:

> O Código de Defesa do Consumidor, é desnecessário explicar, protege todos os consumidores, mas não é insensível à realidade da vida e do mercado, vale dizer, não desconhece que há consumidores e consumidores, que existem aqueles que, no vocabulário da disciplina, são denominados hipervulneráveis, como as crianças, os idosos, os portadores de deficiência, os analfabetos e, como não poderia deixar de ser, aqueles que, por razão genética ou não, apresentam enfermidades que possam ser manifestadas ou agravadas pelo consumo de produtos ou serviços livremente comercializados e inofensivos à maioria das pessoas.[161]

Nesse contexto, o sujeito deixa de ser analisado de forma abstrata e individual, passando a ter sua tutela efetivada sob o viés concreto e coletivo, para se atingir o bem comum. Também se verifica a ocorrência de uma nova principiologia contratual, que passa a ser preocupar com interesses existenciais, assim compreendidas como aos que estão vinculados à pessoa.

Essa nova principiologia contratual acaba por autorizar o Estado a intervir para se obter o equilíbrio e a justiça substancial, em consideração ao fato de a pessoa ter sido eleita como centro do ordenamento jurídico.[162] Para tanto,

---

Procedência – Preliminar De Ilegitimidade Ativa – Procon/PR Tem Legitimidade Ativa Para Ajuizar Ação Coletiva Em Defesa De Interesses Individuais Homogêneos – Preliminar De Ausência De Interesse De Agir – Inocorrência – Questão Que Deve Ser Analisada *In Status Assertionis* – Precedentes do STJ (...). (BRASIL. Tribunal de Justiça do Paraná. Décima Quarta Câmara Cível. Apelação Cível 1.585.408-1. Relator Desembargador Marco Antonio Antoniassi, julgado em 08.02.2017). Disponível em: www.tjpr.jus.br. Acesso em: 6 abr. 2023.

161. BRASIL. Superior Tribunal de Justiça. Segunda Turma. Recurso Especial 586.316/MG. Relator Ministro Herman Benjamin, julgado em 17.04.2007. Disponível em: www.stj.jus.br. Acesso em: 6 abr. 2023.

162. PINHEIRO, Rosalice Fidalgo. *Contrato e direitos fundamentais*. Curitiba: Juruá Editora, 2009, p. 39.

deve-se conciliar os princípios contratuais clássicos, com os princípios sociais estabelecidos pelo Código Civil de 2002, como boa-fé objetiva, função social do contrato e equilíbrio contratual.

Às relações contratuais incidem uma intervenção política, tida inicialmente como uma "função protetiva, que favorece o contraente economicamente mais frágil, e em um segundo momento, limita-se a dirigi-lo, ao estabelecer as regras do jogo, que colocam em primeiro plano os interesses sociais".[163]

Os danos morais passam a incidir nas hipóteses de descumprimento contratual e extracontratual toda vez que se tem a violação de um direito da personalidade da vítima, conforme disposto pelo Superior Tribunal de Justiça, por ocasião do julgamento do Recurso Especial 1.406.245/SP, de relatoria do Ministro Luis Felipe Salomão, ocorrido em 24 de novembro de 2020:

> (...) 4. O direito à compensação de dano moral, conforme a expressa disposição do art. 12 do CC, exsurge de condutas que ofendam direitos da personalidade (como os que se extraem, em *numerus apertus*, dos arts. 11 a 21 do CC), bens tutelados que não têm, per se, conteúdo patrimonial, mas extrema relevância conferida pelo ordenamento jurídico, quais sejam: higidez física e psicológica, vida, liberdade (física e de pensamento), privacidade, honra, imagem, nome, direitos morais do autor de obra intelectual. Nessa linha de intelecção, como pondera a abalizada doutrina especializada, mero dissabor, aborrecimento, mágoa, irritação ou sensibilidade exacerbada estão fora da órbita do dano moral, porquanto, além de fazerem parte da normalidade do nosso dia a dia, no trabalho, no trânsito, entre os amigos e até no ambiente familiar, tais situações não são tão intensas e duradouras, a ponto de romper o equilíbrio psicológico do indivíduo.
>
> 5. Os "danos morais", reconhecidos pelo Tribunal de origem, limitam-se a "dissabores por não ter havido pronta resolução satisfatória, na esfera extrajudicial, obrigando o consumidor a lavrar boletim de ocorrência em repartição policial". Certamente, não se pode tomar o dano moral em seu sentido natural, e não jurídico, associando-o a qualquer prejuízo incalculável, como figura receptora de todos os anseios, dotada de uma vastidão tecnicamente insustentável, e mais comumente correlacionando-o à dor, ao aborrecimento, sofrimento e à frustração. Essas circunstâncias todas não correspondem ao seu sentido jurídico, a par de essa configuração ter o nefasto efeito de torná-lo sujeito ao subjetivismo de cada um.
>
> 6. É o legislador que está devidamente aparelhado para a apreciação e efetivação das limitações necessárias à autonomia privada em face dos outros valores e direitos constitucionais. A condenação por dano moral, em casos que não afetem interesses existenciais merecedores de tutela, sanciona o exercício e o custo da atividade econômica, onerando o próprio consumidor, em última instância.
>
> 7. Recurso especial provido para restabelecimento do decidido na sentença.[164]

---

163. PINHEIRO, Rosalice Fidalgo; TRAUTWEIN, José Roberto Della Tonia. A crise da Covid-19 e o dever de renegociar nos contratos de locação de imóveis urbanos. In: SILVA, Michael César et al. *Impactos do coronavírus no Direito*: diálogos, reflexões e perspectivas contemporâneas, v. II. Belo Horizonte: Editora Newton Paiva, 2022, p. 517.
164. BRASIL. Superior Tribunal de Justiça. Quarta Turma. Recurso Especial 1.406.245/SP. Relator Ministro Luis Felipe Salomão, julgado em 24.11.2020. Disponível em: www.stj.jus.br. Acesso em: 6 abr. 2023.

A saúde, apontada por Pietro Perlingieri como sendo um "perfil essencial da pessoa",[165] também tem acarretado a intervenção estatal, quer por meio da Lei 9.656, de 3 de junho de 1998, que dispõe sobre planos e seguros privados de assistência à saúde ou pela regulamentação da Agência Nacional de Saúde Suplementar (ANS) ou, ainda, do Poder Judiciário, sobretudo na questão relacionada aos medicamentos cujo fornecimento foi recusado pelas operadoras de saúde.

É o que se verifica, por exemplo, de decisão recentemente proferida pela 3ª Turma do Superior Tribunal de Justiça, que no julgamento do Recurso Especial 2.019.618/SP, de relatora da Ministra Nancy Andrighi, realizado em 29 de novembro de 2022, concluiu pela obrigatoriedade do fornecimento de medicamento pela operadora de saúde que, embora não tenha sido registrado junto à Agência Nacional de Vigilância Sanitária (Anvisa), teve sua importação autorizada pelo órgão.[166]

A intervenção estatal na disciplina dos contratos repercutirá significativamente na evolução da tese, na medida em que ela continuará sendo aplicada às relações da economia do compartilhamento, especialmente pelo fato de o usuário

---

165. PERLINGIERI, Pietro. *Perfis do Direito Civil*: introdução ao Direito Civil Constitucional. Trad. Maria Cristina De Cicco. 3. ed., rev. e ampl. Rio de Janeiro: Renovar, 2002, p. 157.

166. Recurso especial. Ação de obrigação de fazer. Prequestionamento. Ausência. Súmula 282/STF. Obrigação de a operadora de plano de saúde custear medicamento importado não registrado na ANVISA. Atendimento ao conceito de saúde baseada em evidências (SBE) do rol taxativo mitigado e do rol exemplificativo com condicionantes. Tema 990. Aplicação da técnica da distinção (*distinguishing*) entre a hipótese concreta dos autos com a questão decidida em sede de recurso repetitivo. Interpretação razoável da cláusula contratual. Dano moral não configurado. (...)
4. A prescrição do tratamento medicamentoso pelo médico assistente da beneficiária-recorrida está amparada no conceito de saúde baseada em evidências – SBE, em consonância seja com a tese da taxatividade mitigada do rol da ANS, firmada pela Segunda Seção, no julgamento dos EREsp 1.886.929/SP e dos EREsp 1.889.704/SP (DJe 03.08.2022), seja com a tese do rol exemplificativo com condicionantes, da Lei 14.454/2022.
5. Segundo o entendimento consolidado pela 2ª Seção no julgamento do REsp 1.712.163/SP e do REsp 1.726.563/SP, sob a sistemática dos recursos repetitivos, "as operadoras de plano de saúde não estão obrigadas a fornecer medicamento não registrado pela ANVISA. (Tema 990 – julgado em 1º.09.2020, *DJe* de 09.09.2020).
6. A autorização da ANVISA para a importação do medicamento para uso próprio, sob prescrição médica, é medida que, embora não substitua o devido registro, evidencia a segurança sanitária do fármaco, porquanto pressupõe a análise da Agência Reguladora quanto à sua segurança e eficácia, além de excluir a tipicidade das condutas previstas no art. 10, IV, da Lei 6.437/77, bem como nos arts. 12 c/c 66 da Lei 6.360/76.
7. Necessária a realização da distinção (*distinguishing*) entre o entendimento firmado no precedente vinculante e a hipótese concreta dos autos, na qual o medicamento (PURODIOL 200 mg/ml) prescrito à beneficiária do plano de saúde, embora se trate de fármaco importado ainda não registrado pela ANVISA, teve a sua importação autorizada pela referida Agência Nacional, sendo, pois, de cobertura obrigatória pela operadora de plano de saúde. (...). (BRASIL. Superior Tribunal de Justiça. Terceira Turma. Recurso Especial 2.019.618/SP. Relatora Ministra Nancy Andrighi, julgado em 29/11/2022. Disponível em: www.stj.jus.br. Acesso em: 6 abr. 2023).

consumidor continuar sendo a parte mais fraca na relação contratual, assim como em decorrência do forte poder outorgado às guardiãs do acesso.

1.4 CONTRATO COMO PONTO DE ENCONTRO DE DIREITOS FUNDAMENTAIS NA SOCIEDADE DO COMPARTILHAMENTO

A orientação advinda do Estado de Direito Liberal era a de que o contrato, espécie do gênero negócio jurídico, estava estreitamente relacionado com a vontade – considerada como imprescindível para sua formação[167] e produção de efeitos.

Marcelo Luiz Francisco de Macedo Bürger afirma que referida teoria foi elaborada por Friederich Carl von Savigny e se baseia nos ensinamentos éticos e filosóficos de Kant. Na vontade é que se encontram os parâmetros necessários para a obtenção da autonomia ética da pessoa, que se caracteriza como um limite para a execução da vontade de outro indivíduo. Ou seja, a liberdade de uma pessoa encontra limites na de outra. O negócio jurídico era formado pela vontade, pela declaração e pelo objetivo de realizar os efeitos jurídicos, dando-se prevalência apenas à vontade, "constituindo a declaração tão somente o elemento que lhe daria cognoscibilidade".[168]

Os adeptos da teoria da vontade a viam como essência do negócio jurídico[169] e sua ausência resultaria em sua nulidade ou anulabilidade. Da mesma forma, o contrato que deixasse de contemplar requisito legal, como a doação ou a compra e venda sem a lavratura da escritura pública, desde que acima do teto legal, também seria invalidada.[170]

Nesse período, compreendido como a primeira metade do século XIX, a teoria do negócio jurídico não tinha qualquer preocupação com a tutela de terceiros. Predominava a vontade interior do agente.[171-172]

---

167. GRAMSTRUP, Erik Frederico; ZANETTI, Andrea Cristina. Aspectos formativos do contrato na atualidade. *Revista Quaestio Iuris*, v. 12, n. 4, p. 676, 2019.
168. BÜRGER, Marcelo Luiz Francisco de Macedo. *O(s) silêncio(s) no negócio jurídico*: reflexões sobre a apreensão dos silêncios na teoria do negócio jurídico. Dissertação (Mestrado em Direito das Relações Sociais). 179 p. Universidade Federal do Paraná. Curitiba: 2016, p. 28.
169. SILVA, Clóvis V. do Couto E. Para uma história dos conceitos no Direito Civil e no Direito Processual Civil (a atualidade do pensamento de Otto Karlowa e de Oskar Bülow). *Revista de Processo*, v. 37. jan.-mar. 1985, DTR\1985\6.
170. GRAMSTRUP, Erik Frederico; ZANETTI, Andrea Cristina. Aspectos formativos do contrato na atualidade. *Revista Quaestio Iuris*, v. 12, n. 4, p. 677, 2019.
171. SILVA, Clóvis V. do Couto E. Para uma história dos conceitos no Direito Civil e no Direito Processual Civil (a atualidade do pensamento de Otto Karlowa e de Oskar Bülow). *Revista de Processo*, v. 37. jan.-mar./1985, DTR\1985\6.
172. Roberto de Ruggiero adverte: "O erro que consideramos é o erro *obstativo*, aquele que é causa da divergência entre a vontade e a manifestação (o outro, o êrro vício, não provoca discordância; a vontade e a declaração são conformes (...). Pode êle assumir formas diversíssima: adopta-se uma palavra, por

Posteriormente, a teoria da vontade passou a ser analisada sobre novo viés. Motivada pelo positivismo científico, tem-se o abandono da orientação ética e filosófica de Kant para se analisar à vontade sob o enfoque psicológico do indivíduo. Aqui, tem-se mais um indicativo da prevalência da vontade, com o enfraquecimento da declaração "ou do próprio tráfico jurídico, já que a vontade psicologicamente considerada é invisível ao alter e a terceiros. Nessa estrutura, à declaração resta apenas uma função auxiliar e subordinada à vontade (...)".[173]

Massimo Franzoni, por sua vez, adverte que a manifestação da vontade disposta em um negócio jurídico institui um valor idêntico ao previsto na norma jurídica, eis que ambos integram sistemas de valoração dos quais a lei estabelece os efeitos jurídicos a serem aplicados. Consequentemente, o negócio jurídico forma um ponto de equilíbrio entre as pretensões distintas de cada um dos envolvidos. De um lado, o dos compradores, que integram a classe burguesa que estava em ascensão, cuja vontade era suficiente para formar as relações, e, de outro, a pretensão dos vendedores, formada pelos grandes proprietários, que estavam em declínio e que poderiam, também pela vontade, terem seus direitos extintos.[174-175]

Isso se justificava no modelo de sociedade existente, marcado pela celebração de relações comerciais imediatas e por contratos de compra e venda firmados entre os indivíduos e fundamentados em estruturas pouco desenvolvidas de fabricação, disponibilização e obtenção de bens materiais.[176]

---

ignorância de seu significado ou por equívoco, em vez da palavra própria (...); troca-se a pessôa à qual a declaração é dirigida. (...) No caso de erro (obstativo, que é o único que aqui consideramos), visto que a discordância entre a vontade e a declaração não é premeditada mas inconsciente, não se pode atribuir qualquer eficácia à declaração viciada, sendo por isso nulo o negócio". (RUGGIERO, Roberto de. *Instituições de Direito Civil*. Tradução da 6ª edição italiana, com notas remissivas aos Códigos Civis brasileiro e português pelo Dr. Ary dos Santos. v. 1. São Paulo: Saraiva, 1934, p. 255,257-258).

173. BÜRGER, Marcelo Luiz Francisco de Macedo. *O(s) silêncio(s) no negócio jurídico*: reflexões sobre a apreensão dos silêncios na teoria do negócio jurídico. Dissertação (Mestrado em Direito das Relações Sociais). 179 p. Universidade Federal do Paraná. Curitiba: 2016, p. 28.

174. FRANZONI, Massimo. El debate actual sobre el negocio jurídico en Italia. *Revista Ius Et Veritas*, n. 48, p. 39, julio 2014.

175. No mesmo sentido se posicionava Antonio Junqueira de Azevedo: "As definições voluntaristas são indubitavelmente dominantes na doutrina brasileira, na qual, aliás, com poucas exceções, nem sequer se cogita da concepção oposta; correspondem elas, *grosso modo*, à definição que o art. 81 no Código Civil brasileiro dá ao 'ato jurídico'. Deixando de lado as obras mais antigas, quando a concepção em pauta era a única existente, basta, para confirmar o estado atual da doutrina brasileira, examinarmos as definições dadas ao negócio jurídico (muitas vezes ainda chamado de ato jurídico) em alguns dos livros mais difundidos para o estudo do Direito Civil nas faculdades de direito do País. 'O ato jurídico deve ser conforme a vontade do agente e as normas de direito; *é toda manifestação de vontade individual, a que a lei atribui o efeito de movimentar as relações jurídicas*". (AZEVEDO, Antônio Junqueira de. *Negócio jurídico*: existência, validade e eficácia. 4. ed., atual. de acordo com o novo Código Civil (Lei 10.406, de 10.01.2002). São Paulo: Saraiva, 2017, p. 4-5.

176. GRAMSTRUP, Erik Frederico; ZANETTI, Andrea Cristina. Aspectos formativos do contrato na atualidade. *Revista Quaestio Iuris*, v. 12, n. 4, p. 676, 2019,.

Esse modelo do século XIX, com base na igualdade formal dos contratantes, alterou-se com a massificação das relações comerciais, na qual o indivíduo acabou perdendo relevância pelo fato de os contratos de massa, ofertados para todas as pessoas indistintamente, terem feito com que as operações se tornassem dinâmicas e obrigassem os institutos até então existentes, que passaram a ser analisados sob esse aspecto.[177-178] Ou seja, a busca pela segurança jurídicas ocasionada pelo avanço dos processos econômicos, especialmente o industrial, somados à área social, com a constatação de "que o indivíduo em sociedade tem deveres para com o alter, impregnam a teoria do negócio jurídico com valores sociais e críticas voltadas à proteção de terceiros, fazendo-se salutar um novo modelo para o negócio".[179] Daí a conclusão de Rosalice Fidalgo Pinheiro, no sentido de que "a vontade demite-se do contrato, sintetizando-o em um processo objetivo e pessoal".[180-181]

Judith Martins-Costa relata que estudos realizados sobre o processo de massificação social e suas consequências no Direito apontam que foi no direito das obrigações e/ou no dos contratos que se teve uma maior repercussão pela "estandardização social (...): aí hoje se verificam, por exemplo, inúmeras formas de vinculação negocial onde sequer se cogita do papel da vontade a reclamar espaço e qualificação jurídica".[182]

---

177. SILVA, Juliana Pedreira. *Contratos sem negócio jurídico*: crítica das relações contratuais de fato. São Paulo: Atlas, 2011, p. 79.
178. Paulo Nalin adverte: "O repensar do modelo contratual, ou o reconhecimento de sua crise institucional, surgem em razão do desajuste entre o modelo contratual de *gré a gré* (paritário) e as relações de massa. O *Code*, assim como o nosso próprio Código Civil, foram concebidos para que figure na relação jurídica contratual somente dois sujeitos (credor e devedor). (NALIN, Paulo. *Do contrato*: conceito pós-moderno em busca de sua formulação na perspectiva civil-constitucional. 2. ed. Curitiba: Juruá, 2008, p. 116).
179. BÜRGER, Marcelo Luiz Francisco de Macedo. *O(s) silêncio(s) no negócio jurídico*: reflexões sobre a apreensão dos silêncios na teoria do negócio jurídico. Dissertação (Mestrado em Direito das Relações Sociais). 179 p. Universidade Federal do Paraná. Curitiba: 2016, p. 28.
180. PINHEIRO, Rosalice Fidalgo. *Contrato e direitos fundamentais*. Curitiba: Juruá Editora, 2009, p. 41.
181. Antônio Junqueira de Azevedo adverte: "Finalizando o capítulo, quer-nos parecer que uma concepção estrutural do negócio jurídico, sem repudiar inteiramente as concepções voluntaristas, dela se afasta, porque não se trata mais de entender por negócio jurídico um ato de vontade do agente, mas sim um ato que *socialmente* é visto como ato de vontade destinado a produzir efeitos jurídicos. A *perspectiva muda inteiramente*, já que de psicológica passa a social. O negócio não é o que o agente quer, mas sim o que a sociedade vê como a declaração de vontade do agente. Deixa-se, pois, de examinar o negócio através da ótica estreita do seu amor e, alargando-se extraordinariamente o campo de visão, passa-se a fazer o exame pelo prisma social e mais propriamente jurídico." (AZEVEDO, Antônio Junqueira de. *Negócio jurídico*: existência, validade e eficácia. 4. ed., atual. de acordo com o novo Código Civil (Lei 10.406, de 10.01.2002). São Paulo: Saraiva, 2017, p. 21.
182. COSTA, Judith Martins. Crise e modificação da ideia de contrato no direito brasileiro. *Doutrinas Essenciais Obrigações e Contratos*, v. 3, jun. 2011, DTR\2012\1946.

O processo de objetivação iniciou-se com a substituição da teoria da vontade pela da declaração, que se preocupava em "tutelar os interesses do destinatário da declaração, o qual tinha confiado no teor objectivo e socialmente perceptível desta".[183]

Nela, entende-se como desnecessária a análise da vontade interior do declarante, sendo relevante sua declaração.[184] Logo, denota-se que a declaração da vontade nada mais é do que do que "um ato de comunicação de vontade, dirigida a uma ou mais pessoas, determinadas ou determináveis, visando à produção de efeito jurídico.[185]

A distinção entre as teorias da vontade e da declaração é apresentada por António Menezes Cordeiro. Segundo ele, na primeira teoria, a vontade é uma consequência de uma escolha do declarante, ao passo que, na segunda, dá-se importância à revelação dessa opção.[186]

"A natureza e as características do negócio jurídico residem fundamentalmente no comportamento objetivo do agente, como auto-regulamento de seus próprios interesses",[187] de modo que, pela teoria da declaração, passa-se a se preocupar com o destinatário da declaração ou com terceiros de boa-fé (e não mais com o declarante).[188]

A exigência de se proteger o destinatário e/ou o terceiro resultou na diminuição das hipóteses de o negócio jurídico ser declarado nulo pelo erro. As circunstâncias que caracterizaram o erro substancial e a consequente nulidade foram sendo limitadas, "não se levando em conta apenas o emitente da declaração, mas, sobretudo, aquele em face de quem ocorreu a manifestação da vontade".[189]

Disso se extrai a conclusão de José Beleza dos Santos, no sentido de que se busca "determinar o sentido que segundo os usos correntes todo o homem suficientemente atento teria podido deduzir de uma análoga indagação da vontade".[190]

---

183. ROPPO, Enzo. *O contrato*. Trad. Ana Coimbra e M. Januário C. Gomes. Coimbra, Portugal: Almedina, 2009, p. 297-299.
184. PEREIRA, Caio Mario da Silva. *Instituições de Direito Civil*: introdução ao Direito Civil. Teoria geral de Direito Civil. Rio de Janeiro: Forense, 2004, v. 1, p. 482.
185. THEODORO JÚNIOR, Humberto; FIGUEIREDO, Helena Lanna. *Negócio jurídico*. Rio de Janeiro: Forense, 2021, p. 93.
186. CORDEIRO, António Menezes. *Tratado de Direito Civil*: parte geral: negócio jurídico. 4. ed., ref. e atual. v. 2. Coimbra, Portugal: Almedina, 2018, p. 127.
187. AMARAL, Francisco. *Direito Civil*: introdução. 5. ed., rev., atual. e ampl. Rio de Janeiro: Renovar, 2003, p. 382.
188. AMARAL, Francisco. *Direito Civil*: introdução. 5. ed., rev., atual. e ampl. Rio de Janeiro: Renovar, 2003, p. 382.
189. SILVA, Clóvis V. do Couto E. Para uma história dos conceitos no Direito Civil e no Direito Processual Civil (a atualidade do pensamento de Otto Karlowa e de Oskar Bülow). *Revista de Processo*, v. 37. jan.-mar. 1985, DTR\1985\6.
190. SANTOS, José Beleza dos. *A simulação em Direito Civil*. 2. ed. São Paulo: LEJUS, 1999, p. 16.

Todavia, essa objetivação não se limitou à adoção da teoria da declaração, que pode em algumas ocasiões igualmente perder relevância, como se verifica nos contratos standard, formados por condições gerais e formulários previamente elaborados por uma das partes e destinados a um grupo indeterminado de interessados, que aceitam os termos com "um simples acto de adesão mecânica e passiva ao esquema pré-formulado".[191]

A massificação das relações contratuais, portanto, acentuou a desigualdade entre os contratantes, na medida em que a existência das já mencionadas cláusulas previamente elaboradas acaba por reduzir significativamente a liberdade de uma das partes. Em contrapartida, o contratante que preparou o contrato atuava visando forçar a prevalência de sua vontade.[192]

Assim, faz-se necessário combater tal prática a fim de se evitar as disputas que surgiram e ainda surgem entre os integrantes dos grupos econômicos e o dos grupos sociais, de "modo a que o contrato não pode mais ser deixado ao livre jogo das vontades individuais".[193]

Isso acontece por intermédio de uma renovação do modelo contratual, que passa a se basear na dignidade da pessoa humana e na justiça social, presentes na Constituição Federal de 1988, que respectivamente as contempla como fundamento da República e fundamento da ordem econômica.[194]

Assim, com a eficácia normativa das normas constitucionais, o Direito dos contratos passa a se preocupar com uma nova repartição das riquezas, resultante do objetivo previsto na Constituição da República de ser erradicada a desigualdade social e regional. Disso é que se extrai a justificativa para a "atuação interventiva do Estado na específica seara dos contratos, a fim de que também esse ramo do Direito se prestasse ao cumprimento do projeto geral de transformação (e não apenas conservação) da realidade social".[195]

O contrato torna-se, portanto, um local de eticidade, especialmente porque a pessoa que se obriga a algo se torna também responsável por observar

> o feixe de direitos contidos na posição jurídica ocupada pelo alter e isso decorre do imperativo de eticidade afeto à consideração do outro ou, ainda, à dívida de lealdade perante o outro e a impossibilidade de invadir esfera jurídica alheia, em estrita adesão ao antiquíssimo

---

191. ROPPO, Enzo. *O contrato*. Trad. Ana Coimbra e M. Januário C. Gomes. Coimbra, Portugal: Almedina, 2009, p. 302-303.
192. PINHEIRO, Rosalice Fidalgo. *Contrato e direitos fundamentais*. Curitiba: Juruá Editora, 2009, p. 42-43.
193. PINHEIRO, Rosalice Fidalgo. *Contrato e direitos fundamentais*. Curitiba: Juruá Editora, 2009, p. 43.
194. SILVA, Rodrigo da Guia. Equilíbrio e vulnerabilidade nos contratos: marchas e contramarchas do dirigismo contratual. *Civilistica.com*. Rio de Janeiro, ano 9, n. 3, p. 4, 2020.
195. SILVA, Rodrigo da Guia. Equilíbrio e vulnerabilidade nos contratos: marchas e contramarchas do dirigismo contratual. *Civilistica.com*. Rio de Janeiro, ano 9, n. 3, p. 4, 2020.

alterum non laedere que, observado com ênfase crítica, possui como objeto o dano em si, tecnicamente, transformado em comportamento antijurídico.

Deve agregar-se, também, que a inexecução de deveres éticos propõe a inexecução dos imperativos jurídicos que orientam o comportamento devido dentro dos marcos normativos da lealdade, solidariedade e respeito que se encontram insertos em regras que encartam a obrigação de comportar-se consoante a boa-fé e nos conteúdos semânticos [que lhe são socialmente atribuídos].[196]

Claudia Lima Marques afirma que essa reformulação mais social das relações contratuais acaba por tornar o contrato mais flexível, caracterizando-o como ponto de encontro dos direitos fundamentais.[197] Isso fica evidenciado pelo disposto na Constituição da República, que aponta os consumidores como parte vulnerável e mais fraca na relação contratual, passíveis de proteção estatal, a ser feita pela edição do Código de Defesa do Consumidor. Portanto, instituiu-se "uma visão mais social e teleológica do contrato como instrumento de realização das expectativas legítimas deste sujeito de direitos fundamentais, o consumidor".[198]

A atuação estatal volta-se para a defesa da parte mais fraca, afastando-se da noção de sujeito abstrato para instituir "o paradigma de um sujeito diferenciado".[199]

Os direitos fundamentais, portanto, não podem mais se limitar a incidir nas relações entre Estado e particular, devendo também serem aplicados nas que envolvem os particulares, especialmente após se constatar que em determinadas situações a atuação de um particular revela-se ainda mais prejudicial aos direitos humanos do que o exercido pelas autoridades do Estado. Tal circunstância faz com que o contrato adquira uma nova finalidade, qual seja, a de proteger os direitos fundamentais,[200] que, no caso dos consumidores, deveria ser realizada, por determinação da Constituição da República, por meio de lei própria.

Assim é que entrou em vigor a Lei 8.078/1990, que dispõe sobre a proteção e defesa do consumidor, dispondo em seu art. 1º que as normas nele dispostas são de ordem pública e de interesse social.

---

196. CAUMONT, Arturo. Por uma teoria ética do contrato. Trad. Maria Eduarda Trevisan Kroeff. Revisão da tradução: Marcos Catalan. *Redes: Revista Eletrônica Direito e Sociedade*, v. 8, n. 1, p. 99, 2020.
197. Ricardo Luis Lorenzetti afirma: "Os direitos fundamentais são espécie de direitos fundantes do ordenamento jurídico, uma vez que possuem um caráter fundante do Estado de Direito e nesse aspecto se relacionam com o paradigma de limite de poder. Da mesma forma, considere-se que seu fundamento não se reside em uma pessoa ou na humanidade, mas no modelo de acordos básicos que originam a sociedade". (LORENZETTI, Ricardo Luis. *Teoria da decisão judicial*: fundamentos de Direito. Trad. Bruno Miragem. Notas: Claudia Lima Marques. 2. ed., rev. e atual. São Paulo: Ed. RT, 2010, p. 102).
198. MARQUES, Claudia Lima. *Contratos no código de defesa do Consumidor*: o novo regime das relações contratuais. 8. ed., rev., atual. e ampl. São Paulo: Ed. RT, 2016, p. 260-261.
199. PINHEIRO, Rosalice Fidalgo. *Contrato e direitos fundamentais*. Curitiba: Juruá Editora, 2009, p. 43.
200. PINHEIRO, Rosalice Fidalgo. *Contrato e direitos fundamentais*. Curitiba: Juruá Editora, 2009, p. 45.

Nele se tem a definição de consumidor como sendo toda pessoa física ou jurídica que utiliza serviços ou produtos como destinatário final. Ao consumidor também é equiparado à coletividade de pessoas, ainda que indetermináveis, que tenha intervindo na relação. Da mesma forma também são equiparadas todas as vítimas do evento.

Os fornecedores, por sua vez, consistem em toda pessoa física ou jurídica e os entes despersonalizados que atuam na produção, montagem, criação, construção, transformação, importação, exportação, distribuição ou comercialização de produtos ou prestação de serviços.

Aludida legislação ainda reconhece expressamente a vulnerabilidade do consumidor no mercado de consumo, a fim de caracterizá-lo como aquele em posição de inferioridade e de desigualdade.[201]

Por vulnerabilidade deve se entender aquela "situação permanente ou provisória, individual ou coletiva, que fragiliza, enfraquece o sujeito de direito desiquilibrando a relação".[202] Logo, o vulnerável deve receber proteção especial na relação de consumo, para que se tenha o atingimento da igualdade material preconizada na Constituição da República.

A menção à vulnerabilidade é relevante para o desenvolvimento do trabalho, na medida em que será abordado na sequência os riscos de lesão aos direitos fundamentais dos usuários consumidores da economia compartilhada.

Dentre os pontos a serem abordados aponta-se, exemplificativamente, a necessidade de se evitar a discriminação dos consumidores, a tutela das crianças e dos adolescentes nas campanhas publicitárias realizadas pelas plataformas digitais ou pelo comércio eletrônico e, por fim, a obrigatoriedade de preservação dos dados pessoais dos consumidores, que os disponibilizam aos usuários fornecedores e aos guardiões do acesso. Tais práticas fazem prática do dia a dia das relações firmadas na economia colaborativa e podem acarretar riscos de violação de direitos dos usuários consumidores.

Assim, subsistem quatro espécies de vulnerabilidade. A primeira delas é a técnica, que consiste no fato de o consumidor não ter ciência acerca de todas as características do produto ou do serviço objeto de aquisição. A vulnerabilidade jurídica, por sua vez, decorre da ausência de conhecimentos jurídicos pelo consumidor, especialmente para o não profissional.[203]

---

201. CARPENA, Heloisa. *O consumidor no direito da concorrência*. Rio de Janeiro: Renovar, 2005, p. 183.
202. MARQUES, Claudia Lima; MIRAGEM, Bruno. *O novo Direito Privado e a proteção dos vulneráveis*. São Paulo: Ed. RT, 2012, p. 117.
203. MARQUES, Claudia Lima. *Contratos no código de defesa do Consumidor*: o novo regime das relações contratuais. 8. ed., rev., atual. e ampl. São Paulo: Ed. RT, 2016, p. 326,329.

Tal circunstância é rotineiramente presente nos contratos da economia compartilhada, especialmente pelo fato de que o usuário consumidor, por exemplo, pode não ter conhecimento jurídico acerca de cláusulas dispostas em condições de uso, que eventualmente possa isentar a plataforma digital ou guardião do acesso de eventual responsabilidade por ato que venha a ser praticado pelo usuário fornecedor, mas que poderia ter sido evitado pela plataforma digital.

Ainda se tem a vulnerabilidade fática, também denominada socioeconômica, que se encontra presente nas relações sociais nas quais o "fornecedor, que, por sua posição de monopólio, fático ou jurídico, por seu grande porte econômico ou em razão da essencialidade do serviço, impõe sua superioridade a todos que com ele contratam".[204]

Tal hipótese igualmente se aplica nas relações colaborativas, na medida em que a expressão econômica de alguns usuários fornecedores ou das plataformas digitais acabam por colocar o usuário consumidor em posição de manifesta inferioridade. Com efeito, é fato notório o grande poder econômico de determinados grupos econômicos e sua relevância em determinados ramos de atividade, que acabam por tornar, de certa forma, "obrigatória" sua contratação.

Tanto é assim que o Tribunal de Justiça do Rio Grande do Sul, no julgamento da apelação cível 5004165-24.2019.8.21.6001/RS, reconheceu a incidência do Código de Defesa do Consumidor em ação na qual se pleiteava a restituição de valor com o recebimento de indenização por danos morais em decorrência da invasão de conta do usuário consumidor em plataforma de pagamento. Ao tratar da falha na prestação dos serviços, dentre outros pontos, conclui-se pela existência de vulnerabilidade técnica e econômica do consumidor, que não dispõe de meios para ter conhecimento da forma de funcionamento da plataforma digital.[205]

---

204. MARQUES, Claudia Lima. *Contratos no código de defesa do Consumidor*: o novo regime das relações contratuais. 8. ed., rev., atual. e ampl. São Paulo: Ed. RT, 2016, p. 333.
205. Apelação cível. Recurso adesivo. Direito privado não especificado. Ação de restituição de valor c/c indenização por danos morais. Conta do mercado pago invadida por terceiro. Legitimidade passiva da plataforma de pagamento caracterizada. Aplicabilidade do código de defesa do consumidor ao caso. Falha na prestação dos serviços configurada. Dano moral comprovado.
Da ilegitimidade passiva. Não há controvérsia sobre o fato de os eventos relatados pela parte autora na inicial terem ocorrido no âmbito da plataforma digital mantida e disponibilizada pela parte ré. Logo, ao disponibilizar a plataforma digital para que terceiros comercializem seus produtos e auferir lucro com essa atividade, deve a parte demandada responder pelos danos sofridos por seus usuários em decorrência de eventual falha na prestação dos serviços. Preliminar de ilegitimidade passiva afastada. Da aplicabilidade do CDC. Sendo a parte autora dependente da segurança e da disponibilidade da plataforma da parte requerida para comercializar seus produtos, mostra-se possível reconhecer sua vulnerabilidade, porquanto o funcionamento do sistema da demandada é desconhecido dos usuários. Nesse cenário, é inarredável a hipossuficiência do vendedor usuário da plataforma frente a esta, tanto econômica quanto técnica, configurando, sem dúvidas, a relação de consumo.

Por fim, tem-se a vulnerabilidade informacional, de suma importância nas relações consumeristas, especialmente as da economia do compartilhamento, cujas relações são firmadas em um ambiente de informalidade e de forma livre, pela internet, em regra por intermédio dos smartphones. Sua característica essencial encontra-se presente no fato de incumbir aos fornecedores e, sobretudo, às plataformas digitais fornecerem todas as informações necessárias ao consumidor, a fim de, por exemplo, auxiliá-los na decisão de aquisição do produto ou serviço.

Claudia Lima Marques adverte que a internet, a despeito de trazer uma noção de liberdade, em decorrência da forma com que as contratações podem ser efetivadas, aumenta a vulnerabilidade do usuário consumidor. Isso se justifica no fato de que a internet reduz a capacidade de o consumidor controlar o processo, na medida em que sua atuação se torna direcionada pelos atalhos, em operações obscuras, fazendo com que a parte vulnerável acabe recebendo as informações cujo fornecimento seja do interesse apenas do fornecedor e/ou da plataforma digital, com diminutas condições de apurar atitudes inadequadas, tendentes a lhe prejudicar. Se possui um aumento na possibilidade de escolher, seu processo informacional é diminuído, gerando carência de informação, de modo que "a complexidade das transações aumenta, sua privacidade diminui, sua segurança e confiança parecem desintegrarem-se em uma ambiguidade básica: pseudo-soberania do indivíduo/sofisticação do controle".[206]

Além do reconhecimento da vulnerabilidade, da instituição de direitos básicos do consumidor no art. 6º e da responsabilidade objetiva pelo produto ou serviço, assim como pelos vícios deles decorrentes, o Código de Defesa do Consumidor estabelece uma extensa relação de práticas abusivas, às quais são igualmente aplicadas às relações que venham a ser celebradas na economia colaborativa, como o ato de condicionar a compra de um produto ou a aquisição de um serviço ao fornecimento de outro, não efetivar a compra e venda tendo

---

Da falha na prestação dos serviços. Caso em que foram efetuadas diversas operações não reconhecidas pela parte autora em sua conta, fruto de fraude no âmbito da plataforma de tecnologia de serviços de pagamento disponibilizada pela ré. Culpa exclusiva de terceiro não demonstrada. Forçoso concluir, portanto, pela efetiva existência de falha na prestação dos serviços da parte ré, que, objetivamente responsável pelos riscos inerentes à atividade desenvolvida, tem o dever de indenizar eventuais prejuízos causados aos seus usuários.

Da indenização por danos morais. Pacífico na jurisprudência que a pessoa jurídica pode sofrer dano moral, na esteira do entendimento sumulado no verbete 227 do Superior Tribunal de Justiça. No caso concreto, está caracterizado o dano moral alegado, não só pela gravidade da falha na prestação de serviços, mas também porque os transtornos gerados ultrapassaram o mero aborrecimento. Apelação da parte ré desprovida. Recurso adesivo do autor provido. (BRASIL, Tribunal de Justiça do Rio Grande do Sul, Décima Sétima Câmara Cível, Apelação Cível 50041652420198216001, relatora Rosana Broglio Garbin, julgado em 31.03.2022). Disponível em: www.tjrs.jus.br. Acesso em: 6 abr. 2023.

206. MARQUES, Claudia Lima. *Confiança no comércio eletrônico e a proteção do consumidor*: um estudo dos negócios jurídicos de consumo no comércio eletrônico. São Paulo: Ed. RT, 2004, p. 72.

disponibilidade do produto em estoque ou ainda a exigência de vantagem manifestamente excessiva ao consumidor.

O Superior Tribunal de Justiça, no julgamento do Recurso Especial 1.966.032/DF,[207] realizado em 16 de agosto de 2022, reconheceu a prática abusiva de plataforma digital que não disponibilizava ao consumidor a opção de cancelar diretamente na página da internet a compra de passagem realizada pelo programa de milhas da empresa. O cancelamento somente poderia ser efetuado pessoalmente na loja física ou pelo sistema de *call center* da companhia aérea.

Segundo, extrai-se do acórdão proferido pelo Ministro Luis Felipe Salomão, a prática abusiva, que acaba por impor um ônus excessivo ao consumidor, na medida em que a plataforma digital da companhia aérea "inseriu no mercado a prática facilitadora para o resgate de passagem aérea; em contrapartida, não disponibilizou a funcionalidade para as hipóteses de cancelamento".[208]

Também se verifica no Código de Defesa do Consumidor a existência de um sistema de proteção contratual, dispondo sobre um extenso rol de cláusulas consideradas por abusivas, dentre as quais se destacam a que estabelece a nulidade de pleno direito de disposição contratual que esteja em desacordo com o sistema de proteção do consumidor. Também se encontra a regulamentação dos contratos

---

207. Recurso especial. Ação civil pública. Programa de fidelidade. Latam. Aquisição de passagem aérea. Relação de consumo. Impossibilidade de cancelamento de passagens pela internet. Medida disponibilizada pela empresa apenas nos casos de aquisição/resgate de passagens. Prática abusiva. Art. 39, inciso v, do CDC. Ônus excessivo. Medida que transcende a esfera da livre atuação das práticas negociais e as regras de mercado. Intervenção judicial adequada. Recurso especial não provido.
1. Os programas de fidelidade, embora não sejam ofertados de maneira onerosa, proporcionam grande lucratividade às empresas aéreas, tendo em vista a adesão de um grande número de pessoas, as quais são atraídas pela diversidade dos benefícios que lhes são oferecidos.
Relação de consumo configurada, portanto, nos termos dos arts. 2º e 3º do CDC.
2. O fato de a empresa aérea não disponibilizar a opção de cancelamento de passagem por meio da plataforma digital da empresa (internet) configura prática abusiva, na forma do art. 39, inciso V, do CDC, especialmente quando a ferramenta é disponibilizada ao consumidor no caso de aquisição/resgate de passagens.
3. A conduta, além de ser desprovida de fundamento técnico ou econômico, evidencia a imposição de ônus excessivo ao consumidor, considerando a necessidade de seu deslocamento às lojas físicas da empresa (apenas aquelas localizadas nos aeroportos) ou a utilização do *call center*, medidas indiscutivelmente menos efetivas quando comparadas ao meio eletrônico.
4. Nesse passo, configurada a prática de conduta lesiva ao consumidor, não há falar em ingerência desmotivada na atividade empresarial.
5. Recurso especial não provido. (BRASIL. Superior Tribunal de Justiça. Quarta Turma. Recurso Especial 1.966.032/DF. Rel. Ministro Luis Felipe Salomão, julgamento em 16/08/2022). Disponível em: www.stj.jus.br. Acesso em: 6 abr. 2023).
208. BRASIL. Superior Tribunal de Justiça. Quarta Turma. Recurso Especial 1.966.032/DF. Rel. Ministro Luis Felipe Salomão, julgamento em 16.08.2022). Disponível em: www.stj.jus.br. Acesso em: 6 abr. 2023.

de adesão, que devem ser dispostos de forma a permitir a perfeita compreensão do consumidor acerca de seu conteúdo e efeitos.

Nesse cenário, evidencia-se que as contratações efetivadas no âmbito da economia do compartilhamento, a despeito de serem formadas no mínimo por três participantes, o usuário consumidor, o usuário fornecedor e o guardião do acesso ou plataforma digital, também consistem em um ponto de encontro dos direitos fundamentais.

As vulnerabilidades se aplicam ao usuário consumidor da economia colaborativa, na medida em que ambos acabam se sujeitando às cláusulas previamente elaboradas pelo guardião de acesso ou plataforma digital, constantes dos contratos de adesão. Da mesma forma, tem-se a aplicabilidade das normas do Código de Defesa do Consumidor, especialmente em se tratando dos usuários consumidores, em decorrência da atuação profissional das plataformas digitais.

Com efeito, é evidente que os contratos, inclusive os firmados no âmbito da economia compartilhada, efetivamente consistem em instrumentos imprescindíveis para a circulação de riquezas. Todavia, tais instrumentos legais também se destinam à tutela dos consumidores, que passam a ser titulares desses direitos fundamentais, como a vida, saúde etc.

2
ECONOMIA COLABORATIVA E NOVAS CATEGORIAS CONTRATUAIS

2.1 UM NOVO MODELO ECONÔMICO EM FACE DO GUARDIÃO DO ACESSO (PLATAFORMAS DIGITAIS): A ECONOMIA DO COMPARTILHAMENTO

O Estado Moderno caracterizou-se por ser fortemente ligado à propriedade privada, compreendida como mercadoria passível de ser tratada como riqueza. O individualismo instituído nesse período acabou por conferir ao sujeito o poder de ser o único titular do direito incidente sobre o bem, imposto a todos os demais membros da sociedade, inclusive ao Estado.[1]

Daí a correta afirmação de Marco Antonio Lima Berberi, no sentido de que o individualismo fez com que a propriedade passasse a ser absoluta e se tornasse um "direito fundamental, natural, inalienável da pessoa e o Estado tinha o dever de se abster, para a preservação das liberdades individuais, proporcionando segurança e tranquilidade ao cidadão".[2]

Nesse cenário, seguindo o disposto no Código Civil francês de 1804, a propriedade se transformou em um "modelo extensível à toda sociedade organizada nas fronteiras da atividade mercantilista/capitalista".[3] Ou seja, tornou-se um direito de utilização pura e irrestrita, que não se condiciona a prazos e sujeições, mas a sua natureza.[4]

---

1. GUILHERMINO, Everilda Brandão. *As titularidades de direito difuso e as relações privadas*. Tese (Doutorado). 233 p. Universidade Federal de Pernambuco. CCJ. Programa de Pós-graduação em Direito. Recife, 2017, p. 49.
2. BERBERI, Marco Antonio Lima. *A arte após a morte do artista*: sucessão hereditária e direitos autorais. Tese (Doutorado). 169 p. Universidade Federal do Paraná. Programa de Pós-graduação em Direito. Curitiba: 2018, p. 72.
3. CORTIANO JUNIOR, Eroulths. *O discurso proprietário e suas rupturas: prospectivas e perspectivas do ensino do direito de propriedade*. Tese (Doutorado em Direito). 190 p. Universidade Federal do Paraná. Curitiba, 2001, p. 67.
4. Tradução livre de: "Finalmente, la propiedad liberal se caracteriza por su perpetuidad e independencia. En realidad, se trata de un derecho de disposición puro e incondicional, no sujeto a plazo ni a vinculaciones ajenas a su propria naturaliza. Una 'propriedad' temporal no es propriedad em sentido

A propriedade e o mercado durante o Estado Moderno tornaram-se sinônimos, de modo que a condição de proprietário era imprescindível para se ter êxito da atividade econômica.[5-6] Todavia, o mercado se afastou da propriedade no fim do século XVIII, ao se transformar em um procedimento abstrato à venda de coisas.[7]

Esse modelo abalizado na aquisição de bens materiais, no individualismo e na liberdade formal acabou por acarretar uma série de desigualdades, atingindo especialmente àqueles que não eram proprietários e que deveriam ser, igualmente, detentores de direitos.

Tanto é assim que o indivíduo se tornou egoísta e deixou de se preocupar com os problemas dos demais membros da sociedade – o que acarretou um consumismo desenfreado, no qual se instituiu um "sentimento de indiferença quanto ao rastro de desigualdade e exclusão socioeconômica que seus hábitos de consumo geram à coletividade".[8]

Além disso, tem-se o início dos questionamentos acerca da necessidade de se instituir um consumo sustentável, o qual, inclusive, se encontra previsto como o objetivo de n. 12 dos 17 Objetivos de Desenvolvimento Sustentável (ODS) da Agenda 2030 da Organização das Nações Unidas (ONU).[9] Com efeito, o referido

---

clásico." (GRANDA, Fernando de Trazegnies. La transformación del derecho de propiedad. Revista de la Facultad de Derecho. *Derecho PUCP*, n. 33, p. 82, 1978).

5. RIFKIN, Jeremy. *A era do acesso*. Trad. Maria Lucia G. L. Rosa. São Paulo: Makron Books, 2001, p. 3-7.
6. Gustavo Tepedino afirma: "A positivação do direito de propriedade funcionou, desse modo, como garantia de poderes conferidos ao titular do direito subjetivo com vistas à tutela do conteúdo econômico e jurídico do domínio. De uma parte, o ordenamento assegurava ao titular do direito de propriedade um instrumental de tutela da senhoria, esgotando-se, assim, no direito subjetivo individual do proprietário, a possibilidade de aproveitamento econômico do bem. De outra parte, garantia ao proprietário o direito de reaver a coisa de quem quer que a detivesse, conferindo-lhe legitimidade para o exercício de ações postas à sua disposição para afastar as ingerências externas – as ações possessórias e petitórias–, circunscrevendo-se assim a tutela jurídica do domínio como expressão máxima do direito subjetivo patrimonial". (TEPEDINO, Gustavo. O princípio da função social no Direito Civil contemporâneo. *Revista do Ministério Público do Rio de Janeiro*, n. 54, p. 148, out.-dez. 2014.
7. RIFKIN, Jeremy. *A era do acesso*. Trad. Maria Lucia G. L. Rosa. São Paulo: Makron Books, 2001, p. 3.
8. VERBICARO, Dennis. O impacto da economia de compartilhamento na sociedade de consumo e seus desafios regulatório. *Revista de Direito do Consumidor*, v. 113, set.-out. 2017, DTR\2017\6588.
9. O site da Organização das Nações Unidas informa que os 17 Objetivos de Desenvolvimento Sustentável que integram a Agenda 2030 são: 1) erradicação da pobreza; 2) fome zero e agricultura sustentável; 3) saúde e bem-estar; 4) educação de qualidade; 5) igualdade de gênero; 6) água potável e saneamento; 7) energia limpa e acessível; 8) trabalho descente e crescimento econômico; 9) indústria, inovação e infraestrutura; 10) redução das desigualdades; 11) cidades e comunidades sustentáveis; 12) consumo e produção responsáveis; 13) ação contra a mudança global do clima; 14) vida na água; 15) vida terrestre; 16) paz, justiça e instituições eficazes; 17) parcerias e meios de implementação. (ORGANIZAÇÃO DAS NAÇÕES UNIDAS. *Objetivos de Desenvolvimento Sustentável (Agenda 2030)*. 25-27 set. 2015). Disponível em: https://brasil.un.org/pt-br/91863-agenda-2030-para-o-desenvolvimento-sustent%-C3%A1vel. Acesso em: 6 abr. 2023).

expediente foi elaborado no ano de 2015 e consiste em um "apelo global à ação para acabar com a pobreza, proteger o meio ambiente e o clima e garantir que as pessoas, em todos os lugares, possam desfrutar de paz e prosperidade".[10-11]

Tais circunstâncias, somadas ao advento das novas tecnologias e a constatação de que os recursos e os bens imprescindíveis para a sobrevivência dos indivíduos já existiam e não estariam sendo utilizados de forma eficaz, com risco de perecerem, resultaram no declínio do modelo de propriedade até então existente, que se torna igualmente obrigado a ter que cumprir com sua função social. Ou seja, tornam-se relevantes os não proprietários.[12]

João Roberto Gorini Gamba afirma que foi León Duguit o responsável pela exclusão do individualismo da propriedade, que deveria atender aos anseios individuais e coletivos,[13] não devendo mais ser exercida como expediente destinado ao atendimento da autonomia e da liberdade do proprietário.[14]

O modelo proprietário igualmente entrou em declínio com o advento da economia do compartilhamento[15] – compreendida de forma sintética como o

---

10. ORGANIZAÇÃO DAS NAÇÕES UNIDAS. *Objetivos de Desenvolvimento Sustentável (Agenda 2030)*. 25-27 set. 2015). Disponível em: https://brasil.un.org/pt-br/91863-agenda-2030-para-o-desenvolvimento-sustent%C3%A1vel. Acesso em: 6 abr. 2023.
11. Carlos Eduardo Koller adverte: "A Economia Compartilhada pode ser vista como um sistema que compreende as mais variadas formas de consumo colaborativo, referentes à negociação, troca, empréstimo, aluguel, entrega e troca, de produtos ou serviços, refinados pelo uso da comunicação virtual. Os bens econômicos podem, dessa forma, estar sujeitos à divisão no tempo e no espaço, fomentando várias formas de acesso como um fator imprescindível para o aperfeiçoamento da colaboração. Um livro em uma biblioteca ao estar disponível para o empréstimo pelos usuários é um bom exemplo." (KOLLER, Carlos Eduardo. *O direito de acesso à propriedade imóvel a partir da economia compartilhada*. Tese (Doutorado em Direito). 187 p. Pontifícia Universidade Católica do Paraná. Curitiba: 2019, p. 55).
12. Eroulths Cortiano Junior afirma: "Os mecanismos de desenvolvimento da economia capitalista geram condições estruturais e conjunturais de desagregação de um quadro no qual se confinava o Estado a ser mero garantidor da segurança pública, social e jurídica das relações de troca regidas pelo Direito Privado. Esses mecanismos – por exemplo, a acumulação de capital, o controle monopolístico dos mercados, a dificuldade de acesso – geram um *déficit* que opera sobre os planos econômico e social, de tal forma que o Estado se vê compelido a atuar em dois sentidos: em direção ao econômico, por meio de mecanismos de correção do mercado, e em direção ao social, pela recuperação dos excluídos ao sentido social do instituto." (CORTIANO JUNIOR, Eroulths. *O discurso proprietário e suas rupturas: prospectivas e perspectivas do ensino do direito de propriedade*. Tese (Doutorado em Direito). 190 p. Universidade Federal do Paraná. Curitiba, 2001).
13. GAMBA, João Roberto Gorini. *Direito de propriedade*: fundamentos históricos e filosóficos. 3. ed., rev. e ampl. Rio de Janeiro: Lumen Juris, 2021, p. 199).
14. CORTIANO JUNIOR, Eroulths. *O discurso proprietário e suas rupturas*: prospectivas e perspectivas do ensino do direito de propriedade. Tese (Doutorado em Direito). 190 p. Universidade Federal do Paraná. Curitiba, 2001, p. 93.
15. MUCELIN, Guilherme; CUNHA, Leonardo Stocker Pereira da. *Relações trabalhistas ou não trabalhistas na economia do compartilhamento*. São Paulo: Thomson Reuters Brasil, 2021.

ato consistente na distribuição daquilo que pertence a uma determinada pessoa para que outra possa fazer uso.[16-17]

Denota-se, portanto, que o consumo na economia do compartilhamento se motiva no empenho dos envolvidos "em compartilhar ideias e práticas que corroboram com um intercâmbio econômico pautado na solidariedade e no cooperativismo".[18]

A esse respeito, deve ser observado que o compartilhamento de bens sempre esteve presente na sociedade, consistindo no uso de produtos e serviços entre pessoas conhecidas e em pequena escala. A distinção, portanto, reside no fato de que esse novo modelo econômico se baseia no compartilhamento realizado com o auxílio da internet e dos *smartphones* entre pessoas desconhecidas e em larga escala.[19]

Axel Gasser sustenta que a economia do compartilhamento pode ser equiparada a uma nova espécie organizativa da vida em sociedade, baseada na utilização recíproca dos vários tipos de bens, motivada pela concepção de que o uso é mais relevante de que a propriedade.[20]

Sua origem se deu em 1990, nos Estados Unidos da América, com os avanços da tecnologia, especialmente com o surgimento da internet,[21] que resultaram no comércio eletrônico e na criação de agremiações virtuais como expediente para as trocas entre as pessoas.[22]

O uso comercial da internet representou não só um novo expediente destinado para a aquisição de bens, como também acarretou uma expressiva altera-

---

16. BARRETO JÚNIOR, Walter Duarte. *Economia compartilhada*: um estudo para o Brasil. Dissertação (Mestrado). 131 p. Programa de Pós-graduação em Desenvolvimento Regional e Urbano (PPDRU), Universidade de Salvador (UNIFACS). Salvador: UNIFACS, 2020, p. 13.
17. Xavier Deipech adverte que o desenvolvimento da economia do compartilhamento: "é motivado por múltiplos fatores: aproveitar melhor os bens detidos por particulares e muitas vezes subutilizados, privilegiar a utilização em detrimento da propriedade, reduzir os custos e criar novas formas de solidariedade etc." [Tradução livre de: "*Son dévelopment est motivé par de multiples facteurs: mieux utiliser les actifs (matériaels ou immatériels) possédes par des particulariers et qui sont souvent sous-employés, privilégier l'usage des bien plutôt que leur propriété, réduire les coûts de transaction entre l'offre et la demande, créer de nouvelles solidarités etc.*" (DELPECH, Xavier. L'assurance les transports de personnes de l'économie collaborative: le caus du covoturage. *Juristourisme* – le mensuel des acteurs du tourism & des loisirs, 235, nov. 2020, ISSN 2108-0968).
18. VERBICARO, Dennis. O impacto da economia de compartilhamento na sociedade de consumo e seus desafios regulatório. *Revista de Direito do Consumidor*, v. 113, set.-out. 2017, DTR\2017\6588.
19. BARRETO JÚNIOR, Walter Duarte. *Economia compartilhada*: um estudo para o Brasil. Dissertação (Mestrado). 131 p. Programa de Pós-graduação em Desenvolvimento Regional e Urbano (PPDRU), Universidade de Salvador (UNIFACS). Salvador: UNIFACS, 2020.
20. GASSER, Axel. *Le role contractuel des tiers de confiance dans l'economie collaborative*. 2020, hal-03052708.
21. SILVA, Tamires Silva da; TONTINI, Julia; CARDOSO, Maiara Netto. Economia do compartilhamento: uma análise da produção científica internacional. *Biblioonline*, João Pessoa, v. 15, n. 3, p. 20.
22. MUCELIN, Guilherme; CUNHA, Leonardo Stocker Pereira da. *Relações trabalhistas ou não trabalhistas na economia do compartilhamento*. São Paulo: Thomson Reuters Brasil, 2021.

ção na forma com que os consumidores passaram a utilizar da ferramenta para tal finalidade. É o que se verificou, por exemplo, nas operações bancárias pela internet ou ainda na facilidade de se encontrar, no meio virtual, a empresa que forneceria determinado produto ou prestaria um específico serviço. Inicialmente, sua utilização era unidirecional, feita nos computadores, cujas temáticas eram elaboradas pelos provedores que as encaminhavam aos usuários. Posteriormente, tornou-se bidirecional permitindo que os usuários passassem a se relacionar, de modo a auxiliar na formação do que seria disponibilizado na internet.[23-24]

Tudo isso passa a ser possível com a Internet das Coisas, expressão que foi criada por Kevin Ashton aproximadamente em 1995 e que consiste na "primeira revolução de infraestrutura inteligente da história".[25] Por intermédio dela, torna-se possível efetivar a conexão e a interação de todo e qualquer objeto à internet. Dentre as hipóteses de sua ocorrência, tem-se atualmente a possibilidade de um aspirador de pó realizar, sem qualquer auxílio, a limpeza da residência ou, ainda, acender as luzes por comando de voz. No agronegócio, tem-se a existência de máquinas colheitadeiras automatizadas, assim como de equipamentos que efetuam a ligação do sistema de irrigação.[26]

Pode-se afirmar que a conexão de tudo e de todos acaba por retirar os indivíduos da era da privacidade para inseri-los na era da transparência. Os mais jovens, por exemplo, têm o costume de realizar a postagem nas redes sociais de tudo que lhes acontece. "Para eles, a liberdade não está vinculada à exclusão e a uma autonomia individualista, mas, sim, a ter acesso aos outros e à inclusão em um espaço público global e virtual".[27]

---

23. MARQUES, Claudia Lima; MIRAGEM, Bruno. *O novo Direito Privado e a proteção dos vulneráveis*. São Paulo: Ed. RT, 2012, p. 19.
24. Jamili El Akchar Salman e Jorge Shiguemitsu Fujita advertem: "A economia colaborativa ou economia compartilhada ganhou notoriedade com a ampliação do acesso à Internet, com a massificação dos dispositivos eletrônicos portáteis conectados à rede (*smartphones*, entre outros) e pelas inovações tecnológicas em *softwares* em geral, principalmente pelos aplicativos (*apps*), na medida em que facilitou a aproximação das pessoas que possuem determinado bem às pessoas que necessitam do uso temporário deste bem, muitas vezes, com o uso por alguns minutos, horas ou dias." (SALMAN, Jamili El Akchar; FUJITA, Jorge Shiguemitsu. Inovações tecnológicas baseadas na economia colaborativa ou economia compartilhada e a legislação brasileira: o caso Uber. *Revista de Direito, Economia e Desenvolvimento Sustentável*. Salvador, v. 4, n. 1, p. 97, jan.-jun. 2018.
25. RIFKIN, Jeremy. *Sociedade marginal com custo zero*. São Paulo: M. Books do Brasil Editora, 2016, p. 93-94.
26. BRASIL. Ministério das Comunicações. *Internet das Coisas*: um passeio pelo futuro que já é realidade no dia a dia das pessoas. 25 mar. 2021. Disponível em: https://www.gov.br/mcom/pt-br/noticias/2021/marco/internet-das-coisas-um-passeio-pelo-futuro-que-ja-e-real-no-dia-a-dia-das-pessoas. Acesso em: 6 abr. 2023.
27. RIFKIN, Jeremy. *Sociedade marginal com custo zero*. São Paulo: M. Books do Brasil Editora, 2016, p. 96-97.

A análise das novas tecnologias e da Internet das Coisas é de suma relevância para o desenrolar do presente trabalho, na medida em que elas acabam por representar o anseio de inclusão social dos indivíduos – realizado pelo acesso, em manifesta oposição aos valores estipulados pelo Estado Moderno, que excluía os indivíduos que não eram proprietários.

Contudo, foi com a crise global de 2008 que a economia colaborativa teve expressivo crescimento, especialmente com o Uber e o Airbnb, que se destinavam ao atendimento dos anseios dos consumidores e, sobretudo, dos indivíduos que tinham a intenção de realizar a venda ou a locação de um bem ou, ainda, de executar determinado serviço.[28]

Nova etapa no crescimento da economia do compartilhamento aconteceu com o início dos anos 2010, quando Rachel Botsman e Roo Rogeres passaram a vê-la como uma forma de resolução dos problemas "sociais e ecológicos ocasionados pelo hiperconsumismo dos países ocidentais".[29]

Esse novo modelo enfrentou não apenas crises econômicas, como também políticas, que acabaram por afetar a economia de inúmeros países – a exemplo do que ocorreu com a recessão entre os anos de 2014 e 2016. Entretanto, foi com a pandemia do coronavírus, iniciada nos anos de 2019 e 2020, que os modelos de negócios sofreram forte impacto. As relações de trabalho também foram atingidas acentuadamente, evidenciando a total falta de cuidados com os empregados, na medida em que as empresas atuantes nesse ramo de atividade se preocuparam apenas e tão somente em adaptarem suas atividades para o atendimento dos anseios de seus clientes.[30]

De todo modo, a economia colaborativa acarretou profunda mudança no conceito da propriedade, na medida em que os "significados de consumo e da cultura dos bens materiais são alterados. Ter não é mais tão importante. O que importa é usufruir, experimentar, interagir, estar junto, pertencer e colaborar".[31] Trata-se, em síntese, de uma forma de consumo, realizada pelo acesso por determinado lapso temporal de um produto ou serviço. Dentre os exemplos que podem ser apontados para caracterizar a economia do compartilhamento, tem-se

---

28. MUCELIN, Guilherme; CUNHA, Leonardo Stocker Pereira da. *Relações trabalhistas ou não trabalhistas na economia do compartilhamento*. São Paulo: Thomson Reuters Brasil, 2021.
29. MUCELIN, Guilherme; CUNHA, Leonardo Stocker Pereira da. *Relações trabalhistas ou não trabalhistas na economia do compartilhamento*. São Paulo: Thomson Reuters Brasil, 2021.
30. MUCELIN, Guilherme; CUNHA, Leonardo Stocker Pereira da. *Relações trabalhistas ou não trabalhistas na economia do compartilhamento*. São Paulo: Thomson Reuters Brasil, 2021.
31. MARASSI, Alessandra de Castro Barros. *Os serviços colaborativos da economia compartilhada e as transformações na noção de confiança nas interações práticas de consumo nas redes sociais digitais*: uma cartografia dos processos de criação na cultura. Tese (Doutorado em Comunicação e Semiótica). 152 p. Pontifícia Universidade Católica de São Paulo. São Paulo: 2018, p. 49-50.

a necessidade de deslocamento de um indivíduo para determinado local. Ao invés de adquirir o meio de locomoção, tornando-se proprietário, a pessoa opta pela locação, feita pelo acesso temporário.[32-33]

Disso se extrai a conclusão de que os produtos e serviços, com a economia do compartilhamento, sofreram expressivo aumento no uso, que jamais poderia ser obtido com o modelo proprietário do Estado Moderno.[34] Tal conclusão decorre da diferença entre esses períodos. Com efeito, William Heinzer adverte que a obra *What's Mine is Yours*, de Rachel Botsman e Roo Roogers, relata essa distinção aduzindo que o século XX se notabilizou pelo hiperconsumismo, fundamentado na ampliação do crédito e na propaganda. Já no século XXI, em virtude do relacionamento das pessoas na internet, torna-se importante a reputação dos indivíduos, assim como as implicações ocasionadas pelo acesso aos produtos e serviços.[35]

A economia do compartilhamento conceitua-se como a atividade desempenhada pelos indivíduos para alcançar um valor em comum, baseada em diversas formas de organização do trabalho. Fundamenta-se, ainda, em uma disposição mais horizontal do que vertical, na distribuição de bens, locais e mecanismos, assim como na utilização e estruturação das pessoas em redes geridas pelas plataformas digitais,[36] também conhecidas como guardiãs do acesso.

Claudia Lima Marques define a economia colaborativa como

> um sistema "negocial" de consumo (*collaborative consumption*), no qual pessoas alugam, usam, trocam, doam, emprestam e compartilham bens, serviços, recursos ou *commodities*,

---

32. LAGO, Andrea Pedrollo; SOUZA, Rodrigo Tissot de; BAHIA, Carolina Medeiros. A responsabilidade civil das plataformas digitais de compartilhamento por danos ao consumidor usuário. In: MONTEIRO FILHO, Carlos Edison do Rego et al. *Responsabilidade civil nas relações de consumo*. Indaiatuba, SP: Editora Foco, 2022, p. 298.
33. Alessandra de Castro Barros Marassi afirma: "O movimento do compartilhamento é um indicativo de transformação no comportamento de consumo, o que pode modificar a produção nos próximos anos. De acordo com um estudo publicado pela empresa Deloitte, adquirir um carro já não é mais uma necessidade entre consumidores norte-americanos – mesmo em um país que tradicionalmente gosta de carros como os EUA. 52% das pessoas entrevistadas que utilizam serviços de compartilhamento de carros, como o *Uber* e o *Cabify*, pelo menos uma vez por semana, não veem mais a necessidade de ter o bem." (MARASSI, Alessandra de Castro Barros. *Os serviços colaborativos da economia compartilhada e as transformações na noção de confiança nas interações práticas de consumo nas redes sociais digitais: uma cartografia dos processos de criação na cultura*. Tese (Doutorado em Comunicação e Semiótica). 152 p. Pontifícia Universidade Católica de São Paulo. São Paulo: 2018, p. 52).
34. KOLLER, Carlos Eduardo. *O direito de acesso à propriedade imóvel a partir da economia compartilhada*. Tese (Doutorado em Direito). 187 p. Pontifícia Universidade Católica do Paraná. Curitiba: 2019, p. 55.
35. HEINZER, William. Troicmaison.com et la consommation collaborative: ça change tout. *Juristourisme – le mensuel des acteurs du tourism & des loisiris*, 130, avril 2011, ISSN 2108-0968.
36. DELPECH, Xavier. L'assurance les transports de personnes de l'economie collaborative : le caus du covoturage. *Juristourisme – le mensuel des acteurs du tourism & des loisiris*, 235, nov. 2020, ISSN 2108-0968.

de propriedade sua, geralmente com a ajuda de aplicativos e tecnologia online móvel, com a finalidade de economizar dinheiro, cortar custos, reduzir resíduos, dispêndio de tempo, ou a imobilização de patrimônio ou melhorar as práticas sustentáveis e a qualidade de vida em sua região.[37]

Suas principais características consistem na existência de uma ampla relação de produtos e serviços oferecidos aos consumidores e na instituição de um ramo de atividade preocupado com a sustentabilidade,[38] inserindo os recursos naturais do planeta e as pessoas como fundamentos da economia. Busca-se adequar coerentemente "os valores agregados da economia de modo intrínseco, que engloba a criação, produção e distribuição, com os elementos disponíveis da natureza, os quais são úteis para o desenvolvimento social".[39] No tocante aos serviços e bens ofertados, denota-se a intenção de reutilizá-los, afastando-se da obsolescência.[40]

Também merece destaque a diminuição dos custos e o estabelecimento dos sistemas de confiança e de avaliação da reputação, nos quais os envolvidos devem atuar com a transparência necessária a fim de que o fornecedor e a plataforma digital (guardião do acesso) tenham a certeza do recebimento da remuneração e da devolução do bem. O consumidor, por sua vez, também deverá ter a certeza de que, ao contratar, receberá o serviço ou produto contratado.[41]

Os princípios estruturantes da economia colaborativa referem-se à presença da massa crítica, compreendida como um modo de pensar hábil a incrementar a adoção de determinado comportamento, assim como na existência de uma capacidade ociosa ou excedente, que pode ser compartilhada nas plataformas digitais, na crença do bem comum e na confiança das relações.[42]

---

37. MARQUES, Claudia Lima. A nova noção de fornecedor no consumo compartilhado: um estudo sobre as correlações do pluralismo contratual e o acesso ao consumo. *Revista de Direito do Consumidor*, v. 111, ano 26, p. 249, maio-jun. 2017.
38. PASQUALOTTO, Adalberto de Souza; SCALETSCKY, Carolina Livtin. Da responsabilidade da plataforma digital na economia compartilhada. *Revista de Direito do Consumidor*, v. 142, jul.-ago./2022. DTR\2022\12119.
39. XAVIER, Yanko Marcius de Alencar; ALVES, Fabricio Germano; SANTOS, Kleber Soares de Oliveira. Economia compartilhada: compreendendo os principais aspectos desse modelo disruptivo e os seus reflexos na relação de consumo e no mercado econômico. *Revista de Direito do Consumidor*, v. 128, mar.-abr. 2020, DTR\2020\4000.
40. XAVIER, Yanko Marcius de Alencar; ALVES, Fabricio Germano; SANTOS, Kleber Soares de Oliveira. Economia compartilhada: compreendendo os principais aspectos desse modelo disruptivo e os seus reflexos na relação de consumo e no mercado econômico. *Revista de Direito do Consumidor*, v. 128, mar-abr. 2020, DTR\2020\4000.
41. PASQUALOTTO, Adalberto de Souza; SCALETSCKY, Carolina Livtin. Da responsabilidade da plataforma digital na economia compartilhada. *Revista de Direito do Consumidor*, v. 142, jul.-ago. 2022. DTR\2022\12119.
42. MUCELIN, Guilherme. Peers inc: a nova estrutura da relação de consumo na economia do compartilhamento. *Revista de Direito do Consumidor*, v. 118, jul.-ago. 2018, DTR\2018\19464.

Além disso, deve ser considerado o fato de que a atração dos novos consumidores decorre da informalidade das relações sociais, presente exemplificativamente na faculdade de um hóspede fazer as refeições juntamente com os proprietários do imóvel na hipótese de uso oneroso ou gratuito de um quarto da residência. O caráter altruísta também merece destaque, existente na possibilidade de que os indivíduos possam viajar e visitar inúmeras localidades e pontos turísticos sem o dispêndio de recursos que usualmente acontece no pagamento de hotéis e meios de locomoção.[43]

São três os modelos de negócio existentes na economia colaborativa. O primeiro, denominado "sistema de serviços de produtos", consiste no pagamento de determinada quantia para que se possa fazer uso de um bem específico, sem que seja feita a sua aquisição. Dentre os exemplos existentes dessa modalidade, merecem destaque o compartilhamento de bicicletas, realizado no Brasil pela Bike Rio.[44] No Estados Unidos e na França, tal atividade é executada, respectivamente, pelos sistemas B-cycle e Velib. Tem-se também o compartilhamento de filmes, realizado pela Netflix, ou, ainda, possibilidade de locação de diversos produtos, que vão desde a ferramentas até artigos para festas, encontrados no aplicativo Buscalá.[45]

O segundo modelo, conhecido como "mercados de redistribuição", consiste na alteração da condição de proprietário, sem que aconteça obrigatoriamente

---

43. SOARES, Ardyllis Alves. A economia compartilhada como inovação: reflexões consumeristas, concorrenciais e regulatórias. *Revista eletrônica da Faculdade de Direito da Universidade Federal de Pelotas (UFPel)*. Dossiê consumo e vulnerabilidade: a proteção jurídica dos consumidores no século XXI, v. 3, n. 1, p. 58, jan.-jun. 2017.
44. O site *TransPortal* (www.transportal.com.br/noticias/rodoviaria-novorio/bike-rio), em matéria veiculada em 06/12/2022, informa que o "Bike Rio é um serviço que disponibiliza um meio de transporte ecológico para os habitantes e turistas do Rio de Janeiro, por meio de bicicletas. (...) O preço é econômico e pode-se retirar a bicicleta da estação utilizando o cartão de usuário Bike Rio ou App Bike Itaú. O usuário do Bike Rio pode pegar a bicicleta em qualquer estação do Rio e devolvê-la em outra, pelo período de 60 minutos, que corresponde a uma viagem. (...) Utilizando-se a Bike Rio, é possível diminuir o trânsito e também a emissão de gases poluentes na atmosfera, visto que este é um meio de transporte sustentável. (...) O valor da diária da bicicleta é R$ 8,00, sendo permitido realizar viagens de 60 min durante o período válido. A cada viagem de 60 minutos, é preciso fazer uma pausa de 15 minutos para que não seja cobrado R$ 5,00 por hora excedida. Já o plano mensal custa R$ 20,00, funcionando no mesmo esquema que a diária. (...) Também existe o plano anual, que possibilita o usuário de utilizar o Bike Rio durante todo o ano. Este plano, comumente custa R$ 160,00. Porém, em períodos promocionais, o valor pode chegar a R$ 110,00." O pagamento é feito pelo cartão de crédito. "E, além de usar o site e aplicativo, também é possível ir até o ponto de venda físico para adquirir o plano mensal (...)". (SIMÕES, Leila. Bike Rio: descubra as melhores dicas para usar a bicicleta carioca. *TransPortal*. Rio de Janeiro, 6 dez. 2022. Disponível em: www.transportal.com.br/noticias/rodoviaria-novorio/bike-rio. Acesso em: 6 abr. 2023).
45. ROHDEN, Simoni Fernanda; DURAYSKI, Juliana; TEIXEIRA, Ana Paula Pydd; MONTELONGO, Alfredo; ROSSI, Carlos Alberto Vargas. Consumo colaborativo: economia, modismo ou revolução. *Desenvolve: Revista de Gestão do Unilassale*, v. 4, n. 2, p. 12, jul. 2015.

uma contrapartida financeira. Isso é feito por meio de trocas ou doações.[46] Um dos exemplos desse modelo de consumo colaborativo no Brasil se verifica com a troca de livros, realizadas pelos *sites LivraLivro* e *Troca de Livros*, ou de acessórios e eletrônicos, pela Comunidade Prá Escambá.[47]

O *site Troca de Livros* relata que sua atividade prioriza o consumo sustentável, mediante a troca colaborativa realizada entre os usuários, a fim de que se obtenha a atualização frequente de suas bibliotecas. Aduz que seu funcionamento consiste inicialmente na elaboração de um *login* e na pesquisa dos livros disponíveis daquele que o usuário deseja receber. Na sequência, deve ser solicitada a troca, aguardando-se que o outro trocador responda.[48]

Por fim, tem-se o terceiro modelo, denominado "estilos de vida colaborativos", nos quais se tem a troca ou a partilha de ativos intangíveis, como tempo, espaço e dinheiro.[49] É o que acontece, por exemplo, no compartilhamento de espaços *coworking*, no qual atuam desde profissionais autônomos a "pequenos empresários em um espaço de escritório compartilhado – com espaços voltados ao trabalho e à convivência – que, a partir do foco na comunidade e na colaboração, tem ressignificado as práticas de trabalho".[50]

Outro exemplo desse modelo se verifica no *crowdfunding*, que consiste na arrecadação de recursos

> via plataformas de compartilhamento que lidam com micro e pequenos empréstimos, com o intuito de auxiliar ou mesmo financiar o início de uma nova atividade econômica. Nesses casos, lançado um projeto em plataforma virtual de financiamento, eventuais interessados podem auxiliar a arrecadar a quantia necessária para a viabilização desta ideia e, em contrapartida, recebem benefícios ou mesmo presentes, como agradecimento à ajuda financeira efetuada.[51]

Ainda se tem o *couchsurfing.com*, que liga pessoas interessadas em viajar e "que procuram um lugar para ficar com pessoas dispostas a servir de anfitriões

---

46. MUCELIN, Guilherme. Peers inc: a nova estrutura da relação de consumo na economia do compartilhamento. *Revista de Direito do Consumidor*, v. 118, jul.-ago. 2018, DTR\2018\19464.
47. ROHDEN, Simoni Fernanda; DURAYSKI, Juliana; TEIXEIRA, Ana Paula Pydd; MONTELONGO, Alfredo; ROSSI, Carlos Alberto Vargas. Consumo colaborativo: economia, modismo ou revolução. *Desenvolve: Revista de Gestão do Unilassale*, v. 4, n. 2, p. 12, jul. 2015.
48. TROCADELIVROS. *Quem somos*. Disponível em: https://www.trocadelivros.com.br/quem-somos. Acesso em: 6 abr. 2023.
49. MUCELIN, Guilherme. Peers inc: a nova estrutura da relação de consumo na economia do compartilhamento. *Revista de Direito do Consumidor*, v. 118, jul.-ago. 2018, DTR\2018\19464.
50. SANTOS, Eliane Ferreira dos. *Coworking*: uma construção discursiva do trabalho em face de mecanismos de poder biopolítico. Tese (doutorado CDAE). 201 p. Fundação Getúlio Vargas, Escola de Administração de Empresas de São Paulo. São Paulo: 2019, p. 28.
51. PINTARELLI, Camila Kühl. *As bases constitucionais da economia compartilhada no Brasil*. Tese (Doutorado em Direito). 233 p. Pontifícia Universidade Católica de São Paulo. São Paulo: 2017, p. 66-67.

temporários. Estas conexões se dão sem troca monetária, com a finalidade de promover experiências culturais entre pessoas de diversos lugares".[52]

Nesse cenário, tem-se evidenciado que esse novo modelo econômico vem gerando um incremento na competição entre os fornecedores, sobretudo nos ramos que estavam com as atividades interrompidas ou possuíam dificuldades em relação ao acesso, auxiliando na melhoria da economia tradicional que, por outro lado, tiveram que se adaptar à nova realidade. Tais procedimentos não só geraram o atendimento da sustentabilidade, assim como a possibilidade de popularização dos bens e serviços que até esse momento não eram ofertados para um percentual de indivíduos.[53]

As relações firmadas na economia colaborativa são constituídas a partir de três sujeitos principais, denominados como usuário fornecedor ou provedor, usuário consumidor e o *gatekeeper*, também conhecido como guardião de acesso (plataforma digital), que se encontram interligados pela tecnologia.[54]

O usuário consumidor é o principal integrante da economia colaborativa, na medida em que toda a atividade é desenvolvida para que ele possa firmar os contratos para acesso.[55] É o que "procura obter um recurso ou um serviço fornecido por outro consumidor (o consumidor-provedor) viabilizado por uma plataforma digital ligada à internet que atua profissionalmente".[56]

O usuário fornecedor, por sua vez, é tido como aquele que disponibiliza seus bens, através de uma plataforma digital, para ser utilizado pelo usuário consumidor.[57]

Guilherme Mucelin ainda faz menção ao termo prossumidor, como sendo aquele que desenvolve as atividades de consumidor e de fornecedor da relação. "Igualmente, prossumidor pode ser todo aquele consumidor que, de uma forma

---

52. ROHDEN, Simoni Fernanda; DURAYSKI, Juliana; TEIXEIRA, Ana Paula Pydd; MONTELONGO, Alfredo; ROSSI, Carlos Alberto Vargas. Consumo colaborativo: economia, modismo ou revolução. *Desenvolve: Revista de Gestão do Unilassale*, v. 4, n. 2, p. 13, jul. 2015.
53. XAVIER, Yanko Marcius de Alencar; ALVES, Fabricio Germano; SANTOS, Kleber Soares de Oliveira. Economia compartilhada: compreendendo os principais aspectos desse modelo disruptivo e os seus reflexos na relação de consumo e no mercado econômico. *Revista de Direito do Consumidor*, v. 128, mar.-abr. 2020, DTR\2020\4000.
54. MUCELIN, Guilherme; CUNHA, Leonardo Stocker Pereira da. *Relações trabalhistas ou não trabalhistas na economia do compartilhamento*. São Paulo: Thomson Reuters Brasil, 2021.
55. PASQUALOTTO, Adalberto de Souza; SCALETSCKY, Carolina Livtin. Da responsabilidade da plataforma digital na economia compartilhada. *Revista de Direito do Consumidor*, v. 142, jul.-ago. 2022. DTR\2022\12119.
56. MUCELIN, Guilherme. Peers inc: a nova estrutura da relação de consumo na economia do compartilhamento. *Revista de Direito do Consumidor*, v. 118, jul.-ago. 2018, DTR\2018\19464.
57. PASQUALOTTO, Adalberto de Souza; SCALETSCKY, Carolina Livtin. Da responsabilidade da plataforma digital na economia compartilhada. *Revista de Direito do Consumidor*, v. 142, jul.-ago. 2022. DTR\2022\12119.

ou de outra, tem algum tipo de ingerência no processo de criação, produção, perfectibilização ou aprimoramento de determinado bem ou serviço".[58]

Ao final, exemplifica a atividade aduzindo

> As impressoras tridimensionais contribuirão de forma significativa para que o prossumo se estabeleça nas próximas décadas. Atualmente, começa a ser observada a utilização crescente dessa tecnologia no comércio tradicional, com o fornecimento desde próteses ortopédicas, peças de avião e até mesmo casas. Com a população e democratização dessa tecnologia, Rifkin afirma que os custos marginais de produção serão cada vez mais próximos de zero, com redução do desperdício de matéria-prima, sendo que praticamente todas as pessoas no mundo poderão se tornar prossumidores, fabricando produtos para uso próprio ou para colocá-los no compartilhamento, ao empregar *softwares* abertos nessa produção.[59]

Por fim, tem-se a plataforma digital, responsável pela organização e intermediação da relação. Ela é a responsável pela definição da espécie de negócio a ser celebrado, assim como da maneira de oferta dos produtos e serviços pela internet. Por esse motivo, tem-se entendido que a plataforma digital opera ou atua com certo poder em relação aos usuários consumidor e fornecedor, especialmente pelo fato de ser ela a responsável pelo controle do acesso "àquele específico canal que organiza, seja de fornecedores diretos ou consumidores; por vezes controla o pagamento e, desse modo, também parte da execução do contrato celebrado entre as partes".[60]

Claudia Lima Marques aponta que as plataformas digitais devem ser identificadas como o guardião do acesso, "expressão de Hans Micklitz, *gatekeeper* (literalmente, o guarda da porta ou portão)".[61]

A Lei 12.965, de 23 de abril de 2014,[62] que estabelece princípios, garantias, direitos e deveres para o uso da internet no Brasil, também faz uso da palavra guarda em seu art. 10, *caput*, § 1º:

> Art. 10. A guarda e a disponibilização dos registros de conexão e de acesso a aplicações de internet de que trata esta Lei, bem como de dados pessoais e do conteúdo de comunicações privadas, devem atender à preservação da intimidade, da vida privada, da honra e da imagem das partes direta ou indiretamente envolvidas.

---

58. MUCELIN, Guilherme. Peers inc: a nova estrutura da relação de consumo na economia do compartilhamento. *Revista de Direito do Consumidor*, v. 118, jul.-ago. 2018, DTR\2018\19464.
59. MUCELIN, Guilherme. Peers inc: a nova estrutura da relação de consumo na economia do compartilhamento. *Revista de Direito do Consumidor*, v. 118, jul.-ago. 2018, DTR\2018\19464.
60. MIRAGEM, Bruno. Novo paradigma tecnológico, mercado de consumo digital e o direito do consumidor. *Revista de Direito do Consumidor*, v. 125, set.-out. 2019, p. 25.
61. MARQUES, Claudia Lima. *Contratos no Código de Defesa do Consumidor*: o novo regime das relações contratuais. 8. ed., rev., atual. e ampl. São Paulo: Ed. RT, 2016, p. 429.
62. BRASIL. Casa Civil. Lei 12.965, de 23 de abril de 2014. Estabelece princípios, garantias, direitos e deveres para o uso da Internet no Brasil. Disponível em: http://www.planalto.gov.br/ccivil_03/_ato2011-2014/2014/lei/l12965.htm. Acesso em: 6 abr. 2023.

§ 1º O provedor responsável pela guarda somente será obrigado a disponibilizar os registros mencionados no *caput*, de forma autônoma ou associados a dados pessoais ou a outras informações que possam contribuir para a identificação do usuário ou do terminal, mediante ordem judicial, na forma do disposto na Seção IV deste Capítulo, respeitado o disposto no art. 7º.

Assim, por se estar diante de uma relação *peer to peer* (P2P),[63] conhecida por envolver dois computadores ou celular a celular, evidencia-se que se está diante de relações protegidas pelo Código de Defesa do Consumidor e que, a despeito de serem concretizadas por pessoas leigas e com ausência de profissionalismo, "deixam-se contaminar por este outro fornecedor, o fornecedor principal da economia do compartilhamento organizada e remunerada, que é o guardião do acesso, o *gatekeeper*".[64] Daí a conclusão de que a ausência do *gatekeeper* ou do guardião do acesso faria com que o negócio sequer fosse celebrado ou que não seria entabulado da forma que foi.[65]

As plataformas, por sua vez, conforme o tipo de negócio firmado, podem ser de três espécies. A primeira acontece quando ela se baseia em tecnologia (*tech-driven*). Nessa hipótese, a transação é realizada de forma on-line, sem que as partes se encontrem, como se verifica no *crowdsourcing*. A segunda espécie ocorre quando a plataforma é habilitada pela tecnologia (*tech-enabled*) e permite que os envolvidos negociem as condições, devendo, portanto, haver o contato físico entre eles, como se dá no Uber. Por fim, a terceira espécie, presente quando o nível de tecnologia é pequeno ou quase inexistente (*low/no-tech*). Ou seja, não se encontram fundadas em tecnologia, sendo utilizadas para auxiliar as atividades do portal. Por fim, as plataformas encontram-se conectadas à internet, a fim de concentrar e auxiliar o acesso de forma mais ágil e ajustável. Elas também se encontram presentes nas nuvens, para se tornar acessível em qualquer lugar e de forma mais eficaz e célere.[66]

---

63. Alessandra Garcia Marques afirma: "E, nesse mundo virtual, fala-se em loja virtual ou *on-line*, comércio eletrônico ou *e-commerce*. Nesse ambiente, os negócios poderão se desenvolver *business to business* (B2B), entre dois iguais, não regidas pelo Código de Defesa do Consumidor; *business to consumer* (B2C), relações entre consumidor e fornecedor, regidas pelo Código de Defesa do Consumidor; *business to government* (B2G), relações em que está presente pessoa jurídica de direito público ou de Direito Privado criada por força de lei ou prestadora de serviços públicos, a qual participa de relação de consumo, e, por fim, *peer to peer* (P2P), relações entre pessoas não profissionais". (MARQUES, Alessandra Garcia. Pluralismo contratual e economia compartilhada: a responsabilidade civil dos fornecedores na sociedade em rede. *Revista de Direito do Consumidor*, v. 135, maio-jun. 2021. DTR\2021\9057).
64. MARQUES, Claudia Lima. *Contratos no Código de Defesa do Consumidor*: o novo regime das relações contratuais. 8. ed., rev., atual. e ampl. São Paulo: Ed. RT, 2016, p. 429.
65. MARQUES, Alessandra Garcia. Pluralismo contratual e economia compartilhada: a responsabilidade civil dos fornecedores na sociedade em rede. *Revista de Direito do Consumidor*, v. 135, maio-jun. 2021. DTR\2021\9057.
66. MUCELIN, Guilherme; CUNHA, Leonardo Stocker Pereira da. *Relações trabalhistas ou não trabalhistas na economia do compartilhamento*. São Paulo: Thomson Reuters Brasil, 2021.

2.2 ECONOMIA DO ACESSO E DESINTERMEDIAÇÃO DO CONSUMO COMPARTILHADO

O acesso é tido como um dos elementos fundamentais da economia colaborativa pelo simples fato de permitir que os indivíduos, sobretudo, os não proprietários, possam utilizar bens necessários para a vida em sociedade.

Pode-se afirmar que o acesso está assumindo destaque nos relacionamentos sociais, fazendo com que diversas atividades, como transporte, saúde, origem da vida e processos biológicos etc., estejam se ajustando à essa nova realidade. As modificações que alteraram os comportamentos, que anteriormente almejavam a posse e passaram a se voltar para o acesso, deram-se de forma paulatina, quase não perceptível, a exemplo das alterações do sistema de moradia.[67]

Annalisa Cocco apresenta importante distinção entre o acesso aos bens particulares e aos bens públicos. No primeiro, o compartilhamento é realizado em atendimento aos princípios da igualdade e solidariedade e se trata de expediente necessário para atender aos interesses da coletividade, assegurando a efetivação dos direitos fundamentais dos que se encontram acessando os bens e serviços. A propriedade permanece privativa e indiscutível, a despeito da renúncia feita por determinado período em benefício de qualquer um dos membros da coletividade. Já o acesso dos bens públicos consiste no ato de compartilhar um bem para ser instrumento da efetivação de vários interesses. Logo, refere-se à titularidade do direito de propriedade, que pertence a todos os integrantes da sociedade.[68]

O acesso dos bens particulares, espécie que será objeto de análise neste trabalho, é a faculdade de dispor do direito de proprietário, sem, contudo, resultar na posse ou detenção daquele que utiliza o bem ou serviço, pelo fato de não se verificar a conservação da posse em nome de outrem e tampouco em seu próprio nome. Consequentemente, por ser o acesso uma nova figura instituída pela economia colaborativa, que se caracteriza pelo poder de dispor, "não há a necessidade de ser ele taxativo, tampouco perpétuo, embora represente uma funcionalidade para o direito de propriedade imóvel".[69]

Pierre Crétois adverte que o direito de acesso depende de um ajuste prévio envolvendo o proprietário, que permite o acesso ao bem de sua propriedade, e àquele

---

67. RIFKIN, Jeremy. *A era do acesso*. Trad. Maria Lucia G. L. Rosa. São Paulo: Makron Books, 2001, p. 93.
68. COCCO, Annalisa. I rapporto contrattuali nell'economia della condiviosone. Collana: *Pubblicazioni della Scuola di specializzazione in diritto civille dell'Università di Camerino*. Napoli: Edizione Scientifiche Italiane, 2020, p. 68-70.
69. KOLLER, Carlos Eduardo. *O direito de acesso à propriedade imóvel a partir da economia compartilhada*. Tese (Doutorado em Direito). 187 p. Pontifícia Universidade Católica do Paraná. Curitiba: 2019, p. 58-59.

que tem o direito de não ser excluído. A obtenção do acesso depende do guardião do acesso (plataforma digital), também conhecido como *gatekeeper*. Pode-se, assim, afirmar que o acesso acaba se tornando uma relação social de validação e garantia. Sua partilha e a manutenção do acesso aos bens ordenam positivamente a vida em sociedade, assim como organizam de forma positiva as relações sociais.[70]

A economia do compartilhamento, assim, deixa de se preocupar com a aquisição de bens, para que se tenha mecanismos atuais para a organização da existência dos indivíduos e, sobretudo, novos conceitos acerca do que se deve entender por pessoa.[71]

Nesse cenário, pode-se afirmar que o êxito do acesso decorre não apenas por ter-se tornado a propriedade um ônus, presente, por exemplo, nas horas em que determinado automóvel fica estacionado sem uso e gerando custos ao proprietário. A escolha pelo acesso de um veículo, por outro lado, trata-se de um privilégio, especialmente em razão de as despesas recaírem apenas sobre o lapso temporal de sua utilização.[72]

Trata-se o acesso de uma alteração na natureza do sistema capitalista, que deixa de ser proprietário para se fundamentar na venda de experiências culturais, como viagens, parques, diversão, música, dentre outros.[73]

A sociedade contemporânea, portanto, deixa de se preocupar apenas com a produção de bens corpóreos e passa a viver a "era dos serviços, da informação, da comunicação e da geração de experiências que desconhece fronteiras e desagrega o sentido ancestral das raízes territoriais".[74]

Tais serviços, que vigem por determinado lapso temporal, não se caracterizam como produtos, não sendo passíveis de serem partilhados na herança e/ou acumulados. Assim, pode-se afirmar que o tempo e o acesso passam a ser interligados por relações envolvendo dinheiro, fazendo com que o sistema capitalista perca sua característica material e se torne uma questão de tempo.[75]

---

70. CRÉTOIS, Pierre. La propriété repensée par l'acess. *Revue Internationale de Droit Economique*. Associação Internationale de Droit Economique, 2014/3, t. XXVIII, DOI: 10.3917/ride.283.0319, p. 323.
71. RIFKIN, Jeremy. *A era do acesso*. Trad. Maria Lucia G. L. Rosa. São Paulo: Makron Books, 2001, p. 193.
72. PIRES, Eduardo. *Políticas públicas e regulamentação para a harmonização entre direitos de acesso às obras intelectuais musicais e os direitos autorais nas perspectivas da sociedade de informação e economia colaborativa*. Tese (Doutorado em Direito). 244 p. Universidade de Santa Cruz do Sul. Santa Cruz do Sul: 2019, p. 121-122.
73. PACHECO FILHO, Ulysses Pereira. *Como o sistema de reputação baseado em avaliação mútua é utilizado por participantes provedores da economia compartilhada*. Dissertação (Mestrado). 160 p. Escola de Administração de Empresas de São Paulo. Fundação Getúlio Vargas. São Paulo, 2018, p. 28.
74. RABIN, Alberto. A era do acesso: comunidades virtuais – tudo isto é ser humano. *Revista Contemporânea (UERJ)*. Rio de Janeiro, v. 2, n. 2, p. 171, 2004.2.
75. RABIN, Alberto. A era do acesso: comunidades virtuais – tudo isto é ser humano. *Revista Contemporânea (UERJ)*. Rio de Janeiro, v. 2, n. 2, p. 172, 2004.2.

A preocupação com as experiências culturais tem gradualmente acarretado a troca da mão de obra em setores importantes da economia, como o agrícola, nas fábricas e serviços, pelas máquinas inteligentes. Surgem novos tipos de trabalhos, consistentes em labor cultural a ser quitado pela nova arena comercial. Ou seja, conforme a vida dos indivíduos se tornem experiências a serem pagas pelos indivíduos, diversos tipos de empregos surgiram para que fossem supridos os anseios desse novo tipo de atividade cultural.[76]

A economia colaborativa também decorre da substituição do modelo fundamentado na abundância e na desmaterialização dos bens físicos, presentes na época do hiperconsumo, para o da escassez. Aludida modificação está relacionada com o surgimento e aprimoramento das tecnologias, bem como no melhoramento da economia, implementada pelos negócios on-line, caracterizado por expressivo leque de produtos, que se opuseram aos tradicionais, representados pela existência de um espaço físico restrito.[77]

O ambiente on-line tem sua funcionalidade condicionada à presença da banda de acesso, que se vincula à "capacidade de transmissão por determinada via (...). Essa capacidade de transmissão, e consequentemente de acesso, é a cada dia superada e barateada por novas tecnologias da informação".[78]

Nesse cenário, evidencia-se o advento das comunidades virtuais, cujos serviços estão disponibilizados ininterruptamente, facilitando o acesso para permitir sua utilização inclusive dentro das residências. Trata-se, ainda, de expedientes efetivados por intermédio de *websites* que são utilizados para se obter novos clientes com interesses comuns, a fim de imprimir a visitação periódica para os tornar fiéis. Um dos exemplos dessas comunidades virtuais surgiu no começo da década de 1990, com a América On-Line, que se apresenta como um serviço para facilitar o acesso aos usuários. Dentre as características das comunidades virtuais, merecem destaque, além do interesse comum, o propósito de dividir experiência ou de efetivar relacionamentos de diversas espécies, bem como a finalidade de aperfeiçoar todas as informações existentes sobre um tema específico, para se permitir a obtenção e a troca de conhecimentos.[79]

---

76. RABIN, Alberto. A era do acesso: comunidades virtuais – tudo isto é ser humano. *Revista Contemporânea (UERJ)*. Rio de Janeiro, v. 2, n. 2, p. 172, 2004.2.
77. PIRES, Eduardo. *Políticas públicas e regulamentação para a harmonização entre direitos de acesso às obras intelectuais musicais e os direitos autorais nas perspectivas da sociedade de informação e economia colaborativa*. Tese (Doutorado em Direito). 244 p. Universidade de Santa Cruz do Sul. Santa Cruz do Sul: 2019, p. 121-122.
78. CARVALHO, Leandro de. *Economia criativa*: acesso e distribuição de bens culturais. Dissertação (Mestrado em Economia Política). 100 p. Pontifícia Universidade Católica de São Paulo. São Paulo: 2009, p. 40-41.
79. RABIN, Alberto. A era do acesso: comunidades virtuais – tudo isto é ser humano. *Revista Contemporânea (UERJ)*. Rio de Janeiro, v. 2, n. 2, p. 174, 178, 2004.2.

Outro exemplo de acesso por intermédio de comunidades se verifica no modelo de moradia. Nos Estados Unidos, surgem as comunidades residenciais denominadas como "urbanização de interesses comuns", que se notabilizam pelo acesso restrito aos moradores e/ou pessoas autorizadas, assim como pela segurança realizada por vigias. Nelas, os moradores possuem suas unidades e compartilham o uso de áreas comuns, obrigando-se a participar da associação de proprietários e de quitarem as quotas para administração e manutenção. Trata-se de um lugar para viver que se tornou uma *commodity*, sem a presença de locais ou propriedades do Estado. Comercializa-se um estilo para se viver, no qual as casas são introduzidas em um sistema de serviços que acaba por instituir "uma experiência de vida singular e se assemelham fortemente a outros bens ou formas de propriedades que se tornaram contêineres ou plataformas para os serviços e experiência que os acompanham".[80]

As comunidades de prestígio também são exemplos para acesso à moradia e são constituídas pelas pessoas com maior poder aquisitivo, possuindo mecanismos de segurança e limitação de acesso. Nesse sentido, tem-se exemplificativamente as cidades planejadas de Virgínia e Columbia, nos Estados Unidos, que possuem escolas, *shopping centers*, parques de forma semelhante as cidades convencionais. Diferencia-se, todavia, por serem *commodities*, com relações "estruturadas comercialmente. Não há vida pública no sentido que conhecemos. Embora haja direção e até direito de votos, a franquia é baseada em vínculos comerciais, e não em cidadania".[81]

Outrossim, embora subsista interesse em viver em uma comunidade em razão dos benefícios ofertados, tem-se verificado que a substituição dos modelos tradicionais por *commodities* resulta na supressão do direito de propriedade do adquirente do imóvel, ante a necessidade de sujeição de regras administrativas restritivas. Nelas se verifica uma forma de gestão particular instituída por uma imobiliária, já que a construtora acaba mantendo a posse dos imóveis que não foram alienados para ter mais poder nas votações. Para se ter ideia do modelo de administração instituído, a construtora ocupa os cargos diretivos e mantém "três votos para cada unidade não vendida, assumindo o controle indiscutível até que todo o projeto tenha sido vendido. (...) Mesmo com os direitos de voto, a vontade da maioria muitas vezes é desrespeitada".[82]

Por fim, outro modelo criado para facilitar o acesso à moradia se verifica nos contratos de multipropriedade, que surgiram na França por volta de 1970 e

---

80. RIFKIN, Jeremy. *A era do acesso*. Trad. Maria Lucia G. L. Rosa. São Paulo: Makron Books, 2001, p. 94-95.
81. RIFKIN, Jeremy. *A era do acesso*. Trad. Maria Lucia G. L. Rosa. São Paulo: Makron Books, 2001, p. 96.
82. RIFKIN, Jeremy. *A era do acesso*. Trad. Maria Lucia G. L. Rosa. São Paulo: Makron Books, 2001, p. 97.

se propagaram de forma expressiva no continente europeu e nos Estados Unidos, por assegurarem o rateio compartilhado para o uso de imóveis em temporadas "anuais, de modo a que diversos titulares pudessem se beneficiar, alternadamente, cada qual a seu turno, do mesmo imóvel, multiplicando exponencialmente o público-alvo para as casas de campo ou de praia".[83-84]

Tais contratos garantem inúmeros direitos aos consumidores e são dotados de diversidade de agentes, que abrangem, de forma exemplificativa, o organizador, o vendedor, o proprietário do imóvel ou do local de turismo e o responsável pela prestação dos serviços de alimentação.[85]

As vantagens dessa contratação tanto para o setor de turismo quanto para o de serviços é expressiva, por incrementar a economia em todos os meses do ano, com a melhoria do comércio, tutela do meio ambiente e da construção civil.[86]

As iniciativas para assegurar o acesso também atingiram o mercado das músicas. As plataformas digitais de *streaming* tornaram-se o maior instrumento de recursos para as empresas atuantes nesse ramo de atividade, cujos benefícios são inúmeros e decorrem no atendimento das necessidades destinadas ao "consumo da Sociedade de Informação, que busca diversidade de opções, acesso ao invés de propriedade, a interconexão, o compartilhamento, a mobilidade, bem como o acesso gratuito ou com baixo custo".[87]

---

83. TEPEDINO, Gustavo. *Aspectos atuais da multipropriedade imobiliária*. p. 512. Disponível em: http://www.tepedino.adv.br/wpp/wp-content/uploads/2017/07/Aspectos_Atuais_Multipropriedade_imobiliaria_fls_512-522.pdf. Acesso em: 6 abr. 2023.
84. Guilherme Mucelin afirma: "Fala-se nesse renovado consumir como *redefinido* pela internet porque o consumo compartilhado, em verdade, não é novo. Sustenta-se, inclusive, que esse tipo de movimento cultural é a gênese do comércio e do consumo primitivo. Já em 1978, o fenômeno começou a ganhar atenção por Felson e Paeth, que analisavam eventos de consumo em pequena escala, delimitados espaço-temporalmente, tendo a colaboração como cerne de uma relação entre pessoas próximas. (...) O motor propulsor do consumo compartilhado foi a crise econômica mundial de 2008, cuja origem remonta aos Estados Unidos, após o colapso da bolha especulativa no mercado imobiliário devido à falência do banco doméstico de investimentos Lehman Brothers. A quebra da instituição foi o primeiro passo para que a crise tomasse proporções internacionais, já que a arquitetura financeira internacional é extremamente interligada e interdependente, com reflexos quase que na totalidade dos países do globo, ocasionando uma 'evaporação do crédito', afetando principalmente o mercado de consumo." (MUCELIN, Guilherme. Peers inc: a nova estrutura da relação de consumo na economia do compartilhamento. *Revista de Direito do Consumidor*, v. 118, jul.-ago. 2018, DTR\2018\19464).
85. MARQUES, Claudia Lima. Contratos de *time-sharing* e a proteção dos consumidores: críticas ao Direito Civil em tempos pós-modernos. *Revista de Direito do Consumidor*, v. 22, abr.-jun. 1997, DTR\1997\673.
86. TEPEDINO, Gustavo. *Aspectos atuais da multipropriedade imobiliária*. p. 512. Disponível em: http://www.tepedino.adv.br/wpp/wp-content/uploads/2017/07/Aspectos_Atuais_Multipropriedade_imobiliaria_fls_512-522.pdf. Acesso em: 6 abr. 2023.
87. PIRES, Eduardo. *Políticas públicas e regulamentação para a harmonização entre direitos de acesso às obras intelectuais musicais e os direitos autorais nas perspectivas da sociedade de informação e economia colaborativa*. Tese (Doutorado em Direito). 244 p. Universidade de Santa Cruz do Sul. Santa Cruz do Sul: 2019.

A líder no mercado brasileiro de *streaming*, conforme matéria divulgada pelo *site iDinheiro*, é a GloboPlay, que disponibiliza aos usuários diversos planos de assinatura, que vão desde o inicial, denominado "Globoplay", no qual se faculta o download para assistir off-line, além de produções disponíveis para até dois familiares. O plano de custo mais elevado é denominado "Globoplay + Canais ao vivo e Premiere". Dentre outras vantagens apontadas, merece destaque a possibilidade de se efetivar a assinatura de combos de outras plataformas, como a Disney+, pagando-se um único valor. Outra plataforma de *streaming* que recentemente passou a atuar no mercado é a HBO Max, que permite acessar séries e filmes exclusivos, além dos lançamentos próprios. Um de seus benefícios é a possibilidade de se assistir às estreias de cinema e algumas partidas de futebol, como a Champions League.[88]

Dentre outras formas de acesso, tem-se ainda a alteração do modelo adotado para o consumo de alimentos, especialmente dos que não foram consumidos. Assim é que surgiram os aplicativos de *food-sharing*, que se inseriram no contexto da economia do compartilhamento por visarem realizar a ligação entre as pessoas e/ou comércio que tenham disponibilidade de alimentos para serem destinados àqueles que os buscam. As formas como essa troca acontece são variadas, admitindo-se que o interessado se dirija diretamente para o local em que o alimento se encontre, a partir de aplicativos. Da mesma forma, ainda subsistem pessoas que fazem a coleta do excedente para que indivíduos necessitados possam se alimentar. Nos Países Baixos, por exemplo, existe o aplicativo *NoFoodWasted*, que se associou com supermercados que comunicam consumidores acerca de produtos cuja data de vencimento esteja se aproximando para serem vendidos por valores mais baixos aos praticados usualmente. O aplicativo *To Good To Go*, na Grã-Bretanha, proporciona aos interessados alimentos não comercializados pelos restaurantes e lanchonetes antes do encerramento diário de suas atividades.[89]

Tais iniciativas se inserem no Objetivo 2 da Agenda 2030 da Organização das Nações Unidas,[90] que visa melhorar a nutrição e assegurar a agricultura sustentável. Esse objetivo é auxiliado pela economia colaborativa, especialmente após a sociedade civil constatar a necessidade de implementar "arranjos especí-

---

88. MORAES, Heloisa. Conheça as 8 melhores plataformas de *streaming* para assinar em 2023: compare preços, catálogos e muito mais. *iDinheiro*, 1º dez. 2022. Disponível em: https://www.idinheiro.com.br/author/heloisa-ribeiro/. Acesso em: 6 abr. 2023.
89. MUCELIN, Guilherme Antônio Balczarek; DURANTE, Patrícia. Do celular à mesa de refeições: o compartilhamento de alimentos por meio de aplicativos e seus impactos no contexto da *sharing economy*. Revista Res Severa Verum Gaudim, v. 3, n. 2, p. 218-219, abr. 2018.
90. ORGANIZAÇÃO DAS NAÇÕES UNIDAS. *Objetivos de Desenvolvimento Sustentável (Agenda 2030)*. 25-27 set. 2015. Disponível em: https://brasil.un.org/pt-br/91863-agenda-2030-para-o-desenvolvimento-sustent%C3%A1vel. Acesso em: 6 abr. 2023.

ficos para modificar a forma como se consomem alimentos e como se destinam aqueles que não são consumidos, utilizando-se de ferramentas proporcionadas pela globalização e pela internet".[91]

Além do atendimento da Agenda 2030, tais práticas ainda se destinam ao atingimento dos objetivos fundamentais previstos nos incisos I, II e III da Constituição da República Federativa do Brasil, de construir uma sociedade livre, justa e solidária, garantir o desenvolvimento nacional, erradicar a pobreza e a marginalização e reduzir as desigualdades sociais e regionais, a fim de se assegurar o atingimento do princípio fundamental constitucional da dignidade da pessoa humana.[92]

Tal entendimento ainda se coaduna com a posição de Amartya Sen, de que o "crescimento econômico não pode sensatamente ser considerado um fim em si mesmo. O desenvolvimento tem de estar relacionado sobretudo com a melhora da vida que levamos e das liberdades que desfrutamos".[93]

Disso se extrai que a economia do compartilhamento contribui para o desenvolvimento econômico, gerando receitas aos entes públicos, assim como para a gradual melhoria nas condições de vida dos indivíduos que passaram a ter acesso a novos instrumentos.

A economia do compartilhamento e, sobretudo, as inovações tecnológicas trouxeram ainda outras alterações no dia a dia dos indivíduos e na forma de acesso aos bens e serviços. Uma delas aconteceu com a inserção do modelo on-line, que vem reduzindo o número de lojas físicas que as empresas utilizavam para o atendimento pessoal dos consumidores, bem como no significativo fechamento de agências bancárias físicas – fato que pôde ser observado recentemente, sobretudo com o surgimento da pandemia do coronavírus.

Para que se possa dimensionar o impacto das novas tecnologias, recentemente foi veiculado que instituições financeiras teriam fechado 1.007 agências físicas, gerando demissões em algumas e contratações em outras. A modificação na forma de atendimento ao público tem repercutido negativamente, especialmente pelo fato de ter aumentado o tempo de permanência dos consumidores nas filas, assim como pelas dificuldades naturais para o uso das novas tecnologias,

---

91. MUCELIN, Guilherme Antônio Balczarek; DURANTE, Patrícia. Do celular à mesa de refeições: o compartilhamento de alimentos por meio de aplicativos e seus impactos no contexto da *sharing economy*. Revista Res Severa Verum Gaudim, v. 3, n. 2, p. 218-219, abr. 2018.
92. BRASIL. Casa Civil. *Constituição da República dos Estados Unidos do Brasil, de 16 de julho de 1934.* Disponível em: https://www.planalto.gov.br/ccivil_03/constituicao/constituicao34.htm. Acesso em: 6 abr. 2023.
93. SEN, Amartya. *Desenvolvimento como liberdade.* Trad. Laura Teixeira Motta. Revisão técnica: Ricardo Donimelli Mendes. 6. reimp. São Paulo: Companhia das Letras, 2010, p. 29.

que ainda não dispõem dos mecanismos necessários para dirimir questões mais complexas. Preocupação relevante também se denota com o fechamento de agências bancárias em regiões de menor poder aquisitivo, que não tem assegurado o acesso à tecnologia.[94]

Por outro lado, as agências digitais evidentemente trouxeram benefícios aos usuários com a facilitação do acesso às informações, produtos e serviços bancários. Atualmente, pode-se contratar um empréstimo bancário, solicitar o envio de cartões de débito ou de crédito e efetuar o pagamento de contas dentro de sua residência ou do local de trabalho pelos aplicativos, que contemplam inclusive o limite de crédito pré-aprovado para a aquisição de imóveis e automóveis.

Esse fenômeno passou a ser conhecido como desintermediação, que possibilitou, com o auxílio das novas tecnologias, a inserção de recentes formas de comunicação entre as pessoas, permitindo a troca ou a supressão dos intermediários e das pessoas responsáveis pela prestação de determinadas atividades.[95]

A diminuição do número de intermediários convencionais acabou por também reduzir as fases até então existentes nos processos produtivo e distributivo de bens e serviços, ensejando a união dos fornecedores e prestadores particulares nas plataformas digitais com custos expressivamente mais baixos[96-97] e o surgimento de novos negócios, como ocorre com a plataforma digital Netflix, que possibilita ao usuário assistir a filmes em sua residência, sem ter que efetuar o pagamento das despesas e os riscos decorrentes de seu deslocamento para um local tradicional de exibição de filmes.

---

94. SARINGER, Giuliana. Bancos fecham mais de mil agências em um ano, e clientes reclamam de filas. *UOL*, 27 maio 2022. Disponível em: https://www.feebpr.org.br/noticia/QU8N-bancos-fecham-mais-de-mil-agencias-em-um-ano-e-clientes-reclamam-de-filas. Acesso em: 6 abr. 2023.
95. TIGRE, Paulo Bastos. Trajetórias e oportunidades das inovações em serviços. In: TIGRE, Paulo Bastos; PINHEIRO, Alessandro Maia (Coord.) *Inovações em serviços na economia do compartilhamento*. São Paulo: Saraiva Educação, 2019, p. 9.
96. SMORTO, Guido. *I contratti della sharing economy*. Roma: Società Editrice Del Foro Italiano, 2015, p. 4.
97. Lorena Giuberti Coutinho adverte: "(...) as novas tecnologias vêm possibilitando que o modelo de plataformas digitais transforme as formas de consumo e oferta de bens e serviços, ao possibilitar a intermediação e a coordenação entre dois lados de mercado e diminuindo consideravelmente os custos de transação. (...). Esse processo é muitas vezes descrito como de 'desintermediação e reintermediação' (...), já que a plataforma diminui a necessidade de intermediários tradicionais e permite o surgimento de novas formas de intermediação, que antes não eram concebíveis. Assim, um dos papéis essenciais. das plataformas digitais é reunir e processar informações sobre os usuários com o objetivo de facilitar o relacionamento entre agentes econômicos, em particular potenciais compradores e vendedores de um ativo ou serviço. (COUTINHO, Lorena Giuberti. *Economia do compartilhamento e plataformas digitais*: riscos da competição em indústrias de alta tecnologia e mercados dos dois lados. Dissertação (Mestrado em Economia). 95 p. Programa de Pós-graduação em Economia da Faculdade de Economia, Administração e Contabilidade da Universidade de Brasília. Brasília: 2017, p. 25).

Jeremy Rifkin acabou instituindo a expressão custo próximo a zero[98] ao discorrer sobre o aumento no custo total de determinado bem quando se tem a majoração da produção em um mesmo local.[99] Assim, o processo evolutivo das tecnologias acarretou a redução dos custos para próximo de zero na cadeia de valor, "fundando a economia colaborativa e altamente conectada, em uma nova forma de gerar riqueza, não focada na acumulação de capital".[100]

É o que se sucedeu, por exemplo, com o aumento da energia consumida pelos servidores e Centros de Dados nos Estados Unidos. Tal acontecimento resultou na busca pela redução do consumo, a fim de permitir que outras atividades econômicas pudessem fazer uso dessa energia elétrica não utilizada por um custo mais baixo. Dentre os expedientes adotados para tal finalidade, tem-se a iniciativa da empresa Apple, que colocou em funcionamento em seu Centro de Dados de um sistema que permite o uso do ar frio do período noturno para produzir água gelada para refrigerar o local.[101]

Jeremy Rifkin também menciona que as áreas de comunicação e transporte na economia compartilhada também se caracterizam pela prática do custo próximo de zero.[102] Isso se verificou, por exemplo, com as linhas de telefone no Brasil, que possuíam um custo elevado e correspondiam a bens a serem adquiridos, alienados e transferidos por herança. Atualmente, isso não mais ocorre, já que as linhas de telefone perderam seu valor de mercado. A utilidade atualmente está nos *smartphones* que, uma vez conectados à internet, tornaram-se instrumentos hábeis para informar os indivíduos e as "empresas de tecnologia, que conectam pessoas em segundo e integram dados e sistemas de forma rápida e global".[103]

A redução de custos com o surgimento do comércio eletrônico também está presente no setor logístico, com as práticas adotadas pelas empresas voltadas à

---

98. RIFKIN, Jeremy. *Sociedade marginal com custo zero*. São Paulo: M. Books do Brasil Editora, 2016, p. 107-108.
99. MOTA, Pedro Lula. A economia do compartilhamento e a sociedade do custo marginal zero. *Terraço Econômico*, 1º jul. 2016. Disponível em: https://terracoeconomico.com.br/economia-do-compartilhamento-e-sociedade-do-custo-marginal-zero/. Acesso em: 6 abr. 2023.
100. MOTA, Pedro Lula. A economia do compartilhamento e a sociedade do custo marginal zero. *Terraço Econômico*, 1º jul. 2016. Disponível em: https://terracoeconomico.com.br/economia-do-compartilhamento-e-sociedade-do-custo-marginal-zero/. Acesso em: 6 abr. 2023.
101. RIFKIN, Jeremy. *Sociedade marginal com custo zero*. São Paulo: M. Books do Brasil Editora, 2016, p. 107-108.
102. RIFKIN, Jeremy. *Sociedade marginal com custo zero*. São Paulo: M. Books do Brasil Editora, 2016, p. 109.
103. BIZAWU, Kiwongui; GIBRAN, Sandro Mansur; BARBOSA, Eduardo Vieira de Souza. O futuro do setor de energia no Brasil sob a perspectiva de uma sociedade do custo marginal zero. *Revista de Relações Internacionais no Mundo Atual*, v. 1, n. 22, p. 200, jan.-mar. 2019.

aquisição de sua frota, que acabou por permitir maior monitoramento dos veículos, percursos, despesas e lapso temporal para a entrega.[104]

Idêntico expediente também foi observado na unificação do local onde se encontra o estoque das empresas, que passaram a contar com equipamentos dotados da tecnologia necessária para controle e melhoria dos procedimentos, especialmente pelo fato de os veículos, por integrarem o patrimônio da empresa, terem que ser conservados, exigindo treinamento constante de pessoal.[105]

A desintermediação, portanto, gerou efeitos nos mais diversos ramos de atividades. No comércio eletrônico, especialmente no *e-commerce* e nos canais de vendas on-line, as empresas optaram por instituir canais próprios para interagir com os clientes e realizar vendas diretas. No *full commerce*, tem-se a opção da empresa pela contratação de um parceiro, que acaba por terceirizar todo o processo de compra e venda on-line, inclusive as atividades de "planejamento, criação, meios de pagamento, segurança e antifraude, análise de dados dentre outros".[106]

O turismo também está sofrendo tais repercussões, por se estar diante de atividade consistente na "forma de produção, distribuição e consumo de bens e serviços destinados a satisfazer o bem-estar das populações"[107] e, sobretudo, "à satisfação das necessidades de viagem, incluindo os serviços de transportes, alimentação, hospedagem e entretenimento".[108]

Nesse sentido, denota-se que a desintermediação resultou em um maior relacionamento direto envolvendo os mais importantes prestadores de serviços, com os consumidores, diminuindo ou suprimindo os intermediários tradicionais, especialmente as agências de turismo.[109]

---

104. ROMANO, Giuli. *Os desafios da desintermediação na logística*. 7 jan. 2020. São Paulo: Intelipost Consultoria e Tecnologia de Logística, 2020. Disponível em: https://www.intelipost. com.br/blog/desintermediacao-na-logistica/. Acesso em: 6 abr. 2023.
105. ROMANO, Giuli. *Os desafios da desintermediação na logística*. 7 jan. 2020. São Paulo: Intelipost Consultoria e Tecnologia de Logística, 2020. Disponível em: https://www.intelipost. com.br/blog/desintermediacao-na-logistica/. Acesso em: 6 abr. 2023.
106. ROMANO, Giuli. *Os desafios da desintermediação na logística*. 7 jan. 2020. São Paulo: Intelipost Consultoria e Tecnologia de Logística, 2020. Disponível em: https://www.intelipost. com.br/blog/desintermediacao-na-logistica/. Acesso em: 6 abr. 2023.
107. CERON, Marcelo; FARAH, Osvaldo Elias. O empreendedorismo e o turismo: ações empreendedoras no setor de agências de viagens e turismo contra o fenômeno da desintermediação. Programa de Pós-graduação em Administração, Universidade de Blumenau. *Revista de Negócios*, v. 10, n. 3, p. 158, jul.-set. 2005.
108. CERON, Marcelo; FARAH, Osvaldo Elias. O empreendedorismo e o turismo: ações empreendedoras no setor de agências de viagens e turismo contra o fenômeno da desintermediação. Programa de Pós-graduação em Administração, Universidade de Blumenau. *Revista de Negócios*, v. 10, n. 3, p. 158, jul.-set. 2005.
109. TAVARES, Jean Max; NEVES, Otaviano Francisco. O processo de desintermediação dos serviços turísticos: uma análise em um segmento de classe média com alta escolaridade. *Revista Acadêmica Observatório de Inovação do Turismo*, v. VI, n. 1, p. 6, 2011.

Uma das principais plataformas digitais ou *gatekeeper* presente no mercado de turismo é a empresa Decolar, atuante em inúmeros países, como Brasil, Argentina, Bolívia, Chile, Colômbia, Costa Rica, Equador, El Salvador, Guatemala, Honduras, México, Nicarágua, Panamá, Paraguai, Peru, Porto Rico, República Dominicana, Estados Unidos e Uruguai.

Consta nos termos e nas condições gerais, extraído do *site* Decolar, que se trata de "uma empresa de viagem on-line, cuja plataforma tecnológica permite a uma grande quantidade de prestadores de serviços turísticos (o[s] 'Fornecedor[es]') oferecer e comercializar seus serviços aos usuários".[110] Além disso, tem-se a expressa menção de que a Decolar "não é o fornecedor dos Serviços Turísticos e atua como intermediadora dos produtos turísticos oferecidos pelos Fornecedores".[111]

Assim, tem-se a possibilidade de o consumidor adquirir diretamente pelo *site* da Decolar diversos serviços, como: hospedagens, passagens, pacotes, passeios, seguros, *transfers* privados ou compartilhados e locação de carros. Também, pode-se realizar a locação de imóveis ou acomodação por temporada, com a vantagem de serem mais baratos e possuírem acomodações maiores que as existentes nos hotéis.

A *Booking.com*, por sua vez, afirma operar no mercado de *e-commerce* de viagens, atuando em 43 idiomas e ofertando 28 milhões de acomodações para serem escolhidas por seus usuários. Ainda se extrai de seu *site* que a plataforma digital oferece escolhas incríveis, preços baixos, confirmações na hora, assim como reservas seguras e sem custos adicionais, com suporte diário 24 horas.[112]

Não obstante os inúmeros benefícios, é evidente que a desintermediação no setor de turismo trouxe algumas desvantagens. Uma delas se verifica no fato de que as agências de turismo estão deixando de ser o ponto de ligação dos consumidores, vindo, inclusive, algumas a encerrarem suas atividades, já que não dispõem de muitos recursos.[113] Todavia, as agências de turismo estão reagindo

---

110. DECOLAR. *Termos e condições gerais da Decolar*. Disponível em: https://www.decolar.com/legal/termos-e-condicoes. Acesso em: 6 abr. 2023.
111. DECOLAR. *Termos e condições gerais da Decolar*. Disponível em: https://www.decolar.com/legal/termos-e-condicoes. Acesso em: 6 abr. 2023.
112. BOOKING.COM. *Sobre a Booking.com*. Disponível em: https://www.booking.com/content/about.pt-br.html?aid=376377&label=bdot-gy7L_infjQ8w7JjcIie-fRAS267778091953%3Apl%3Ata%3Ap1%3Ap22.563.000%3Aac%3Aap%3Aneg%3Afi%3Ati-kwd-334108349%3Alp1001634%3Ali%3Adec%3Adm%3Appccp%3DUmFuZG9tSVYkc2R-lIyh9YXwxhKG0pUU-3JdcXtALQMg. Acesso em: 6 abr. 2023.
113. CERON, Marcelo; FARAH, Osvaldo Elias. O empreendedorismo e o turismo: ações empreendedoras no setor de agências de viagens e turismo contra o fenômeno da desintermediação. Programa de Pós-graduação em Administração, Universidade de Blumenau. *Revista de Negócios*, v. 10, n. 3, p. 164-165, jul.-set. 2005.

às plataformas digitais, passando a atuar de forma distinta no mercado, com a oferta de "serviços especializados para executivos ou pessoas de terceira idade ou concentrando suas atividades em tipos de turismo específico, como o rural ou religioso".[114]

Além disso, as agências de turismo passaram a treinar seus colaboradores, a fim de assegurar uma verificação eficaz das informações adquiridas anteriormente pelo cliente, adequando-as ao seu perfil, como também pelo prévio conhecimento das localidades a serem visitadas, especialmente pelo fato de os consumidores estarem se tornando cada vez mais exigentes e, sobretudo, pelo caráter existencial das viagens de lazer comercializadas.[115]

A análise exposta é de suma importância para o prosseguimento do trabalho, na medida em que na economia do compartilhamento, as novas tecnologias para o acesso, acabaram por diminuir sensivelmente o contato direto dos consumidores com os fornecedores e prestadores e serviços. Tudo passou a ser feito de forma on-line, entre pessoas desconhecidas, o que acaba por atribuir significativa relevância às atividades desenvolvidas pelo guardião de acesso ou plataforma digital, que se tornou responsável por assegurar a viabilidade do empreendimento, gerando confiança entre os usuários consumidores e fornecedores.

2.3 NOVOS ARRANJOS CONTRATUAIS NA ECONOMIA COLABORATIVA

Com o surgimento das novas tecnologias, a sociedade de consumo instituiu novos modelos de relações jurídicas massificadas. A internet alterou significativamente o mercado desde o momento em que a concretização dos negócios jurídicos passou a ser feita por terminais de computadores, em que o usuário recebia as informações pelos provedores, até os dias atuais, nos quais se tem maior relacionamento ou contato dos consumidores com a rede, sobretudo após o surgimento dos *smartphones*.[116]

O mercado de consumo virtual acaba, portanto, por aproximar os consumidores dos fornecedores, assim como por facilitar as contratações e execuções do objeto dos contratos. É nesse cenário que se tem os novos arranjos contra-

---
114. TAVARES, Jean Max; NEVES, Otaviano Francisco. O processo de desintermediação dos serviços turísticos: uma análise em um segmento de classe média com alta escolaridade. *Revista Acadêmica Observatório de Inovação do Turismo*, v. VI, n. 1, p. 6, 2011.
115. TAVARES, Jean Max; NEVES, Otaviano Francisco. O processo de desintermediação dos serviços turísticos: uma análise em um segmento de classe média com alta escolaridade. *Revista Acadêmica Observatório de Inovação do Turismo*, v. VI, n. 1, p. 5-7, 2011.
116. MIRAGEM, Bruno. Novo paradigma tecnológico, mercado de consumo digital e o direito do consumidor. *Revista de Direito do Consumidor*, v. 125, p. 19, set.-out. 2019.

tuais, como o comércio eletrônico,[117] no qual a compra dos produtos e serviços é efetivada sem o comparecimento à loja física do fornecedor, os contratos inteligentes, também conhecidos como *smart contracts*,[118] que se notabilizam por serem executados total ou parcialmente de forma automatizada, tornando desnecessária a participação dos contratantes, e as aquisições feitas por intermédio das plataformas digitais, em que a relação entre o fornecedor e o consumidor é estruturada por um terceiro.[119]

Assim é que são celebrados os contratos compartilhados, nos quais a contratação é feita pelas plataformas digitais, também denominadas guardiãs do acesso. Com efeito, essa nova relação contratual surge em um momento em que a economia deixa de se preocupar com a propriedade dos bens, passando a adotar novas formas de utilização dos bens jurídicos, a fim de assegurar o acesso aos consumidores, pouco importando a titularidade.[120]

O modelo de contrato com objeto compartilhado acabou por acarretar inúmeros arranjos contratuais, destinados à troca, por exemplo, de tempo, espaço e atividades profissionais.

Nesse contexto, em razão do crescimento exponencial desse novo setor, entende-se de suma relevância apresentar alguns dos tipos de contratações que nele são celebradas, para que se possa, na sequência, compreender o objeto final do trabalho, consistente na demonstração da importância da confiança e da relevância dessas transações e da necessidade de se tutelar os direitos fundamentais dos usuários.

---

117. Claudia Lima Marques afirma que os contratos eletrônicos "são concluídos sem a presença física simultânea dos dois contratantes no mesmo lugar, daí serem denominados, normalmente, *contratos à distância no comércio eletrônico*. (...) Os meios utilizados para esta contratação eletrônica à distância podem ser: telefone (com pessoas ou gravações, *voice-mail*, audiotexto etc.), rádio, satélites, fibras óticas, ondas eletromagnéticas, raios infravermelhos, telefones celulares ou telefones com imagens, videotexto, microcomputadores, televisão com teclado ou tela de contato, serviço de acesso a *e-mails*, computadores, *pages wireless* e outras técnicas semelhantes." (MARQUES, Claudia Lima. *Confiança no comércio eletrônico e a proteção do consumidor*: um estudo dos negócios jurídicos de consumo no comércio eletrônico. São Paulo: Ed. RT, 2004, p. 35-36).
118. Jussara Borges Ferreira e Maria das Graças Macena Dias de Oliveira afirmam: "O processo de construção de um *smart contract* obedece a algumas etapas. Primeiramente há o estabelecimento dos parâmetros contratuais, as denominadas cláusulas, que serão convertidas em código computacionais autoexecutáveis. A partir daí, há o registro desses códigos em rede coletiva, o que normalmente ocorre por meio da tecnologia *blockchain*. Por fim, ocorrendo as condições preestabelecidas, identificadas pelos códigos computacionais programados, há a produção do evento programado, sem a intervenção de terceiro." (FERREIRA, Jussara Borges; OLIVEIRA, Maria das Graças Macena Dias de. Função social e solidária da empresa e dos contratos no âmbito da crescente utilização dos *smart contracts*. *Revista Brasileira de Direito Civil*, v. 29, p. 253, jul.-set. 2021.
119. MIRAGEM, Bruno. Novo paradigma tecnológico, mercado de consumo digital e o direito do consumidor. *Revista de Direito do Consumidor*, v. 125, p. 22-30, set.-out. 2019.
120. MARQUES, Claudia Lima. *Confiança no comércio eletrônico e a proteção do consumidor*: um estudo dos negócios jurídicos de consumo no comércio eletrônico. São Paulo: Ed. RT, 2004, p. 31.

2.3.1 Direito de acesso aos bens da economia desmaterializada

A economia tradicional era abalizada no dinheiro em espécie, assim como nos locais e produtos físicos destinados ao comércio. Com a massificação dos contratos e, sobretudo, o advento das novas tecnologias, tem-se expressiva alteração na economia, que se tornou desmaterializada. O dinheiro em espécie praticamente deixou de ser utilizado, já que as transações passaram a ser feitas pela internet, com o uso dos cartões de débito e crédito, por meio dos caixas eletrônicos ou dos *sites* das instituições financeiras e até mesmo pela recente tecnologia PIX, que consiste em um sistema confiável de pagamentos.

Tais alterações ainda resultaram no fechamento de diversas agências bancárias e lojas físicas de empresas atuantes no comércio, que passaram a se dedicar as vendas feitas pela internet, diretamente pelos seus *sites* ou aplicativos para *smartphones*. Isso gerou o fenômeno da desmaterialização da economia, que repercutiu inclusive na economia colaborativa, na qual as transações e até mesmo o rastreamento da entrega dos bens adquiridos são realizados com o uso das novas tecnologias.

Essa nova realidade modificou o sistema proprietário até então existente ao introduzir o do acesso aos bens e serviços, para permitir que até mesmo os não proprietários tivessem o direito de fazer uso dos produtos e serviços que não podiam adquirir.

O acesso aos livros é exemplo dos bens culturais que foram significativamente impactados pelas novas tecnologias e que sofreram o processo de desmaterialização com o surgimento dos livros digitais e do comércio eletrônico a fim de se assegurar o acesso dos usuários.

O setor de educação foi igualmente atingido pelas novas tecnologias e sofreu as repercussões do processo de acesso aos bens da economia desmaterializada. Diversos professores passaram a criar canais nas plataformas digitais, como YouTube, e disponibilizam gratuitamente aos usuários aulas contendo os mais variados conteúdos. O Spotify, além de prestar os serviços de *streaming* de música, também disponibiliza *podcast* com conteúdo educacional, a exemplo do Café Democrático, que trata de questões sobre Direito Constitucional, direitos fundamentais e democracia, criados pelos professores Bruno Meneses Lorenzetto, Paulo Ricardo Schier e Helô Câmara.

Inúmeros centros de educação que anteriormente funcionavam apenas presencialmente passaram a fazer uso das plataformas digitais para aderirem ao ensino a distância.

O Centro Universitário Autônomo do Brasil (UniBrasil) conta com ampla variedade de cursos na modalidade de ensino a distância. Atualmente, são inúmeros os cursos de graduação e especialização que podem ser realizados pelo ensino a distância, presencial ou *smart*. Subsistem, ainda, os cursos rápidos, que podem ser ministrados de forma presencial, semipresencial ou on-line ao vivo.

Os cursos ofertados pela educação a distância se caracterizam por terem "método de ensino dinâmico e inovador, disponibilizando um Ambiente Virtual de Aprendizagem que oferece materiais didáticos interativos, aplicando metodologias ativas e linguagem dialógica"[121] e contam com uma equipe de tutores especializados para realizarem um "atendimento pedagógico permanente aos alunos".[122]

Tem-se, ainda, a criação de polos educacionais. É o que também se verifica no *site* do UniBrasil, segundo o qual a realização de um pequeno investimento faz com que seja possível se "tornar um gestor de Polo do UniBrasil e, além de ter alta lucratividade, pode efetuar uma mudança social na sua região trazendo possibilidades de qualificação educacional para a população".[123]

Em acréscimo, dentre as justificativas para tal prática, aludido *site* ainda relata que o número de alunos matriculados na modalidade ensino a distância aumentou 375,2% entre os anos de 2007 e 2017, enquanto o número de alunos no ensino presencial sofreu um aumento de 33,8%.[124]

O Serviço Nacional de Aprendizagem Comercial (SENAC) encontra-se em atividade desde 1946 e é um dos mais relevantes agentes de educação profissional do Brasil, atuando no comércio de bens, serviços e turismo. Presente em mais de 1.800 municípios, disponibiliza cursos presenciais e a distância nas mais variadas áreas do conhecimento, inclusive gratuitos para pessoas de baixa renda, de modo a concretizar a inclusão social.[125] Na modalidade a distância, são ofertados cursos para indivíduos ou empresas destinados à evolução profissional nas áreas de informática, idiomas, hospitalidade, nutrição, saúde, dentre outros.[126]

O acesso aos bens da economia desmaterializada, enquanto expediente voltado, dentre outros pontos, para a inclusão social e acesso aos bens, ainda resultou na proliferação de conteúdos digitais.

---

121. CENTRO UNIVERSITÁRIO AUTÔNOMO DO BRASIL (UNIBRASIL). *Biomedicina*. Disponível em: https://ingresseead.unibrasil.com.br/graduacao/biomedicina/. Acesso em: 6 abr. 2023.
122. CENTRO UNIVERSITÁRIO AUTÔNOMO DO BRASIL (UNIBRASIL). *Biomedicina*. Disponível em: https://ingresseead.unibrasil.com.br/graduacao/biomedicina/. Acesso em: 6 abr. 2023.
123. CENTRO UNIVERSITÁRIO AUTÔNOMO DO BRASIL (UNIBRASIL). *Polos*. Disponível em: https://polos.unibrasil.com.br/. Acesso em: 6 abr. 2023.
124. CENTRO UNIVERSITÁRIO AUTÔNOMO DO BRASIL (UNIBRASIL). *Polos*. Disponível em: https://polos.unibrasil.com.br/. Acesso em: 6 abr. 2023.
125. SERVIÇO NACIONAL DE APRENDIZAGEM COMERCIAL (SENAC). *Página inicial*. Disponível em: https://www.senac.br/. Acesso em: 6 abr. 2023.
126. SERVIÇO NACIONAL DE APRENDIZAGEM COMERCIAL (SENAC). *EAD – Cursos por área*. Disponível em: https://www.ead.senac.br/cursos-por-area/. Acesso em: 6 abr. 2023.

Receosa com os efeitos dessa prática e especialmente com a tutela dos interesses dos consumidores, a União Europeia editou a Diretiva 2002/58/CE do Parlamento Europeu e do Conselho de 12 de julho de 2002, relativa ao tratamento de dados pessoais e à proteção da privacidade do setor das comunicações eletrônicas.[127]

Nos termos de seu art. 1º, a mencionada Diretiva busca adequar as normas elaboradas pelos Estados-Membros a fim de se assegurar um nível semelhante de tutela dos direitos e liberdades fundamentais, especialmente o direito de privacidade relativo ao "tratamento de dados pessoais no sector das comunicações electrónicas, e para garantir a livre circulação desses dados e de equipamentos e serviços de comunicações electrónicas na Comunidade".[128]

Além disso, a Diretiva define comunicação como

> qualquer informação trocada ou enviada entre um número finito de partes, através de um serviço de comunicações electrónicas publicamente disponível; não se incluem aqui as informações enviadas no âmbito de um serviço de difusão ao público em geral, através de uma rede de comunicações electrónicas, excepto na medida em que a informação possa ser relacionada com o assinante ou utilizador identificável que recebe a informação (...).[129]

Também determina incumbir ao prestador dos serviços de comunicação eletrônica instituir, nos termos do art. 4º,

> as medidas técnicas e organizativas adequadas para garantir a segurança dos seus serviços, se necessário conjuntamente com o fornecedor da rede pública de comunicações no que respeita à segurança da rede. Tendo em conta o estado da técnica e os custos da sua aplicação, essas medidas asseguram um nível de segurança adequado aos riscos existentes.[130]

Nesse contexto, evidencia-se que o acesso aos bens da economia desmaterializada, a despeito de representar expressiva melhoria na qualidade de vida e

---

127. UNIÃO EUROPEIA. *Diretiva 2002/58/CE do Parlamento Europeu e do Conselho, de 12 de julho de 2002, relativa ao tratamento de dados pessoais e à proteção da privacidade no setor das comunicações eletrônicas*. Disponível em: https://edps.europa.eu/sites/edp/files/publication/dir_2002_58_pt.pdf. Acesso em: 6 abr. 2023.
128. UNIÃO EUROPEIA. *Diretiva 2002/58/CE do Parlamento Europeu e do Conselho, de 12 de julho de 2002, relativa ao tratamento de dados pessoais e à proteção da privacidade no setor das comunicações eletrônicas*. Disponível em: https://edps.europa.eu/sites/edp/files/publication/dir_2002_58_pt.pdf. Acesso em: 6 abr. 2023.
129. UNIÃO EUROPEIA. *Diretiva 2002/58/CE do Parlamento Europeu e do Conselho, de 12 de julho de 2002, relativa ao tratamento de dados pessoais e à proteção da privacidade no setor das comunicações eletrônicas*. Disponível em: https://edps.europa.eu/sites/edp/files/publication/dir_2002_58_pt.pdf. Acesso em: 6 abr. 2023.
130. UNIÃO EUROPEIA. *Diretiva 2002/58/CE do Parlamento Europeu e do Conselho, de 12 de julho de 2002, relativa ao tratamento de dados pessoais e à proteção da privacidade no setor das comunicações eletrônicas*. Disponível em: https://edps.europa.eu/sites/edp/files/publication/dir_2002_58_pt.pdf. Acesso em: 6 abr. 2023.

no desenvolvimento dos indivíduos, pode trazer riscos expressivos de lesões a direitos fundamentais dos usuários, especialmente os da economia colaborativa, que em regra não recebem as informações necessárias acerca dos bens e produtos adquiridos, bem como das consequências das contratações – ponto que será devidamente analisado na sequência do presente trabalho.

2.3.2 Da partilha do espaço à partilha do tempo: os contratos de *time sharing*

A multipropriedade é um dos contratos da economia colaborativa que vem sendo adotado por diversos países nos modelos relacionados a seguir.

O primeiro deles consiste na multipropriedade societária, na qual uma sociedade, que se torna proprietária de determinado empreendimento, é constituída para permitir que seus sócios possam usar uma unidade por um específico lapso temporal. Nesse modelo, tem-se a multipropriedade mobiliária, representada por ações ou quotas. O segundo modelo se verifica no direito real sobre coisa alheia, previsto na legislação portuguesa para assegurar ao adquirente o direito real de habitação por determinado período, sendo certo que a propriedade ilimitada permanece com o empreendedor.[131] Por fim, o terceiro diz respeito à multipropriedade hoteleira, em que se permite ao consumidor usufruir por determinado período do ano de um apartamento específico em um hotel, auferindo dos serviços de alimentação matinal, limpeza, "(...) campos de esporte e lazer, viagens organizadas etc.), podendo também ceder seus direitos a terceiros, pelo que receberá determinada quantia em seu favor".[132]

No Brasil, a atividade hoteleira é a que mais tem atuado na formação dos condomínios de multipropriedade, a exemplo do que se tem verificado na cidade de Gramado, no estado do Rio Grande do Sul.[133] Dentre as empresas atuantes tem-se a Gramado Parks, cujo *site* noticia a existência de cinco opções de empreendimentos de multipropriedade, dos quais três deles já estão em funcionamento. Consta ainda a informação de que a unidade pode ser usufruída por algumas semanas no ano, conforme o contrato celebrado e, na hipótese de não ser possível o uso no período indicado, o imóvel retorna para locação, com o consequente

---

131. TEPEDINO, Gustavo. *Aspectos atuais da multipropriedade imobiliária*. p. 512. Disponível em: http://www.tepedino.adv.br/wpp/wp-content/uploads/2017/07/Aspectos_Atuais_Multipropriedade_imobiliaria_fls_512-522.pdf. Acesso em: 6 abr. 2023.
132. MARQUES, Claudia Lima. Contratos de *time-sharing* e a proteção dos consumidores: críticas ao Direito Civil em tempos pós-modernos. *Revista de Direito do Consumidor*, v. 22, abr.-jun. 1997, DTR\1997\673.
133. GIUSTINA, Bianca Sant'anna Della. *O instituto da multipropriedade de bens móveis e corpóreos: desafios diante da ausência de regulação específica em uma sociedade permeada pelo crescente fenômeno da economia compartilhada*. Dissertação (Mestrado). 162 p. Programa de Pós-graduação em Direito. Universidade do Vale do Rio dos Sinos. Porto Alegre, 2021, p. 95.

retorno financeiro. Além disso, é feita a ressalva de o adquirente ainda realizar a permuta das semanas para usufruir em um dos empreendimentos afiliados.[134]

Outro exemplo de multipropriedade acontece na cidade de Caldas Novas, em Goiás, considerada como o ponto de início da multipropriedade no Brasil e que possuía, até o dia 30 de junho de 2021, 18 empreendimentos lançados, dos quais 12 encontram-se em funcionamento e um em fase de pré-lançamento.[135] Um dos empreendimentos é o Lagoa Eco Towers, um resort localizado em localidade de águas termais, que se encontra entre os dez locais mais visitados do país. Além de ser um patrimônio passível de ser transmitido por herança, o empreendimento possui serviços de hotelaria completo, que permite ao multiproprietário escolher utilizá-lo em períodos de duas a quatro semanas, facultando-se, ainda, efetuar a troca de sua semana por outras localidades.[136]

Na União Europeia, entrou em vigência a Diretiva 2008/122/CE[137] do Parlamento Europeu e do Conselho de 14 de janeiro de 2009, que dispõe sobre a proteção do consumidor relativamente a determinados aspectos dos contratos de utilização periódica de bens, de aquisição de produtos de férias de longa duração, de revenda e troca. Aludida Diretiva acabou por aumentar a incidência "e atualizou a sua predecessora, a Diretiva 94/47/CE do Parlamento Europeu e do Conselho, de 26 de outubro de 1994,[138] também, relativa à proteção dos adquirentes quanto a certos aspectos dos contratos de aquisição de um direito de utilização a tempo parcial dos imóveis".[139] É o que dispõe o item 1 de seu art. 1º:

> 1. A presente directiva tem por objeto contribuir para o bom funcionamento do mercado interno e assegurar um nível elevado de protecção do consumidor, mediante a aproximação

---

134. GRAMADO PARKS. *O que é multipropriedade?* Disponível em: https://www.gramadoparks.com.br/o-que-e-multipropriedade. Acesso em: 6 abr. 2023.
135. MENDONÇA, Fábio. Multipropriedade em Caldas Novas está saturada. *Turismo Compartilhado*. Caldas Novas, 30 jun. 2021. Disponível em: https://turismocompartilhado.com.br/multipropriedade-em-caldas-novas-esta-saturada/. Acesso em: 6 abr. 2023.
136. LAGOA ECO TOWERS. *Página inicial*. Disponível em: https://www.lagoaecotowers.com.br/. Acesso em: 6 abr. 2023.
137. UNIÃO EUROPEIA. *Diretiva 2008/122/CE, do Parlamento Europeu e do Conselho de 14 de janeiro de 2009 sobre a proteção do consumidor relativamente a determinados aspectos dos contratos de utilização periódica de bens, de aquisição de produtos de férias de longa duração, de revenda e de troca*. Disponível em: https://eur-lex.europa.eu/legal-content/PT/TXT/PDF/?uri=CELEX:32008L0122&from=DE. Acesso em: 6 abr. 2023.
138. UNIÃO EUROPEIA. *Diretiva 94/47/CE do Parlamento Europeu e do Conselho, de 26 de outubro de 1994, relativa à proteção dos adquirentes quanto a certos aspectos dos contratos de aquisição de um direito de utilização a tempo parcial de bens imóveis*. Disponível em: https://eur-lex.europa.eu/legal-content/PT/TXT/PDF/?uri=CELEX:31994L0047&from=PT. Acesso em: 6 abr. 2023.
139. BERGSTEIN, Laís; KIRCHNER, Felipe. A proteção do consumidor na União Europeia com a formação de um mercado único digital. Campos Neurais. *Revista Latino-Americana de Relações Internacionais*, Santa Vitória do Palmar, RS, v. 2, n. 2, p. 34-35, maio-ago. 2020.

das disposições legais, regulamentares e administrativas dos Estados-Membros relativas a determinados aspectos da comercialização, venda e revenda de produtos definidos pela utilização periódica de bens e de produtos de férias de longa duração, bem como a contratos de troca.[140]

Um dos pontos relevantes da Diretiva relaciona-se às informações pré-contratuais estabelecendo um procedimento pormenorizado a ser cumprido pela pessoa responsável pela atividade comercial:

1. Em tempo útil, antes de o consumidor se encontrar vinculado por um contrato ou proposta, o profissional faculta ao consumidor, de forma clara e compreensível, informações exactas e suficientes, como a seguir se indica:

a) No caso de um contrato de utilização periódica de bens: através do formulário normalizado de informação constante do Anexo I e as informações enumeradas na Parte 3 do mesmo formulário;

b) No caso de um contrato de aquisição de um produto de férias de longa duração: através do formulário normalizado de informação constante do Anexo II e as informações enumeradas na Parte 3 do mesmo formulário;

c) No caso de um contrato de revenda: através do formulário normalizado de informação constante do Anexo III e as informações enumeradas na Parte 3 do mesmo formulário;

d) No caso de um contrato de troca: através do formulário normalizado de informação constante do Anexo IV e as informações enumeradas na Parte 3 do mesmo formulário.

2. As informações referidas no n. 1 são fornecidas gratuitamente pelo profissional, em papel ou noutro suporte duradouro facilmente acessível ao consumidor.

3. Os Estados-Membros asseguram que as informações referidas no n. 1 sejam redigidas na língua ou numa das línguas do Estado-Membro de residência ou da nacionalidade do consumidor, à escolha deste, desde que se trate de uma das línguas oficiais da Comunidade.[141]

Assim, entende-se que a tutela dos consumidores contempla o dever de informação na fase pré-contratual até o encerramento do contrato. Os procedimentos que são usualmente utilizados para que sejam celebrados os contratos de *time sharing* são significativamente questionados na Europa e em diversos países, "devido às práticas insistentes para a contratação. Asse-

---

140. UNIÃO EUROPEIA. *Diretiva 2008/122/CE, do Parlamento Europeu e do Conselho de 14 de janeiro de 2009 sobre a proteção do consumidor relativamente a determinados aspectos dos contratos de utilização periódica de bens, de aquisição de produtos de férias de longa duração, de revenda e de troca*. Disponível em: https://eur-lex.europa.eu/legal-content/PT/TXT/PDF/?uri=CELEX:32008L0122&from=DE. Acesso em: 6 abr. 2023.

141. UNIÃO EUROPEIA. *Diretiva 2008/122/CE, do Parlamento Europeu e do Conselho de 14 de janeiro de 2009 sobre a proteção do consumidor relativamente a determinados aspectos dos contratos de utilização periódica de bens, de aquisição de produtos de férias de longa duração, de revenda e de troca*. Disponível em: https://eur-lex.europa.eu/legal-content/PT/TXT/PDF/?uri=CELEX:32008L0122&from=DE. Acesso em: 6 abr. 2023.

gura-se ao consumidor, inclusive, um prazo durante o qual possa exercer o direito de resolução do contrato sem ter que justificar e sem suportar qualquer encargo".[142]

A multipropriedade é disciplinada no Brasil pela Lei 13.777, de 20 de dezembro de 2021, que acresceu o Título III do Livro III da Parte Especial do Código Civil Brasileiro, definindo-a como o

> regime de condomínio em que cada um dos proprietários de um mesmo imóvel é titular de uma fração de tempo, à qual corresponde a faculdade de uso e gozo, com exclusividade, da totalidade do imóvel, a ser exercido pelos proprietários de forma alternada.[143-144]

Dentre seus aspectos mais relevantes, merece destaque o fato de que seu objeto consistirá em um imóvel, que se caracteriza por ser indivisível, com a inclusão de instalações, equipamentos e mobiliários. O proprietário poderá utilizá-lo pelo prazo mínimo de sete dias, seguidos ou intercalados, admitindo-se a cessão em comodato ou a locação. A instituição da multipropriedade deve ser feita por ato entre vivos ou testamento, devidamente registrado no registro imobiliário competente.

Assim, no setor hoteleiro, a comercialização de frações de unidades de moradias pode ser feita das seguintes formas. A primeira delas é o fracionamento convencional, na qual o incorporador ou gestor hoteleiro decide comercializar em frações ideais os quartos, suítes, apartamentos etc. Tal modalidade consiste na segunda residência e tem por finalidade a aquisição de imóvel para ser utilizado por um específico lapso temporal. As segunda e terceira espécies de alienação consistem na condo-hotel e condo-resort, nos quais os bens adquiridos são transformados em contratos de investimentos coletivos. Ou seja, o multiproprietário adquire sua unidade e acaba renunciando ao direito de uso e disposição "com vistas

---

142. BERGSTEIN, Laís; KIRCHNER, Felipe. A proteção do consumidor na União Europeia com a formação de um mercado único digital. Campos Neurais. *Revista Latino-Americana de Relações Internacionais*, Santa Vitória do Palmar, RS, v. 2, n. 2, p. 34-35, maio-ago. 2020.
143. BRASIL. Casa Civil. Lei 13.777, de 20 de dezembro de 2018. Altera as Leis 10.406, de 10 de janeiro de 2002 (Código Civil) e 6.015, de 31 de dezembro de 1973 (Lei de Registros Públicos), para dispor sobre o regime jurídico da multipropriedade e seu registro. Disponível em: http://www.planalto.gov.br/ccivil_03/_ato2015-2018/2018/lei/L13777.htm. Acesso em: 6 abr. 2023.
144. Gustavo Tepedino afirma que a Lei 13.777/2018 designa "como multipropriedade, ou *time sharing* na terminologia norte-americana, o fracionamento no tempo da titularidade do imóvel em frações semanais. Cada multiproprietário adquire, assim, a sua casa de campo ou de praia em determinado período do ano. O legislador brasileiro adotou, acertadamente, o modelo de unidades autônomas, individualizadas no tempo e no espaço e inseridas no regime de condomínio especial. Na matrícula referente a cada unidade constam o local e o tempo que a individualizam". (TEPEDINO, Gustavo. Editorial: a nova lei da multipropriedade imobiliária. *Revista Brasileira de Direito Civil*, v. 19, jan.-mar. 2019, p. 11).

à participação nos resultados financeiros da atividade hoteleira, renunciando ao direito de usar e dispor do bem".[145]

O art. 1.358 do Código Civil de 2002 estabelece que na convenção do condomínio em multipropriedade deve estar presente, sem prejuízo de outras estipulações:

> I – os poderes e deveres dos multiproprietários, especialmente em matéria de instalações, equipamentos e mobiliário do imóvel, de manutenção ordinária e extraordinária, de conservação e limpeza e de pagamento da contribuição condominial;
>
> II – o número máximo de pessoas que podem ocupar simultaneamente o imóvel no período correspondente a cada fração de tempo;
>
> III – as regras de acesso do administrador condominial ao imóvel para cumprimento do dever de manutenção, conservação e limpeza;
>
> IV – a criação de fundo de reserva para reposição e manutenção dos equipamentos, instalações e mobiliário;
>
> V – o regime aplicável em caso de perda ou destruição parcial ou total do imóvel, inclusive para efeitos de participação no risco ou no valor do seguro, da indenização ou da parte restante;
>
> VI – as multas aplicáveis ao multiproprietário nas hipóteses de descumprimento de deveres.

Ao proprietário também se faculta alienar sua fração de tempo, informando-a ao respectivo administrador do empreendimento, participar e votar nas assembleias, desde que suas obrigações condominiais estejam quitadas. Ainda deve responder pelos danos que tenha causado, além de atos executados por seus convidados e prepostos, não sendo admitido realizar a modificação, alteração ou substituição do mobiliário, equipamentos e instalações.

A transferência da multipropriedade, bem como sua produção de efeitos, dar-se-á na forma prevista na lei civil, sendo desnecessária a anuência ou comunicação prévia dos demais multiproprietários. A administração do imóvel e de suas instalações, seus equipamentos e seus mobiliários será responsabilidade da pessoa constante do termo de instituição ou da convenção de condomínio. Na ausência, a escolha deverá ser feita pela assembleia geral.

Trata-se, portanto, a multipropriedade de espécie de contrato firmado na economia colaborativa e que tem por finalidade garantir ao multiproprietário o direito de uso de uma segunda residência por determinado lapso temporal ou de realizar um investimento para auferir renda, dependendo do modelo de ajuste celebrado. Simultaneamente, permite-se que terceiros não proprietários, que não disponham dos recursos para a aquisição, tenham direito de acesso a essa segunda

---

145. ROCHA, Fernando Goulart. Multipropriedade hoteleira. *Revista Brasileira de Direito Civil*, v. 22, p. 67, out.-dez. 2019.

residência, utilizando-a em determinado período, arcando com o pagamento proporcional ao uso, de modo a que se tenha a partilha do tempo e do espaço.

2.3.3 Plataformas digitais Uber e Airbnb

Outro exemplo de contrato com objeto compartilhado se verifica com o Airbnb, que foi criado em 2008 e encontra-se atuando em mais de 190 países, com acomodações em aproximadamente 34 mil cidades.[146] Seu *site* afirma que a plataforma digital tem a missão de permitir aos hóspedes sentir-se em casa em qualquer lugar que se encontrem. Ao anfitrião é facultado o uso da plataforma digital para, mediante remuneração, compartilhar a acomodação, a experiência ou outro tipo de serviço. A contratação é feita diretamente entre o anfitrião e o usuário, incumbindo àquele prestar melhor serviço conforme os padrões e preços, efetuando a quitação da taxa devida à Airbnb. Ao hóspede, por sua vez, compete criar a conta e realizar as buscas dos serviços de anfitrião, realizar as reservas e aderir ao termo de serviços.[147]

Por não operar de forma gratuita, o Airbnb costuma possuir instalações com maior qualidade e estabelecer melhor controle da qualidade dos serviços, com a avaliação dos que forem prestados pelo anfitrião e da forma em que o hóspede faz uso do local.[148]

O Superior Tribunal de Justiça, no julgamento do Recurso Especial 1.818.075/RJ, realizado em 20 de abril de 2021, no qual a Airbnb Ireland UC participou como assistente, ao dirimir confronto entre os direitos de todos os proprietários das unidades de um condomínio e o direito individual de apenas um condômino, concluiu ser lícita a vedação dessa atividade em convenção condominial.

De acordo com o entendimento da Corte de Justiça, as hospedagens prestadas por intermédio das plataformas digitais, por serem transitórias, eventuais e dotadas de curta duração, não se encaixam nos conceitos de domicílio e tampouco de residência previstos nos arts. 70 a 78 do Código Civil. Além disso, afirmou estar-se diante de um contrato atípico de hospedagem, realizado pelas novas tecnologias, sobretudo as plataformas digitais, com o objetivo de incrementar a renda dos senhorios e diminuir os custos aos usuários. Por se tratar de atividade exercida sem o caráter de profissionalismo, em imóveis residenciais, não se está

---

146. CARPENA, Heloisa. Airbnb e a responsabilidade por danos causados aos consumidores na economia compartilhada. *Revista de Direito do Consumidor*, v. 129, maio-jun. 2020, DTR\2020\7466.
147. AIRBNB. *Termos de serviço*. Disponível em: https://www.airbnb.com.br/help/article/2908. Acesso em: 7 abr. 2023.
148. SOUZA, Iuri Gregório de. Economia colaborativa. In: BRASIL. Câmara dos Deputados. *Consultoria Legislativa*. Disponível em: https://bd.camara.leg.br/bd/handle/bdcamara/30980. Acesso em: 7 abr. 2023.

diante de nenhuma das hipóteses de locação contempladas pela Lei de Locações,[149] assim como dos serviços ofertados por hotéis, pousadas, motéis etc.

É o que se extrai da ementa do acórdão:

> Direito civil. Recurso especial. Condomínio edilício residencial. Ação de obrigação de não fazer. Locação fracionada de imóvel para pessoas sem vínculo entre si, por curtos períodos. Contratações concomitantes, independentes e informais, por prazos variados. Oferta por meio de plataformas digitais especializadas diversas. Hospedagem atípica. Uso não residencial da unidade condominial. Alta rotatividade, com potencial ameaça à segurança, ao sossego e à saúde dos condôminos. Contrariedade à convenção de condomínio que prevê destinação residencial. Recurso improvido.
>
> 1. Os conceitos de domicílio e residência (CC/2002, arts. 70 a 78), centrados na ideia de permanência e habitualidade, não se coadunam com as características de transitoriedade, eventualidade e temporariedade efêmera, presentes na hospedagem, particularmente naqueles moldes anunciados por meio de plataformas digitais de hospedagem.
>
> 2. Na hipótese, tem-se um contrato atípico de hospedagem, que se equipara à nova modalidade surgida nos dias atuais, marcados pelos influxos da avançada tecnologia e pelas facilidades de comunicação e acesso proporcionadas pela rede mundial da internet, e que se vem tornando bastante popular, de um lado, como forma de incremento ou complementação de renda de senhorios, e, de outro, de obtenção, por viajantes e outros interessados, de acolhida e abrigo de reduzido custo.
>
> 3. Trata-se de modalidade singela e inovadora de hospedagem de pessoas, sem vínculo entre si, em ambientes físicos de estrutura típica residencial familiar, exercida sem inerente profissionalismo por aquele que atua na produção desse serviço para os interessados, sendo a atividade comumente anunciada por meio de plataformas digitais variadas. As ofertas são feitas por proprietários ou possuidores de imóveis de padrão residencial, dotados de espaços ociosos, aptos ou adaptados para acomodar, com certa privacidade e limitado conforto, o interessado, atendendo, geralmente, à demanda de pessoas menos exigentes, como jovens estudantes ou viajantes, estes por motivação turística ou laboral, atraídos pelos baixos preços cobrados.
>
> 4. Embora aparentemente lícita, essa peculiar recente forma de hospedagem não encontra, ainda, clara definição doutrinária, nem tem legislação reguladora no Brasil, e, registre-se, não se confunde com aquelas espécies tradicionais de locação, regidas pela Lei 8.245/91, nem mesmo com aquela menos antiga, genericamente denominada de aluguel por temporada (art. 48 da Lei de Locações).
>
> 5. Diferentemente do caso sob exame, a locação por temporada não prevê aluguel informal e fracionado de quartos existentes num imóvel para hospedagem de distintas pessoas estranhas entre si, mas sim a locação plena e formalizada de imóvel adequado a servir de residência temporária para determinado locatário e, por óbvio, seus familiares ou amigos, por prazo não superior a noventa dias.

---

149. BRASIL. Casa Civil. Lei 8.245, de 18 de outubro de 1991. Dispõe sobre as locações dos imóveis urbanos e os procedimentos a elas pertinentes. Disponível em: http://www.planalto.gov.br/ccivil_03/leis/l8245.htm. Acesso em: 7 abr. 2023.

6. Tampouco a nova modalidade de hospedagem se enquadra dentre os usuais tipos de hospedagem ofertados, de modo formal e profissionalizado, por hotéis, pousadas, hospedarias, motéis e outros estabelecimentos da rede tradicional provisora de alojamento, conforto e variados serviços à clientela, regida pela Lei 11.771/2008.

7. O direito de o proprietário condômino usar, gozar e dispor livremente do seu bem imóvel, nos termos dos arts. 1.228 e 1.335 do Código Civil de 2002 e 19 da Lei 4.591/64, deve harmonizar-se com os direitos relativos à segurança, ao sossego e à saúde das demais múltiplas propriedades abrangidas no Condomínio, de acordo com as razoáveis limitações aprovadas pela maioria de condôminos, pois são limitações concernentes à natureza da propriedade privada em regime de condomínio edilício.

8. O Código Civil, em seus arts. 1.333 e 1.334, concede autonomia e força normativa à convenção de condomínio regularmente aprovada e registrada no Cartório de Registro de Imóveis competente. Portanto, existindo na Convenção de Condomínio regra impondo destinação residencial, mostra-se indevido o uso de unidades particulares que, por sua natureza, implique o desvirtuamento daquela finalidade (CC/2002, arts. 1.332, III, e 1.336, IV).

9. Não obstante, ressalva-se a possibilidade de os próprios condôminos de um condomínio edilício de fim residencial deliberarem em assembleia, por maioria qualificada (de dois terços das frações ideais), permitir a utilização das unidades condominiais para fins de hospedagem atípica, por intermédio de plataformas digitais ou outra modalidade de oferta, ampliando o uso para além do estritamente residencial e, posteriormente, querendo, incorporarem essa modificação à Convenção do Condomínio.

10. Recurso especial desprovido.[150]

Aludida decisão do Superior Tribunal de Justiça também traz como ponto de destaque o fato de deixar para a esfera convencional, ou seja, coletiva, a decisão sobre os efeitos da economia colaborativa e, por via de consequência, o direito de acesso ao uso comum de bem imóvel.

Trata-se, portanto, da implementação do princípio fundamental do pluralismo jurídico, previsto no art. 1º, V,[151] da Constituição da República, e, consequentemente, do entendimento de que Estado deixa de ser o único responsável pela elaboração da norma jurídica, na medida em que pessoas passam a se sujeitarem a "ordens jurídicas autônomas e interdependentes".[152-153]

---

150. BRASIL. Superior Tribunal de Justiça. Quarta Turma. Recurso Especial 1.819.075/RS. Relator Ministro Luis Felipe Salomão, relator para acórdão Ministro Raul Araújo, julgado em 20.04.2021. Disponível em: www.stj.jus.br. Acesso em: 6 abr. 2023.
151. Art. 1º A República Federativa do Brasil, formada pela união indissolúvel dos Estados e Municípios e do Distrito Federal, constitui-se em Estado Democrático de Direito e tem como fundamentos: (...) V – o pluralismo político.
152. DUARTE, Ícaro de Souza. Monismo jurídico *versus* pluralismo jurídico: uma análise à luz do direito do trabalho. Universidade Estadual do Sudoeste da Bahia. *Revista do Núcleo de Estudos em Pesquisas de Ciências Sociais Aplicadas*, ano XI, n. 13, p. 66, jan.-jun. 2012.
153. Ana Paula Motta Costa e Simone Tassinari Cardoso afirmam: "É característica fundamental das sociedades complexas, desde a perspectiva aqui adotada, a convivência em mesmo espaço e em mesmo espaço e em mesmo tempo de um grande número de campos sociais semiautônomos. São grupos,

Os conflitos passam, portanto, a ser dirimidos por órgãos que não integram o Poder Judiciário, como se verifica, por exemplo, nas decisões de entidades como a Ordem dos Advogados do Brasil e o Conselho Federal de Medicina, que fundamentam seu entendimento em códigos deontológicos que elaboraram, ou da Justiça Desportiva ou da Bolsa de Valores, ou, ainda, das universidades, que são dotadas de normas próprias e de órgãos com poder de decisão.[154]

Ocorre, todavia, que Ana Paula Pereira de Barcellos fez relevante estudo acerca da aplicabilidade pelo Poder Judiciário das normas elaboradas pelas partes, dentro de sua autonomia privada, para disciplinarem relações internas, como se verifica nos condomínios e no Direito do Trabalho. Ao final, concluiu que, em regra, a incidência da autonomia privada tem sido restringida pelo Poder Judiciário, especialmente nas hipóteses em que se tenha um "parâmetro normativo estatal relevante. E, muitas vezes, princípios constitucionais gerais são utilizados como parâmetros para limitar essa autonomia".[155]

Dentre os exemplos apontados, tem-se o disposto na Constituição Federal de 1988, que estabeleceu ser um direito trabalhista as convenções e os acordos coletivos de trabalho, nos termos do art. 7º, XXVI. Sobre o tema, a Justiça do Trabalho posicionava-se no sentido de invalidar qualquer previsão coletiva que reduzisse direitos ou garantias estipuladas em lei, permitindo apenas a ampliação de direito. Contudo, o Supremo Tribunal Federal no ano de 2015 alterou esse entendimento dispondo que, em regra, a convenção e o acordo coletivo predominam ao disposto na lei, mesmo que aconteça a restrição de direitos, exceto nas hipóteses relativas a

> direitos de indisponibilidade absoluta. Em 2017, a Lei 13.467/17 alterou a CLT para prever, de forma expressa, que a convenção e o acordo coletivos prevalecem sobre a legislação estatal (art. 611-A) e para prever uma lista de temas que não poderiam ser objeto de negociação coletiva (art. 611-B).[156]

De todo modo, a questão ainda não foi dirimida, especialmente nas hipóteses de restrição de direitos estabelecidos em lei.

---

comunidades, organizações ou populações que possuem identidade específica, mas que estão inseridas, de uma forma ou outra, na globalidade contemporânea." (COSTA, Ana Paula Motta; CARDOSO, Simone Tassinari. Paternidade socioafetiva e o pluralismo de fontes como instrumento de garantia de direitos. *Revista da Ajuris*, v. 41, n. 133, p. 92, mar. 2014).
154. AZEVEDO, Antonio Junqueira. O Direito pós-moderno e a codificação. Universidade de São Paulo. *Revista da Faculdade de Direito*, v. 94, p. 8, 1999.
155. BARCELLOS, Ana Paula Gonçalves Pereira de. Constituição e pluralismo jurídico: a posição particular do Brasil no contexto latino-americano. *Revista Brasileira de Políticas Públicas*, v. 9, n. 2, p. 177, ago. 2019.
156. BARCELLOS, Ana Paula Gonçalves Pereira de. Constituição e pluralismo jurídico: a posição particular do Brasil no contexto latino-americano. *Revista Brasileira de Políticas Públicas*, v. 9, n. 2, p. 178, ago. 2019.

Outro exemplo apontado se verifica nas Convenções de Condomínio, cujos arts. 1.331 e seguintes do Código Civil preveem os direitos e deveres a serem atendidos pelos condôminos, sem prejuízo daqueles que foram dispostos pelos condôminos em tais expedientes, nos termos do art. 1.334 do Código Civil. Todavia, em duas oportunidades o Superior Tribunal de Justiça concluiu não ser possível a Convenção de Condomínio proibir, sem descrever detalhadamente, "a criação e guarda de animais nas unidades.[157] O STJ[158] também considerou inválida norma de convenção de condomínio que vedava morador em débito com taxas condominiais a utilizar área coletiva de lazer do complexo habitacional".[159]

Outrossim, um dos novos arranjos contratuais resultantes dos contratos compartilhados se verifica no transporte individual de passageiros disciplinado pela Lei 12.587/2012[160] que, dentre inúmeros pontos, institui as diretrizes

---

157. Recurso especial. Condomínio. Animais. Convenção. Regimento interno. Proibição. Flexibilização. Possibilidade. 1. Recurso especial interposto contra acórdão publicado na vigência do Código de Processo Civil de 2015 (Enunciados Administrativos 2 e 3/STJ). 2. Cinge-se a controvérsia a definir se a convenção condominial pode impedir a criação de animais de qualquer espécie em unidades autônomas do condomínio. 3. Se a convenção não regular a matéria, o condômino pode criar animais em sua unidade autônoma, desde que não viole os deveres previstos nos arts. 1.336, IV, do CC/2002 e 19 da Lei 4.591/1964. 4. Se a convenção veda apenas a permanência de animais causadores de incômodos aos demais moradores, a norma condominial não apresenta, de plano, nenhuma ilegalidade. 5. Se a convenção proíbe a criação e a guarda de animais de quaisquer espécies, a restrição pode se revelar desarrazoada, haja vista determinados animais não apresentarem risco à incolumidade e à tranquilidade dos demais moradores e dos frequentadores ocasionais do condomínio. 6. Na hipótese, a restrição imposta ao condômino não se mostra legítima, visto que condomínio não demonstrou nenhum fato concreto apto a comprovar que o animal (gato) provoque prejuízos à segurança, à higiene, à saúde e ao sossego dos demais moradores. 7. Recurso especial provido. (BRASIL. Superior Tribunal de Justiça. Terceira Turma. Recurso Especial 1.783.076/DF. Relator Ministro Ricardo Villas Bôas Cueva, julgado em 14/05/2019. Disponível em: www.stj.jus.br. Acesso em: 6 abr. 2023).
158. Recurso especial. Restrição imposta na convenção condominial de acesso à área comum destinada ao lazer do condômino em mora e de seus familiares. Ilicitude. Reconhecimento. 1. Direito do condômino de acesso a todas as partes comuns do edifício, independente de sua destinação. Inerência ao instituto do condomínio. 2. Descumprimento do dever de contribuição com as despesas condominiais. Sanções pecuniárias taxativamente previstas no código civil. 3. Idôneos e eficazes instrumentos legais de coercibilidade, de garantia e de cobrança postos à disposição do condomínio. Observância. Necessidade. 4. Medida restritiva que tem o único e espúrio propósito de expor ostensivamente a condição de inadimplência do condômino e de seus familiares perante o meio social em que residem. Desbordamento dos ditames do princípio da dignidade humana. Verificação. 5. Recurso especial improvido. (...) (BRASIL. Superior Tribunal de Justiça. Terceira Turma. Recurso Especial 1.564.030/MG. Relator Ministro Marco Aurélio Bellizze, julgado em 09.08.2016. Disponível em: www.stj.jus.br. Acesso em: 6 abr. 2023).
159. BARCELLOS, Ana Paula Gonçalves Pereira de. Constituição e pluralismo jurídico: a posição particular do Brasil no contexto latino-americano. *Revista Brasileira de Políticas Públicas*, v. 9, n. 2, ago. 2019, p. 178.
160. BRASIL. Casa Civil. Lei 12.587, de 3 de janeiro de 2012. Institui as diretrizes da Política Nacional de Mobilidade Urbana; revoga dispositivos dos Decretos-leis 3.326, de 3 de junho de 1941, e 5.405, de 13 de abril de 1943, da Consolidação das Leis do Trabalho (CLT), aprovada pelo Decreto-lei 5.452, de 1º de maio de 1943, e das Leis 5.917, de 10 de setembro de 1973, e 6.261, de 14 de novembro de 1975; e dá outras providências. Disponível em: https://www.planalto.gov.br/ccivil_03/_ato2011-2014/2012/lei/l12587.htm. Acesso em: 7 abr. 2023.

da política pública de mobilidade urbana e tem o Uber como um de seus mais conhecidos exemplos.

Com efeito, o Uber faculta ao consumidor solicitar que um veículo conduzido por motorista profissional, cadastrado junto ao Uber, faça seu transporte para determinado local. O pagamento é feito pelo usuário e o motorista recebe um percentual pago pelo Uber.[161]

A plataforma digital interage tanto com o usuário quanto com o motorista. Ao usuário, é necessário o *download* do aplicativo no *smartphone* e a criação de uma conta, mediante o fornecimento de dados pessoais, como nome completo, número do telefone celular etc. O motorista, por sua vez, necessita se inscrever como motorista parceiro, fornecendo sua Carteira Nacional de Habilitação e o certificado de registro e licenciamento do registro. Na sequência, passará um processo de análise cadastral e, caso seja validada sua inscrição, precisará ter acesso à internet para ser acionado pela plataforma digital para realizar o transporte dos usuários.[162]

As vantagens indicadas pelos usuários residem no fato de os veículos utilizados para o transporte serem mais novos e mais confortáveis do que os usados pelos taxistas; o serviço é prestado com maior pontualidade e qualidade, sendo os motoristas mais educados; faculta-se ao usuário ainda requerer o estorno de valores que lhe foram cobrados sem justificativa por intermédio dos "(...) canais eletrônicos de autoatendimento; e (IV) o pagamento pelo serviço é mais fácil, pois o UBER fatura o serviço no cartão de crédito previamente cadastrado pelo usuário".[163]

Nesse cenário, evidencia-se que os contratos compartilhados representam atualmente importantes elementos propulsores da economia hodierna, facilitador do acesso da população a inúmeros bens que anteriormente não poderiam utilizar, notadamente em razão do viés proprietário até então existente.

Isso porque, como já se demonstrou, no individualismo proprietário, ao titular competia usar sua propriedade da forma que melhor lhe aprouvesse, com caráter de perpetuidade, sem qualquer possibilidade de extinção pelo não uso ou preocupação com os interesses dos não proprietários.

---

161. BINENBOJM, Gustavo. Novas tecnologias e mutações regulatórias nos transportes municipais de passageiros: um estudo a partir do caso UBER. Revista de *Direito da Cidade*, v. 8, n. 4, p. 1693, 1697, 1699, 2016.
162. LOUREIRO, Uriel Paranhos; FONSECA, Bruno Gomes Borges da. *Crowdwork* e o trabalho *on demand*: a morfologia do trabalho no início do século XXI. *Argumenta Journal Law*, Jacarezinho, PR, n. 32, p. 184, 2020.
163. BINENBOJM, Gustavo. Novas tecnologias e mutações regulatórias nos transportes municipais de passageiros: um estudo a partir do caso UBER. Revista de *Direito da Cidade*, v. 8, n. 4, p. 1693, 1697, 1699, 2016.

Atualmente, com a economia colaborativa, a propriedade passa a ter uma função social a ser cumprida, de modo a assegurar o atendimento dos direitos dos não proprietários, que desejem ter acesso aos produtos e serviços que não podem adquirir ou entendem que a aquisição não se faz necessária – algo que não se admitia no individualismo proprietário.

A relevância dessa atividade é tão acentuada que uma das plataformas digitais atualmente, por não sujeitar os prestadores aos regimes trabalhistas e previdenciários, oferece diversas atividades em *site*, como opções de viagem, auxiliando e permitindo a melhoria do transporte público e o acesso aos serviços de saúde.[164]

2.3.4 Compartilhamento de bens existenciais

A afirmação do princípio da dignidade da pessoa humana, no art. 1º, III, da Constituição da República, permitiu à doutrina defender um novo paradigma interpretativo das relações privadas, que acabou por impactar significativamente os contratos firmados entre particulares ao impor a prevalência do valor do ser sobre o ter.

Trata-se da despatrimonialização do Direito Civil, que tem como principais representantes Pietro Perlingieri, Gustavo Tepedino e Maria Celina Bodin de Moraes.

A incidência dos valores personalistas nas relações civis, como decorrência das disposições da Constituição Federal de 1988, fizeram com que as normas constitucionais preponderassem

> sobre a aplicação lógico-mecânica dos institutos clássicos ('romanistas') do Direito Civil, sob pena de preponderar uma alegada racionalidade técnica e científica (embora mascaradamente política) sobre o princípio da democracia constituinte. Daí a necessidade, urgente e imperiosa de se proceder a um controle de validade dos conceitos tradicionais do Direito Civil à luz dos valores constitucionais.[165]

Além disso, com o reconhecimento de que não mais subsistia os ramos do Direito Público e do Direito Privado, as questões privadas passaram a ser "funcionalizadas à dignidade da pessoa humana e aos valores sociais insculpidos na Constituição de 1988",[166] de modo a que a despatrimonialização do Direito Privado tornou-se responsável por "demarcar a diferença entre o atual sistema em

---

164. UBER. *As ofertas tecnológicas da Uber*. Disponível em: https://www.uber.com/br/pt-br/about/uber-offerings/#cities. Acesso em: 7 abr. 2023.
165. MORAES, Maria Celina Bodin de. A utilidade dos princípios na aplicação do direito. Editorial. *Civilistica.com*. Rio de Janeiro, ano 2, n. 1, p. 2-3, jan.-mar. 2013.
166. TEPEDINO, Gustavo. O velho projeto de um revelho Código Civil. In: TEPEDINO, Gustavo. *Temas de Direito Civil*. 4. ed. Rio de Janeiro: Renovar, 2008, p. 528.

relação àquele de 1916, patrimonialista e individualista",[167] que entendia o Código Civil como uma legislação fechada, dotada de completude e que representava a Constituição do Direito Privado.

Todavia, é de suma importância a observação de Pietro Perlingieri, no sentido de que a despatrimonialização não representa

> a expulsão e a "redução" quantitativa do conteúdo patrimonial no sistema jurídico e naquele civilístico em especial; o momento econômico, como aspecto da realidade social organizada, não é eliminável. A divergência, não certamente de natureza técnica, concerne à avaliação qualitativa do momento econômico e a disponibilidade de encontrar, na exigência de tutela do homem, um aspecto idôneo, não a "humilhar" a aspiração econômica, mas pelo menos, a atribuir-lhe uma justificativa institucional de suporte ao livre desenvolvimento da pessoa.[168]

Assim, a despatrimonialização impactou as relações privadas, fazendo com que seus institutos sofressem forte influência dos valores constitucionais, em observância ao princípio da dignidade da pessoa humana e dos direitos fundamentais.

Consequentemente, há no ordenamento jurídico a presença de interesses patrimoniais ao lado dos interesses existenciais, sendo estes últimos decorrentes da tutela da dignidade da pessoa humana, dos direitos fundamentais e da personalidade.[169]

Essa nova configuração tem reflexos na teoria dos bens, passando a se falar de bens existenciais, assim compreendidos como aqueles de grande relevância à pessoa, ante à necessidade de se assegurar uma vida digna. Com base nessa ideia, Teresa Negreiros instituiu o paradigma da essencialidade na classificação dos contratos com base na utilidade existencial. Segundo se extrai de seus ensinamentos, trata-se de uma nova forma de análise dos contratos, na qual se tem a prevalência de questões existenciais sobre as patrimoniais. A finalidade do paradigma da essencialidade consiste na inserção e na fundamentação da decisão de um critério objetivo nas situações em que se tenha o conflito entre os princípios clássicos dos contratos, instituídos pelo Estado de Direito Liberal, e princípios de natureza de proteção. A classificação na essencialidade do bem, por evidenciar "a finalidade existencial da relação jurídica em causa, é fundamento

---

167. TEPEDINO, Gustavo. O velho projeto de um revelho Código Civil. In: TEPEDINO, Gustavo. *Temas de Direito Civil*. 4. ed. Rio de Janeiro: Renovar, 2008, p. 528.
168. PERLINGIERI, Pietro. *Perfis do Direito Civil*: introdução ao Direito Civil Constitucional. Trad. Maria Cristina De Cicco. 3. ed., rev. e ampl. Rio de Janeiro: Renovar, 2002, p. 33.
169. BIZELLI, Rafael Ferreira. Contratos existenciais: contextualização, conceito e interesses extrapatrimoniais. *Revista Brasileira de Direito Civil*, v. 6, p. 86, out.-dez. 2015.

para que se lhe aplique um regime de tutela, instituído em favor do contratante que carece do bem essencial".[170]

Tais alterações ainda resultam na noção de contratos existenciais e contratos de lucro, promovida por Antonio Junqueira de Azevedo:

> Os contratos existenciais têm como uma das partes, ou ambas, as pessoas naturais; essas pessoas estão visando a sua subsistência. Por equiparação, podemos também incluir nesse tipo de contrato, as pessoas jurídicas sem fins lucrativos. As pessoas naturais não são "descartáveis" e os juízes têm que atender às suas necessidades fundamentais; é preciso respeitar o direito à vida, à integridade física, à saúde, à habitação etc. de forma que cláusulas contratuais que prejudiquem esses bens podem ser desconsideradas. Já os contratos de lucro são aqueles entre empresas ou entre profissionais e, inversamente, se essas entidades ou pessoas são incompetentes, devem ser expulsas, "descartadas", do mercado ou da vida profissional. No caso desses contratos de lucro, a interferência dos juízes perturba o funcionamento do mercado ou o exercício das profissões; o princípio *pacta sunt servanda* tem que ter aí força.[171]
>
> Por contratos existenciais deve-se compreender os instrumentos jurídicos que, a despeito de disporem sobre questões patrimoniais, igualmente refletem interesses existenciais. Ou seja, são os que possuem como prestação um objeto, um "bem da vida destinado à subsistência da pessoa humana, sem que esta almeje lucro algum (...)".[172]

Nesse contexto, os contratos existenciais devem ser interpretados com base nos interesses que se encontram em disputa e que resultaram na sua elaboração. Por exemplo, o contrato de plano de saúde empresarial firmado pelo empregador em benefício de seus funcionários evidentemente deve considerar que sua celebração foi realizada para assegurar a saúde e, portanto, a vida dos usuários.[173]

A noção de autonomia privada passa a sofrer alterações, a fim de se permitir a adequação dos interesses patrimoniais com os existenciais que se encontrem em conflito. Isso decorre da funcionalização dos institutos, que anteriormente eram analisados apenas pelo critério estrutural, ou seja, com base nos elementos que os constituem e os poderes concedidos aos seus participantes. Logo, "as relações jurídicas estruturadas para a proteção de interesses patrimoniais e individuais tornam-se vetores de interesses existenciais".[174] Disso resulta a

---

170. NEGREIROS, Teresa. *Teoria do contrato*: novos paradigmas. 2. ed. Rio de Janeiro: Renovar, 2006, p. 487-488.
171. AZEVEDO, Antonio Junqueira de. Diálogos com a doutrina: entrevista com Antonio Junqueira de Azevedo. *Revista Trimestral de Direito Civil*, v. 34, p. 304-305, abr.-jun. 2008.
172. BIZELLI, Rafael Ferreira. Contratos existenciais: contextualização, conceito e interesses extrapatrimoniais. *Revista Brasileiro de Direito Civil*, v. 6, p. 86-88, out.-dez. 2015.
173. LUPION, Ricardo. Plano de saúde coletivo contratado por uma empresa: contrato existencial ou contrato de lucro? Por uma nova interpretação dos contratos empresariais: a dicotomia do século XXI. *Revista Direitos Fundamentais & Justiça*, ano 8, n. 29, p. 113, out.-dez. 2014.
174. TEPEDINO, Gustavo. Esboço de uma classificação funcional dos atos jurídicos. *Revista Brasileira de Direito Civil*, v. 1, p. 11-12, jul.-set. 2004.

adequação da autonomia privada para a proteção dos valores da Constituição da República, especialmente a dignidade da pessoa humana, justificando maior intervenção do Poder Judiciário, para se assegurar o cumprimento dos direitos fundamentais.[175]

O Superior Tribunal de Justiça vem reconhecendo a necessidade dessa maior atuação do Poder Judiciário nos contratos existenciais, justamente por serem eles fundamentais para a continuidade da vida. É o que se extrai do julgamento do Recurso Especial 1.450.134/SP,[176] de relatoria do Ministro Luis Felipe Salomão:

> No ponto em discussão, por ser o objeto do contrato em exame bem de natureza essencial à manutenção da vida e ao alcance da dignidade, tais contratos devem ser tidos por existenciais e, por esse motivo, o atributo econômico, presente em qualquer relação negocial, pode e deve sofrer ponderações razoáveis em face do valor da vida humana.

---

175. LIMA, Caroline Melchiades Salvadego Guimarães de Souza; SANTOS, Pedro Henrique Amaducci Fernandes dos; MARQUESI, Roberto Wagner. Negócios jurídicos contemporâneos: a efetivação da dignidade da pessoa humana com alicerce nos contratos existenciais. *Civilistica.com*. Rio de Janeiro, ano 7, n. 3, p 15, 2018.
176. Recurso especial. Violação ao art. 535, II, do CPC/1973. Planos de saúde. Associações. Lei 9.656/1998. Incidência. Bolsas de sangue necessárias a tratamento médico. Cobertura do tratamento pelo plano. Limitação da quantidade de bolsas. Impossibilidade. Cumulação de penalidade em sede ação civil pública. Viabilidade.
    1. Não há violação ao artigo 535, II, do CPC/1973, quando embora rejeitados os embargos de declaração, a matéria em exame foi devidamente enfrentada pelo Tribunal de origem, que emitiu pronunciamento de forma fundamentada, ainda que em sentido contrário à pretensão da recorrente.
    2. Nos termos do art. 1º da Lei 9.656/98, os planos privados de assistência à saúde consistem em prestação continuada de serviços ou cobertura de custos assistenciais, por prazo indeterminado, com a finalidade de garantir, sem limite financeiro, a assistência à saúde.
    3. As normas da Lei 9.656/98 são aptas a regular as relações havidas com a entidade que se propõe à atividade de assistência à saúde suplementar, independentemente da natureza jurídica sob a qual se constitui: autogestão, filantrópica, sociedade empresária, medicina de grupo.
    4. É ilegal e abusiva a negativa de cobertura pelo plano de saúde de bolsas de sangue em número considerado essencial para preservar a saúde e a vida do paciente, uma vez que a opção pelos procedimentos e técnica a serem utilizados no tratamento de saúde cabe ao médico especialista.
    5. Os contratos e seguros de plano de saúde são considerados existenciais, por terem como objeto bem de natureza essencial à manutenção da vida e ao alcance da dignidade, e, por esse motivo, o atributo econômico, presente em qualquer relação negocial, pode e deve sofrer ponderações razoáveis em face do valor da vida humana.
    6. Em ação civil pública, é admitida a condenação do réu à obrigação de fazer ou não fazer cumulada com a de indenizar. Na interpretação do art. 3º da Lei 7.347/85 ("A ação civil poderá ter por objeto a condenação em dinheiro ou o cumprimento de obrigação de fazer ou não fazer"), a conjunção "ou" deve ser considerada com o sentido de adição (permitindo, com a cumulação dos pedidos, a tutela integral do direito à saúde) e não o de alternativa excludente (o que tornaria a ação civil pública instrumento inadequado a seus fins).
    7. Recurso especial não provido.
    (BRASIL. Superior Tribunal de Justiça. Quarta Turma. Recurso Especial 1.450.134/SP. Relator Ministro Luis Felipe Salomão, julgado em 25.10.2016. Disponível em: www.stj.jus.br. Acesso em: 6 abr. 2023).

Na trilha desse raciocínio, preleciona Josiane Gomes, pesquisadora da Universidade Federal de Uberlândia, em obra recente dedicada ao estudo do equilíbrio de interesses dos atores desse pacto:

Destarte, diante de uma relação contratual em que se verifique a presença concomitante de interesses existenciais e patrimoniais, estes devem ser protegidos apenas enquanto promovam a concretização daqueles. Com efeito, as obrigações firmadas em contratos existenciais, apesar de serem economicamente mensuráveis, são dotadas de natureza essencial para a pessoa contratante, o que ocasiona a sua total exigibilidade sempre que implique a conservação da vida, da integridade psicofísica e da dignidade do seu beneficiário. Dessa forma, o contrato existencial é identificado pela "essencialidade da prestação: o cunho patrimonial da prestação (quantitativo) enseja espaço à intangibilidade da pessoa". (Contratos de planos de saúde. A busca judicial pelo equilíbrio de interesses entre os usuários e as operadoras de planos de saúde. Leme (SP): JH Mizuno, 2016, p. 146).

A economia colaborativa igualmente traz a novidade de os contratos firmados no âmbito de suas atividades poderem ser existenciais, sobretudo nas situações em que as prestações deixem de ter cunho patrimonial.

Com efeito, a adoção da *blockchain* na medicina tem permitido realizar a identificação do paciente em um sistema que passará a ser permanentemente municiado de novas informações,[177] a exemplo do que já acontece em Honduras, que criou, com o uso dessa tecnologia, parâmetros para a identificação dos usuários e de controle dos serviços públicos relacionados à saúde.[178]

Outro exemplo se verifica no aplicativo EHR (*Electronic Health Records* – em português, Registro Eletrônico de Saúde). Nele se tem a possibilidade de efetivar um banco de informações digitais relacionado à saúde dos usuários. Em síntese, o sistema permite o armazenamento e a apreensão das informações sobre o paciente a partir de sua inserção no aplicativo, afastando o rastreamento dos serviços médicos até então elaborados em papel e assegurando dados mais confiáveis e de melhor compreensão. Ou seja, faculta o compartilhamento das informações "por meio de sistemas de informações em rede, facilitando o intercâmbio institucional e o reaproveitamento de dados demográficos, históricos médicos, medicação e alergias, *status* de imunização",[179] dentre outros.

---

177. TIGRE, Paulo Bastos. Inovações em serviços de saúde. In: TIGRE, Paulo Bastos; PINHEIRO, Alessandro Maia (Coord.) *Inovações em serviços na economia do compartilhamento*. São Paulo: Saraiva Educação, 2019, p. 268.
178. DINIZ, Eduardo Henrique; CERNEV, Adrian Kremmer. *Blockchain*: revolução tecnológica à vista nos serviços. In: TIGRE, Paulo Bastos; PINHEIRO, Alessandro Maia (Coord.). *Inovações em serviços na economia do compartilhamento*. São Paulo: Saraiva Educação, 2019, p. 180.
179. TIGRE, Paulo Bastos. Inovações em serviços de saúde. In: TIGRE, Paulo Bastos; PINHEIRO, Alessandro Maia (Coord.). *Inovações em serviços na economia do compartilhamento*. São Paulo: Saraiva Educação, 2019, p. 269.

A Apple, em 2018, criou o aplicativo de registro eletrônico de saúde, no qual os usuários podem inserir as informações relacionadas à sua saúde. O Google, por sua vez, deixou de dar continuidade em seu sistema de registro há alguns anos por ausência de massa crítica. Contudo, é importante observar que esse tipo de compartilhamento pode trazer repercussões negativas geradas pela disponibilização de dados sensíveis, bem como pelo risco de exploração comercial.[180]

Outra prática consiste no uso das plataformas digitais para o agendamento de consultas médicas. Isso tem acontecido em diversos países que, por meio de empresas como a Zocdoc, agendam consultas para os médicos ou atuam como plataformas digitais "independentes de agendamento de consultas, ligando em uma ponta os pacientes e na outra os médicos, independentemente da instituição em que trabalham".[181]

A educação está igualmente relacionada com os bens existenciais por permitir, dentre outros pontos, o desenvolvimento da personalidade do indivíduo. Aludida área também tem sido influenciada pela economia colaborativa, na qual as tecnologias têm permitido a realização de leituras com recursos multimídias, *sites* de internet e outros documentos digitais. Ainda se tem facultado aos alunos escutar *podcasts* e *webcasts*, receber orientações on-line mediante a utilização sistemas digitais para recolher e guardar dados ou assistir a tutoriais on-line, realizando o armazenamento de materiais digitais etc.[182]

Nos cursos on-line e nos *sites* são obtidos graciosamente trabalhos educacionais que auxiliam o aprendizado, a exemplo do *Portal Capes*, *SciELO*, dentre outros. As tecnologias digitais, de modo geral, melhoraram as interações entre os alunos ao permitir que eles possam interagir, realizando atividades com os membros de outras turmas ou de outras instituições de ensino. Um exemplo relevante aconteceu no Uruguai, que permite que professores nativos ministrem aulas para alunos diretamente de seu país de origem. Outra hipótese desenvolvida pelas tecnologias consiste na sala de aula invertida, na qual se tem o estudo prévio do conteúdo das aulas pelos alunos, realizado por videoaulas e demais materiais que lhes são encaminhados. As atividades na sala de aula passam, nesse

---

180. TIGRE, Paulo Bastos. Inovações em serviços de saúde. In: TIGRE, Paulo Bastos; PINHEIRO, Alessandro Maia (Coord.). *Inovações em serviços na economia do compartilhamento*. São Paulo: Saraiva Educação, 2019, p. 270.
181. ESPINO, Gilmara; AIDAR, Marcelo. Um negócio saudável. *GVExecutivo*, v. 18, n. 1, p. 25, jan.-fev. 2019.
182. KUBOTA, Luis Claudio. Inovação tecnológica em serviços educacionais. In: TIGRE, Paulo Bastos; PINHEIRO, Alessandro Maia (Coord.). *Inovações em serviços na economia do compartilhamento*. São Paulo: Saraiva Educação, 2019, p. 225.

modelo, a consistir "em discussões, trabalhos em grupo e realização de projetos. O professor passa a ser um mediador e estimulador do debate".[183]

Todavia, uma das formas de uso das tecnologias que veda o compartilhamento se encontra nos livros digitais, também conhecidos como *e-books*. Os termos de uso da Thomson Reuters dispõem que o conteúdo existente no *site* é de uso pessoal do usuário, não podendo ser vendido, cedido, transmitido ou difundido sem autorização escrita:

> Direitos autorais
>
> Todo o conteúdo deste *Site* é de propriedade da ou licenciado para a Thomson Reuters e/ou suas filiais (o "Conteúdo da Thomson Reuters") e protegido pelas leis de direitos autorais dos Estados Unidos e internacionais. A Thomson Reuters e seus licenciadores retêm todos os direitos de propriedade da Thomson Reuters. O conteúdo da Thomson Reuters não pode ser reproduzido, transmitido ou distribuído sem o consentimento prévio, por escrito, da Thomson Reuters.[184]

O *site* da Juruá Editora, em seus termos e condições de adesão ao uso do conteúdo do aplicativo Juruá Digital – livros, igualmente não permite cessão, empréstimo ou compartilhamento dos livros digitais adquiridos:

> 5. O direito de uso é outorgado unicamente ao adquirente do mesmo, sem que possa ser transferido ou cedido a terceiros, a qualquer título.[185]

Idêntico é o procedimento adotado pela Editora Fórum, cujo termos e condições de uso vedam a utilização do conteúdo por terceiros não autorizados:

> 6. Direito de Propriedade Intelectual
>
> Toda e qualquer imagem, fotografia, logo, *slogan*, som, marca, texto, declaração, desenho, incluindo nome de domínio, interface de usuário e combinações de cores utilizadas, incorporadas e constantes do nosso *website*, constituem propriedade intelectual única e exclusiva da FÓRUM ou se encontram devidamente autorizados e licenciados por terceiros. Não é permitida nem autorizada a utilização, reprodução, distribuição, exibição, no todo ou em parte, de qualquer propriedade intelectual da FÓRUM por terceiro, sem o seu consentimento prévio.[186]

---

183. KUBOTA, Luis Claudio. Inovação tecnológica em serviços educacionais. In: TIGRE, Paulo Bastos; PINHEIRO, Alessandro Maia (Coord.). *Inovações em serviços na economia do compartilhamento*. São Paulo: Saraiva Educação, 2019, p. 227.
184. THOMSON REUTERS. *Termos de uso*. Disponível em: https://www.thomsonreuters.com.br/pt/termos-uso.html. Acesso em: 7 abr. 2023.
185. JURUÁ EDITORA. *Juruá Ebooks* – Termos e condições de adesão e uso do conteúdo do aplicativo digital Juruá Digital – Livros. Disponível em: https://www.jurua.com.br/digital/. Acesso em 7 abr. 2023.
186. FÓRUM. *Termos e condições de uso*. Disponível em: https://www.editoraforum.com.br/termos-de--uso-site-institucional/?_route_=termos-e-condicoes. Acesso em: 7 abr. 2023.

Assim, ao menos no cenário das vendas de livros digitais pelos *sites* ou aplicativos de *e-commerce*, indaga-se se não se estaria diante de certo retorno ao modelo da propriedade individual, ao se evitar o respectivo compartilhamento em momentos posteriores.

A possibilidade de produção e aquisição de livros digitais efetivamente representa um avanço para a vida em sociedade, que passou a se preocupar em assegurar o acesso dos indivíduos a produtos e serviços, especialmente para fins educacionais – o que evidentemente ocorre com a redução de custos e a facilidade na aquisição, sem a necessidade de deslocamento ou de se aguardar o envio do livro físico pelos sistemas de entrega de documentos. Além disso, destaca-se a tutela do meio ambiente, assegurando-se o consumo sustentável – pontos significativamente relevantes e que norteiam a atividade desenvolvida no âmbito da economia colaborativa.

Contudo, a despeito dessas melhorias, denota-se que a adoção de expedientes impeditivos ao acesso dos livros digitais pelos não proprietários acabam representando certo retorno ao sistema da propriedade individual, fazendo com que seu adquirente não possa reinseri-lo no mercado da economia colaborativa, seja à título gratuito ou oneroso, já que a utilização é restrita aos adquirentes, que não podem transferi-lo ou cedê-lo para terceiros.

2.3.5 Desmaterialização do contrato: *smart contracts* na economia colaborativa e execução facilitada

As novas tecnologias fizeram com que o meio digital, a partir da década de 2010, não representasse tão somente um instrumento de aproximação das pessoas. Desde então elas passaram a se conectar diuturnamente. As redes sociais são exemplos dessa mudança, por terem se integrado expressivamente no dia a dia dos indivíduos, fazendo com que os procedimentos até então adotados fossem tidos como obsoletos e desaparecessem, para que em seu lugar surgissem as empresas transformadoras como Netflix e YouTube.[187]

Com os negócios jurídicos não foi diferente. Eles igualmente passaram a sofrer alterações tecnológicas, fazendo com que os interesses econômicos de uma pessoa individualmente considerada fossem praticamente substituídos pelos negócios celebrados no formato eletrônico, que se encontram cada mais

---

187. ARROS, Letícia Soster. A ressignificação de institutos e instrumentos jurídicos tradicionais no centro dos negócios digitais: internetização da vida, compartilhamento e *smart contracts*. Revista Direito e Novas Tecnologias, v. 7, abr.-jun. 2020, DTR\2020\7816.

aperfeiçoados.[188] Consequentemente, tem-se o surgimento do fenômeno da desmaterialização do contrato, que passa a ser realizado pelas novas tecnologias, dispensando-se a forma física. Sua conclusão é feita pelos *bits* e códigos binários.[189]

Assim é que surgiu a noção de *smart contracts* no final dos anos 1990, por Nick Szabo, que os via como instrumento hábil a tornar mais simples os negócios jurídicos, pelo fato de que seus elementos "poderiam ser descritos por meio de *hardware* e *software* computacional, diminuindo os custos de eventual inadimplemento".[190]

Um dos exemplos dessa prática se verifica nas máquinas para venda automática, nas quais o interessado na aquisição de um produto que se encontra no interior do equipamento insere moedas ou notas físicas para a efetivação da compra.[191] Logo, entendia-se que a máquina seria um contrato com o portador, a ser implementado com pessoas dotadas de recursos financeiros. A caixa que armazena o dinheiro e os demais expedientes de proteção impediam a violação do local em que se encontra o dinheiro "e o conteúdo armazenado dos atacantes, o suficiente para permitir a implantação lucrativa de máquinas de venda automática em uma ampla variedade de áreas".[192]

Ocorre, todavia, que o surgimento das tecnologias *blockchains* e das criptomoedas, atualmente consistente na espécie do gênero criptoativos,[193] tornaram possíveis a utilização de *smart contracts* para as mais variadas finalidades, desde

---

188. EFING, Antonio Carlos; SANTOS, Adrielly Pinho dos. Análise dos *smart contracts* à luz do princípio da função social dos contratos no direito brasileiro. *Revista Direito e Desenvolvimento*, v. 9, n. 2, p. 50, ago.-dez. 2018.
189. MARQUES, Claudia Lima. *Confiança no comércio eletrônico e a proteção do consumidor*: um estudo dos negócios jurídicos de consumo no comércio eletrônico. São Paulo: Ed. RT, 2004, p. 81.
190. SILVA, Caíque Tomaz Leite da; KATANO, Arthur Yuji. Da formalização à informatização das relações negociais: os *smart contracts*. *Revista de Direito e Novas Tecnologias*, v. 10, 2021, DTR\2021\135.
191. DIVINO, Sthéfano Bruno Santos. *Smart contracts*: conceitos, limitações, aplicabilidade e desafios. *Revista Jurídica Luso-brasileira*, ano 4, n. 6, p. 2.783, 2018.
192. SILVA, Caíque Tomaz Leite da; KATANO, Arthur Yuji. Da formalização à informatização das relações negociais: os *smart contracts*. *Revista de Direito e Novas Tecnologias*, v. 10, 2021, DTR\2021\135.
193. Atualmente o tema encontra-se disciplinado pela Lei 14.478, de 21 de dezembro de 2022, que dispõe, dentre outros expedientes, sobre as diretrizes a serem observadas na prestação de serviços de ativos virtuais e na regulamentação dos prestadores de serviços de ativos virtuais. Atualmente denominado de criptoativos, aludida legislação afirma em seu art. 3º que: "Para os efeitos desta Lei, considera-se ativo virtual a representação digital de valor que pode ser negociada ou transferida por meios eletrônicos e utilizada para realização de pagamentos ou com propósito de investimento, não incluídos: I – moeda nacional e moedas estrangeiras; II – moeda eletrônica, nos termos da Lei 12.865, de 9 de outubro de 2013; III – instrumentos que provejam ao seu titular acesso a produtos ou serviços especificados ou a benefício proveniente desses produtos ou serviços, a exemplo de pontos e recompensas de programas de fidelidade; e IV – representações de ativos cuja emissão, escrituração, negociação ou liquidação esteja prevista em lei ou regulamento, a exemplo de valores mobiliários e de ativos financeiros. Parágrafo único. Competirá a órgão ou entidade da Administração Pública federal definido em ato do Poder Executivo estabelecer quais serão os ativos financeiros regulados, para fins desta Lei.

as transações de pequena monta até mesmo para as efetivadas no mercado financeiro.[194-195]

A partir daí surgiram os questionamentos acerca da natureza jurídica do *smart contract*, ou seja, seria ele um contrato? Com efeito, a distinção mais relevante entre os contratos físicos e os inteligentes consiste no adiantamento das relações jurídicas, que passariam a ser automatizadas pelo uso de um mecanismo dissociado e interligado ao *blockchain*, que deve atentar aos padrões de gestão hábeis a identificar riscos decorrentes da implantação dos contratos inteligentes.[196]

Jorge Feliu Rey adverte não ser possível afirmar de forma conclusiva que todo *smart contract* teria a natureza de um contrato, a despeito de ser possível esse enquadramento por se estar diante de um acordo de vontades entre as partes, dispondo sobre o objeto e as prestações a serem executadas. Suscita ainda a necessidade de serem observadas duas circunstâncias. A primeira reside no fato de que, nas hipóteses em que se estiver diante de um contrato, não subsistirá um tipo específico, sendo que seu enquadramento, como típico ou atípico, "dependerá do conteúdo das prestações. A segunda, que o *smart contract* será um contrato que terá que assumir uma forma determinada e estar lavrado em linguagem específica para a obtenção de determinados efeitos".[197-198] Ao final, concluiu que um

---

194. SILVA, Rodrigo da Guia; PINTO, Melaine Dreyer Breitenbach. Contratos inteligentes (*smart contracts*): esses estranhos (des)conhecido. Revista Direito e Novas Tecnologias, v. 5, out.-dez. 2019, DTR\2019\42399.
195. Jussara Borges Ferreira e Maria das Graças Macena Dias de Oliveira afirmam: "Como já destacado, os *smart contracts* ganharam difusão a partir do surgimento da tecnologia *blockchain*, sendo fundamental o entendimento sobre como esse fenômeno tecnológico vem revolucionando o mundo digital, até o surgimento da internet das coisas (IoT – *Internet of Things*), termo empregado no sentido de que os objetos passam a ter conexões com as redes de *internet*, permitindo-se a coleta e transmissão de dados em grande velocidade. As interações deixam de ser somente entre pessoas e passam a se dar entre pessoas e coisas e somente entre coisas. Com o IoT, os objetos passam a processar e trocar um alto volume de dados e informações, exigindo-se assim um sistema de segurança e privacidade eficiente, sendo justamente o *blockchain* o garantidor de que esses dados sejam liberados apenas para as partes confiáveis." (FERREIRA, Jussara Borges; OLIVEIRA, Maria das Graças Macena Dias de. Função social e solidária da empresa e dos contratos no âmbito da crescente utilização dos *smart contracts*. Revista Brasileira de Direito Civil, v. 29, p. 253, jul.-set. 2021).
196. FALEIROS JÚNIOR, José Luiz de Moura; ROTH, Gabriela. Como a utilização do *blockchain* pode afetar institutos jurídicos tradicionais. Atuação. Revista Jurídica do Ministério Público Catarinense, Florianópolis, v. 14, n. 30, p. 51, jun.-nov. 2019.
197. REY, Jorge Feliu. *Smart contract*: conceito, ecossistema e principais questões de Direito Privado. Redes: Revista Eletrônica Direito e Sociedade, v. 7, n. 3, p. 100,102, 2019.
198. Nelson Rosenvald, o tratar da natureza jurídica dos *smart contracts*, adverte: "Finalmente, sugere-se como uma terceira via que os *smart contracts* sejam compreendidos como acordos vinculativos, o que pareceria para muitos um *nonsense*, pois *smart contracts* não criariam obrigações no real sentido jurídico. Contudo, essa afirmação é questionável, pois *smart contracts* são acordos entre partes, com a particularidade de que se expressam em código digital, o que os torna suscetíveis de eficacização não apenas na legislação brasileira, mas em qualquer outro sistema jurídico que defina um contrato como um acordo de vontades que estabeleça, regula ou possa extinguir uma relação patrimonial entre as

smart contract poderá ser um contrato que apresenta os requisitos que permitam assim compreendê-lo, embora, não possa ser descrito como um tipo contratual próprio ou específico. Dada a ampla e variada fenomenologia observada na prática, pode-se entender a figura do smart contract como uma forma de articular um processo contratual, de facilitar o desenvolvimento e a conclusão do contrato ou das possíveis consequências que derivam do não cumprimento daquele.[199]

A tecnologia *blockchain*, por sua vez, é definida por Mafalda Miranda Barbosa como

> uma lista de blocos (registros) que cresce continuamente. Estes blocos são registrados e ligados entre si através do uso da criptografia, viabilizando uma rede *peer-to-peer*, baseada numa tecnologia descentralizada. Dito de outro modo, o *blockchain* é uma tecnologia descentralizada (*distributed ledger*), na qual as transações são registradas anonimamente. O *blockchain* é, então, um livro de registros (*ledger*), no qual se inscreve anonimamente informação, que é multiplicada ao longo de um ambiente virtual (*network*), que liga os computadores de todos os participantes (*nodes*), e é regulamente atualizada, de tal modo que cada um participe nesse *network* pode confiar que partilha os mesmos dados que o *ledger*, sem necessidade de um terceiro centralizado a validar.[200-201]

---

partes, tendo como requisitos o consenso, a causa, o objeto e a forma (quando prevista em lei). Estes requisitos são sindicáveis não apenas nos contratos tradicionalmente orais ou escritos no papel, mas também aplicáveis aos acordos digitais na forma de um *smart contract*. Assim, eles se coadunam ao direito contratual, sujeitos às normas aplicáveis aos requisitos de validade e eventuais sanções de anulabilidade e nulidade. A nosso viso, *smart contracts* claramente criam obrigações exigíveis, independentemente de seu código digital, ou das partes delegarem ao computador a performance em seu nome. (...) Assim, cremos que os estandardizados *smart contracts* dispensam a formulação de um novo regramento ou uma nova categoria legal. Mantém a essência de negócio jurídico bilateral, sendo suficiente que os princípios vigentes sejam adaptados normativamente ou atualizados pela jurisprudência para o adequado tratamento das novas tecnologias, apesar do natural *gap* existente entre a sua introdução e os ajustes jurídicos necessários. A despeito de serem digitalmente expressos, cada *smart contract* é regulado pelas normas do Código civil e CDC, sendo os contratantes livres para buscar uma compensação de danos em casos em que o mal funcionamento do sistema propicie a execução de um acordo inválido, ou um acordo válido não possa ser executado. Isto significa que mesmo sendo caracterizados como uma forma revolucionária de implementação de negócios, os *smart contracts* não suplantaram a teoria geral dos contratos, da mesma forma que a técnica da adesão não destruiu a principiologia dos contratos negociados, mas apenas a adaptou às suas vicissitudes". (ROSENVALD, Nelson. *A natureza jurídica dos smart contracts*. 2019. Disponível em: https://www.nelsonrosenvald.info/single-post/2019/09/11/a-natureza-jur%C3%ADdica-dos-smart-contracts. Acesso em: 14 abr. 2023).

199. REY, Jorge Feliu. *Smart contract*: conceito, ecossistema e principais questões de Direito Privado. *Redes: Revista Eletrônica Direito e Sociedade*, v. 7, n. 3, p. 107, 2019.

200. BARBOSA, Mafalda Miranda. *Blockchain* e responsabilidade civil: inquietações em torno de uma realidade nova. *Revista de Direito da Responsabilidade*, ano 1, p. 210, 2019.

201. Antonio Carlos Efing e Adrielly Pinho dos Santos aduzem: "Em outras palavras, a *blockchain* armazena e permite controlar todas as transações realizadas dentro da aplicação que serão agrupadas em blocos. Um bloco sempre fará referência ao bloco anterior, de onde advém o termo 'cadeia de blocos', e cada rede de computador terá uma cópia local de todos os blocos, evitando, pois, a perda de dados, os quais, ressalte-se, não podem ser alterados ou apagados (GATTESCHI et al., 2018, p. 2-4)." (EFING, Antonio

José Luiz de Moura Faleiros Junior e Gabriela Roth trazem como exemplo da tecnologia *blockchain* a efetivação de uma transferência realizada junto a uma instituição financeira. Logo, se uma pessoa deseja transferir determinada quantia para outra, inicialmente ela deve averiguar se dispõe de recursos em sua conta bancária, devendo, caso disponha dos valores, solicitar que a instituição financeira efetue a transferência. Ao banco, após realizar todas as averiguações, antes de transferir os recursos, realizará a escrituração em seu livro-caixa central. Por fim, será feita a retirada dos recursos da conta de depositante com o respectivo crédito na conta do beneficiário. Essa nova tecnologia *blockchain* apresenta a opção de acabar com esse livro-caixa central da instituição financeira, suprimindo a possibilidade de erro, presente exemplificativamente na transferência dos valores para a conta bancária de um terceiro, dispondo ainda da possibilidade de extinguir a atuação do intermediário na efetivação de tais práticas.[202]

Disso se extrai que a característica mais relevante da *blockchain* consiste na descentralização, fazendo com que as operações nela efetivadas dispensem a atuação do intermediário, de modo que a declaração de validade das transações seja realizada por "nós em rede, utilizando-se de criptografia, proporcionando, pois, maior confiança às partes (...)".[203]

Ainda subsiste o entendimento de que a principal característica da *blockchain* reside no fato de que os dados, uma vez disponibilizados no sistema de blocos, podem ser acessados por todos os usuários, impedindo a concretização de alterações sem qualquer justificativa no bloco de notas, pelo simples fato de que os usuários poderão constatar sua idoneidade e invalidar esse novo bloco de notas.[204]

Assim, denota-se que a tecnologia *blockchain* passa a ser "usualmente utilizada na identificação do *quid pluris* considerado como o mais adequado à utilização de um contrato como inteligente".[205] Isso se justifica no fato de que a *blockchain* torna as relações jurídicas mais simples e dotadas de maior confiança, fazendo com que os contratos inteligentes sejam elaborados e cumpridos pelas

---

Carlos; SANTOS, Adrielly Pinho dos. Análise dos *smart contracts* à luz do princípio da função social dos contratos no direito brasileiro. *Revista Direito e Desenvolvimento*, v. 9, n. 2, p. 55, ago.-dez. 2018).

202. FALEIROS JÚNIOR, José Luiz de Moura; ROTH, Gabriela. Como a utilização do *blockchain* pode afetar institutos jurídicos tradicionais. Atuação. *Revista Jurídica do Ministério Público Catarinense*, Florianópolis, v. 14, n. 30, p. 43-44, jun.-nov. 2019.

203. EFING, Antonio Carlos; SANTOS, Adrielly Pinho dos. Análise dos *smart contracts* à luz do princípio da função social dos contratos no direito brasileiro. *Revista Direito e Desenvolvimento*, v. 9, n. 2, p. 55, ago.-dez. 2018.

204. SILVA, Rodrigo da Guia; PINTO, Melaine Dreyer Breitenbach. Contratos inteligentes (*smart contracts*): esses estranhos (des)conhecido. *Revista Direito e Novas Tecnologias*, v. 5, out.-dez. 2019, DTR\2019\42399.

205. CATALAN, Marcos; AMATO, Claudio. Novos itinerários da contratação informática: do contrato inteligente ao contrato algorítmico. *Civilistica.com*. Rio de Janeiro, ano 11, n. 3, p. 7, 2022.

partes e sem intermediários. Consequentemente, tem-se uma melhor gestão do tempo e um incremento da segurança jurídica, na medida em que, por exemplo, ao invés dos "advogados ficarem encarregados do *iter* de estruturação do pacto, plataformas prontas para a gestão desses documentos estariam plenamente aptas a verificar as fases do acordo".[206]

Os *smart contracts* consistem no pronunciamento eletrônico de um negócio jurídico, cujas cláusulas estabelecidas pelas partes são convertidas em códigos computacionais dotados das condições necessárias para a execução do acordado, trazendo segurança e redução de custos aos envolvidos.[207-208]

Sua elaboração deve ser feita por fases. Inicialmente, os contratantes ajustam seu conteúdo, que será transformado em códigos computacionais autoexecutáveis. Na sequência, é feito o registro desses códigos na rede coletiva, por intermédio da *blockchain*. Por fim, "ocorrendo as condições preestabelecidas, identificadas pelos códigos computacionais programados, há a produção do evento programado, sem a intervenção de terceiro".[209]

Dentre as vantagens dos *smart contracts*, merecem destaque a facilidade para sua celebração e o cumprimento, assim como a diminuição dos conflitos que eventualmente possam advir em razão de dificuldades para a interpretação das cláusulas contratuais e da possibilidade de inadimplemento, já que se trata de expediente que caracterizado pela autoexecutoriedade de suas disposições.[210]

Também devem ser suscitadas a redução dos custos contábeis, ocasionada pela dispensa do registro na contabilidade da transação efetivada, já que os contratos inteligentes usam a tecnologia *blockchain* para a verificação dos dados, bem como a diminuição dos gastos com a autenticação, na medida em que "os documentos eletrônicos dispostos na *blockchain* são mais seguros que aqueles

---

206. FALEIROS JÚNIOR, José Luiz de Moura; ROTH, Gabriela. Como a utilização do *blockchain* pode afetar institutos jurídicos tradicionais. Atuação. *Revista Jurídica do Ministério Público Catarinense*, Florianópolis, v. 14, n. 30, p. 49, jun.-nov. 2019.
207. FERREIRA, Jussara Borges; OLIVEIRA, Maria das Graças Macena Dias de. Função social e solidária da empresa e dos contratos no âmbito da crescente utilização dos *smart contracts*. *Revista Brasileira de Direito Civil*, v. 29, p. 251, jul.-set. 2021.
208. Bruno Miragem afirma: "Diferenciam-se os contratos inteligentes (*smart contracts*), pelo fato de sua execução, total ou parcialmente, se dar por meio digital, de modo que se submeta a uma programação específica que determine a realização automatizada de ações no interesse dos contratantes". (MIRAGEM, Bruno. Novo paradigma tecnológico, mercado de consumo digital e o direito do consumidor. *Revista de Direito do Consumidor*, v. 125, p. 30, set.-out. 2019).
209. FERREIRA, Jussara Borges; OLIVEIRA, Maria das Graças Macena Dias de. Função social e solidária da empresa e dos contratos no âmbito da crescente utilização dos *smart contracts*. *Revista Brasileira de Direito Civil*, v. 29, , p. 253, jul.-set. 2021.
210. MIRAGEM, Bruno. Novo paradigma tecnológico, mercado de consumo digital e o direito do consumidor. *Revista de Direito do Consumidor*, v. 125, p. 30, set.-out. 2019.

em suporte de papel, na medida em que estes podem se perder e estão sujeitos a eventos naturais que põem em risco a sua conservação".[211]

Uma de suas principais características reside na imutabilidade, assim compreendida pela impossibilidade de os contratos inteligentes serem alterados por qualquer um dos contratantes após serem inseridos no bloco. Qualquer tentativa ou pretensão de modificá-lo obrigatoriamente resultará em uma nova contratação, que será igualmente introduzida no bloco.[212-213] Consequentemente, pelos mesmos argumentos, pode-se afirmar que os *smart contracts* não recebem qualquer influência externa – o que implica naturalmente em aumento da segurança e do grau de confiabilidade entre os contratantes.[214] Todavia, denota-se que essas características podem representar risco de lesão aos direitos fundamentais dos consumidores, ante à dificuldade de se reconhecer a abusividade de uma determinada cláusula presente na relação de consumo.

Nesse contexto, pode-se afirmar que os contratos inteligentes, por registrarem todos os requisitos da obrigação na *blockchain*, caracterizam-se por disporem de "uma execução automática das disposições contratuais, consoante o programa verifica as condições, em função da lógica 'se isto então aquilo'".[215] Ou seja, com a concretização das cláusulas contratuais e a correspondente inserção no respectivo bloco, "a execução desse negócio jurídico independe da vontade das partes e dispensará verificações, aprovações ou ação dos envolvidos ou de terceiros".[216]

Daí a observação de Marcos Catalan e Claudio Amato, no sentido de que os contratos inteligentes

> foram arquitetonicamente estruturados para impedir a negação, refutação, manipulação – inclusive no nível hermenêutico – ou correção do clausulado e, ainda, eliminar o risco de

---

211. SILVA, Caíque Tomaz Leite da; KATANO, Arthur Yuji. Da formalização à informatização das relações negociais: os *smart contracts*. Revista de Direito e Novas Tecnologias, v. 10, 2021, DTR\2021\135.
212. FERREIRA, Jussara Borges; OLIVEIRA, Maria das Graças Macena Dias de. Função social e solidária da empresa e dos contratos no âmbito da crescente utilização dos *smart contracts*. Revista Brasileira de Direito Civil, v. 29, p. 255, jul.-set. 2021.
213. Caíque Tomaz Lei da Silva e Arthur Yuji Katano afirmam: "Assim, após sua conclusão, não é mais possível alterar o conteúdo de suas cláusulas e por isso é indispensável uma previsão taxativa de todas as situações que podem impactar sobre a execução do negócio jurídico, sem qualquer disposição contratual que permita uma adequação circunstancial em função de modificação de fato ou de direito. (SILVA, Caíque Tomaz Leite da; KATANO, Arthur Yuji. Da formalização à informatização das relações negociais: os *smart contracts*. Revista de Direito e Novas Tecnologias, v. 10, 2021, DTR\2021\135).
214. SILVA, Rodrigo da Guia; PINTO, Melaine Dreyer Breitenbach. Contratos inteligentes (*smart contracts*): esses estranhos (des)conhecido. Revista Direito e Novas Tecnologias, v. 5, out.-dez. 2019, DTR\2019\42399.
215. SILVA, Caíque Tomaz Leite da; KATANO, Arthur Yuji. Da formalização à informatização das relações negociais: os *smart contracts*. Revista de Direito e Novas Tecnologias, v. 10, 2021, DTR\2021\135.
216. DIVINO, Sthéfano Bruno Santos. *Smart contracts*: conceitos, limitações, aplicabilidade e desafios. Revista Jurídica Luso-brasileira, ano 4, n. 6, p. 2791, 2018.

mora ou de qualquer patologia afeta à fase de inadimplemento, recorrendo à automação da execução da conduta devida/expectada de forma a garantir ao que parece, não apenas em sua, mais velocidade, segurança e eficiência no tráfego jurídico, bem como a correlata deflagração da litigiosidade.[217]

Não obstante as vantagens, subsistem riscos com a celebração de um contrato inteligente, sobretudo porque, a despeito da automatização de sua execução, que dispensa a participação humana, denota-se que tal característica somente poderá ser efetivada com a introdução das informações no *software* – realizada pelo programador, ou seja, por um ser humano, passível de equívocos.[218]

Além disso, o *software* pode igualmente apresentar defeitos, ocasionados exemplificativamente por *bugs* ou pelo recebimento de informações errôneas de outras plataformas a fim de averiguar se uma específica circunstância foi cumprida.[219]

Outra desvantagem decorre da impossibilidade de alteração do contrato inteligente, que pode trazer dificuldades para a continuidade de um negócio jurídico na hipótese de surgirem modificações imprevisíveis pelas partes. Mesmo as que forem "efetivamente previstas dentro de certos limites dificilmente poderiam ser incorporadas nos contratos inteligentes, em razão da disciplina computacional exigida pela lógica "se isto então aquilo" ("*IFTP*")".[220]

Os exemplos de contratos inteligentes que podem ser executados atualmente são os mais variados. Um deles se verifica na celebração de um contrato inteligente de locação de veículo automotor, no qual resta convencionado que o *software*, ao final do prazo determinado estipulado, realizará, de forma automática, o pagamento da dívida de aluguel. Outra hipótese se verifica quando as partes ajustam que eventual inadimplemento do locatário acarretará, com observância da necessária segurança, o automático desligamento do motor ou do sistema de marcha do automóvel.[221]

---

217. CATALAN, Marcos; AMATO, Claudio. Novos itinerários da contratação informática: do contrato inteligente ao contrato algorítmico. *Civilistica.com*. Rio de Janeiro, ano 11, n. 3, p. 6, 2022.
218. SILVA, Rodrigo da Guia; PINTO, Melaine Dreyer Breitenbach. Contratos inteligentes (*smart contracts*): esses estranhos (des)conhecido. *Revista Direito e Novas Tecnologias*, v. 5, out.-dez. 2019, DTR\2019\42399.
219. SILVA, Rodrigo da Guia; PINTO, Melaine Dreyer Breitenbach. Contratos inteligentes (*smart contracts*): esses estranhos (des)conhecido. *Revista Direito e Novas Tecnologias*, v. 5, out.-dez. 2019, DTR\2019\42399.
220. SILVA, Caíque Tomaz Leite da; KATANO, Arthur Yuji. Da formalização à informatização das relações negociais: os *smart contracts*. *Revista de Direito e Novas Tecnologias*, v. 10, 2021, DTR\2021\135.
221. TEPEDINO, Gustavo; SILVA, Rodrigo da Guia. *Smart contracts* e a nova gestão do risco contratual. *Pensar: Revista de Ciências Jurídicas*, v. 26, n. 1, 2021.

Nas relações de consumo também se tem aplicado os contratos inteligentes, por exemplo nas reservas feitas no setor hoteleiro ou nas locações de imóveis, nas situações em que é fornecido um código ao usuário para acessar o local, dispensando-se o registro de entrada físico.[222]

Outra hipótese está presente no setor de seguros, com o ajuste pelas partes da "automação do pagamento do prêmio a cargo do segurado quanto à automação do pagamento da indenização securitária a cargo da seguradora diante da comprovação do sinistro pelo *software* (...)".[223]

Os exemplos mencionados podem representar melhorias para o dinamismo das práticas sociais em decorrência da autoexecutoriedade dos contratos inteligentes. Todavia, determinadas situações podem trazer prejuízos ao consumidor, como se verifica, por exemplo, nas práticas de *switching costs* e *consumer lock-in*.

Com efeito, o *switching costs*, também conhecido como custo de troca, refere-se aos custos que as empresas impõem aos consumidores que tenham intenção de substituir o prestador de determinado serviço. Ao impor os elevados valores ao consumidor, os prestadores têm a faculdade de majorar os preços de seus serviços pouco importando o número de empresas atuantes no mesmo segmento do mercado. Já o *consumer lock-in*, também denominado como aprisionamento do consumidor, ocorre quando o consumidor deseja trocar o fornecedor, mas continua a ele vinculado em razão da majoração dos preços, "falhas, vícios ou defeitos na prestação dos serviços. Ao efetuar os cálculos de mudança de fornecedor por algum dos motivos citados, o cliente verifica que se torna excessivamente custosa essa troca".[224]

A necessidade de combater tais práticas justifica-se, sobretudo nos serviços prestados pelas instituições financeiras, na circunstância de que a diminuição dos custos cobrados dos consumidores pode assegurar o incremento da disputa e da competição, fazendo com que o usuário, ao comparar os valores possa migrar de uma instituição para outra. De igual forma, a diminuição dos valores para a alteração do prestador pode fazer com que novos bancos passem a disponibilizar produtos as tradicionais ofertas.[225]

---

222. MIRAGEM, Bruno. Novo paradigma tecnológico, mercado de consumo digital e o direito do consumidor. *Revista de Direito do Consumidor*, v. 125, p. 31, set.-out. 2019.
223. TEPEDINO, Gustavo; SILVA, Rodrigo da Guia. *Smart contracts* e a nova gestão do risco contratual. *Pensar: Revista de Ciências Jurídicas*, v. 26, n. 1, 2021.
224. SILVA, Glacus Bedeschi da Silveira e. O *open banking* no Brasil e a transformação no modelo de negócios: podem os bancos tornarem-se plataformas? In: CHAVES, Natália Cristina; COLOMBI, Henry (Org.). *Direito e tecnologia*: novos modelos e tendências. Porto Alegre, RS: Editora FI, 2021, p. 148.
225. SILVA, Glacus Bedeschi da Silveira e. O *open banking* no Brasil e a transformação no modelo de negócios: podem os bancos tornarem-se plataformas? In: CHAVES, Natália Cristina; COLOMBI, Henry (Org.). *Direito e tecnologia*: novos modelos e tendências. Porto Alegre, RS: Editora FI, 2021, p. 148.

Nesse cenário, evidencia-se que a utilização dos contratos inteligentes, por meio da tecnologia *blockhain*, é expediente relevante para o aprimoramento da economia compartilhada, por representar um aumento na segurança aos envolvidos, tutelando-se inclusive os dados pessoais, já que inexiste a figura do intermediário.[226]

2.4 RUPTURA DA LÓGICA PROPRIETÁRIA NA ECONOMIA COLABORATIVA: O DIREITO DE ACESSO

A lógica proprietária do Estado Moderno entrou em declínio inicialmente com o término da Primeira Guerra Mundial, o esfacelamento do Estado de Direito Liberal e, especialmente, com o advento do Estado Social de Direito, abalizado na intervenção estatal, que passa a ser adotada em regra nas relações entre particulares. Tais práticas foram decorrência da constatação de que o liberalismo não mais atendia aos interesses dos excluídos, assim como de que se fazia necessária a busca pela igualdade material nas relações jurídicas.[227-228]

Nesse contexto, o Estado Social de Direito acabou por alterar o foco do ordenamento jurídico, que deixa de ser o patrimônio para se preocupar com a pessoa, firmando a positivação dos valores existenciais, que passam a integrar os bens privados. "Era a consolidação da concepção do ordenamento jurídico como um sistema axiológico, onde o humano tem primazia".[229]

Paralelamente, também se verifica o advento da pluralidade dos modelos de propriedades ocasionados pelo desenvolvimento do sistema capitalista, que instituiu as propriedades intelectual, comercial, industrial e empresa, como

---

226. SOUZA, Eduardo Nunes de; RODRIGUES, Cássio Monteiro. Aplicativos de economia compartilhada e a tutela da vulnerabilidade dos usuários. Coluna Direito Civil. *Forum*, 6 abr. 2021.
227. BERBERI, Marco Antonio Lima. *A arte após a morte do artista*: sucessão hereditária e direitos autorais. Tese (Doutorado). 169 p. Universidade Federal do Paraná. Programa de Pós-graduação em Direito. Curitiba: 2018, p. 75.
228. Eroulths Cortiano Junior afirma: "Os mecanismos de desenvolvimento da economia capitalista geram condições estruturais e conjunturais de desagregação de um quadro no qual se confinava o Estado a ser mero garantidor da segurança pública, social e jurídica das relações de troca regidas pelo Direito Privado. Esses mecanismos – por exemplo, a acumulação de capital, o controle monopolístico dos mercados, a dificuldade de acesso – geram um *déficit* que opera sobre os planos econômico e social, de tal forma que o Estado se vê compelido a atuar em dois sentidos: em direção ao econômico, por meio de mecanismos de correção do mercado, e em direção ao social, pela recuperação dos excluídos ao sentido social do instituto." (CORTIANO JUNIOR, Eroulths. *O discurso proprietário e suas rupturas: prospectivas e perspectivas do ensino do direito de propriedade*. Tese (Doutorado em Direito). 190 p. Universidade Federal do Paraná. Curitiba, 2001, p. 91).
229. GUILHERMINO, Everilda Brandão. *As titularidades de direito difuso e as relações privadas*. Tese (Doutorado). 233 p. Universidade Federal de Pernambuco. CCJ. Programa de Pós-graduação em Direito. Recife, 2017.

elementos justificadores para o enfrentamento, em prol do aprimoramento da economia, da propriedade, que se encontrava até então no "centro do suporte teórico do próprio sistema, a propriedade imobiliária".[230]

Assim, passa a se questionar se a propriedade deveria atender aos interesses da coletividade, não se limitando apenas aos de seu proprietário.[231] Isso ficou evidenciado na Constituição do México de 1917, que estabelecia a observância do interesse público, e na Constituição de Weimar de 1919, que igualmente determinava o cumprimento da função social da propriedade.[232]

No Brasil, a previsão de que a propriedade deveria atender sua função social teve início com a Constituição de 1934, que estabeleceu no capítulo que trata dos direitos e garantias individuais que "(...) É garantido o direito de propriedade, que não poderá ser exercido contra o interesse social ou coletivo, na forma que a lei determinar".[233]

A Constituição de 1946 também estabelecia a função social da propriedade no art. 147:

> Art. 147. O uso da propriedade será condicionado ao bem-estar social. A lei poderá, com observância do disposto no art. 141, § 16, promover a justa distribuição da propriedade, com igual oportunidade para todos.[234]

A Constituição da República de 1988, por sua vez, estabelece ser a propriedade um direito fundamental e determina expressamente que ela deve atender à sua função social.[235] Também se instituiu uma série de propriedades, de modo a não se limitar apenas à imobiliária, como se verifica, por exemplo, na propriedade dos índios, prevista no art. 231, e dos quilombolas, disposta no art. 68 do Ato das Disposições Constitucionais Transitórias.[236]

---

230. PRATA, Ana. *A tutela constitucional da autonomia privada*. Coimbra, Portugal: Almedina, 2017, p. 159.
231. VIANNA, Manoel Victor de Mello; EHRHARDT JR., Marcos. Entre o direito de propriedade e o de acesso: (re)pensando o pertencimento na contemporaneidade. In: EHRHARDT JR, Marcos. *Vulnerabilidade e novas tecnologias*. Indaiatuba, SP: Foco, 2023, p. 11.
232. GAMBA, João Roberto Gorini. *Direito de propriedade*: fundamentos históricos e filosóficos. 3. ed., rev. e ampl. Rio de Janeiro: Lumen Juris, 2021, p. 200.
233. BRASIL. Casa Civil. Constituição da República dos Estados Unidos do Brasil, de 16 de julho de 1934. Disponível em: https://www.planalto.gov.br/ccivil_03/constituicao/constituicao34.htm. Acesso em: 6 abr. 2023.
234. BRASIL. Casa Civil. Constituição dos Estados Unidos do Brasil, de 18 de setembro de 1946. Disponível em: https://www.planalto.gov.br/ccivil_03/constituicao/constituicao46.htm. Acesso em: 7 abr. 2023.
235. BRASIL. Casa Civil. Constituição da República Federativa do Brasil de 1988. Disponível em: http://www.planalto.gov.br/ccivil_03/constituicao/constituicao.htm. Acesso em: 7 abr. 2023.
236. PINHEIRO, Rosalice Fidalgo; VAZ, Idovilde de Fátima Fernandes. Funções sociais das propriedades: a realização de direitos fundamentais nas situações proprietárias. *Cadernos da Escola de Direito e Relações Internacionais*. Centro Universitário Autônomo do Brasil (UniBrasil), v. 2, n. 15, p. 127, 2011.

O conceito unitário de propriedade rompe-se com a função social, incidindo "sobre bens individuais, coletivos, comunitários, culturais, tradicionais e outras propriedades que venham a ser reveladas no Estado Democrático de Direito, delineando uma pluralidade de funções sociais das propriedades".[237]

A função social deve ser vista como um componente da constituição da propriedade, decorrentes do fato de que as obrigações impostas ao proprietário em momento algum podem ser dispostas "como meras limitações de direito público ou de qualquer outro tipo (...)".[238] Tem-se, assim, o rompimento do individualismo proprietário, caracterizado pelo uso da propriedade conforme a vontade de seu titular, incumbindo aos demais membros da sociedade abster-se de violá-la.

O Código Civil de 2002, embora assegure no *caput* de seu art. 1.228, que "O proprietário tem a faculdade de usar, gozar e dispor da coisa, e o direito de reavê-la do poder de quem a injustamente a possua ou detenha", também estabelece no § 1º do referido dispositivo legal a necessidade de observância de sua função social:

> O direito de propriedade deve ser exercido em consonância com as suas finalidades econômicas e sociais e de modo que sejam preservados, de conformidade com o estabelecido em lei especial, a flora, a fauna, as belezas naturais, o equilíbrio ecológico e o patrimônio histórico e artístico, bem como evitada a poluição do ar e das águas.

Marco Antonio Lima Berberi assevera que o Código Civil de 2002, em atenção aos comandos emanados pela Constituição Federal de 1988, acabou por introduzir nova razão aos poderes dos proprietários, diminuindo o caráter absoluto oriundo do individualismo proprietário para permitir que os não proprietários também tivessem assegurado os direitos de acesso e uso de determinado bem. Consequentemente, busca-se a utilização da propriedade que atenda aos interesses sociais, contemplando aos anseios do proprietário e aos da sociedade, "entendida como *locus* do ser humano. É claro que este raciocínio vale também para as propriedades rurais".[239]

A propriedade, assim, passa a ser dotada de um conceito dinâmico, elaborado conforme as alterações e necessidades da sociedade.[240] Trata-se de uma situação

---

237. PINHEIRO, Rosalice Fidalgo; VAZ, Idovilde de Fátima Fernandes. Funções sociais das propriedades: a realização de direitos fundamentais nas situações proprietárias. *Cadernos da Escola de Direito e Relações Internacionais*. Centro Universitário Autônomo do Brasil (UniBrasil), v. 2, n. 15, p. 128, 2011.
238. VIANNA, Manoel Victor de Mello; EHRHARDT JR., Marcos. Entre o direito de propriedade e o de acesso: (re)pensando o pertencimento na contemporaneidade. In: EHRHARDT JR, Marcos. *Vulnerabilidade e novas tecnologias*. Indaiatuba, SP: Foco, 2023, p. 11.
239. BERBERI, Marco Antonio Lima. *A arte após a morte do artista*: sucessão hereditária e direitos autorais. Tese (Doutorado). 169 p. Universidade Federal do Paraná. Programa de Pós-graduação em Direito. Curitiba: 2018, p. 77-78.
240. BERBERI, Marco Antonio Lima. *A arte após a morte do artista*: sucessão hereditária e direitos autorais. Tese (Doutorado). 169 p. Universidade Federal do Paraná. Programa de Pós-graduação em Direito. Curitiba: 2018, p. 77-78.

jurídica que estabelece direitos e deveres tanto aos titulares quanto aos que não são proprietários, sendo certa que a inserção dos anseios desses últimos, como a dignidade, a erradicação da pobreza e a diminuição das desigualdades, devem ser obrigatoriamente acrescidos "como direito subjetivo dúctil ao intérprete apresenta-se indispensável propor soluções correspondentes ao dado normativo e ao momento atual".[241]

Disso se extrai a importância do proprietário e do não proprietário nas relações jurídicas reais, tornando-se imprescindível, no tocante ao primeiro, averiguar concretamente a sua situação, ou seja, se se enquadra, por exemplo, na condição de fornecedor ou consumidor, dentre outras. Se possui uma única residência própria, se vive em condomínio ou em imóvel isolado.[242] Em relação ao não proprietário, sua atuação deixa de ser apenas passiva, no sentido de se absterem de violar o direito de propriedade do titular. Passa a ter o direito de compelir o proprietário a exercer a função social da propriedade,[243] que deve ser utilizada acordo com os anseios da sociedade,[244] atendendo sobretudo ao art. 225 da Constituição da República, que assegura: "Todos têm direito ao meio ambiente ecologicamente equilibrado, bem de uso comum do povo essencial à sadia qualidade de vida (...)".

Pietro Perlingieri aponta que a função social da propriedade não está relacionada apenas aos limites para seu exercício, na medida em que seu atendimento institui uma função promocional destinada ao atendimento dos fins do ordenamento jurídico,[245] previstos nos arts. 1º, III; 3º, III; 5º, XXII e XXIII;

---

241. PINHEIRO, Rosalice Fidalgo; VAZ, Idovilde de Fátima Fernandes. Funções sociais das propriedades: a realização de direitos fundamentais nas situações proprietárias. *Cadernos da Escola de Direito e Relações Internacionais*. Centro Universitário Autônomo do Brasil (UniBrasil), v. 2, n. 15, p. 133, 2011.
242. Eroulths Cortiano Junior afirma: "Os mecanismos de desenvolvimento da economia capitalista geram condições estruturais e conjunturais de desagregação de um quadro no qual se confinava o Estado a ser mero garantidor da segurança pública, social e jurídica das relações de troca regidas pelo Direito Privado. Esses mecanismos – por exemplo, a acumulação de capital, o controle monopolístico dos mercados, a dificuldade de acesso – geram um *déficit* que opera sobre os planos econômico e social, de tal forma que o Estado se vê compelido a atuar em dois sentidos: em direção ao econômico, por meio de mecanismos de correção do mercado, e em direção ao social, pela recuperação dos excluídos ao sentido social do instituto." (CORTIANO JUNIOR, Eroulths. *O discurso proprietário e suas rupturas: prospectivas e perspectivas do ensino do direito de propriedade*. Tese (Doutorado em Direito). 190 p. Universidade Federal do Paraná. Curitiba, 2001, p. 91).
243. CORTIANO JUNIOR, Eroulths. *O discurso proprietário e suas rupturas*: prospectivas e perspectivas do ensino do direito de propriedade. Tese (Doutorado em Direito). 190 p. Universidade Federal do Paraná. Curitiba, 2001, p. 100-101.
244. TEPEDINO, Gustavo. O princípio da função social no Direito Civil contemporâneo. *Revista do Ministério Público do Rio de Janeiro*, n. 54, p. 151, out.-dez. 2014.
245. PERLINGIERI, Pietro. *Perfis do Direito Civil*: introdução ao Direito Civil Constitucional. Trad. Maria Cristina De Cicco. 3. ed., rev. e ampl. Rio de Janeiro: Renovar, 2002, p. 226.

e 186 da Constituição Federal de 1988. Nesse sentido é a orientação de Gustavo Tepedino:

> Com efeito, o art. 186 da Lei Maior vincula o cumprimento da função social da propriedade ao atendimento de interesses extraproprietários, relacionados ao meio ambiente equilibrado, às relações de trabalho, entre outros. A mesma Constituição, por outro lado, assegura, em seu art. 5º, a função social da propriedade como princípio fundamental, condicionando a proteção do direito de propriedade ao cumprimento de sua função social, objeto de proteção autônoma, no mesmo patamar do interesse individual do proprietário. No art. 3º, inciso III, o constituinte inseriu entre os objetivos fundamentais da República a erradicação da pobreza, introduzindo no sistema o princípio da igualdade substancial, pelo qual o Estado se compromete a reduzir as desigualdades sociais e redistribuir a riqueza – impondo, portanto, ao lado da isonomia, o princípio da isonomia substancial; e ao lado do princípio da justiça retributiva, o princípio da justiça distributiva. Finalmente, a dignidade da pessoa humana está também incluída nos objetivos da República, pelo art. 1º. Tais dispositivos fazem com que a função social da propriedade tenha conteúdo constitucionalmente determinado, a guiar o intérprete nos conflitos de interesse.[246]

O estudo do direito de propriedade deve ser funcionalizado,[247] para que se possa analisar as situações que passaram a subsistir na atualidade, ou seja, que inexistiam por ocasião da promulgação da Constituição da República ou do Código Civil vigente desde 2002. É o que ocorre com os bens digitais, fruto das novas tecnologias, que acabam impactando a maneira de aquisição das riquezas. Observe-se, a esse respeito, "a construção de um verdadeiro patrimônio apenas com o conteúdo existente on-line. Canais do YouTube, perfis do Instagram e criptomoedas podem valer milhões de reais".[248]

O Superior Tribunal de Justiça tem reconhecido a necessidade de a propriedade cumprir sua função social para o atendimento de questões ambientais destinadas à tutela dos proprietários e dos não proprietários, assim como da presente e futuras gerações. Tal conclusão é extraída do julgamento do Recurso Especial 1.276.114/MG, no qual a Segunda Turma concluiu que a obrigatoriedade de instituir a área de reserva legal nas propriedades rurais consistia em limitação administrativa destinada à proteção do meio ambiente, que se estava

---

246. TEPEDINO, Gustavo. Premissas metodológicas para a constitucionalização do Direito Civil. *Revista de Direito do Estado*, ano 1, n. 2, p. 47-48, abr.-jun. 2006.
247. Rose Melo Venceslau Meireles afirma: "A função dos institutos, então, se volta para a Constituição da República cujos valores passam a ser justificadores do seu merecimento de tutela. Nesse contexto, a dignidade da pessoa humana, o valor dos valores, produz a funcionalização dos institutos de Direito Civil à promoção e ao desenvolvimento da personalidade. E isto vale tanto para as situações ditas patrimoniais, quanto para as não patrimoniais." (MEIRELES, Rose Melo Venceslau. *Autonomia privada e dignidade humana*. Rio de Janeiro: Renovar, 2009, p. 38).
248. VIANNA, Manoel Victor de Mello; EHRHARDT JR., Marcos. Entre o direito de propriedade e o de acesso: (re)pensando o pertencimento na contemporaneidade. In: EHRHARDT JR, Marcos. *Vulnerabilidade e novas tecnologias*. Indaiatuba, SP: Foco, 2023, p. 17.

em consonância com a função social da propriedade, autorizando a supressão aos direitos fundamentais do proprietário para o atendimento dos interesses da coletividade.[249]

O Supremo Tribunal Federal igualmente aplicou o princípio da função social da propriedade ao rejeitar ação interposta com o objetivo de se obter a declaração da inconstitucionalidade da Lei 12.006/2009, que introduziu dispositivo ao Código de Trânsito Brasileiro para determinar "a veiculação de mensagens educativas de trânsito em peças publicitárias de produtos da indústria automobilística (arts. 77-A e 77-E)".[250]

---

249. Processo civil. Ambiental. Incidente de uniformização de jurisprudência. Corte de origem. Regimento interno. Norma local. Descabimento. Imóvel rural. Registro de escritura de compra e venda. Exigência. Oficial do cartório de imóveis. Averbação da área de reserva legal. Superveniência da Lei 12.651/12. Persistência do dever de averbar. Exceção. Prévio registro no cadastro ambiental rural.
1. Reconhecido o descabimento da instauração do incidente de uniformização de jurisprudência a partir da análise das normas do Regimento Interno da Corte local, o exame da matéria pelo STJ atrai o óbice da Súmula 280/STF.
2. Ademais, está pacificado nesta Corte Superior o entendimento de que a instauração do incidente de uniformização de jurisprudência é medida compreendida no juízo de conveniência e oportunidade do órgão julgador, a partir das especificidades do caso concreto, daí por que não pode ser revisado no âmbito do recurso especial.
3. A existência da área de reserva legal no âmbito das propriedades rurais caracteriza-se como uma limitação administrativa necessária à tutela do meio ambiente para as presentes e futuras gerações e em harmonia com a função social da propriedade, o que legitima haver restrições aos direitos individuais em benefício dos interesses de toda a coletividade.
4. De acordo com a jurisprudência do STJ, a obrigação de demarcar, averbar e restaurar a área de reserva legal constitui-se uma obrigação *propter* rem, que se transfere automaticamente ao adquirente ou ao possuidor do imóvel rural. Esse dever jurídico independe da existência de floresta ou outras formas de vegetação nativa na gleba, cumprindo-lhes, caso necessário, a adoção das providências essenciais à restauração ou à recuperação das mesmas, a fim de readequar-se aos limites percentuais previstos na lei de regência.
5. Cumpre ao oficial do cartório de imóveis exigir a averbação da área de reserva legal quando do registro da escritura de compra e venda do imóvel rural, por se tratar de conduta em sintonia com todo o sistema de proteção ao meio ambiente. A peculiaridade é que, com a novel legislação, a averbação será dispensada caso a reserva legal já esteja registrada no Cadastro Ambiental Rural – CAR, consoante dispõe o art. 18, § 4º, da Lei 12.651/12.
6. Recurso especial conhecido em parte e, nessa parte, não provido. (BRASIL. Superior Tribunal de Justiça. Segunda Turma. Recurso Especial 1.276.114/MG. Relator Ministro Og Fernandes, julgado em 04/10/2016. Disponível em: www.stj.jus.br. Acesso em: 6 abr. 2023).
250. Ação direta de inconstitucionalidade. Código de Trânsito Brasileiro. Lei que determina a veiculação de mensagens educativas de trânsito em campanhas publicitárias de produtos da indústria automobilística (Lei 12.006/2009). Alegação de violação da livre iniciativa e da liberdade de expressão. Não configuração. Cooperação entre o Estado e a iniciativa privada para aperfeiçoamento da educação de todos no trânsito. Princípios da proteção ao consumidor e da função social da propriedade. Improcedência da ação direta.
1. A Lei 12.006/2009 acrescentou, no Código de Trânsito Brasileiro, dispositivos que determinavam a veiculação de mensagens educativas de trânsito em peças publicitárias de produtos da indústria automobilística (arts. 77-A e 77-E).
2. As normas não trazem qualquer restrição à plena liberdade de comunicação das empresas ou à livre iniciativa e não excluem, ademais, a responsabilidade do Estado em promover, por ato próprio,

De acordo com o acórdão, as normas impugnadas não acarretam restrição à liberdade de comunicação ou à livre iniciativa, assim como não se está afastando a obrigação estatal de promover a educação no trânsito. Na verdade, está-se diante "de cooperação da indústria automobilística, consectária da proteção ao consumidor e da função social da propriedade (princípios da ordem econômica), na divulgação de boas práticas de trânsito".[251]

Outrossim, a despeito do rompimento do modelo de individualismo proprietário com a instituição da função social, surge, na contemporaneidade, a compreensão de que determinados bens, por serem extremamente relacionados aos direitos fundamentais, obrigatoriamente devem ser acessíveis aos indivíduos, pouco importando serem ou não proprietários. Está-se, assim, diante do assunto relacionado aos bens comuns, que representam uma nova maneira de se entender a lógica da titularidade de bens.[252]

A fim de se elaborar o conceito de bem comum e, consequentemente, modificar o Código Civil italiano, foi criada na Itália a Comissão Rodotà, capitaneada pelo jurista Stefano Rodotà. Nela se concluiu que o bem comum "expressa utilidade funcional ao exercício dos direitos fundamentais e ao livre desenvolvimento da personalidade, que deve ser tutelado e garantido pelo ordenamento jurídico também em benefício das gerações futuras".[253-254]

---

publicações de mensagens educativas de trânsito. Trata-se, apenas, de cooperação da indústria automobilística, consectária da proteção ao consumidor e da função social da propriedade (princípios da ordem econômica), na divulgação de boas práticas de trânsito. 3. Improcedência da ação direta. (BRASIL. Supremo Tribunal Federal. Ação Direta de Inconstitucionalidade 4.613/DF. Relator Ministro Dias Toffoli, Pleno, julgado em 20/09/2018. Disponível em: www.stf.jus.br. Acesso em: 6 abr. 2023).

251. BRASIL. Supremo Tribunal Federal. Ação Direta de Inconstitucionalidade 4.613/DF. Relator Ministro Dias Toffoli, Pleno, julgado em 20/09/2018. Disponível em: www.stf.jus.br. Acesso em: 6 abr. 2023.
252. VIANNA, Manoel Victor de Mello; EHRHARDT JR., Marcos. Entre o direito de propriedade e o de acesso: (re)pensando o pertencimento na contemporaneidade. In: EHRHARDT JR, Marcos. *Vulnerabilidade e novas tecnologias*. Indaiatuba, SP: Foco, 2023, p. 11.
253. VIANNA, Manoel Victor de Mello; EHRHARDT JR., Marcos. Entre o direito de propriedade e o de acesso: (re)pensando o pertencimento na contemporaneidade. In: EHRHARDT JR, Marcos. *Vulnerabilidade e novas tecnologias*. Indaiatuba, SP: Foco, 2023, p. 18.
254. Eroulths Cortiano Junior e Rodrigo Luís Kanayama asseveram: A conceituação de bem comum não é tarefa fácil, sendo talvez mais oportuno utilizar algumas aproximações acerca deles. Numa espécie de vade mecum dos bens comuns, Bollier (2015, p. 187) os explica como (i) um sistema social para a gestão a longo prazo dos recursos que preservam os valores compartilhados e a identidade comum; (ii) um sistema de autogestão por intermédio do qual as comunidades administram os recursos inexauríveis e renováveis com mínima ou nenhuma interferência do mercado ou do Estado; (iii) as riquezas coletivas que herdamos ou criamos, e que devemos deixar a nossos filhos, melhoradas ou não, e compreendem os bens da natureza, a infraestrutura cívica, as obras culturais, as tradições e o conhecimento; e (iv) um setor da economia (e da vida) que gera valor muitas vezes tomado e colocado em perigo pela aliança Estado mercado." (CORTIANO JÚNIOR, Eroulths; KANAYAMA, Rodrigo Luís. Notas para um estudo sobre os bens comuns. *Constituição, Economia e Desenvolvimento: Revista da Academia Brasileira de Direito Constitucional*, v. 8, n. 15, p. 483, jul.-dez. 2016).

Gustavo Tepedino define os bens comuns como aqueles vitais, que devem ter a garantia de serem acessíveis a todos, independentemente de os indivíduos serem ou não seus proprietários. Logo, novamente se está diante da ruptura com o modelo de individualismo proprietário, que acaba por impedir a efetivação dos direitos fundamentais.[255]

Busca-se, assim, estabelecer e implementar expedientes institucionais para se garantir o acesso, detectando-se quais seriam efetivamente os bens imprescindíveis para o atingimento das demandas fundamentais dos indivíduos, que não poderiam ser de titularidade pública ou privada. Daí a ideia de acesso como um "instrumento que permite satisfazer o interesse ao uso do bem independentemente de sua apropriação. (...) os bens comuns criam condição institucional de indiferença em relação ao sujeito que é seu titular".[256]

Trata-se do acesso, portanto, de instrumento destinado à tutela dos excluídos, dos não proprietários, fundamentado na igualdade efetiva de oportunidades. Dele se extraem, por exemplo, novas espécies de direitos fundamentais, como o acesso à moradia, à água potável e ao mercado,[257] bem como saúde, justiça, consumo e trabalho.

Todavia, é importante ressaltar que o direito ao acesso está sujeito a determinados limites, não podendo ser efetivado arbitrariamente, eis que os não proprietários possuem direito ao acesso ao bem comum, incumbindo aos proprietários, por sua vez, não se opor. De todo modo, ainda deve ser mencionado o fato de que os não proprietários igualmente possuem o ônus de cuidar dos bens comuns,[258] os quais, como se sabe, não possuem a finalidade de extinguir o mercado. Evidentemente, verifica-se a tentativa de contenção de suas atividades, "colocando específicas restrições, seja ao exercício de privatização, seja ao da estatização dos bens e serviços de utilidade pública".[259]

---

255. TEPEDINO, Gustavo. Acesso aos direitos fundamentais, bens comuns e unidade sistemática do ordenamento. In: MATOS, Ana Carla Hamatiuk; TEIXEIRA, Ana Carolina Brochado; TEPEDINO, Gustavo (Coord.). Direito Civil, Constituição e unidade do sistema. *Anais do Congresso Internacional de Direito Civil Constitucional*. V Congresso do IBDCivil. Belo Horizonte: Forum, 2019, p. 19.
256. TEPEDINO, Gustavo. Acesso aos direitos fundamentais, bens comuns e unidade sistemática do ordenamento. In: MATOS, Ana Carla Hamatiuk; TEIXEIRA, Ana Carolina Brochado; TEPEDINO, Gustavo (Coord.). Direito Civil, Constituição e unidade do sistema. *Anais do Congresso Internacional de Direito Civil Constitucional*. V Congresso do IBDCivil. Belo Horizonte: Forum, 2019, p. 20.
257. LORENZETTI, Ricardo Luis. *Teoria da decisão judicial*: fundamentos de Direito. Trad. Bruno Miragem. Notas: Claudia Lima Marques. 2. ed., rev. e atual. São Paulo: Ed. RT, 2010, p. 230.
258. VIANNA, Manoel Victor de Mello; EHRHARDT JR., Marcos. Entre o direito de propriedade e o de acesso: (re)pensando o pertencimento na contemporaneidade. In: EHRHARDT JR, Marcos. *Vulnerabilidade e novas tecnologias*. Indaiatuba, SP: Foco, 2023, p. 21.
259. CORTIANO JÚNIOR, Eroulths; KANAYAMA, Rodrigo Luís. Notas para um estudo sobre os bens comuns. *Constituição, Economia e Desenvolvimento: Revista da Academia Brasileira de Direito Constitucional*, v. 8, n. 15, p. 490, jul.-dez. 2016.

Outrossim, deve-se atentar ao fato de que não se tem como assegurar o acesso a todos de todos os bens, na medida em que os bens subsistem em quantidade menor do que o número de pessoas. Assim, tem-se entendido que o direito de acesso está vinculado aos bens primários, os quais gozam de uma proteção mais acentuada tanto pelo Direito Público quanto pelo Direito Privado.[260]

O direito de acesso também incide na economia do compartilhamento, que igualmente consiste em um modelo de ruptura da lógica proprietária. Com o acesso, não se faz mais imprescindível a aquisição da propriedade. Basta ao usuário consumidor realizar a contratação por intermédio de uma plataforma digital e efetuar a quitação da contraprestação para que um motorista o leve para determinado local ou lhe seja permitido utilizar um imóvel por determinado período.[261]

Assim, ao proporcionar o acesso aos produtos e serviços pelos não proprietários, a economia colaborativa igualmente se torna um expediente hábil para a melhora das condições de vida, fazendo com que a sociedade atinja "outro nível de civilidade e de respeito ao que não é humano".[262]

Isso porque a economia tradicional "agrava os problemas sociais e ambientais da humanidade porque estimula a expansão da escassez, visando à concentração de poder social".[263]

Disso se extrai que o direito de acesso instituído pela economia compartilhada afeta a própria noção de propriedade do Estado Moderno, ante a possibilidade de utilização por diversas pessoas do mesmo produto e/ou serviço. Pode-se, portanto, afirmar que subsiste certa incompatibilidade entre os modelos fundamentados no individualismo proprietário e na economia compartilhada.

Everilda Brandão Guilhermino observa que a economia colaborativa consiste em um novo modelo econômico que altera o dia a dia das pessoas, a noção de riqueza e as relações obrigacionais. Os indivíduos passam a se preocupar com as experiências do acesso, em oposição à noção de propriedade do Estado Moderno, baseada na titularidade e na permuta de bens, a exemplo do que ocorre na compra e venda.[264]

---

260. LORENZETTI, Ricardo Luis. *Teoria da decisão judicial*: fundamentos de Direito. Trad. Bruno Miragem. Notas: Claudia Lima Marques. 2. ed., rev. e atual. São Paulo: Ed. RT, 2010, p. 248-249.
261. VIANNA, Manoel Victor de Mello; EHRHARDT JR., Marcos. Entre o direito de propriedade e o de acesso: (re)pensando o pertencimento na contemporaneidade. In: EHRHARDT JR, Marcos. *Vulnerabilidade e novas tecnologias*. Indaiatuba, SP: Foco, 2023, p. 23-24 e 26.
262. GUILHERMINO, Everilda Brandão. Bens difusos, a evolução do pertencimento. In: EHRHARDT JR, Marcos. *Vulnerabilidade e novas tecnologias*. Indaiatuba, SP: Foco, 2023, p. 45.
263. SILVA, Paulo Roberto da. *Economia, consciência e abundância*: de agentes econômicos de destruição a regeneradores da Teia da Vida. 2. ed. Rio de Janeiro: Bambual Editora, 2019, p. 65.
264. GUILHERMINO, Everilda Brandão. Bens difusos, a evolução do pertencimento. In: EHRHARDT JR, Marcos. *Vulnerabilidade e novas tecnologias*. Indaiatuba, SP: Foco, 2023, p. 44-45.

É o que se verifica, por exemplo, na recente alteração implementada pelos hotéis tradicionais, que passaram a abrir alas para o *short stay* em razão da expansão da atuação e da credibilidade proporcionada pelas plataformas digitais. Nesse modelo, tem-se a possibilidade de se contar com a funcionalidade do hotel e a utilização de um imóvel assemelhado à sua residência. Os hotéis tradicionais modificam seus quartos, com a inclusão de cozinhas e área de estar, mantendo os serviços que auxiliam sua utilização por determinado período, como check--in e *check-out* digital, mediante o pagamento de uma taxa fixa no momento da celebração do contrato. A *startup* Charlie, responsável pela conversão de três hotéis para o modelo *short stay* no Brasil, divulga que a taxa de ocupação passou a ser de 80% e a remuneração está 35% superior ao que estava sendo auferido no modelo originário.[265]

Outro exemplo representativo da incompatibilidade entre os modelos da economia tradicional firmada no Estado Moderno e da economia colaborativa pode ser constatada no próprio objeto da relação jurídica, compreendido por Francisco Amaral "como tudo o que se pode submeter ao poder dos sujeitos de direito, como instrumento de realização das finalidades jurídicas".[266]

Fabio Schwartz, ao apontar os elementos distintivos entre os modelos econômicos, acaba demonstrando não só a ruptura com o individualismo proprietário, como também a já mencionada incompatibilidade com a economia compartilhada.

> 1º) A Economia tradicional se organiza de forma piramidal. (...) Em outros termos, abrigada debaixo de um único teto para garantir um retorno sobre o investimento. A Economia Compartilhada é distributiva, organizada em escala lateral, a um custo marginal próximo de zero, onde os mercados dão lugar a redes continentais e globais e a propriedade cede lugar ao usufruto de bens.
>
> 2º) A economia tradicional promove Direitos de propriedade (...), ao passo que a Economia Compartilhada vista a inovação de fonte aberta, transparência e busca pela comunidade.
>
> 3º) A economia tradicional é baseada na expectativa única de lucro, ao passo que a compartilhada proclama o desejo de promover o bem-estar, ou seja, objetiva (ou pelo menos propala tal intento) que o maior número de pessoas possa ter acesso a bens de consumo.
>
> 4º) A economia tradicional está aportada na ideia de que a riqueza é criada acumulando bens, os quais devem ser vendidos aos poucos, avultando a necessidade de institutos como a patente ou os Direitos autorais, por exemplo. (...) De outra banda, a nova Economia do Compartilhamento explora, por muitas vezes, a capacidade excedente de tais bens, de

---

265. AREND, Rodrigo. Hotéis tradicionais abrem alas para o *short stay*. *Imobi Report*, 9 fev. 2023. Disponível em: https://imobireport.com.br/hoteis-tradicionais-abrem-alas-para-o-short-stay/. Acesso em: 16 abr. 2023.
266. AMARAL, Francisco. *Direito Civil*: introdução. 5. ed., rev., atual. e ampl. Rio de Janeiro: Renovar, 2003, p. 308.

maneira que estes possam ser usufruídos por mais pessoas, através de novas ferramentas tecnológicas que democratizem o acesso a eles no momento em que não estão sendo utilizados por seus proprietários.[267]

Enquanto o modelo caracterizado pelo individualismo proprietário se fundamenta na aquisição de bens e na lucratividade, a economia colaborativa se baseia no sistema produto-serviço, que se preocupa com a experiência e a função que determinado bem possui. É o que se constata pela matéria veiculada pela Federação das Indústrias do Estado do Paraná (Fiep), que noticia iniciativa adotada por uma fábrica de pneus, que instituiu o modelo de "assinatura de pneus (...). Imagine se livrar do dever de comprar e trocar pneus e deixar isso gerenciado pela própria dona do pneu, isto é, a fabricante".[268]

Outro indicativo na matéria da Fiep da incompatibilidade entre os modelos do individualismo proprietário e da economia compartilhada reside na possibilidade das empresas, ao invés de insistirem na venda, compartilharem a

> aquisição de tecnologias, *know-how* e o uso de máquinas. A vantagem do uso compartilhado de máquinas e equipamentos de alto valor é que, quando este atinge sua obsolescência, a empresa que utilizou poucas horas frente à empresa que o utilizou muitas horas, também usufruirá de um novo bem.[269]

Daí a conclusão de que a economia colaborativa é totalmente incompatível com o estabelecido no Estado Moderno, fundamentado no individualismo proprietário, já que assegura o direito de acesso, assim como da dignidade da pessoa humana, contribuindo para seu desenvolvimento e melhora das condições de cidadania dos usuários consumidores.

---

267. SCHWARTZ, Fábio. *A economia compartilhada e o novo conceito de fornecedor fiduciário nas relações de consumo*. Rio de Janeiro: Processo, 2020, p. 71-74.
268. TURETTA, André Luiz. A economia compartilhada como fator de competitividade para a indústria do futuro. *Agência Sistema Fiep*, Curitiba, 15 maio 2016. Disponível em: https://agenciafiep.com.br/2016/05/15/a-economia-compartilhada-como-fator-de-competitividade-para-a-industria-do-futuro/. Acesso em: 16 abr. 2023.
269. TURETTA, André Luiz. A economia compartilhada como fator de competitividade para a indústria do futuro. *Agência Sistema Fiep*, Curitiba, 15 maio 2016. Disponível em: https://agenciafiep.com.br/2016/05/15/a-economia-compartilhada-como-fator-de-competitividade-para-a-industria-do-futuro/. Acesso em: 16 abr. 2023.

3
RELAÇÃO CONTRATUAL COLABORATIVA: DISRUPÇÃO E SEUS EFEITOS JURÍDICOS

3.1 CONTRATOS COLIGADOS E A NATUREZA JURÍDICA DA RELAÇÃO CONTRATUAL COLABORATIVA: CONTRATO ÚNICO OU PLURALIDADE DE CONTRATOS

O desenvolvimento da sociedade sempre esteve relacionado aos contratos. A partir deles é que são realizadas as operações econômicas destinadas à circulação de riquezas e ao atendimento dos interesses existenciais dos indivíduos.

No Estado Moderno, os contratos, em regra, não se submetiam à ação estatal e eram dotados de força obrigatória, vinculando os contratantes. Por se preocupar apenas com a satisfação dos interesses individuais, pode-se afirmar que os contratos eram vistos como uma atividade comercial intangível, na qual a lei era utilizada como meio essencial para assegurar sua viabilização.[1]

O advento do Estado Social de Direito resultou no reconhecimento da necessidade de intervenção estatal nos contratos para assegurar justiça social e igualdade material entre seus participantes.

É o que se verificou, inclusive, na Constituição Federal de 1988, que estabelece os objetivos fundamentais da República de serem reduzidas as desigualdades sociais e regionais,[2,3] bem como a finalidade de ser construída uma sociedade livre, justa e solidária, buscando-se o desenvolvimento nacional.[4]

---

1. EFING, Antonio Carlos. *Fundamentos do direito das relações de consumo*. 3. ed. Curitiba, PR: Juruá, 2011, p. 241.
2. Art. 3º Constituem objetivos fundamentais da República Federativa do Brasil: (...)
   III – erradicar a pobreza e a marginalização e reduzir as desigualdades sociais e regionais; (...).
3. Art. 170. A ordem econômica, fundada na valorização do trabalho humano e na livre iniciativa, tem por fim assegurar a todos existência digna, conforme os ditames da justiça social, observados os seguintes princípios: (...)
   VII – redução das desigualdades regionais e sociais;
4. Art. 3º Constituem objetivos fundamentais da República Federativa do Brasil:
   I – construir uma sociedade livre, justa e solidária;
   II – garantir o desenvolvimento nacional; (...).

Foi nesse contexto que se efetivou uma alteração social decorrente da complexidade das relações jurídicas no século XX, caracterizada pela redução dos efeitos dos princípios contratuais clássicos, ante a necessidade de se analisar a questão sob o enfoque social. Ou seja, por ser o contrato um relevante instrumento de circulação de riquezas, tornou-se imprescindível estudá-lo sob o enfoque da coletividade.[5-6]

Nesse cenário, com os avanços da tecnologia, exsurge a economia colaborativa, com a celebração dos inúmeros contratos para sua caracterização.

Aurélien Fortunato, a esse respeito, relata que os contratos firmados na economia do compartilhamento são constituídos por três participantes, quais sejam, o fornecedor de produtos e/ou serviços, o consumidor e a plataforma digital. Os negócios jurídicos celebrados para a efetivação dessa relação consistem nos termos e nas condições gerais, contrato representativo da operação, seguro e forma de adimplemento do valor. Assim, passa a se questionar se se está diante de um único contrato, formado por inúmeros expedientes que interligam os indivíduos, ou se se trata de vários contratos formadores da relação jurídica e interdependentes entre si. Tal dúvida permite concluir que se está diante de um verdadeiro mistério contratual sobre a efetiva natureza jurídica desses vínculos jurídicos.[7]

Na primeira hipótese, de um contrato único, verifica-se a presença de diversos instrumentos que não foram finalizados ao mesmo tempo, de modo que a operação jurídica constituída seja caracterizada por um único contrato. Tem-se, assim, três expedientes contratuais. Um liga o fornecedor à plataforma; outro vincula o cliente à plataforma; o terceiro institui a relação do cliente com o fornecedor. Nas condições gerais, verifica-se a existência de determinadas obrigações que repercutem imediatamente, como a cessão de dados pessoais e dos direitos de propriedade intelectual, a necessidade de serem observados os parâmetros estipulados pela plataforma, assim como as maneiras previstas para

---

5. GOMES, Rogério Zuel. A nova ordem contratual: pós-modernidade, contratos de adesão, condições gerais de contratação, contratos relacionais e redes contratuais. *Jurisprudência Catarinense*, Florianópolis, v. 32, n. 111/112, abr.-set. 2006.
6. Guilherme Magalhães Martins e João Victor Rozatti Longhi asseveram: "O contrato como instrumento puro da vontade do sujeito de direitos vai dando lugar a um veículo de satisfação dos interesses jurídicos dos contratantes, que constituem uma relação jurídica dinâmica em que não só o credor tem direitos e o devedor deveres. O ordenamento jurídico se debruça sobre o contrato não como a lei das partes, mas uma regra jurídica passível de ser respeitada pelos cidadãos, uma vez preservados seus direitos fundamentais". (MARTINS, Guilherme Magalhães; LONGHI, João Victor Rozatti. Contratos conexos de consumo na internet: fornecedores de intermediação e sites de compras coletivas. *Revista de Direito do Consumidor*, v. 85, 2013, jan.-fev. 2017, DTR\2013\482).
7. FORTUNATO, Aurélien. La relation contractuelle collaborative. *RTDCom: Revue Trimestrielle de droit commercial et de droit économique*, p. 22, janvier-mars 2019.

a resolução de questionamentos que eventualmente possam subsistir. A anuência com as condições gerais representa um contrato formado pelo sítio, que não é extinto, na medida em que incide a cada contratação.[8]

Na segunda hipótese, estar-se-á diante de uma operação jurídica formada por três contratos, que, a despeito de não formarem um único expediente contratual, criam um grupo de contratos, que elimina o mistério contratual acerca da natureza jurídica desses vínculos. O negócio jurídico pactuado pelo consumidor na plataforma digital, denota a existência de uma operação coletiva, que depende da presença de diversos contratos interligados, estabelecendo uma relação de necessidade e insuficiência para a efetivação do objeto contratual. A doutrina acaba reafirmando a noção de que esses contratos seriam interdependentes, assim como a ideia de uma causa comum ou economia geral, que, por sua vez, renova a causa. Esse é um critério permanente para descrever o conjunto contratual e as relações de interdependência entre os instrumentos contratuais.[9]

Os contratos acessórios também produzem efeitos no âmbito da economia do compartilhamento, a despeito de não serem imprescindíveis para o negócio. Trata-se, por exemplo, dos contratos de seguro, forma de pagamento das obrigações, dentre outros. Podem ser descritos como de dependência unilateral, nas hipóteses em que a operação é um caminho necessário para a concretização dos contratos, ou como complementares, quando sua causa for dependente no contrato principal.[10]

Evidencia-se, assim, que se está diante de diversos contratos, que se encontram interligados para a realização de um objetivo comum, do qual a plataforma realiza um papel relevante, por estar em contato com os usuários consumidor e fornecedor, disciplinando e trazendo confiança a relação.

Nesse sentido, embora se esteja diante da análise de contratos firmados com a plataforma Airbnb, tais conclusões acabam se aplicando às relações jurídicas firmadas no âmbito da economia colaborativa, por meio das plataformas digitais, de modo a que se possa falar que os contratos nela firmados consistem em contratos coligados ou conexos. Isso decorre do entendimento de que a relação a que se sujeitam os usuários encontra-se sob égide de inúmeros contratos, firmados, a princípio, por três envolvidos: a plataforma digital, os membros anfitrião e hóspe-

---

8. FORTUNATO, Aurélien. La relation contractuelle collaborative. *RTDCom: Revue Trimestrielle de droit commercial et de droit économique*, p. 22-23, janvier-mars 2019.
9. FORTUNATO, Aurélien. La relation contractuelle collaborative. *RTDCom: Revue Trimestrielle de droit commercial et de droit économique*, p. 24, janvier-mars 2019.
10. FORTUNATO, Aurélien. La relation contractuelle collaborative. *RTDCom: Revue Trimestrielle de droit commercial et de droit économique*, p. 25, janvier-mars 2019.

de, e diversas prestações e atribuições em comum. Tais expedientes encontram-se interligados, de modo a que se possa qualificá-los como contratos coligados.[11-12]

A diversidade de contratos começa no aplicativo, que acaba viabilizando a união *Peer to Peer*. Seu uso em regra não é oneroso, sendo certo que o aplicativo

> terá um autor dos códigos, mas que será negociado por outro fornecedor/intermediário e, assim, será necessária uma quarta loja para encontrar seus milhões de consumidores (...) que é a verdadeira guardiã dos aplicativos ali vendidos sob o manto de sua marca e de seus códigos base.[13]

Com efeito, aludida espécie contratual, presente na economia colaborativa, é decorrência da "crescente especialização das atividades e da capacidade dos indivíduos de adaptar os modelos contratuais existentes, atualizando-os de acordo com suas necessidades".[14-15]

---

11. PEREIRA, Fabio Queiroz; REZENDE, Giuliana Alves Ferreira de. Regime jurídico dos contratos relacionados à plataforma Airbnb: plataforma e os usuários. Arquivo Jurídico. *Revista Jurídica da Universidade Federal do Piauí*, v. 7, n. 2, p. 39, jul.-dez. 2020.
12. Marcelo Araújo Carvalho Junior, ao explicar a razão pela qual os contratos de multipropriedade consistem numa coligação contratual, adverte: "Ora, diante da complexidade das relações jurídicas que tem por objeto a multipropriedade imobiliária, tem-se que, nem mesmo com a edição da Lei 13.777/2018, foi possível exaurir todas as possibilidades de manifestação dos efeitos contratuais decorrentes do sistema contratual no qual a multipropriedade figura como conteúdo essencial. Isso porque, além da possibilidade de usufruir do próprio imóvel, existe uma série de contratos coligados que, no caso específico da multipropriedade hoteleira, permitem a utilização dos demais serviços correlatos ao segmento do turismo, denominados por muito de segunda propriedade. Observe-se nesse sentido que no ramo hoteleiro, com vistas a alcançar a finalidade econômica pretendida, a multipropriedade demanda a consecução de contratos conexos, de natureza acessória. É inevitável, portanto, considerar multipropriedade como um adequado exemplo da coligação contratual". (CARVALHO JÚNIOR, Marcelo Araújo. *Multipropriedade imobiliária e coligação contratual*. Dissertação (Mestrado). 117 p. Universidade Federal de Pernambuco. Centro de Ciências Jurídicas. Programa de Pós-graduação em Direito. Recife, 2019, p. 94-95).
13. MARQUES, Claudia Lima. A nova noção de fornecedor no consumo compartilhado: um estudo sobre as correlações do pluralismo contratual e o acesso ao consumo. *Revista de Direito do Consumidor*, v. 111, ano 26, p. 258, maio-jun. 2017.
14. CASCAES, Amanda Celli. A interpretação dos contratos coligados. *Revista Jurídica Luso-brasileira*, v. 3, p. 103, 2018.
15. Claudia Lima Marques adverte: "Para a conexidade das relações a explicação é simples: na sociedade moderna por vezes as relações contratuais são tão conexas, essenciais, interdependentes e complexas que é impossível distingui-las, realizar uma sem a outra, deixar de realizá-las ou separá-las. E assim, se uma das atividades (ou fins) é de consumo acaba por 'contaminar', por determinar a natureza acessória de consumo da relação ou do contrato comercial. Um bom exemplo, foi a telefonia a algum tempo atrás, em que para adquirir uma linha telefônica tinha o consumidor de comprar ações conexas. O consumidor/usuário de serviços telefônicos transformava-se em acionista da empresa pública, mas era em verdade (e finalisticamente) destinatário final dos serviços da empresa. Era esta a sua causa inicial e final (o que lhe movia e o que aspirava alcançar no final), era este uso do telefone que ele queria atingir, sendo a titularidade das ações conexas apenas uma imposição legal da época. Há que se dar destaque a esta conexidade de consumo, pois é esta determinante da interpretação (do regime e dos efeitos) que se dará aos contratos e relações acessórias (talvez não de consumo *stricto sensu*). (...) A conexidade é, pois, o fenômeno operacional econômico de multiplicidade de vínculos, contratos, pessoas e operações para atingir um fim econômico unitário e nasce da especialização das tarefas produtivas, da formação

Os contratos coligados, portanto, são expedientes direcionados ao desenvolvimento da economia. Constituídos por intermédio de uma gama de negócios, acabam por diminuir as despesas e os riscos das relações, além de incrementar produtos e serviços mediante a especialização, melhorando a lucratividade e as necessidades de seus participantes.[16-17]

Os contratos coligados podem ser definidos, em sentido amplo, como "uma ligação, um vínculo entre relações jurídicas contratuais diferentes que conformam uma operação econômica unificada".[18]

A coligação contratual pode se dar por força de lei, a exemplo do que ocorre nos contratos que se relacionam para que seja possível a prestação dos serviços de telefonia no Brasil.[19] Outra hipótese de coligação contratual compulsória se verifica na Lei 14.181, de 1º de julho de 2021, que alterou o Código de Defesa do Consumidor e o Estatuto do Idoso para disciplinar o crédito e dispor sobre a prevenção e o tratamento do superendividamento.[20]

É o que se constata no disposto no art. 54-F do Código de Defesa do Consumidor, introduzido pela Lei 14.181, de 1º de julho de 2021, que estabelece serem

> conexos ou coligados ou interdependentes os contratos de fornecimento do produto ou serviço e os de crédito ou financiamento, com evidente intuito de torná-los interdependentes, inclusive em relação ao direito ao arrependimento, que, exercido em relação a um contrato, implica a resolução de pleno direito do outro conexo. A lei também prevê que, se houver inexecução de deveres e obrigações pelo fornecedor do produto ou serviço, o contratante consumidor poderá requerer resolução do contrato não cumprido também contra o fornecedor do crédito.[21]

---

redes de fornecedores no mercado e, eventualmente, da vontade das partes". (MARQUES, Claudia Lima. Proposta de uma teoria geral dos serviços com base no Código de Defesa do Consumidor. A evolução das obrigações envolvendo serviços remunerados direta ou indiretamente. *Revista de Direito do Consumidor*, v. 33, jan.-mar. 2000, DTR\2000\721).

16. LEONARDO, Rodrigo Xavier. Os contratos coligados. In: BRANDELLI, Leonardo. *Estudos em homenagem à Professora Véra Maria Jacob de Fradera*. Porto Alegre: Lejus, 2013.
17. Ceres Linck dos Santos e Matheus Linck Bassani sustentam que "A atividade ou o modelo econômico procura aperfeiçoar seus processos produtivos, com o objetivo de tornar o seu produto competitivo, qualitativa e quantitativamente. Nesse sentido, Manuel Castells afirma que: 'As redes são e serão os componentes fundamentais das organizações. E são capazes de formar-se e expandir-se por todas as avenidas e becos da economia global porque contam com o poder da informação propiciado pelo novo paradigma tecnológico'". (SANTOS, Ceres Linck; BASSANI, Matheus Linck. Tratamento jurídico de negócios jurídicos inválidos, ineficazes e descumpridos por empresas coligadas. *Revista de Direito Recuperacional e Empresa*, v. 9, 2018, jul.-set. 2018, DTR\2018\19786).
18. BERGSTEIN, Laís. Conexidade contratual, redes de contratos e contratos coligados. *Revista de Direito do Consumidor*, v. 109, 2017, jan.-fev. 2017, DTR\2017\229.
19. YAMASHITA, Hugo Tubone. *Cooperação empresarial*: contratos híbridos e redes empresariais. Coleção IDip. Portugal: Almedina, 2022, p. 108.
20. LÔBO, Paulo Luiz Neto. *Direito Civil*: contratos. São Paulo: Saraiva, 2022, v. 3, p. 107.
21. LÔBO, Paulo Luiz Neto. *Direito Civil*: contratos. São Paulo: Saraiva, 2022, v. 3, p. 107.

Também pode acontecer de forma natural, decorrente do caráter acessório dos contratos, como se verifica nos contratos de locação e de fiança. Por fim, os contratos coligados podem resultar da vontade das partes, que, de modo explícito ou implícito, convencionam disposições contratuais que integram uma "operação econômica supracontratual".[22]

Dentre as suas características mais relevantes, a exemplo do apontado por Aurélien Fortunato ao tratar da operação jurídica a três contratos que acabam instituindo um grupo contratual, tem-se inicialmente a presença de uma pluralidade de contratos. Tem-se ainda a conexidade, compreendida como a ligação entre os contratantes e as partes que o integram. Ou seja, trata-se da existência de um vínculo entre os instrumentos contratuais, que forma um elo de caráter jurídico e econômico, especialmente porque a conexidade está fortemente relacionada com a finalidade econômica de diversos contratos.[23]

Outra característica relaciona-se com a autonomia dos contratos que constitui a coligação contratual.[24] Ou seja, como inexiste uma causa jurídica inicial, subsistem "relações jurídicas interdependentes que não constituem em um vínculo estreito, asfixiante. Os vínculos permanecem individuais, mas por efeito da conexidade, se unificam, havendo um interesse supracontratual".[25]   Mário Júlio de Almeida Costa adverte que, embora os contratos coligados mantenham seu caráter individual, eles acabam se vinculando por um nexo funcional que produz efeitos sobre sua forma de funcionamento.[26-27]

A doutrina ainda traz como característica relevante da coligação contratual o fato de que os contratos analisados isoladamente não possuem e sequer podem possuir todos os elementos obrigacionais e jurídicos imprescindíveis para a efetivação do negócio econômico pretendido pelos envolvidos. Por fim, os contratos que integram a coligação não necessitam ser celebrados ao mesmo

---

22. YAMASHITA, Hugo Tubone. *Cooperação empresarial*: contratos híbridos e redes empresariais. Colegção IDip. Portugal: Almedina, 2022, p. 108-109.
23. FERNANDES, Marcelo Cama Proença Fernandes. *Série IDP* – Contratos: eficácia e relatividade nas coligações contratuais. São Paulo: Saraiva, 2014, p. 81-82.
24. FERNANDES, Marcelo Cama Proença Fernandes. *Série IDP* – Contratos: eficácia e relatividade nas coligações contratuais. São Paulo: Saraiva, 2014, p. 83.
25. BERGSTEIN, Laís. Conexidade contratual, redes de contratos e contratos coligados. *Revista de Direito do Consumidor*, v. 109, 2017, jan.-fev. 2017, DTR\2017\229.
26. COSTA, Mário Júlio de Almeida. *Direitos das obrigações*. 12. ed., rev. e act. 2. reimp. Coimbra, Portugal: Almedina, 2013, p. 378.
27. Ricardo Luiz Lorenzetti preconiza: "a conexidade mantém unidos os contratos, mas eles conservam sua autonomia. O importante no direito é estabelecer que a conexidade solidifica, e é a base para o estabelecimento de obrigações concretas, entre os integrantes do sistema e terceiros." (LORENZETTI, Ricardo Luis. *Teoria da decisão judicial*: fundamentos de Direito. Trad. Bruno Miragem. Notas: Claudia Lima Marques. 2. ed., rev. e atual. São Paulo: Ed. RT, 2010, p. 294).

tempo, bastando a contemporaneidade. É o que acontece nas relações consumeristas, nas quais os bens chegam ao consumidor após passarem por uma cadeia de fornecedores.[28]

Laís Bergstein apresenta, com fundamento nos ensinamentos de Ricardo Luis Lorenzetti, que utiliza a denominação cadeias e redes contratuais, e de Carlos Nelson Konder, a diferença entre cadeias contratuais e contratos conexos. Na primeira, denominada cadeia, a conexidade acontece linearmente, a partir "de uma sucessão de contratos (cita-se o caso, por exemplo, da cadeia de bens formada por uma sucessão de contratos de compra e venda, na qual o credor de um é o devedor de outro)".[29] Já nos contratos conexos, cuja organização pode acontecer em uma disposição em três ângulos ou, ainda, "circular, como no caso do crédito ao consumidor e do *leasing* financeiro (nesse último, a financiadora adquire o bem e o loca para o usuário, que terá uma opção de compra ao final do prazo contratual).[30-31]

Tais elementos encontram-se, inclusive, presentes na conceituação dos contratos coligados prevista no art. 1.073 do *Código Civil y Comercial de La Nácion Argentina*:

---

28. FERNANDES, Marcelo Cama Proença Fernandes. *Série IDP – Contratos*: eficácia e relatividade nas coligações contratuais. São Paulo: Saraiva, 2014, p. 84.
29. BERGSTEIN, Laís. Conexidade contratual, redes de contratos e contratos coligados. *Revista de Direito do Consumidor*, v. 109, 2017, jan.-fev. 2017, DTR\2017\229.
30. BERGSTEIN, Laís. Conexidade contratual, redes de contratos e contratos coligados. *Revista de Direito do Consumidor*, v. 109, 2017, jan.-fev. 2017, DTR\2017\229.
31. Claudia Lima Marques afirma: "Na doutrina, distinguem-se três tipos de contratos conexos de acordo com as suas características básicas de possuírem fim unitário (elemento objetivo), de se existe uma eventual vontade de conexão ou união (elemento subjetivo) ou se a conexão foi determinada por lei (compra e venda com financiamento do art. 52 do CDC), quais sejam: 1. *Grupos de contratos*, contratos vários que incidem de forma paralela e cooperativa para a realização do mesmo fim. Cada contrato (por exemplo, contratos com um banco múltiplo popular e um consumidor com conta corrente) tem um objetivo diferente (cartão de extratos, crédito imediato limitado ao cheque especial, depósito bancário simples) mas concorrem para um mesmo objetivo (conta corrente especial do consumidor) e somente unidos podem prestar adequadamente. 2. *Rede de contratos*, em que cada contrato tem sucessivamente a mesma coisa, o mesmo serviço, o mesmo objeto da prestação. É a estrutura contratual mais usada pelos fornecedores ao organizar a suas cadeias de prestação ao consumidor com fornecedores diretos e indiretos, como no caso do seguro-saúde, também usada nas colaborações entre fornecedores para a produção (e terceirizações) e distribuição no mercado. 3. *Contratos conexos stricto sensu*, são aqueles contratos autônomos que por visarem a realização de um negócio único (nexo funcional), celebram-se entre as mesmas partes ou entre partes diferentes e vinculam-se por esta finalidade econômica supracontratual comum, identificável seja na causa, no consentimento, no objeto ou nas bases do negócio. Assim, se a finalidade supracontratual comum é de consumo, todos os contratos são de consumo por conexidade ou acessoriedade". (MARQUES, Claudia Lima. Proposta de uma teoria geral dos serviços com base no Código de Defesa do Consumidor. A evolução das obrigações envolvendo serviços remunerados direta ou indiretamente. *Revista de Direito do Consumidor*, v. 33, jan.-mar. 2000, DTR\2000\721).

Art. 1.073. Definición. Hay conexidad cuando dos o más contratos autónomos se hallan vinculados entre sí por una finalidad económica común previamente establecida, de modo que uno de ellos ha sido determinante del otro para el logro del resultado perseguido. Esta finalidad puede ser establecida por la ley, expresamente pactada, o derivada de la interpretación, conforme con lo que se dispone en el artículo 1.074.[32]

No tocante às obrigações entre os integrantes do contrato coligado, subsiste um dever de colaboração entre eles, a fim de que os contratos atinjam suas finalidades essenciais. Cada parte delimita os riscos assumidos, assim como tem ciência da forma de administração e suas características. Todavia, "querem ter um vínculo para que ele produza um excedente cooperativo: haverá melhores resultados se há cooperação. Também desejam preservar a flexibilidade, aprofundar ou deixar a relação quando entenderem adequado".[33]

Disso se extrai que os contratos coligados acabam por mitigar a aplicabilidade do princípio da relatividade dos efeitos dos contratos, a fim de que sua identificação resulte na incidência de algum efeito presente em um dos contratos no outro, dentre as quais se destacam sua nulificação, anulação, resolução ou rescisão, bem como nas situações em que se verifica a ampliação da responsabilidade contratual a todos os participantes dos contratos conexos. Em síntese, busca-se a manutenção do objetivo econômico supracontratual.[34]

O Superior Tribunal de Justiça[35] e o Tribunal de Justiça de São Paulo[36] têm adotado a orientação de que o inadimplemento contratual de um dos integrantes

---

32. LORENZETTI, Ricardo Luis. *Fundamentos de Derecho Privado*: Código Civil y Comercial de la Nación Argentina. Ciudad Autónoma de Buenos Aires: La Ley, 2016, p. 255.
33. LORENZETTI, Ricardo Luis. *Teoria da decisão judicial*: fundamentos de Direito. Trad. Bruno Miragem. Notas: Claudia Lima Marques. 2. ed., rev. e atual. São Paulo: Ed. RT, 2010, p. 293.
34. BERGSTEIN, Laís. Conexidade contratual, redes de contratos e contratos coligados. *Revista de Direito do Consumidor*, v. 109, 2017, jan.-fev. 2017, DTR\2017\229.
35. Agravo interno. Recurso interposto sob a égide do novo código de processo civil. Agravo em recurso especial. Ação de rescisão de contratos. Compra e venda. Mútuo bancário garantido com alienação fiduciária. Possibilidade. Revendedora de automóveis e instituição financeira. Atuação conjunta em parceria comercial.
1. Constatada a atuação da revendedora de automóveis em parceria com a instituição financeira, é possível o reconhecimento da responsabilidade solidária com a consequente rescisão dos contratos de financiamento e de compra e venda.
2. Há distinção entre as instituições financeiras que atuam como "banco de varejo" e os "bancos de montadoras", que apenas concedem financiamento ao consumidor para aquisição de um veículo novo ou usado sem vinculação direta com o fabricante (REsp 1.379.839).
3. Agravo interno desprovido. (BRASIL. Superior Tribunal de Justiça. Terceira Turma. Agravo interno no agravo em Recurso Especial 868.170/SP. Relator Ministro João Otávio de Noronha, julgado em 23.08.2016. Disponível em: www.stj.jus.br. Acesso em: 6 abr. 2023).
36. rescisão de contrato, devolução de quantias pagas, perdas e danos, indenização por danos morais e multa – Compromisso de compra e venda de imóvel com financiamento conexo – Mora da construtora – Procedência – Insurgência das partes. (...) Banco credor hipotecário que participou do compromisso de compra e venda cuja rescisão atinge o contrato de financiamento a ele vinculado – Contratos

pode vincular a todos, fazendo com que o contratante, em regra, o consumidor, não seja obrigado a cumprir sua obrigação.

Nesse contexto, as empresas integrantes de um contrato coligado devem analisar os efeitos desse inadimplemento, já que se trata de expediente contratual de significativa relevância para o desenvolvimento da sociedade, quer pelos negócios realizados, quer pelos empregos e receitas daí advindas.

Tal consideração não poderá ser feita apenas com base nos princípios contratuais vigentes na modernidade. Também devem ser adotados os princípios da solidariedade,[37] da boa-fé objetiva[38] e da função social dos contratos.[39]

A fim de se demonstrar a forma com que os contratos coligados ou conexos se apresentam nas relações contratuais colaborativas, analisar-se-á exemplificativamente os contratos da plataforma Airbnb.

A atuação da plataforma digital consiste na instituição dos parâmetros para a criação do perfil dos usuários consumidor e fornecedor, denominados, respectivamente, membro-hóspede e membro-anfitrião. Também disciplina a produção dos pontos a serem inseridos e a forma de sua gestão, assim como de sua remuneração e das regras proibitivas, com as respectivas sanções. Aos membros compete realizar a divulgação, a remessa, a recepção e o depósito dos conteúdos, sobre os quais assumem inteira responsabilidade e são passíveis de retirada, alteração e divulgação pelo guardião do acesso.[40]

---

coligados – Responsabilidade solidária do banco pela restituição das quantias pagas para aquisição de imóvel em empreendimento que não se realizou – Participação no negócio na qualidade de agente financiador da obra, com responsabilidade de fiscalização, além de conceder o crédito à adquirente – (...) Multa devida pelo banco também – Indenização por danos morais pelo apontamento indevido do nome da autora no rol de maus pagadores e pelo atraso na entrega da obra devida – Responsabilidade solidária [...]". (BRASIL. Tribunal de Justiça de São Paulo. Sétima Câmara de Direito Privado. Apelação 1040227-96.2016.8.26.0602. Relator Miguel Brandi, julgado em 19.12.2018. Disponível em: www.tjsp.jus.br. Acesso em: 6 abr. 2023).

37. Paulo Nalin assevera: "a conduta de solidariedade entre sujeitos de direito, aqui particularizando a figura dos sujeitos contratantes, à atenção que deve ser dispensada, tanto na formação, quando na definição do negócio jurídico, no senso de ser imperiosa a colaboração entre eles (...)". (NALIN, Paulo. *Do contrato*: conceito pós-moderno em busca de sua formulação na perspectiva civil-constitucional. 2. ed. Curitiba: Juruá, 2008, p. 173-174).

38. Art. 422. Os contratantes são obrigados a guardar, assim na conclusão do contrato, como em sua execução, os princípios de probidade e boa-fé.

39. Art. 421. A liberdade contratual será exercida nos limites da função social do contrato.
Parágrafo único. Nas relações contratuais privadas, prevalecerão o princípio da intervenção mínima e a excepcionalidade da revisão contratual.

40. PEREIRA, Fabio Queiroz; REZENDE, Giuliana Alves Ferreira de. Regime jurídico dos contratos relacionados à plataforma Airbnb: plataforma e os usuários. Arquivo Jurídico. *Revista Jurídica da Universidade Federal do Piauí*, v. 7, n. 2, p. 36, jul.-dez. 2020.

A plataforma digital pode ser remunerada mediante o recebimento de taxa a ser paga pelos membros-hóspede e anfitrião ou apenas desse último, a quem competirá a escolha de como serão quitadas tais obrigações. O pagamento das taxas devidas para a Airbnb é feito por meio da Airbnb Payments, que não poderá ser restituído, exceto quando a plataforma dispuser em sentido contrário. Ainda incumbirá ao guardião do acesso efetuar a fiscalização do acesso e da forma de utilização da plataforma, impondo as respectivas penalidades, com a devida notificação aos membros.[41]

Nesse contexto, pode-se afirmar, pelas atividades desenvolvidas, que a plataforma digital não atua como mera intermediária da relação. Trata-se, na verdade, de um *gatekeeper* ou guardião do acesso, responsável pela organização e conquista dos membros, assim como em fortalecer, trazer confiança e licitude à atividade desenvolvida.[42]

O guardião do acesso desenvolve inúmeras funções em diversos tipos de negociações, dentre as quais se destacam as quitações realizadas nas aquisições feitas virtualmente, como acontece no sistema PayPal,[43] "intermediação para contratação de veículos executivos, ou corridas compartilhadas (Uber); entrega de alimentos (iFood), aluguel de temporada (Airbnb)",[44] dentre outros.

O contrato envolvendo o membro-hóspede e a Airbnb consiste em uma prestação de serviços, na qual o *gatekeeper* tem a função de assegurar o funcionamento do sistema e intermediar a relação que está sendo firmada entre os membros. Essa atividade encontra-se amparada pelo Código de Defesa do Consumidor, na medida em que o membro-hóspede, que pode ser pessoa física

---

41. PEREIRA, Fabio Queiroz; REZENDE, Giuliana Alves Ferreira de. Regime jurídico dos contratos relacionados à plataforma Airbnb: plataforma e os usuários. Arquivo Jurídico. *Revista Jurídica da Universidade Federal do Piauí*, v. 7, n. 2, p. 36-37, jul.-dez. 2020.
42. SOUZA, José Fernando Vidal de; PAES, Marcela Papa. O consumo compartilhado: releitura dos sujeitos da cadeia de consumo. *Revista de Direito, Globalização e Responsabilidade nas Relações de Consumo*. Encontro virtual, v. 8, n. 1, p. 27, jan.-jul. 2022.
43. O site PayPal afirma trata-se de instituição de pagamento responsável pela emissão de moeda eletrônica. Possui autorização de funcionamento pelo Banco Central do Brasil, nos moldes da Lei 12.865, de 9 de outubro de 2013. Seus termos e condições contemplam: "1. Para compras em sites internacionais, utilize um cartão de uso internacional cadastrado em sua conta do PayPal. Essas compras podem estar sujeitas a tributação e é sua responsabilidade verificar qual é a tributação aplicável e recolher os impostos devidos. Elas também estão sujeitas à verificação pela Alfândega, o que pode afetar o prazo de entrega. 2. Os programas de pontos podem variar. Consulte a operadora do seu cartão de crédito para saber mais. 3. Conheça as regras do Programa de Proteção ao Comprador no site do PayPal. Sujeito ao cumprimento dos requisitos do Programa." (PAYPAL. *Página inicial*. Disponível em: https://www.paypal.com/br/home. Acesso em: 7 abr. 2023).
44. SOUZA, José Fernando Vidal de; PAES, Marcela Papa. O consumo compartilhado: releitura dos sujeitos da cadeia de consumo. *Revista de Direito, Globalização e Responsabilidade nas Relações de Consumo*. Encontro virtual, v. 8, n. 1, p. 27, jan.-jul. 2022.

ou jurídica, encaixa-se na condição de destinatário final, por encerrar a cadeia de consumo. A relação jurídica entre o membro-anfitrião e a Airbnb também possui como objeto a prestação de serviços, ante o oferecimento da plataforma e a intermediação do negócio envolvendo seus membros. O regime jurídico a ser aplicado é o do Direito Civil, perante a dificuldade de se encaixar as atividades do membro-anfitrião como destinatário. Entretanto, identificando-se sua vulnerabilidade, pode-se enquadrá-lo no regime do Código de Defesa do Consumidor com base na teoria finalista mitigada.

A 10ª Câmara Cível do Tribunal de Justiça do Paraná, no julgamento do agravo de instrumento 0032904-86.2022.8.16.0000, realizado em 5 de fevereiro de 2023, aplicou a teoria finalista mitigada para determinar a incidência do Código de Defesa do Consumidor e inverter o ônus da prova em favor de pessoa jurídica que ajuizou ação em face de plataforma digital. Consta na ementa do acórdão:

> Agravo de instrumento. Ação de obrigação de fazer c/c indenização por danos materiais e morais com pedido de tutela de urgência". Decisão saneadora que indeferiu a aplicação do código de defesa do consumidor, bem como inversão do ônus da prova. Recurso interposto pela parte autora. Alegação de existência de relação de consumo. Procedência. Parte autora que utiliza a plataforma mercado livre para comercializar produtos. Aplicação da teoria finalista mitigada. Precedentes do e. STJ. Relação de consumo verificada pela vulnerabilidade técnica e econômica. Aplicação do CDC. Hipossuficiência da demandante em face do requerido evidenciada. Inversão do ônus da prova. Reforma da decisão agravada apenas nestes pontos. Recurso conhecido e provido.[45]

Extrai-se do voto proferido pelo relator, o juiz de Direito substituto em 2º grau Alexandre Kozechen, que aludida teoria determina a incidência do Código de Defesa do Consumidor às pessoas jurídicas que não se encaixem nas condições de destinatárias dos produtos e serviços, toda vez que for demonstrada sua vulnerabilidade em face ao fornecedor, para se assegurar o equilíbrio das relações contratuais.

A fim de demonstrar a vulnerabilidade da pessoa jurídica, o acórdão sustentou estar-se diante de alegação de descumprimento de cláusula contratual pela plataforma digital, com o questionamento relacionado à atividade desenvolvida pelo guardião do acesso e seus termos e suas condições de uso, que dispõem dos mecanismos necessários para demonstrar sua atividade comercial. Ainda se fundamentou a incidência da legislação consumerista, no fato de a pessoa jurídica depender

---

45. BRASIL. Tribunal de Justiça do Paraná. Décima Câmara Cível. Agravo de Instrumento 0032904-86.2022.8.16.0000. Relator Juiz de Direito Substituto em Segundo Grau Alexandre Kozechen, julgado em 05.02.2023. Disponível em: www.tjpr.jus.br. Acesso em: 6 abr. 2023.

da segurança e da disponibilidade da plataforma do demandado para comercializar seus produtos, de modo que, também, é possível reconhecer sua vulnerabilidade técnica neste ponto. De outra parte, também não se pode olvidar da superioridade econômica do requerido e, portanto, a vulnerabilidade da parte agravante, também, sob o ponto de vista fático/econômico.[522]

Os contratos firmados na economia do compartilhamento são considerados, portanto, como coligados e são constituídos para o atingimento de uma finalidade supracontratual. Disso se extrai a existência de um novo sistema contratual, decorrente da economia colaborativa e que se baseia no acesso a produtos e serviços com a adoção de uma pluralidade de contratos. Esse novo modelo é totalmente distinto do modelo contratual instituído pelo Estado Moderno, que se fundamentava no voluntarismo e na propriedade, de modo a que o proprietário pudesse utilizar de seus bens da maneira que melhor lhe aprouvesse, de forma perpétua e sem qualquer preocupação em permitir sua utilização pelos não proprietários ou com o atingimento da função social. Outro dado relevante a ser considerado reside no fato de que, no contrato moderno, as partes eram individualizadas e se conheciam, tendo a possibilidade de discutirem suas cláusulas em condições de igualdade. Na economia do compartilhamento prevalece a despersonalização dos contratantes, já que os contratos são firmados pelo uso das novas tecnologias, entre pessoas que, em regra, não se conhecem e se encontram em locais distintos.

Tais constatações são de suma importância para o desenvolvimento deste trabalho, que abordará na sequência como e em quais condições podem e devem ser evitadas as lesões de direitos fundamentais nesse novo modelo econômico.

3.2 PRINCÍPIO DA BOA-FÉ NA RELAÇÃO CONTRATUAL COLABORATIVA

A boa-fé objetiva é um dos princípios sociais[46] que repercutem nas relações contratuais, especialmente nas advindas da economia colaborativa, em que os negócios jurídicos são fundamentados na confiança, com o auxílio das tecnologias, entre pessoas que podem não se conhecer e tampouco se encontrem fisicamente no mesmo lugar.

A boa-fé origina-se no direito romano e procede da expressão *fides*, que possui vários significados e se baseia na confiança, colaboração e ajuda recí-

---

46. Paulo Lôbo afirma que os princípios sociais do contrato são a boa-fé objetiva, a função social do contrato e da equivalência material. Eles "não eliminam os princípios individuais do contrato, a saber, o princípio da autonomia privada negocial, o princípio da força obrigatória e o princípio da relatividade dos efeitos do contrato; mas limitam e conformam, profundamente, seu alcance e conteúdo". (LÔBO, Paulo. *Direito Civil*: contratos. 3. ed. São Paulo: Saraiva, 2017, p. 64).

proca entre pessoas iguais. Aos desiguais, atua para a tutela da parte mais fraca. Vinculada inicialmente à autonomia da vontade, a boa-fé teve sua aplicabilidade praticamente suprimida no século XIX, com o Estado de Direito Liberal, que se fundamentou na prevalência da vontade e na impossibilidade de o Estado, em regra, intervir nas relações privadas.[47-48]

Com o surgimento do Estado Social de Direito no início do século XX e a constatação de que a vontade não deveria prevalecer de forma soberana nas relações contratuais, exsurge o princípio da boa-fé objetiva, que passa a ser expressamente disciplinado no § 242 do Código Civil alemão.[49]

Antes, contudo, deve-se mencionar que o Código Civil alemão não só instituiu a noção de boa-fé objetiva, como também a subjetiva – ponto que não está relacionado ao tema ora desenvolvido e que será, por essa razão, tratado de forma sintética. Com efeito, a boa-fé subjetiva encontra-se fundamentada no "*erro* ou na *ignorância* da verdadeira situação jurídica. Diz-se, por isso, que o erro ou a ignorância funcionam como pressupostos da crença do sujeito (da relação jurídica) na validade do ato ou da conduta humana".[50]

A boa-fé subjetiva, portanto, tem viés psicológico e está relacionada ao sujeito e à sua noção de relação jurídica, e encontra-se presente em inúmeras situações, sobretudo nos direitos reais, como na hipótese de uma pessoa adquirir um imóvel de quem não é o proprietário, supondo que o seja. Também se verifica no casamento aparente, no procurador aparente, terceiro de boa-fé, dentre outros.[51] Já a boa-fé objetiva relaciona-se com o direito das obrigações, impondo um acréscimo de encargos, que se somam aos previstos no contrato, atingindo

---

47. TARGA, Maria Luiza Baillo; RIEMENSCHNEIDER, Patricia Strauss. Função hermenêutica do princípio da boa-fé objetiva: interpretação dos contratos nas relações civis e de consumo. *Civilistica.com*. Rio de Janeiro, ano 11, n. 3, 2022, p. 2.
48. António Menezes Cordeiro afirma: "I. A boa fé, enquanto regra de conduta – ou boa fé objectiva, nas línguas latinas – tem uma consagração generalizada, nos códigos civis da actualidade. Os exemplos mais marcantes são, ainda hoje, os do artigo 1134/3, do Código Civil francês de 1804 e do § 242 do Código Civil alemão, de 1896. (...) III. Em França, o artigo 1134, III, do *Code Napoléon* tinha, tradicionalmente, uma aplicação mas escassa. (...) IV. Apesas da aparente pobreza, do espaço francês, no tocante à aplicação da boa fé, deve dizer-se que encontramos decisões paralelas, com recurso a outros institutos. Assim, sucede com as cláusulas abusivas, sancionadas, nos termos da lie, quando deem lugar a desiquilíbrios significativos, com a reponsabilidade precontratual, ou com a responsabilidade pela aparência, ambas derivadas da *faute*". (CORDEIRO, António Menezes. A boa-fé nos finais do século XX. *Revista da Ordem dos Advogados (ROA)*, ano 56, v. III, p. 887, 891-892, dez. 1996).
49. TARGA, Maria Luiza Baillo; RIEMENSCHNEIDER, Patricia Strauss. Função hermenêutica do princípio da boa-fé objetiva: interpretação dos contratos nas relações civis e de consumo. *Civilistica.com*. Rio de Janeiro, ano 11, n. 3, 2022, p. 2.
50. ZANELATTO, Marco Antonio. Boa-fé objetiva: formas de expressão e aplicação. *Revista de Direito do Consumidor*, v. 100, jul.-ago. 2015, DTR\2015\13070.
51. ZANELATTO, Marco Antonio. Boa-fé objetiva: formas de expressão e aplicação. *Revista de Direito do Consumidor*, v. 100, jul.-ago. 2015, DTR\2015\13070.

todas as partes, especialmente ao credor que anteriormente ostentava apenas a condição de titular de direitos.[52]

A boa-fé objetiva caracteriza-se como uma cláusula geral que obriga as partes a seguirem um comportamento que atenda aos padrões da lealdade recíproca e da confiança. Ou seja, institui *standards* de conduta leal e confiável.[53]

Aqui se tem o desenvolvimento da noção de obrigação como processo, que tem por finalidade demonstrar o caráter dinâmico das relações obrigacionais, as fases que resultam de sua evolução e que se encontram interligadas reciprocamente entre si.[54]

Paulo Lôbo sustenta que a noção de obrigação como processo direciona-se ao cumprimento daquilo que foi convencionado pelas partes contratualmente. "É ele que dá coerência e sentido ao conjunto de elementos que constituem a obrigação. Esta encerra seu ciclo, extinguindo-se, justamente quando seu fim é alcançado".[55] A ausência do pagamento, todavia, impede o atingimento da finalidade, fazendo com que se busque obtê-lo de maneira diversa e/ou forçar o recebimento com o acréscimo de juros moratórios e cláusula penal.[56]

Nesse contexto, a boa-fé passa a ser vista como referência para o adimplemento, destinada não só a assegurar o cumprimento da obrigação na forma prevista no contrato, mas, sobretudo, que ela seja executada em atendimento aos fins econômicos e sociais da relação contratual e às reais conjunturas do processo obrigacional.[57]

Clóvis V. do Couto e Silva adverte que a complexidade da relação obrigacional acarreta a continuidade do vínculo contratual, mesmo nas hipóteses de cumprimento da obrigação principal, "como fundamento da aquisição (dever de garantia), ou em razão de outro dever secundário independente".[58-59]

---

52. SILVA, Clóvis do Couto e. *A obrigação como processo*. Rio de Janeiro: FGV, 2006, p. 33.
53. SCHREIBER, Anderson. *Manual de Direito Civil contemporâneo*. São Paulo: Saraiva Educação, 2018, p. 405.
54. SILVA, Clóvis do Couto e. *A obrigação como processo*. Rio de Janeiro: FGV, 2006, p. 20.
55. LÔBO, Paulo. *Direito Civil*: obrigações. 5. ed. São Paulo: Saraiva, 2017, p. 67.
56. LÔBO, Paulo. *Direito Civil*: obrigações. 5. ed. São Paulo: Saraiva, 2017, p. 67.
57. MARTINS-COSTA, Judith. Os campos normativos da boa-fé objetiva: as três perspectivas do Direito Privado brasileiro. In: AZEVEDO, Antonio Junqueira; TÔRRES, Heleno Taveira; CARBONE, Paolo. *Princípios do novo Código Civil brasileiro e outros temas*. São Paulo: Quartier Latin do Brasil, 2008, p. 391.
58. SILVA, Clóvis do Couto e. *A obrigação como processo*. Rio de Janeiro: FGV, 2006, p. 20.
59. Paulo Lôbo adverte: "A dinâmica processual da obrigação pode ultrapassar até mesmo a extinção da relação obrigacional, com o adimplemento da prestação. Há deveres pós-contratuais que não podem ser negligenciados, gerando responsabilidade por sua inobservância (também chamada responsabilidade pós-contratual). Em contratos de prestação de serviços, por exemplo, pode o ex-contratante deter informações sobre a outra parte ou segredo de negócio (*inside informations*), cuja revelação acarretará danos inevitáveis. Cogite-se do encerramento dos serviços do advogado em ação de família, que detém dados da vida privada de seu cliente empresarial." (LÔBO, Paulo. *Direito Civil*: obrigações. 5. ed. São Paulo: Saraiva, 2017, p. 68).

A obrigação, portanto, deve ser analisada em seu todo, constituindo-se por diversas fases que buscam o atingimento de uma finalidade. Seus participantes devem almejar o cumprimento eficiente, presente nas inúmeras possibilidades e ocorrências, passíveis de acontecer na dinâmica obrigacional, "que passa a ser vista como um conjunto complexo de fases direcionadas a um fim que não se satisfaz apenas com o cumprimento do dever de prestar".[60]

Na obrigação como processo, preocupa-se não apenas com o adimplemento da prestação principal ao credor, como também na tutela do bem comum, consistente no pagamento adequado ao credor e que acarrete a menor onerosidade possível ao devedor, eis que o bem comum obrigacional representa a "solidariedade mediante a cooperação dos indivíduos para a satisfação dos interesses patrimoniais recíprocos, sem comprometimento dos direitos da personalidade e da dignidade do credor e do devedor".[61]

Outrossim, a despeito de a boa-fé não estar disciplinada no Código Civil de 1916, admitia-se sua aplicabilidade no direito obrigacional por se tratar de "proposição jurídica, com significado de regra de conduta. O mandamento de conduta engloba todos os que participam do vínculo obrigacional e estabelece, entre eles, um elo de cooperação, em face ao objetivo a que visam".[62]

A boa-fé objetiva, por sua vez, foi positivada inicialmente no Código de Defesa do Consumidor, em seus arts. 4º, III, e 51, IV. No primeiro, se está diante de um princípio normativo, de uma norma-objetivo, que acaba por indicar que o sistema consumerista tem, dentre outras finalidades, assegurar o comportamento leal, honesto, probo e cooperativo, assim como a tutela dos direitos do consumidor. Trata-se, portanto, de uma norma que institui um comportamento "ético-jurídico, que estabelece um critério diretivo ou de valoração de conduta".[63]

Isso se justifica no fato de se estar diante de contrato assimétrico, "cuja assimetria está ligada a dois fenômenos correlatos, o poder (econômico, técnico, informativo ou jurídico) e a vulnerabilidade"[64] do consumidor, expressamente reconhecida pelo inciso I, do art. 4º da Lei 8.078/1990.

---

60. EHRHARDT JR., Marcos. *Responsabilidade civil pelo inadimplemento da boa-fé*. 2. ed., rev. e atual. Belo Horizonte: Fórum, 2017, p. 91.
61. FARIAS, Cristiano Chaves; ROSENVALD, Nelson. *Curso de Direito Civil*: obrigações. 11. ed., rev., ampl. e atual. Salvador: JusPodivm, 2017, p. 139.
62. SILVA, Clóvis do Couto e. *A obrigação como processo*. Rio de Janeiro: FGV, 2006, p. 33.
63. ZANELATTO, Marco Antonio. Boa-fé objetiva: formas de expressão e aplicação. *Revista de Direito do Consumidor*, v. 100, jul.-ago. 2015, DTR\2015\13070.
64. TARGA, Maria Luiza Baillo; RIEMENSCHNEIDER, Patricia Strauss. Função hermenêutica do princípio da boa-fé objetiva: interpretação dos contratos nas relações civis e de consumo. *Civilistica.com*. Rio de Janeiro, ano 11, n. 3, 2022, p. 14.

Contudo, é imprescindível observar a ressalva feita por Ruy Rosado de Aguiar Júnior acerca da interpretação a ser conferida ao art. 4º do Código de Defesa do Consumidor, que deve estar em harmonia com os interesses conflitantes, efetivando-se a adequação dos interesses do consumidor com o desenvolvimento econômico e tecnológico. Isso se justifica no fato de que a boa-fé objetiva tornou-se também um parâmetro a ser considerado para o atingimento dos valores constitucionais sobre a ordem econômica, nos termos do art. 170 da Constituição da República, de modo que ela não atue somente em defesa do consumidor, mas, sobretudo, como critério orientador para a garantia da ordem econômica, harmonizando interesses contrários, "onde eventualmente poderá prevalecer o interesse contrário ao do consumidor, ainda que o sacrifício deste, se o interesse social prevalente assim o determinar".[65]

Essa ligação entre economia e boa-fé demonstra que não se está diante apenas de um conceito ético, mas também econômico, que assume uma função externa e interna. Na primeira, o vínculo possui uma função social, tornando-se integrante da ordem econômica (art. 170[66] da Constituição Federal de 1988). Já no plano interno, tem-se a imposição de deveres às partes, que devem atuar para a obtenção de suas finalidades e legítimas expectativas dos envolvidos. Assim, o

> art. 4º do Código de Defesa do Consumidor se dirige para o aspecto externo e quer que a intervenção na economia contratual, para a harmonização dos interesses, se dê com base na boa-fé, isto é, com a superação dos interesses egoísticos das partes e com a salvaguarda dos princípios constitucionais sobre a ordem econômica através de comportamento fundado na lealdade e na confiança.[67]

---

65. AGUIAR JUNIOR, Ruy Rosado de. A boa-fé objetiva na relação de consumo. *Revista de Direito do Consumidor*, v. 14, abr.-jun. 1995, DTR\1995\151.
66. Art. 170. A ordem econômica, fundada na valorização do trabalho humano e na livre iniciativa, tem por fim assegurar a todos existência digna, conforme os ditames da justiça social, observados os seguintes princípios:
   I – soberania nacional;
   II – propriedade privada;
   III – função social da propriedade;
   IV – livre concorrência;
   V – defesa do consumidor;
   VI – defesa do meio ambiente, inclusive mediante tratamento diferenciado conforme o impacto ambiental dos produtos e serviços e de seus processos de elaboração e prestação;
   VII – redução das desigualdades regionais e sociais;
   VIII – busca do pleno emprego;
   IX – tratamento favorecido para as empresas de pequeno porte constituídas sob as leis brasileiras e que tenham sua sede e administração no País.
   Parágrafo único. É assegurado a todos o livre exercício de qualquer atividade econômica, independentemente de autorização de órgãos públicos, salvo nos casos previstos em lei.
67. AGUIAR JUNIOR, Ruy Rosado de. A boa-fé objetiva na relação de consumo. *Revista de Direito do Consumidor*, v. 14, abr.-jun. 1995, DTR\1995\151.

Já no art. 51, IV, o Código de Defesa do Consumidor estabelece os critérios para o reconhecimento da abusividade de cláusula disposta em contrato de consumo,[68] que estará presente toda vez que forem estabelecidas obrigações consideradas iníquas, abusivas, que coloquem o consumidor em desvantagem exagerada, ou seja, incompatíveis com a boa-fé ou a equidade.

A fim de assegurar o efetivo cumprimento do direito do consumidor, o § 1º do art. 54 preconiza que se presume exagerada a cláusula contratual que ofender os princípios fundamentais do sistema jurídico, ou restringir direitos ou obrigações fundamentais inerentes à natureza do contrato, de modo a ameaçar seu objeto ou equilíbrio contratual, ou ainda que se mostre excessivamente onerosa para o consumidor, considerando-se a natureza e conteúdo do contrato, o interesse das partes e outras circunstâncias peculiares ao caso.

A boa-fé objetiva acaba possuindo três funções no Código de Defesa do Consumidor. Na primeira, aludido princípio acaba atuando como espécie de "cânone hermenêutico e interpretativo do contrato; a segunda, de limitar o exercício abusivo de prerrogativas jurídicas; e a terceira de criar deveres anexos ou instrumento de cumprimento da prestação principal".[69]

Judith Martins-Costa ainda acrescentou nova função à boa-fé objetiva nas relações de consumo, consistente na correção do desequilíbrio dos contratos, autorizada pela união da boa-fé objetiva com a necessidade de se equilibrar as relações.[70]

As disposições do Código de Defesa do Consumidor são aplicáveis às relações firmadas pelo usuário-consumidor e eventualmente pelo usuário-fornecedor. Nelas, ao contrário do que acontece nas questões atinentes ao Código Civil, a vontade deixa de ser relevante, já que se busca proteger o consumidor e assegurar suas pretensões e expectativas. É o que se constata pela análise de seu art. 47, que expressamente determina que as cláusulas de um contrato de consumo devem ser interpretadas de forma mais favorável ao consumidor.[71]

---

68. MARTINS-COSTA, Judith. Os campos normativos da boa-fé objetiva: as três perspectivas do Direito Privado brasileiro. In: AZEVEDO, Antonio Junqueira; TÔRRES, Heleno Taveira; CARBONE, Paolo. *Princípios do novo Código Civil brasileiro e outros temas*. São Paulo: Quartier Latin do Brasil, 2008, p. 392.
69. MODENEZI, Pedro. A relação entre o abuso do direito e a boa-fé objetiva. *Revista Direitos Fundamentais & Democracia*, v. 7, n. 7, p. 339, jan.-jun. 2010. Disponível em: www.unibrasil.com.br. Acesso em: 21 ago. 2022.
70. MARTINS-COSTA, Judith. Os campos normativos da boa-fé objetiva: as três perspectivas do Direito Privado brasileiro. In: AZEVEDO, Antonio Junqueira; TÔRRES, Heleno Taveira; CARBONE, Paolo. *Princípios do novo Código Civil brasileiro e outros temas*. São Paulo: Quartier Latin do Brasil, 2008, p. 393.
71. TARGA, Maria Luiza Baillo; RIEMENSCHNEIDER, Patricia Strauss. Função hermenêutica do princípio da boa-fé objetiva: interpretação dos contratos nas relações civis e de consumo. *Civilistica.com*. Rio de Janeiro, ano 11, n. 3, p. 16, 2022.

À semelhante conclusão se chega ao tratar das demais funções elencadas, na medida em que os usuários protegidos pelo sistema consumerista continuam tendo direito a modificar cláusulas excessivamente onerosas ou obter o reconhecimento de sua nulidade de pleno direito, assegurando-se a continuidade do contrato. Idêntico entendimento aplica-se no reconhecimento dos "direitos e deveres implícitos a ambas as partes, assim como da função limitativa, para realizar o controle ao exercício de direitos dos contratantes, em respeito às legítimas expectativas e à cooperação nos contratos".[72]

Ao tratar da função limitadora de conduta pela boa-fé objetiva no Código de Defesa do Consumidor, Ruy Rosado de Aguiar Junior aponta que se está diante de manifestação da teoria dos atos próprios, que veda a prática do *venire contra factum proprium*[73] e impede a utilização indevida da alegação de exceção de contrato não cumprido.[74] Sua aplicabilidade também ocorre na impossibilidade de se forçar o cumprimento de uma obrigação quando seu titular ficou "inerte por tempo considerado incompatível (*suppressio*);[75] desprezando a

---

72. TARGA, Maria Luiza Baillo; RIEMENSCHNEIDER, Patricia Strauss. Função hermenêutica do princípio da boa-fé objetiva: interpretação dos contratos nas relações civis e de consumo. *Civilistica.com*. Rio de Janeiro, ano 11, n. 3, p. 18, 2022.
73. José Tadeu Neves Xavier adverte: "O *venire contra facto proprium* representa o exercício de uma posição jurídica em contradição com o comportamento anteriormente assumido pelo seu titular. Como leciona António Menezes Cordeiro, esta figura pressupõe dois comportamentos da mesma pessoa, lícitos em si e diferidos no tempo, sendo o primeiro (o *factum proprium*), porém, contrariado pelo segundo, acrescentando que, devido à sua carga ética, psicológica e sociológica, o *venire contra factum proprium* atenta necessariamente contra a boa-fé, em especial por ser expressão da confiança, âmbito de vedação de comportamentos desprovidos da devida coerência". (XAVIER, José Tadeu Neves. A aplicação da *suppressio (verwirkung)* no âmbito das relações privadas. *Revista Brasileira de Direito Civil*, v. 13, p. 64-65, jul.-set. 2017).
74. Rafael Marinangelo afirma: "Também na questão relativa à exceção de contrato não cumprido a boa-fé objetiva exerce importante influência. Pela *exceptio non adimpleti contractus* a parte que deveria cumprir primeiro o que lhe competia por força do contrato, não pode demandar o cumprimento da outra parte, se não adimpliu com sua obrigação. A boa-fé age como óbice à invocação da *exceptio non adimpleti contractus* nos casos consubstanciados pelo adágio *turpitudinem suam allegans non auditur* ou *equity must come with clear hands*, expressado pelo direito inglês. Em síntese, obsta à parte desleal, que tenha violado deveres contratuais, de exigir o cumprimento pela outro parte ou mesmo que se valha de seu próprio descumprimento para beneficiar-se de disposição legal ou contratual". (MARINANGELO, Rafael. *A violação positiva do contrato e o inadimplemento dos deveres laterais impostos pela boa-fé*. Dissertação (Mestrado em Direito). 178 p. Pontifícia Universidade Católica de São Paulo. São Paulo, 2005, p. 41).
75. Rosalice Fidalgo Pinheiro aduz: "Desse modo, é possível delinear como elemento caracterizadores da *Verwirkung*, mencionados por João Baptista Machado: *o titular de um direito deixa passar longo tempo sem o exercer; com base neste decurso do tempo e com base ainda numa particular conduta do dito popular ou noutras circunstâncias, a contraparte chegou à convicção justificada, de que o direito já não será exercido; movido por essa confiança, essa contraparte orientou sua vida, tomou medidas ou adoptou programas de ação na base daquela confiança, pelo que o exercício tardio e inesperado do direito em causa lhe acarretaria agora uma desvantagem maior do que o seu exercício atempado*". (PINHEI-

exigência de cumprimento de preceito, feita por aquele que já o descumprira (*tu quoque*[76]) etc.".[77]

Com efeito, o Tribunal de Justiça de São Paulo tratou do instituto da *suppressio* em questões relacionadas à possibilidade de serem cobrados reajustes dos valores a serem pagos em contratos de prestação de serviços educacionais – tema pertinente ao objeto do presente estudo, na medida em que as atividades educacionais, assim como outras espécies de prestação de serviços, passaram a ser desempenhadas pelas plataformas digitais ou guardiões do acesso.

No primeiro julgamento, realizado na apelação 0209575-59.2011.8.26.0100, concluiu-se não ser cabível a cobrança de correção monetária retroativa dos últimos 16 anos após a rescisão do contrato de prestação de serviços. Segundo o acórdão, o contratante teria efetuado os pagamentos em conformidade com as faturas que lhe foram entregues sem qualquer ressalva e tampouco se teve a adoção de qualquer iniciativa para a implantação e adimplemento dos reajustes. Consequentemente, a inércia em se questionar os reajustes monetários resultou, em atendimento à boa-fé objetiva, na presunção de que havia anuência do recebimento dos valores.

> Cobrança. Cerceamento na produção da prova. Inocorrência. Julgamento antecipado da lide que não caracteriza cerceamento na produção da prova. Prestação de serviços. Cobrança de valores relativos a reajustes monetários retroativamente após a rescisão dos contratos. Aplicação do instituto da *supressio*, decorrente do princípio da boa-fé objetiva. Autora que deixou de exercer o seu direito ao longo dos dezesseis anos da relação contratual, não exigindo da ré o pagamento dos reajustes monetários dos contratos, gerando a ela a legítima expectativa, construída e mantida ao longo de toda a relação contratual, de ter havido a renúncia tácita daquela prerrogativa. Improcedência mantida. Recurso desprovido.[78]

Em outro julgamento, realizado na apelação cível 0000157-73.2011.8.26.0038, entendeu-se que a ressalva efetivada por ocasião da cobrança das primeiras par-

---

RO, Rosalice Fidalgo. *Princípio da boa-fé nos contratos*: o percurso teórico e sua recepção no direito brasileiro. Curitiba: Juruá, 2015, p. 245-246).

76. José Tadeu Neves Xavier adverte: "A fórmula *tu quoque* traduz a regra pela qual uma pessoa que viole uma norma jurídica, ao exercer a situação jurídica que essa norma lhe atribua, estará atuando num exercício inadmissível de posição jurídica, ficando desprovido de tutela em relação a eventual pretensão que tenha origem nesta mesma relação jurídica. (...) Dessa forma, no *tu quoque* contratual há um excesso no recurso às potencialidades regulativas de um negócio que o próprio titular já violara, em síntese, o exercício de posições jurídicas em cuja base tenha havido condutas incorretas fere o postulado da boa-fé obrigacional". (XAVIER, José Tadeu Neves. A aplicação da *suppressio (verwirkung)* no âmbito das relações privadas. Revista Brasileira de Direito Civil, v. 13, p. 65, jul.-set. 2017).

77. AGUIAR JUNIOR, Ruy Rosado de. A boa-fé objetiva na relação de consumo. *Revista de Direito do Consumidor*, v. 14, abr.-jun. 1995, DTR\1995\151.

78. BRASIL. Tribunal de Justiça de São Paulo, Vigésima Terceira Câmara Extraordinária de Direito Privado, apelação cível 0209575-59.2011.8.26.0100, relator Afonso Bráz, julgado em 09/08/2017. Disponível em: www.tjsp.jus.br. Acesso em: 09.05.2023.

celas do contrato, acerca da necessidade do pagamento da correção monetária, autorizava sua exigência futura. Nessa hipótese, reconheceu-se a inocorrência do instituto da *suppressio*.

> Prestação de serviços educacionais. Contrato de Assistência Financeira Reembolsável. Pagamento das primeiras parcelas sem atualização pelo índice contratado. Credora que apontou a diferença e a cobrou. Exigência válida e não desautorizada pela alusão aos princípios da boa-fé objetiva e função social dos contratos. Situação fática que não autorizava aplicar a *"supressio"*. Devedor que procede à consignação de quantia inferior à devida. Depósito que não permitia reconhecer quitada a obrigação. Recurso improvido.[79]

Evidencia-se, assim, que a boa-fé objetiva é instituto que possui significativa relevância aos contratos celebrados na economia do compartilhamento, por se voltar à defesa do usuário-consumidor, considerado como parte mais frágil e vulnerável na relação consumerista, em atenção à noção de obrigação como processo – igualmente incidente nas relações firmadas na economia colaborativa.

O princípio da boa-fé objetiva também está previsto no Código Civil e se destina a disciplinar as relações paritárias e as assimétricas. Ao contrário da Lei 8.078/1990, que se destina à tutela do consumidor, o Código Civil tem como tutela a pessoa concreta. No direito das obrigações deve ser feita a análise do indivíduo no contexto em que se encontra – fator que torna impossível saber inicialmente a forma como será aplicada a boa-fé objetiva. Em tais circunstâncias, será necessário analisar se a relação jurídica envolve pessoas que se encontrem, no caso concreto, em condições de desigualdade ou pessoas iguais "em seu poderio social, econômico, jurídico, cultural e informativo".[80] Ainda deverá ser considerado se o contrato é assimétrico e está relacionado com pessoas que estejam defendendo direitos individuais ou se está diante de uma "rede contratual formada por vários ajustes estabelecidos por grandes complexos empresariais".[81]

Tais considerações são de suma importância para o trabalho ora desenvolvido, especialmente acerca dos efeitos que decorrerão da incidência da boa-fé objetiva nas relações entre a plataforma digital e o usuário-fornecedor, consi-

---

79. BRASIL, Tribunal de Justiça de São Paulo, Trigésima Sexta Câmara de Direito Privado. Apelação Cível 0000157-73.2011.8.26.0038. Relator Arantes Theodoro, julgado em 17.10.2017. Disponível em: www.tjsp.jus.br. Acesso em: 6 abr. 2023.
80. MARTINS-COSTA, Judith. Os campos normativos da boa-fé objetiva: as três perspectivas do Direito Privado brasileiro. In: AZEVEDO, Antonio Junqueira; TÔRRES, Heleno Taveira; CARBONE, Paolo. *Princípios do novo Código Civil brasileiro e outros temas*. São Paulo: Quartier Latin do Brasil, 2008, p. 398-399.
81. MARTINS-COSTA, Judith. Os campos normativos da boa-fé objetiva: as três perspectivas do Direito Privado brasileiro. In: AZEVEDO, Antonio Junqueira; TÔRRES, Heleno Taveira; CARBONE, Paolo. *Princípios do novo Código Civil brasileiro e outros temas*. São Paulo: Quartier Latin do Brasil, 2008, p. 399.

deradas em regra como simétricas e regidas pelo Código Civil, pelo fato de esse último não se enquadrar na condição de destinatário final prevista no Código de Defesa do Consumidor.

A boa-fé objetiva atua no Código Civil

> como critério ou norte indicador do teor geral da cooperação intersubjetiva existente em toda e qualquer relação obrigacional; como cânone hermenêutico e integrativo da atividade negocial; como baliza ao exercício de direitos subjetivos e posições jurídicas subjetivas, caracterizando, assim, uma renovada noção de ilicitude civil.[82]

Também incide nas relações jurídicas de forma distinta, a partir do modelo de negócio jurídico entabulado. Nos bilaterais paritários, o interesse de um dos envolvidos encontra seu limite no da outra parte, que igualmente deve ser tutelado. Nas hipóteses em que a relação contratual atua em benefício de um terceiro, incumbe ao gestor ou fiduciário considerá-lo. Nos vínculos entre sociedades, nas questões familiares e em parte das relações trabalhistas, o dever de cooperação entre os envolvidos é pleno ou total, estando-se diante de "algo mais do que a mera consideração, pois existe dever de aplicação à tarefa suprapessoal, e exige-se disposição ao trabalho conjunto e a sacrifícios relacionados com o fim comum".[83]

Ao intérprete, todavia, competirá efetuar a análise do fato a partir dos interesses envolvidos, atento ao fato de que nas relações disciplinadas pelo Código Civil, princípios como o da autonomia privada, função social do contrato, liberdade de iniciativa econômica ou da livre concorrência serão analisados conjuntamente com a boa-fé objetiva.[84]

Já no critério interpretativo, a boa-fé encontra-se tipificada no art. 113 do Código Civil.

> Art. 113. Os negócios jurídicos devem ser interpretados conforme a boa-fé e os usos do lugar de sua celebração.
>
> § 1º A interpretação do negócio jurídico deve lhe atribuir o sentido que:
>
> I – for confirmado pelo comportamento das partes posterior à celebração do negócio;
>
> II – corresponder aos usos, costumes e práticas do mercado relativas ao tipo de negócio;

---

82. MARTINS-COSTA, Judith. Os campos normativos da boa-fé objetiva: as três perspectivas do Direito Privado brasileiro. In: AZEVEDO, Antonio Junqueira; TÔRRES, Heleno Taveira; CARBONE, Paolo. *Princípios do novo Código Civil brasileiro e outros temas*. São Paulo: Quartier Latin do Brasil, 2008, p. 399.
83. SILVA, Clóvis do Couto e. A obrigação como processo. Reimpressão. Rio de Janeiro: Editora FGV, 2006, p. 34.
84. MARTINS-COSTA, Judith. Os campos normativos da boa-fé objetiva: as três perspectivas do Direito Privado brasileiro. In: AZEVEDO, Antonio Junqueira; TÔRRES, Heleno Taveira; CARBONE, Paolo. *Princípios do novo Código Civil brasileiro e outros temas*. São Paulo: Quartier Latin do Brasil, 2008, p. 403-404.

III – corresponder à boa-fé;

IV – for mais benéfico à parte que não redigiu o dispositivo, se identificável; e

V – corresponder a qual seria a razoável negociação das partes sobre a questão discutida, inferida das demais disposições do negócio e da racionalidade econômica das partes, consideradas as informações disponíveis no momento de sua celebração.

§ 2º As partes poderão livremente pactuar regras de interpretação, de preenchimento de lacunas e de integração dos negócios jurídicos diversas daquelas previstas em lei.

Em tais situações, a boa-fé fará com que o intérprete averigue o que as partes almejavam no exato momento da contratação, o que acarreta sua análise sempre a partir de um caso concreto. A exigência prevista no *caput* do art. 113 do Código Civil, de que a interpretação do negócio jurídico deverá ser realizada com base na boa-fé e nos usos do lugar da celebração acaba por dar ênfase "a normalidade e a tipicidade do agir privado, determinando o contrato particularmente considerado, com atenção aos usos do lugar da sua celebração".[85]

Assim, incumbirá ao julgador analisar o propósito atribuído aos acordos sociais, distanciando-se das teorias da vontade e da declaração. A interpretação com base na boa-fé considera a teoria da confiança, na qual o julgador analisará

(...) a vontade objetiva do contrato, a vontade aparente do negócio jurídico, de acordo com o que as pessoas honestas e leais – do mesmo meio cultural dos contratantes – entenderiam a respeito do significado das cláusulas postas em divergência.[86-87]

A busca pela vontade objetiva do contrato é relevante nos negócios firmados entre a plataforma digital e o usuário-fornecedor, cujas relações são consideradas, em regra, como paritárias e sujeitas ao Código Civil, que trabalha com a noção de sujeito no caso concreto (e não abstratamente e tampouco voltado apenas à tutela da parte mais fraca).

Consequentemente, será objeto de questionamentos a compreensão de usuários-fornecedores de imóveis residentes em diversas regiões do Brasil, na

---

85. TARGA, Maria Luiza Baillo; RIEMENSCHNEIDER, Patricia Strauss. Função hermenêutica do princípio da boa-fé objetiva: interpretação dos contratos nas relações civis e de consumo. *Civilistica.com*. Rio de Janeiro, ano 11, n. 3, p. 8, 2022.
86. FARIAS, Cristiano Chaves; ROSENVALD, Nelson. *Curso de Direito Civil*: obrigações. 11. ed., rev., ampl. e atual. Salvador: JusPodivm, 2017, p. 162.
87. Carlos Nelson Konder e Paula Greco Bandeira advertem: "Neste contexto, destaca-se a denominada teoria da confiança, que procura prestigiar a declaração como tutela da legítima expectativa despertada pela relação contratual, valorizando-se, para tanto, a declaração de vontade juntamente com o comportamento das partes no negócio concretamente considerado. Com a teoria da confiança, reconduz-se a compreensão do significado do contrato à efetivação dos valores tutelados pelo ordenamento: a vontade declarada deve prevalecer não por apego formal à declaração, mas pela confiança que incute na outra parte quanto ao comportamento esperado". (KONDER, Carlos Nelson; BANDEIRA, Paula Greco; TEPEDINO, Gustavo (Org.). *Contratos*. Rio de Janeiro: Forense, 2020, p. 20).

medida em que a plataforma digital faz uso de um mesmo contrato de adesão, cujas cláusulas ambíguas devem ser interpretadas em favor dos aderentes, e se tem verificado, em regra, a inobservância dos deveres de informação aos usuários-fornecedores sobre as consequências e os efeitos desses negócios jurídicos. O ponto a ser analisado, portanto, passa pela análise de quais seriam as legítimas expectativas das plataformas digitais e do usuário-fornecedor, nos termos dos valores estabelecidos na Constituição Federal de 1988 e no Código Civil – consistente na legislação civilista na eticidade, operabilidade e socialidade.

Outrossim, o disposto no art. 113 do Código Civil deve ser harmonizado com o art. 112[88] da referida legislação, no sentido de que a intenção consubstanciada na declaração de vontade corresponda a "uma manifestação exteriorizada por meio de comportamentos dos personagens reconhecidos socialmente".[89]

A esse respeito, Bruno Miragem adverte que o uso pelo art. 112 do Código Civil da expressão "à intenção nelas consubstanciadas" faz com que se tenha que avaliar a intenção constante da declaração. Isso pode acontecer de diversas formas. Uma delas consiste na adoção de considerandos, nos quais são apontados os motivos de direito e de fato que levaram à sua celebração. Outra hipótese se verifica no comportamento adotado pelos contratantes durante o período que antecedeu e sucedeu à celebração.[90]

A boa-fé objetiva é a regra principal a ser utilizada na interpretação dos negócios jurídicos, mesmo após o advento da Lei 13.874/2019, que acabou por instituir as chamadas regras acessórias interpretativas, as quais "se acoplam à regra interpretativa principal, com a função de auxiliar a busca do sentido e alcance".[91]

Por fim, o Código Civil ainda disciplina os contratos assimétricos, relacionados com o poder ou a vulnerabilidade de uma das partes frente à outra. É o que se verifica no art. 423 do Código Civil, que determina a interpretação mais favorável ao aderente nas cláusulas ambíguas ou contraditórias presentes no contrato de adesão. Outra hipótese encontra-se presente na constatação de assimetria contratual em contrato que não é de adesão. Em tais situações, incumbe ao operador do direito valer-se da boa-fé com os demais critérios

---

88. Art. 112. Nas declarações de vontade se atenderá mais à intenção nelas consubstanciada do que ao sentido literal da linguagem.
89. TARGA, Maria Luiza Baillo; RIEMENSCHNEIDER, Patricia Strauss. Função hermenêutica do princípio da boa-fé objetiva: interpretação dos contratos nas relações civis e de consumo. *Civilistica.com*. Rio de Janeiro, ano 11, n. 3, p. 9, 2022.
90. MIRAGEM, Bruno. *Teoria geral do Direito Civil*. Rio de Janeiro: Forense, 2021, p. 406-407.
91. FARIAS, Cristiano Chaves; ROSENVALD, Nelson. *Curso de Direito Civil*: parte geral e LINDB. 19. ed., rev., ampl. e atual. Salvador: JusPodivm, 2021, p. 690-691.

interpretativos do Código Civil, a fim de se obter o equilíbrio e a manutenção dos contratos.[92]

O último elemento de atuação da boa-fé objetiva encontra-se presente no art. 187[93] do Código Civil, que trata do abuso de direito, classificado como ato ilícito e que dispensa a culpa para sua ocorrência. Conforme adverte Judith Martins-Costa, está-se diante de uma ilicitude situada, resultante dos expedientes utilizados pela parte para o exercício dos direitos subjetivos, e que se notabiliza por ser objetiva e dispensar à vontade, limitando-se a exigir a contrariedade à norma prevista na lei".[94]

A jurisprudência possui vários exemplos de abuso de direito no âmbito civil. Dentre tantos merece destaque a modificação do endereço do cônjuge que detém a guarda de filho com o objetivo de impedir o exercício do direito de visita fixado em favor do outro no processo de separação ou divórcio ou, ainda, no encaminhamento de mensagens ofertando produtos e serviços ao destinatário que não as solicitou. Nas relações de consumo, verifica-se o abuso de direito, por exemplo, na inclusão de cláusulas abusivas em contratos, consideradas como nulas de pleno direito, por serem "nocivas, danosas, ao consumidor por evidenciar uma situação antijurídica, contrária do direito pelo fornecedor de produtos ou serviços".[95]

O Tribunal de Justiça do Paraná, no julgamento da apelação cível 0019261-29.2020.8.16.0001, ocorrido em 25 de abril de 2022, concluiu inexistir abuso de direito no ato de exclusão de usuário-fornecedor por plataforma digital.

O caso concreto é relevante para o tema objeto deste estudo por reconhecer a existência de simetria na relação entre usuário-fornecedor e plataforma digital e, consequentemente, reconhecer a validade da exclusão daquele do rol de prestadores de serviços. Ou seja, a iniciativa da plataforma digital acaba por validar o entendimento de que ela é a responsável por trazer credibilidade e confiança à atividade desenvolvido no âmbito da economia do compartilhamento. Consta na ementa do acórdão:

---

92. TARGA, Maria Luiza Baillo; RIEMENSCHNEIDER, Patricia Strauss. Função hermenêutica do princípio da boa-fé objetiva: interpretação dos contratos nas relações civis e de consumo. *Civilistica.com*. Rio de Janeiro, ano 11, n. 3, p. 23-24, 2022.
93. Art. 187. Também comete ato ilícito o titular de um direito que, ao exercê-lo, excede manifestamente os limites impostos pelo seu fim econômico ou social, pela boa-fé ou pelos bons costumes.
94. MARTINS-COSTA, Judith. Os campos normativos da boa-fé objetiva: as três perspectivas do Direito Privado brasileiro. In: AZEVEDO, Antonio Junqueira; TÔRRES, Heleno Taveira; CARBONE, Paolo. *Princípios do novo Código Civil brasileiro e outros temas*. São Paulo: Quartier Latin do Brasil, 2008, p. 399,407-409.
95. FARIAS, Cristiano Chaves; ROSENVALD, Nelson. *Curso de Direito Civil*: parte geral e LINDB. 19. ed., rev., ampl. e atual. Salvador: JusPodivm, 2021, p. 808-809.

Direito do consumidor. Direito processual civil. Apelação cível. Ação de obrigação de fazer. Motorista de aplicativo "uber". Reinserção do autor na plataforma digital. Elementos de prova que demonstraram ofensa pelo apelante ao código de conduta da apelada. Possibilidade de exclusão do motorista. Precedentes jurisprudenciais. Reinserção no sistema. Impossibilidade. Exclusão do apelante que ocorreu no exercício regular do direito da empresa apelada. Honorários advocatícios sucumbenciais, em sede recursal. Majoração quantitativa. Aplicabilidade do § 11 do art. 85 da Lei 13.105/2015 (código de processo civil). Condição suspensiva de exigibilidade. § 3º do art. 98 da Lei 13.105/2015.

1. A relação jurídica estabelecida entre as Partes não é de consumo, mas, sim, uma relação de natureza privada, regida pelas normas da legislação civilista.

2. Tal como estabelece o art. 421 da Lei 10.406/2002 (Código Civil), as Partes possuem liberdade de contratar, prevalecendo a intervenção mínima e excepcional da revisão contratual. Portanto, tratando-se de relação contratual particular, a Parte Ré, ora Apelada, tem autonomia e liberdade para manter, ou, até mesmo, excluir os motoristas de seu cadastro, já que atua no setor privado e deve garantir a qualidade do seu serviço, uma vez que possui responsabilidade em relação ao consumidor.

3. O egrégio Superior Tribunal de Justiça já entendeu que "as ferramentas tecnológicas disponíveis atualmente permitiram criar uma nova modalidade de interação econômica, fazendo surgir a economia compartilhada (*sharing economy*), em que a prestação de serviços por detentores de veículos particulares é intermediada por aplicativos geridos por empresas de tecnologia. Nesse processo, os motoristas, executores da atividade atuam como empreendedores individuais, sem vínculo de emprego com a empresa proprietária da plataforma" (STJ – 2ª Seção – Conflito de Competência 164.544/MG – Rel.: Min. Moura Ribeiro); j. em 28.08.2019; Dj 04.09.2019).

4. A prova dos Autos demonstrou a ocorrência uma anotação criminal em nome do Apelante, cujo teor é suficiente para justificar a quebra da relação de confiança que se estabelece entre as Partes contratantes. Não fosse isto, denota-se que houve denúncia, em face do Apelante, oferecida por uma de suas clientes.

5. Esse egrégio Tribunal de Justiça já reconheceu a possibilidade de exclusão de motorista de aplicativo por ofensa aos termos e condições do código de condutas, ou por más avaliações.

6. A Apelada atuou dentro dos limites da livre iniciativa e esclareceu os motivos que ensejaram a penalidade de exclusão do Apelante junto ao aplicativo, não havendo abuso de direito praticado ou conduta ilícita apta a ensejar indenização por danos morais e lucros cessantes.

7. "O tribunal, ao julgar recurso, majorará os honorários fixados anteriormente levando em conta o trabalho adicional realizado em grau recursal, observando, conforme o caso, o disposto nos §§ 2º a 6º, sendo vedado ao tribunal, no cômputo geral da fixação de honorários devidos ao advogado do vencedor, ultrapassar os respectivos limites estabelecidos nos §§ 2º e 3º para a fase de conhecimento" (§ 11 do art. 85 da Lei 13.105/2015).

8. Ao beneficiário da gratuidade da Justiça quando for a parte vencida, na demanda judicial, e/ou, assim, for condenado a arcar, ainda, que, parcialmente, com o ônus sucumbencial, é reconhecida a condição suspensiva de exigibilidade prevista no § 3º do art. 98 da Lei 13.105/2015.9. Recurso de apelação cível conhecido, e, no mérito, não provido.[96]

---

96. BRASIL. Tribunal de Justiça do Paraná. Décima Sétima Câmara Cível. Apelação Cível 0019261-29.2020.8.16.0001. Relator Desembargador Mario Luiz Ramidoff, julgamento em 02.05.2022. Disponível em: www.tjpr.jus.br. Acesso em: 6 abr. 2023.

O Tribunal de Justiça do Paraná, por ocasião do julgamento da apelação cível 0071202-13.2019.8.16.0014, também reconheceu a licitude de exclusão de usuário fornecedor de plataforma digital, sem qualquer comunicação prévia:

> Apelação cível. Ação de obrigação de fazer. Motorista de aplicativo da "99 taxi" excluído da plataforma digital da empresa. Pleito de novo credenciamento. Sentença de improcedência. Insurgência recursal do autor. Pretensão de ser aplicado o CDC ao caso, com inversão do ônus da prova. Não acolhimento. Relação contratual regida pelo direito civil. Aplicação do princípio da *pacta sunt servanda*. Liberdade contratual e autonomia da vontade. Precedente desta corte. Mérito. Provas demonstrando comportamento inapropriado do motorista na condução dos passageiros. Descumprimento das cláusulas 5.1 e 6.1 do termo de uso do aplicativo. Possibilidade de descredenciamento do profissional sem notificação prévia. Providência prevista na cláusula 8.2 do termo de uso. Exclusão do apelante que se deu no exercício regular de direito da empresa. Ausência de ilegalidade. Jurisprudência. Sentença escorreita. Recurso desprovido.[97]

O acórdão fundamentou-se no entendimento de que a relação envolvendo a plataforma digital e o usuário fornecedor consiste em um licenciamento de uso de tecnologia, que permite a atuação desse como motorista autônomo. Ou seja, entendeu-se estar-se diante de uma relação cível, admitindo-se o bloqueio do usuário fornecedor, sem qualquer notificação prévia, conforme previsto nos termos e condições de uso.

Todavia, embora se entenda que as plataformas digitais exerçam a função de controle e sejam responsáveis pela credibilidade das atividades desenvolvidas no âmbito de sua atuação, subsiste divergência na jurisprudência acerca da possibilidade de exclusão sumária do usuário fornecedor que ofenda os termos e condições de uso.

O Tribunal de Justiça do Rio Grande do Sul, no julgamento da apelação cível 5126514-16.2021.8.21.0001, reconheceu a ilicitude da exclusão de motorista sem qualquer comunicação antecedente, baseando-se em argumento genérico.

> Agravo de instrumento. Direito privado não especificado. A ação de obrigação de fazer cumulada com indenização por danos morais e materiais. *Exclusão de motorista* parceiro de plataforma. Aplicativo. Indeferimento da tutela provisória de urgência. Reversão. Incidência dos requisitos do art. 300 do CPC. Precedentes. Agravante que sofreu o bloqueio de seu perfil na plataforma gerida pela agravada, de forma arbitrária, ao arrepio dos ditames que regem as relações contratuais. Dever de solidariedade, de cooperação e da boa-fé objetiva descumpridos. Agravante que teve banida sua atuação como *motorista* parceiro da *'uber'*, sem prévia notificação, sob o argumento que atividades irregulares teriam sido encontradas em sua conta (sem qualquer especificação). Ausente, portanto, suporte para o descadastra-

---

97. BRASIL. Tribunal de Justiça do Paraná. Quinta Câmara Cível. Apelação Cível 0071202-13.2019.8.16.0014. Relator Desembargador Rogério Ribas, julgado em 07.12.2020. Disponível em: www.tjpr.jus.br. Acesso em: 6 abr. 2023.

mento do autor, sob a mera alegação do exercício regular de direito da ré. Ainda que não se desconheça a incidência do princípio da autonomia da vontade em relações como a debatida, os fatos conformam o pleito recursal ao efeito de deferir a tutela provisória de urgência, com a reintegração do agravante à plataforma de motoristas do aplicativo gerenciado pela parte ré. Agravo de instrumento provido.[98]

Não obstante o antagonismo nos entendimentos adotados pelos tribunais estaduais, a análise dos comportamentos adotados pelas plataformas digitais corrobora o entendimento acerca do poder e/ou influência por elas exercida nas atividades desenvolvidas no âmbito da economia do compartilhamento, tornando-se mais clara a constatação de que ele atua como uma fornecedora e prestadora de serviços aos usuários consumidores e fornecedores.

Disso se extrai a acentuada importância que a boa-fé objetiva possui não apenas nas relações contratuais paritárias, como também nas assimétricas, oriundas dos Códigos Civil ou de Defesa do Consumidor. Tal conclusão se verifica no fato de que a boa-fé objetiva tutela o valor da confiança, que inclusive é considerada nas decisões do Poder Judiciário anteriormente mencionadas. Consequentemente, a boa-fé objetiva deve reger os efeitos da relação contratual colaborativa.

3.3 DEVERES ANEXOS DE CONDUTA NA RELAÇÃO CONTRATUAL COLABORATIVA

A economia compartilhada submete-se à noção de obrigação como processo, razão pela qual as etapas pré-contratual, de execução e pós-contratual devem ser analisadas dentro de sua complexidade e se sujeitam aos valores constitucionais e aos princípios do Código Civil, especialmente o da boa-fé objetiva, contemplada no art. 422.[99]

Consequentemente, os deveres voltados ao cumprimento satisfatório dos interesses dos envolvidos na economia colaborativa incidem desde o momento em que os usuários aderem aos contratos estabelecidos pelas plataformas digitais, sujeitando-se ao que neles se encontra disposto. Iguais encargos se aplicam também aos guardiões de acesso, quer por eles disciplinarem toda a relação contratual, quer por serem eles os responsáveis por assegurar a credibilidade, segurança e confiança nas relações firmadas nesse modelo econômico.

---

98. BRASIL. Tribunal de Justiça do Rio Grande do Sul. Primeira Câmara Cível. Agravo de Instrumento 5102170-86.2022.8.21.7000. Relator Desembargador Guinther Spode, julgado em 24.10.2022. Disponível em: www.tjrs.jus.br. Acesso em: 6 abr. 2023.
99. Art. 422. Os contratantes são obrigados a guardar, assim na conclusão do contrato, como em sua execução, os princípios da probidade e boa-fé.

O Código Civil de 2002, que disciplina a boa-fé objetiva, fundamenta-se na eticidade, "cujo fulcro fundamental é o valor da pessoa humana como fonte de todos os valores".[100]

Esse personalismo ético acabou introduzindo o valor da liberdade de atuação do indivíduo no sistema jurídico, que passa a agir de acordo com sua autonomia privada. A partir dela, a pessoa adquire a faculdade de celebrar relações jurídicas, delimitando o momento e a forma de efetivação de seus direitos. A liberdade do indivíduo, nesse contexto, acaba sendo formada pelos princípios da consideração solidária aos interesses alheios e da confiança.[101]

Disso resulta que, nas relações obrigacionais, norteadas pela noção de obrigação como processo, incidem os deveres de prestação primários e secundários, assim como os deveres laterais ou anexos[102-103] – os quais se aplicam nas relações da economia colaborativa.

Os deveres primários, também chamados principais da prestação, são a essência da relação jurídica, que somente atingirá sua finalidade quando eles forem efetivamente concretizados.[104-105]

Na economia do compartilhamento, pode-se afirmar que o dever principal ou primário, será efetivado quando, por exemplo, ocorrer a efetiva troca dos livros entre os usuários ou, ainda, quando o usuário-fornecedor entregar o

---

100. REALE, Miguel. *Visão geral do Projeto de Código Civil*. Disponível em: www.miguelreale.com.br. Acesso em: 7 abr. 2023.
101. FRITZ, Karina Nunes. A boa-fé objetiva e sua incidência na fase negocial: um estudo comparado com base na doutrina alemã. *Revista de Direito Privado*, v. 29, jun.-mar. 2007, DTR\2007\813.
102. HAICAL, Gustavo Luis da Cruz. O inadimplemento pelo descumprimento exclusivo de dever lateral advindo da boa-fé objetiva. *Revista dos Tribunais*, v. 900, out. 2010, DTR\2010\853.
103. Renata C. Steiner adverte: "Os deveres decorrentes da boa-fé objetiva são trabalhados sob as mais variadas nomenclaturas – a citar, deveres acessórios de conduta, fiduciários, instrumentais ou funcionais e lateral. Independentemente da nomenclatura utilizada, no entanto, avulta o reconhecimento de que tais deveres provêm (ou são causa) da complexidade intraobrigacional, exatamente no sentido que a compreende para além de um vínculo estático entre dever jurídico de débito e direito subjetivo de crédito. Mas ainda: repousam sob a cláusula geral da boa-fé, que deve presidir o trânsito jurídico, sendo ela a sua fonte. É dizer que os deveres contratuais não podem mais ser limitados àqueles derivados da autonomia privada". (STEINER, Renata C. *Descumprimento contratual*: boa-fé e violação positiva do contrato. São Paulo: Quartier Latin, 2014, p. 87).
104. HAICAL, Gustavo Luis da Cruz. O inadimplemento pelo descumprimento exclusivo de dever lateral advindo da boa-fé objetiva. *Revista dos Tribunais*, v. 900, out. 2010, DTR\2010\853.
105. Jorge Cesa Ferreira da Silva afirma: "Em primeiro lugar, toda relação obrigacional possui deveres que a identificam, centrados na espécie de prestação que a obrigação em questão veicula. A compra e venda identifica-se por atribuir a uma parte o dever de transferir a propriedade e, à outra, o de pagar o preço; a locação, por atribuir a uma parte o dever de transferir temporariamente o uso e o gozo de uma coisa e, à outra, o dever de pagar o correspondente preço; o comodato, por sua vez, só exige a transferência temporária, por uma das partes à outra, do uso e/ou gozo da coisa". (SILVA, Jorge Cesa Ferreira. *A boa-fé e a violação positiva do contrato*. Rio de Janeiro: Renovar, 2002, p. 70).

imóvel para uso temporário e o usuário-consumidor efetuar o pagamento. Tal relação, como se sabe, é disciplinada por plataforma digital que recebe os valores, desconta a importância representada por sua comissão e repassa o remanescente ao usuário-fornecedor.

Os deveres secundários, "por sua vez, também dizem ao 'o que' da prestação; no entanto, não particularizam ou individualizam a obrigação"[106] e acabam por complementar os deveres de prestação primários.[107] Dividem-se em duas espécies. A primeira, denominada deveres secundários meramente acessórios da obrigação principal, tem por finalidade organizar o cumprimento da obrigação principal.[108]

Na economia colaborativa, aludido dever é passível de ser constatado no ato do usuário-fornecedor conservar e/ou empacotar o bem comercializado por intermédio da plataforma digital para ser encaminhado ao usuário-consumidor. Já a segunda modalidade, nominada como deveres secundários com prestação autônoma, consiste no dever de reparar os prejuízos ao lesado decorrentes do inadimplemento.[109-110] Ou seja, trata-se do ônus de indenizar os prejuízos advindos do inadimplemento absoluto, presente na economia colaborativa quando o usuário-fornecedor e/ou a plataforma digital não disponibilizam o ingresso do usuário-consumidor no imóvel no período ajustado contratualmente, de modo que a obrigação não possa mais ser cumprida. Também decorre do inadimplemento relativo, presente na circunstância de o usuário-consumidor, a despeito de ter recebido o produto adquirido ou o imóvel para uso temporário, não efetua o respectivo pagamento, devendo, assim, nos termos do art. 389 do Código Civil, responder "por perdas e danos, mais juros e atualização monetária segundo os índices oficiais regularmente estabelecidos, e honorários de advogado".

A 5ª Turma Recursal dos Juizados Especiais do Tribunal de Justiça do Paraná, no julgamento do recurso inominado 0008971-84.2019.8.16.0131, concluiu

---

106. STEINER, Renata C. *Descumprimento contratual*: boa-fé e violação positiva do contrato. São Paulo: Quartier Latin, 2014, p. 89.
107. HAICAL, Gustavo Luis da Cruz. O inadimplemento pelo descumprimento exclusivo de dever lateral advindo da boa-fé objetiva. *Revista dos Tribunais*, v. 900, out. 2010, DTR\2010\853.
108. STEINER, Renata C. *Descumprimento contratual*: boa-fé e violação positiva do contrato. São Paulo: Quartier Latin, 2014, p. 89.
109. STEINER, Renata C. *Descumprimento contratual*: boa-fé e violação positiva do contrato. São Paulo: Quartier Latin, 2014, p. 89.
110. Cristiano Chaves de Farias e Nelson Rosenvald sustentam: "Nessa terceira categoria, incluem-se os deveres acessórios da obrigação principal, ou seja, aqueles cujo objetivo é assegurar a perfeita execução das prestações de dar, fazer ou não fazer (*v.g.*, na compra e venda, o dever de conservar a coisa vendida ou acondicioná-la). Entre os deveres secundários também se inserem aqueles relativos às prestações complementares da obrigação principal (*v.g.*, dever de indenizar prejuízos decorrentes da mora)". (FARIAS, Cristiano Chaves; ROSENVALD, Nelson. *Curso de Direito Civil*: obrigações. 11. ed., rev., ampl. e atual. Salvador: JusPodivm, 2017, p. 144).

que a plataforma digital, por integrar a cadeia de consumo, deve solidariamente indenizar os danos materiais suportados por usuário-consumidor, com a incidência de correção monetária, juros moratórios de 1% ao mês e honorários de advogados, pelo fato de o usuário-fornecedor não ter efetuado a entrega do produto adquirido. Consta no acórdão:

> Recurso inominado. Ação de indenização por danos materiais e morais. Compra realizada pela internet através do mercado livre. Produto não recebido. Falha na prestação de serviço. Responsabilidade solidária da detentora da plataforma digital. Previsão de garantia que não afasta a legislação consumerista ante a situação específica do caso concreto. Dano moral não configurado. Sentença reformada. Substituição da taxa de juros de 1% pela taxa selic. Impossibilidade. Recurso conhecido e parcialmente provido.
>
> 1. A recorrente é responsável solidariamente pelos danos causados ao consumidor decorrentes de aquisição de produtos expostos em sua plataforma digital (*marketplace*), fazendo parte da cadeia de fornecimento, nos termos do artigo 7º, parágrafo único, do Código de Defesa do Consumidor. Neste sentido: "*De início, apesar de argumentar que atua apenas como facilitadora na interação entre consumidores e fornecedores, não se deixa de observar a responsabilidade da ré sobre os danos causados ao consumidor. Isso pois a ré aufere lucro com a disponibilização do serviço, garantindo aparente segurança ao consumidor, além de servir como responsável por intermediar a relação entre o lojista e o comprador. Assim, é certo que a ré faz parte da cadeia de consumo e, portanto, está sujeita ao disposto no art. 18, do Código de Defesa do Consumidor*". (TJPR – 1ª Turma Recursal – 0004196-04.2018.8.16.0182 – Curitiba – Rel.: Juíza Vanessa Bassani – J. 26.03.2019).
>
> 2. Destarte, havendo falha na prestação do serviço decorrente de ausência de entrega do produto adquirido em *marketplace*, correta é a responsabilização da empresa detentora da plataforma digital.
>
> 3. E por este mesmo motivo a responsabilização pelos danos materiais causados à consumidora independe da existência de garantia; a liberalidade concedida pela empresa não afasta a aplicação da legislação consumeirista, em especial no caso concreto, que o prazo de cobertura é de 28 (vinte e oito) dias e o vendedor solicitou prazo de 25 (vinte e cinco) dias apenas para despachar o produto para entrega, tornando inócua a garantia prestada.
>
> 4. No que concerne ao dano moral, tem-se que não restou configurado no caso concreto. É que embora o reclamante não tenha recebido o produto que adquiriu, não comprovou que o fato gerou maiores repercussões em seus direitos personalíssimos, considerando ainda que se tratam de bens de consumo não essenciais (conjunto de bancos).
>
> 5. Inaplicável a taxa Selic, pois já pacificado pelas Turmas Recursais que os juros de mora incidentes sobre a condenação são de 1% ao mês. Precedentes: TJPR – 2ª Turma Recursal – 0008109-29.2015.8.16.0075 – Cornélio Procópio – Rel.: Juiz Rafael Luis Brasileiro Kanayama – J. 13.03.2017; TJPR – 2ª Turma Recursal – 0000985-37.2012.8.16.0095 – Irati – Rel.: Juíza Camila Henning Salmoria – J. 02.03.2015.[111]

---

111. BRASIL. Tribunal de Justiça do Paraná. Quinta Turma Recursal dos Juizados Especiais., Recurso Inominado 0008971-84.2019.8.16.0131. Relatora Juíza de Direito da Turma Recursal dos Juizados Especiais Manuela Tallão Benke, julgado em 1º.03.2021. Disponível em: www.tjpr.jus.br. Acesso em: 6 abr. 2023.

Os deveres laterais de conduta possuem como característica específica a vinculação ao caso concreto, do qual resulta que sua aplicabilidade estará condicionada às particularidades dos envolvidos ou à confiança resultante do fato específico. Além disso, por decorrerem da boa-fé objetiva,[112] tais deveres estruturam-se de forma variável e se aplicam com intensidade distinta de acordo com a relação jurídica firmada, inexistindo qualquer possibilidade de subsistir um rol taxativo com especificação pormenorizada em decorrência de sua expressiva variedade.[113]

Renata C. Steiner aponta que Claus-Wilhelm Canaris relata que os deveres laterais subsistem mesmo nas hipóteses em que inexiste dever de prestação ou a conclusão do contrato, razão pela qual, nessa última hipótese, os deveres laterais não são fulminados pela nulidade contratual. Também consistem em fonte criadora, que se baseia, por ocasião das tratativas que antecedem a contratação, na confiança.[114]

Os deveres laterais também se caracterizam por possuírem conteúdo indeterminado. Logo, como emanam da boa-fé objetiva, incumbirá às partes observá-los durante todas as etapas do contrato, assim compreendida como fases pré-contratual, caracterizada pelo contato entre os envolvidos, sem a instituição dos deveres de prestação e fundamentada na confiança, contratual, na qual se tem a efetivação do negócio entabulado, e pós-contratual, que impõe às partes "assegurarem a plena utilidade dos direitos adquiridos".[115-116]

O Superior Tribunal de Justiça, no julgamento do recurso especial 1.051.065/AM, concluiu que o dever de indenizar pela responsabilidade pré-contratual não está presente no rompimento das tratativas e pela não concretização do contrato, "mas do fato de uma das partes ter gerado à outra, além da expectativa legítima de que o contrato seria concluído, efetivo prejuízo material".[117]

---

112. STEINER, Renata C. *Descumprimento contratual*: boa-fé e violação positiva do contrato. São Paulo: Quartier Latin, 2014, p. 91.
113. EHRHARDT JR., Marcos. *Responsabilidade civil pelo inadimplemento da boa-fé*. 2. ed., rev. e atual. Belo Horizonte: Fórum, 2017, p. 97.
114. STEINER, Renata C. *Descumprimento contratual*: boa-fé e violação positiva do contrato. São Paulo: Quartier Latin, 2014, p. 91.
115. EHRHARDT JR., Marcos. *Responsabilidade civil pelo inadimplemento da boa-fé*. 2. ed., rev. e atual. Belo Horizonte: Fórum, 2017, p. 94-95.
116. Karina Nunes Fritz afirma: "Essa visão dinâmica do fenômeno obrigacional permitiu constatar que os deveres de conduta incidem não apenas durante o vínculo obrigacional, quando se está diante de um negócio jurídico, mas ainda nas fases pré e pós-contratual, quando as partes encontram-se apenas em relação de contrato. A boa-fé objetiva atua em todas essas fases, embora com fases, embora com intensidade distintas, criando direitos e deveres para as partes, os quais independem da vontade dos envolvidos". (FRITZ, Karina Nunes. A boa-fé objetiva e sua incidência na fase negocial: um estudo comparado com base na doutrina alemã. *Revista de Direito Privado*, v. 29, jun.-mar. 2007, DTR\2007\813).
117. Recurso especial. Civil e processual civil. Violação do artigo 535 do código de processo civil. Ausência. Declaratórios procrastinatórios. Multa. Cabimento. Contrato. Fase de tratativas. Violação do princípio da boa-fé. Danos materiais. Súmula 7/STJ.

Aludida Corte também vem reconhecendo o dever de indenizar os danos materiais e morais na responsabilidade pós-contratual nas hipóteses de "rescisão imotivada do contrato, em especial quando efetivada por meio de conduta desleal e abusiva".[118]

Sua incidência pode ser estabelecida contratualmente. Entretanto, por consistir em matéria de ordem pública, os deveres anexos produzirão efeitos nas relações obrigacionais mesmo quando as partes não a convencionarem expressamente ou a afastarem contratualmente, no âmbito da autonomia privada.[119]

Os deveres anexos repercutem tanto nas relações consumeristas como nas disciplinadas pelo Código Civil e devem ser observados por todos os envolvidos na relação jurídica obrigacional advinda da economia colaborativa.

---

1. Não há falar em negativa de prestação jurisdicional se o tribunal de origem motiva adequadamente sua decisão, solucionando a controvérsia com a aplicação do direito que entende cabível à hipótese, apenas não no sentido pretendido pela parte.

2. "No caso, não se pode afastar a aplicação da multa do art. 538 do CPC, pois, considerando-se que a pretensão de rediscussão da lide pela via dos embargos declaratórios, sem a demonstração de quaisquer dos vícios de sua norma de regência, é sabidamente inadequada, o que os torna protelatórios, a merecerem a multa prevista no artigo 538, parágrafo único, do CPC' (EDcl no AgRg no Ag 1.115.325/RS, Rel. Min. Maria Isabel Gallotti, Quarta Turma, *DJe* 04.11.2011).

3. A responsabilidade pré-contratual não decorre do fato de a tratativa ter sido rompida e o contrato não ter sido concluído, mas do fato de uma das partes ter gerado à outra, além da expectativa legítima de que o contrato seria concluído, efetivo prejuízo material.

4. As instâncias de origem, soberanas na análise das circunstâncias fáticas da causa, reconheceram que houve o consentimento prévio mútuo, a afronta à boa-fé objetiva com o rompimento ilegítimo das tratativas, o prejuízo e a relação de causalidade entre a ruptura das tratativas e o dano sofrido. A desconstituição do acórdão, como pretendido pela recorrente, ensejaria incursão no acervo fático da causa, o que, como consabido, é vedado nesta instância especial (Súmula 7/STJ).

5. Recurso especial não provido. (BRASIL. Superior Tribunal de Justiça. Terceira Turma. Recurso Especial 1.051.065/AM. Relator Ministro Ricardo Villas Bôas Cueva, julgado em 21.02.2013. Disponível em: www.stj.jus.br. Acesso em 6 abr. 2023).

118. Agravo regimental no agravo em recurso especial. Seguro de vida. Idosos. Rescisão unilateral imotivada após anos de renovação. Danos morais. Cabimento. Juros de mora. Termo inicial. Precedentes.

1. A jurisprudência desta Corte já se posicionou no sentido de que "a rescisão imotivada do contrato, em especial quando efetivada por meio de conduta desleal e abusiva – violadora dos princípios da boa-fé objetiva, da função social do contrato e da responsabilidade pós-contratual – confere à parte prejudicada o direito à indenização por danos materiais e morais". (REsp 1255315/SP, Rel. Min. Nancy Andrighi).

2. A egrégia Segunda Seção firmou o entendimento de que, "no caso de dano moral puro, a quantificação do valor da indenização, objeto da condenação judicial, só se dar após o pronunciamento judicial, em nada altera a existência da mora do devedor, configurada desde o evento danoso. A adoção de orientação diversa, ademais, ou seja, de que o início da fluência dos juros moratórios se iniciasse a partir do trânsito em julgado, incentivaria o recorrismo por parte do devedor e tornaria o lesado, cujo dano sofrido já tinha o devedor obrigação de reparar desde a data do ato ilícito, obrigado a suportar delongas decorrentes do andamento do processo e, mesmo de eventuais manobras processuais protelatórias, no sentido de adiar a incidência de juros moratórios" (REsp 1.132.866/SP, Rel. p/ Acórdão Min. Sidnei Beneti).

3. Agravo regimental não provido. (BRASIL. Superior Tribunal de Justiça. Terceira Turma. Agravo Regimental no agravo em Recurso Especial 193.379/RS. Relator Ministro Ricardo Villas Bôas Cueva, julgado em 02.05.2013. Disponível em: www.stj.jus.br. Acesso em: 6 abr. 2023).

119. STEINER, Renata C. *Descumprimento contratual*: boa-fé e violação positiva do contrato. São Paulo: Quartier Latin, 2014, p. 99.

Inicialmente serão analisados os deveres laterais de cooperação e lealdade. O primeiro relaciona-se à uma "cooperação *qualificada pela finalidade*, que é alcançar o adimplemento satisfatório, desatando-se o vínculo com a obtenção das utilidades buscadas pelos contratantes".[120] Objetiva também a adoção de comportamento destinado a impedir todos os óbices para o atingimento do fim contratual, desde que esteja ao alcance dos envolvidos e de acordo com o contrato ou obrigação firmada.[121] Assim, a cooperação caracteriza-se por ser

> também axiologicamente orientada, o que inclui a probidade (Código Civil, art. 422), que é a *correção da conduta*, o seu direcionamento ético, traduzido, no Código Civil italiano, pela expressão *correttezza*, caracterizado, nas atividades em proveito alheio (*tua res agitur*) e nas de interesses suprapessoal (*nostra res agitur*) por um *quid*: ser correto é ser leal (ao envolvente, pelo mandatário; a partes, pelos árbitros) é ser leal ao fim comum conjuntural ou ao pontualmente estabelecido.[122]

Claudia Lima Marques apresenta extenso rol definindo e demonstrando a relevância e aplicabilidade da cooperação nas relações de consumo. Segundo ela, o ato de cooperar consiste, dentre tantas iniciativas, na adoção de comportamento conforme a boa-fé, ou seja, em uma atuação leal, que não impeça ou dificulte o acesso do consumidor ao Poder Judiciário ou ainda que não acabe por "instituir um mandato ou cláusula afim para poder assinar em seu nome negócio jurídico diferente do principal ou poder se ressarcir de forma mais efetiva diretamente em sua conta corrente (...)".[123]

O desatendimento da obrigação de cooperar, especialmente do credor, autorizará o devedor a requerer junto ao Poder Judiciário a exceção de contrato não cumprido, com o recebimento de perdas e danos. É o que se verifica nos contratos de longa duração, sobretudo os relacionais, "que partem de interações contínuas, citando-se como exemplos o contrato de fornecimento de crédito para compra de casa própria, o contrato de fundo privado de pensão",[124] dentre outros.

Dentre os exemplos de cláusulas contratuais que violam contratos firmados no âmbito da economia colaborativa, infringindo os arts. 6º, VIII, e 51, VII, do Código de Defesa do Consumidor, tem-se a disposição nos termos e condições de uso de que o foro de eleição será o da sede social da plataforma digital ou ainda

---

120. MARTINS-COSTA. Judith. *A boa-fé no Direito Privado*: critérios para a sua aplicação. 2. ed. São Paulo: Saraiva Educação, 2018, p. 574.
121. SILVA, Jorge Cesa Ferreira. *A boa-fé e a violação positiva do contrato*. Rio de Janeiro: Renovar, 2002, p. 114.
122. MARTINS-COSTA. Judith. *A boa-fé no Direito Privado*: critérios para a sua aplicação. 2. ed. São Paulo: Saraiva Educação, 2018, p. 574-575.
123. MARQUES, Claudia Lima. *Contratos no Código de Defesa do Consumidor*: o novo regime das relações contratuais. 8. ed., rev., atual. e ampl. São Paulo: Ed. RT, 2016, p. 1186.
124. LÔBO, Paulo. *Direito Civil*: obrigações. 5. ed. São Paulo: Saraiva, 2017, p. 105-106.

a que determine a aplicação do Juízo arbitral. Entende-se que tal previsão impõe dificuldades para o exercício do direito do usuário-consumidor.

Nesse sentido já se pronunciou a Turma Recursal Única dos Juizados Especiais Cíveis do Tribunal de Justiça do Paraná, que afastou o foro de eleição previsto em contrato de adesão firmado com plataforma digital e determinou o processamento da ação no foro do domicílio do usuário-consumidor:

> Indenização – Sentença de extinção – Incompetência Territorial reconhecida – Recurso Inominado – Aplicabilidade do CDC – Foro de eleição – Contrato de adesão – Competência do foro do domicílio do autor – Negócio realizado pelo site mercado livre – Extinção indevida – Julgamento do mérito pelo colegiado – Artigo 515, § 3º do CPC – Ilegitimidade passiva – Tese improcedente – Vendedor que se utiliza da recorrida para efetuar a venda de notebook – Alegação de que o negócio foi celebrado mediante "mercado pago" e após a confirmação do pagamento e sua liberação foi efetivada a entrega do produto ao comprador – Posterior negativa de repasse do numerário sob alegação do comprador que não recebeu a mercadoria – Falha do recorrente ao não atender as regras de negociação – inexistência de prova da entrega do aparelho – Irrelevância frente a liberação do valor pelo comprador e encaminhamento de mensagem eletrônica informando a liberação – Falha na prestação do serviço – Dano moral – Ausência de prova – Reclamação julgada parcialmente procedente. Decisão: diante do exposto, resolve esta Turma Recursal, por unanimidade de votos, conhecer do recurso e, no mérito, dar-lhe provimento parcial, nos exatos termos do voto.[125]

O dever de lealdade, por sua vez, faz com que os envolvidos atuem para obter o objetivo estabelecido contratualmente. Sua eficácia será auferida com base no negócio jurídico e suas circunstâncias, ocorrendo seu descumprimento quando vendedora de empresa que comercializa "curso de massoterapia simplesmente se instala em outro endereço, desenvolvendo idêntico ramo de atividade, e comunica aos seus antigos clientes ter mudado de endereço".[126]

Jorge Cesa Ferreira da Silva adverte que os deveres de lealdade consistem na vedação de qualquer ato comissivo ou omissivo nas fases pré-contratual, de execução e pós-contratual, que impeçam o atingimento das expectativas existentes ou que decorram da análise do contrato.[127]

Na responsabilidade pré-contratual, tal violação se verifica quando um dos contratantes cria expectativas legítimas no outro, sem ter, contudo, qualquer interesse em celebrar o contrato – hipótese que pode perfeitamente acontecer na

---

125. BRASIL. Tribunal de Justiça do Paraná. Turma Recursal Única. Recurso Inominado 0000002-00.8000.0.70.9800. Relator Juiz de Direito Telmo Zaions Zainki, julgado em 09.05.2008. Disponível em: www.tjpr.jus.br. Acesso em: 6 abr. 2023.
126. HAICAL, Gustavo Luis da Cruz. O inadimplemento pelo descumprimento exclusivo de dever lateral advindo da boa-fé objetiva. *Revista dos Tribunais*, v. 900, out. 2010, DTR\2010\853.
127. SILVA, Jorge Cesa Ferreira. *A boa-fé e a violação positiva do contrato*. Rio de Janeiro: Renovar, 2002, p. 114.

economia colaborativa, especialmente no uso temporário de imóvel pelo usuário-consumidor. Já na responsabilidade pós-contratual, a infração está presente, por exemplo, na divulgação de segredo após a extinção do vínculo.[128]

Outro dever anexo é o de proteção, também nominado cuidado, que busca tutelar uma das partes dos riscos que possam incidir sobre seus bens e sua pessoa,[129] cuja inobservância acarreta a responsabilização objetiva, ou seja, independentemente de culpa, conforme a espécie contratual celebrada.[130]

Claudia Lima Marques lembra que se tem a violação do dever de cuidado quando subsistir cláusula atenuando a responsabilidade em contratos firmados com instituição financeira,[131] prevista como nula de pleno direito pelo art. 51, I,[132] do Código de Defesa do Consumidor, à exceção dos contratos de consumo celebrado por consumidores pessoas jurídicas, que podem contemplá-la, em situações justificáveis. Aludido dispositivo é inteiramente aplicável pelas plataformas digitais nos contratos firmados na economia do compartilhamento por consumidores pessoas físicas e/ou jurídicas, cujos termos e condições de uso ilegalmente contemplam sua isenção de responsabilidade por ato praticado pelo usuário-fornecedor.

Também deve ser acrescido o disposto no art. 25 do Código de Defesa do Consumidor, que expressamente determina que "É vedada a estipulação contratual de cláusula que impossibilite, exonere ou atenue a obrigação de indenizar prevista nesta e nas seções anteriores".

No tocante à limitação da responsabilidade em contratos celebrados por pessoa jurídica consumidora, tem-se afirmado que a doutrina condiciona sua validade à existência de três requisitos. O primeiro deles consiste na necessidade de que referida cláusula não compreenda atividade regular de consumo da pessoa jurídica consumidora. O segundo requisito refere-se à necessidade de a pessoa jurídica consumidora estar devidamente acompanhada de advogado ou consultor jurídico, de modo a se impedir a caracterização de sua vulnerabilidade,

---

128. FARIAS, Cristiano Chaves; ROSENVALD, Nelson. *Curso de Direito Civil*: obrigações. 11. ed., rev., ampl. e atual. Salvador: JusPodivm, 2017, p. 148-149.
129. FARIAS, Cristiano Chaves; ROSENVALD, Nelson. *Curso de Direito Civil*: obrigações. 11. ed., rev., ampl. e atual. Salvador: JusPodivm, 2017, p. 148.
130. MARQUES, Claudia Lima. *Contratos no Código de Defesa do Consumidor*: o novo regime das relações contratuais. 8. ed., rev., atual. e ampl. São Paulo: Ed. RT, 2016, p. 1264.
131. MARQUES, Claudia Lima. *Contratos no Código de Defesa do Consumidor*: o novo regime das relações contratuais. 8. ed., rev., atual. e ampl. São Paulo: Ed. RT, 2016, p. 1264.
132. Art. 51. São nulas de pleno direito, entre outras, as cláusulas contratuais relativas ao fornecimento de produtos e serviços que:
    I – impossibilitem, exonerem ou atenuem a responsabilidade do fornecedor por vícios de qualquer natureza dos produtos e serviços ou impliquem renúncia ou disposição de direitos. Nas relações de consumo entre o fornecedor e o consumidor pessoa jurídica, a indenização poderá ser limitada, em situações justificáveis; (...).

a fim de se compreender os efeitos e as consequências de tal prática. Por fim, é imprescindível que a cláusula restritiva de indenização esteja contemplada em aditivo contratual.[133]

A legalidade das cláusulas de isenção de responsabilidade nas relações paritárias bilaterais tem sido reconhecida pelo Poder Judiciário, desde que as partes se manifestem nesse sentido, em atendimento aos princípios clássicos da autonomia privada e da força obrigatória dos contratos, a exemplo do que ocorreu no julgamento da apelação cível 0113259-38.2018.8.19.0001[134] pelo Tribunal de Justiça do Rio de Janeiro.

Já nos contratos de adesão firmados no âmbito das relações civis, como os entabulados pelas plataformas digitais com os usuários fornecedores, é necessária a averiguação de sua licitude no caso concreto, ante ao disposto no art. 424[135] do Código Civil, a necessidade de se tutelar o aderente, a possibilidade de desequilíbrio contratual e a autonomia privada dos envolvidos. Daí a oportuna observação de Diana Loureiro Paiva de Castro e Milena Donato Oliva, no sentido de que se mostra lícita a cláusula que isenta o dever de indenizar quando se evidenciar o equilíbrio da relação jurídica, instituindo-se um benefício àquele que renuncia ao direito com uma contraprestação ao credor.

> Assim, sem se descurar da necessária proteção ao aderente se, no caso específico, se identificar o desiquilíbrio contratual, prestigiam-se as potencialidades funcionais das cláusulas limitativas e excludentes do dever de indenizar, as quais, como visto, permitem ao credor a obtenção de vantagem como moeda de troca, minoram o efeito gerado no preço pela

---

133. CASTRO, Diana Loureira Paiva de; OLIVA, Milena Donato. As cláusulas de não indenizar nas relações de consumo e nos contratos de adesão em relações civis. *Revista de Direito do Consumidor*, v. 129, maio-jun. 2020, DTR\2020\748.
134. Apelação. Ação por procedimento comum. Contrato de prestação de serviços. Sentença de parcial procedência. Recurso da parte autora buscando a procedência total de seus pedidos e majoração dos honorários de sucumbência. Apelo do réu buscando a improcedência dos pedidos. Em contrarrazões a parte autora requer a aplicação de penas de má-fé. Parte ré condenada a pagar as parcelas vencidas pelos serviços prestados à parte autora. Ausência de indenização a ser paga em razão de resilição contratual antes do final do prazo contratual. Contrato de prestação de serviços de fisioterapia firmado entre as partes que contém cláusula de não indenizar na hipótese de rescisão antecipada do contrato. Prevalência do pacta sunt servanda em detrimento do disposto no artigo 603 do código civil. Em relação ao recurso do réu – exceção do contrato não cumprido – que não restou cabalmente provada. Inadimplência dos meses dos serviços prestados pela autora. Cabe a quem alega comprovar o fato constitutivo de seu direito (artigo 373, II, do novo Código de Processo Civil), ônus pelo qual a parte ré não se desincumbiu de provar. Precedentes desta colenda corte de justiça. Honorários sucumbenciais recíprocos, adequadamente fixados. Ausência dos elementos ensejadores constantes do artigo 86 do CPC/15. Desprovimento a ambos os recursos. (BRASIL. Tribunal de Justiça do Rio de Janeiro. Terceira Câmara Cível. Apelação 0113259-38.2018.8.19.0001. Relatora Desembargadora Fernanda Fernandes Coelho Arrabida Paes, julgado em 16.12.2020. Disponível em: www.tjrj.jus.br. Acesso em: 6 abr. 2023).
135. Art. 424. Nos contratos de adesão, são nulas as cláusulas que estipulem a renúncia antecipada do aderente a direito resultante da natureza do negócio.

extensão dos riscos assumidos pelo devedor e favoreçam a exequibilidade de negociações excessivamente custosas. Deve ser afastada, desta feita, a lógica do 'tudo ou nada'. Se o pacto fosse considerado *a priori* inválido, haveria violação da liberdade contratual. De outro giro, se a convenção fosse considerada válida em abstrato, sem se proceder a análise do caso prático, o aderente poderia restar prejudicado. Em síntese, portanto, a cláusula de não indenizar não se afigura vedada pelo artigo 424 do Código Civil (LGL\2002\400), desde que no caso concreto, a relação se afigure equilibrada.[136]

Outra hipótese de violação ao dever anexo de cuidado se verifica na hipótese de a plataforma digital divulgar ou comercializar os dados pessoais sem autorização dos usuários consumidor e fornecedor, em manifesta violação ao art. 7º[137] da Lei 13.709, de 14 de agosto de 2018 (Lei Geral de Proteção de Dados Pessoais),[138]

---

136. CASTRO, Diana Loureira Paiva de; OLIVA, Milena Donato. As cláusulas de não indenizar nas relações de consumo e nos contratos de adesão em relações civis. *Revista de Direito do Consumidor*, v. 129, maio-jun. 2020, DTR\2020\748.
137. Art. 7º O tratamento de dados pessoais somente poderá ser realizado nas seguintes hipóteses:
    I – mediante o fornecimento de consentimento pelo titular;
    II – para o cumprimento de obrigação legal ou regulatória pelo controlador;
    III – pela administração pública, para o tratamento e uso compartilhado de dados necessários à execução de políticas públicas previstas em leis e regulamentos ou respaldadas em contratos, convênios ou instrumentos congêneres, observadas as disposições do Capítulo IV desta Lei;
    IV – para a realização de estudos por órgão de pesquisa, garantida, sempre que possível, a anonimização dos dados pessoais;
    V – quando necessário para a execução de contrato ou de procedimentos preliminares relacionados a contrato do qual seja parte o titular, a pedido do titular dos dados;
    VI – para o exercício regular de direitos em processo judicial, administrativo ou arbitral, esse último nos termos da Lei 9.307, de 23 de setembro de 1996 (Lei de Arbitragem);
    VII – para a proteção da vida ou da incolumidade física do titular ou de terceiro;
    VIII – para a tutela da saúde, exclusivamente, em procedimento realizado por profissionais de saúde, serviços de saúde ou autoridade sanitária; (Redação dada pela Lei 13.853, de 2019) Vigência
    IX – quando necessário para atender aos interesses legítimos do controlador ou de terceiro, exceto no caso de prevalecerem direitos e liberdades fundamentais do titular que exijam a proteção dos dados pessoais; ou
    X – para a proteção do crédito, inclusive quanto ao disposto na legislação pertinente.
    § 3º O tratamento de dados pessoais cujo acesso é público deve considerar a finalidade, a boa-fé e o interesse público que justificaram sua disponibilização.
    § 4º É dispensada a exigência do consentimento previsto no *caput* deste artigo para os dados tornados manifestamente públicos pelo titular, resguardados os direitos do titular e os princípios previstos nesta Lei.
    § 5º O controlador que obteve o consentimento referido no inciso I do *caput* deste artigo que necessitar comunicar ou compartilhar dados pessoais com outros controladores deverá obter consentimento específico do titular para esse fim, ressalvadas as hipóteses de dispensa do consentimento previstas nesta Lei.
    § 6º A eventual dispensa da exigência do consentimento não desobriga os agentes de tratamento das demais obrigações previstas nesta Lei, especialmente da observância dos princípios gerais e da garantia dos direitos do titular.
    § 7º O tratamento posterior dos dados pessoais a que se referem os §§ 3º e 4º deste artigo poderá ser realizado para novas finalidades, desde que observados os propósitos legítimos e específicos para o novo tratamento e a preservação dos direitos do titular, assim como os fundamentos e os princípios previstos nesta Lei.
138. BRASIL. Casa Civil. Lei 13.709, de 14 de agosto de 2018. Lei Geral de Proteção de Dados. Disponível em: http://www.planalto.gov.br/ccivil_03/_ato2015-2018/2018/lei/l13709.htm. Acesso em: 7 abr. 2023.

ponto que será abordado na sequência a fim de se demonstrar a existência de lesão ao direito do usuário-consumidor passível de indenização.

O último dever lateral a ser analisado e que repercute significativamente na economia colaborativa é o da informação – aplicável tanto nas relações consumeristas quanto nas disciplinadas pelo Código Civil.

Sua finalidade consiste na obrigação que cada um dos envolvidos tem de explicar os pontos primordiais do que pode ou que eventualmente poderá acontecer durante as fases da relação obrigacional. Ou seja, trata-se de encargo que determina às partes "apresentarem as reais possibilidades e situações existentes de determinado negócio jurídico",[139] a fim de que ambas tenham a exata compreensão do contrato e possam formar seu convencimento para sua concretização ou eventualmente celebrá-lo sobre outros termos e até mesmo decidir que não deve firmar o vínculo jurídico.[140-141]

A base para a adoção do dever anexo de informação pelas partes justifica-se "nos conhecimentos técnicos do profissional, ou à confiança de conhecimento que legitimamente nele se deposita".[142]

Judith Martins-Costa aduz que o dever de informar pode atuar como instrumento de colaboração para o cumprimento satisfatório da obrigação principal ou do dever de prestação secundário. Também pode agir como um dever de proteção contra os danos que possam sofrer às partes. Na primeira hipótese, "será qualificada a informação quando *(i)* é ela própria o bem objeto da obrigação principal da prestação principal de prestação, ou *(ii)* quando é necessária para que o interesse à prestação possa ser otimamente satisfeito".[143]

Já na segunda situação, na qual a informação equivale ao dever de proteção, estar-se-á diante de atuação distinta, conforme a relação obrigacional. No momento das tratativas, a informação destina-se sobretudo para a obtenção do consentimento informado, tutelando-se "a higidez da manifestação negocial

---

139. HAICAL, Gustavo Luis da Cruz. O inadimplemento pelo descumprimento exclusivo de dever lateral advindo da boa-fé objetiva. *Revista dos Tribunais*, v. 900, out. 2010, DTR\2010\853.
140. FRITZ, Karina Nunes. A boa-fé objetiva e sua incidência na fase negocial: um estudo comparado com base na doutrina alemã. *Revista de Direito Privado*, v. 29, jun.-mar. 2007, DTR\2007\813.
141. Jorge Cesa Ferreira da Silva adverte: "Os deveres de informação e de esclarecimento são aqueles que obrigam as partes a se informarem mutuamente de todos os aspectos atinentes ao vínculo, de ocorrência que, com ele tenham certa relação e, ainda, de todos os efeitos que, da execução possam advir". (SILVA, Jorge Cesa Ferreira. *A boa-fé e a violação positiva do contrato*. Rio de Janeiro: Renovar, 2002, p. 115).
142. SILVA, Jorge Cesa Ferreira. *A boa-fé e a violação positiva do contrato*. Rio de Janeiro: Renovar, 2002, p. 116.
143. MARTINS-COSTA. Judith. *A boa-fé no Direito Privado*: critérios para a sua aplicação. 2. ed. São Paulo: Saraiva Educação, 2018, p. 580.

e a confiança que possibilita não apenas acalentar expectativas legítimas, mas igualmente avaliar riscos".[144]

A violação do dever de informar possui caráter positivo e negativo, ensejador, portanto, da infração à boa-fé objetiva em razão da perda da confiança que deve estar presente na relação obrigacional. Com efeito, o viés positivo decorre da apresentação de informações que não sejam completas ou sem a devida exatidão. Já no enfoque negativo, sua presença acontece na ausência dos esclarecimentos necessários sobre o conteúdo e os feitos.[145]

Todavia, o dever de informar possui conotações distintas conforme o enquadramento legal. A Lei 8.078/1990 estabelece normas de ordem pública e de interesse social voltadas para a proteção do consumidor, considerado expressamente como vulnerável, a fim de se obter o reequilíbrio contratual. Consequentemente, nas relações consumeristas se tem um engrandecimento do encargo informacional dos fornecedores de produtos e serviços, fazendo com que aludido dever anexo componha o contrato a ser firmado, nos termos do art. 30[146] do Código de Defesa do Consumidor.[147]

A importância atribuída ao dever de informação é tão acentuada que o art. 35 da Lei 8.078/1990 possibilita ao consumidor, em caso de recusa do fornecedor em cumprir a oferta, apresentação ou publicidade, escolher alternativamente exigir o cumprimento forçado da obrigação, podendo ainda "aceitar outro produto ou prestação de serviço equivalente ou rescindir o contrato, com direito à restituição de quantia eventualmente antecipada, monetariamente atualizada, e a perdas e danos".

Tais deveres evidentemente se aplicam nas relações da economia colaborativa firmadas pelo usuário-consumidor, impondo sua observância pelas plataformas digitais e usuários-fornecedores, por se tratar de relação consumerista.

Nas relações paritárias, o dever de informar sujeita-se a certas condições e intensidades, até mesmo porque as partes, por se encontrarem em condições de igualdade, possuem o dever de se informarem e de obterem os esclarecimentos necessários sobre o negócio que estão celebrando.[148]

---

144. MARTINS-COSTA. Judith. *A boa-fé no Direito Privado*: critérios para a sua aplicação. 2. ed. São Paulo: Saraiva Educação, 2018, p. 580.
145. FRITZ, Karina Nunes. A boa-fé objetiva e sua incidência na fase negocial: um estudo comparado com base na doutrina alemã. *Revista de Direito Privado*, v. 29, jun.-mar. 2007, DTR\2007\813.
146. Art. 30. Toda informação ou publicidade, suficientemente precisa, veiculada por qualquer forma ou meio de comunicação com relação a produtos e serviços oferecidos ou apresentados, obriga o fornecedor que a fizer veicular ou dela se utilizar e integra o contrato que vier a ser celebrado.
147. FARIAS, Cristiano Chaves; ROSENVALD, Nelson. *Curso de Direito Civil*: obrigações. 11. ed., rev., ampl. e atual. Salvador: JusPodivm, 2017, p. 150.
148. FRITZ, Karina Nunes. A boa-fé objetiva e sua incidência na fase negocial: um estudo comparado com base na doutrina alemã. *Revista de Direito Privado*, v. 29, jun.-mar. 2007, DTR\2007\813.

O Superior Tribunal de Justiça, no julgamento do recurso especial 1.862.508/SP,[149] reconheceu o direito de resolução de contrato paritário, em favor da franqueada, em decorrência de violação de dever anexo praticado pela franqueadora.

---

[149]. Civil e empresarial. Recurso especial. Ação de resolução contratual. Franquia. Boa-fé objetiva. Art. 422 do CC/02. Deveres anexos. Lealdade. Informação. Descumprimento. Fase pré-contratual. Expectativa legítima. Proteção. Padrões de comportamento (*standards*). Dever de diligência (*due diligence*). Harmonia. Inadimplemento. Configuração. Provimento.

1. Cuida-se de ação de resolução de contrato de franquia cumulada com indenização de danos materiais, na qual se alega que houve descumprimento do dever de informação na fase pré-contratual, com a omissão das circunstâncias que permitiriam ao franqueado a tomada de decisão na assinatura do contrato, como o fracasso de franqueado anterior na mesma macrorregião.

2. Recurso especial interposto em: 23.10.2019; conclusos ao gabinete em: 29.10.2020; aplicação do CPC/15.

3. O propósito recursal consiste em definir se a conduta da franqueadora na fase pré-contratual, deixando de prestar informações que auxiliariam na tomada de decisão pela franqueada, pode ensejar a resolução do contrato de franquia por inadimplemento.

4. Segundo a boa-fé objetiva, prevista de forma expressa no art. 422 do CC/02, as partes devem comportar-se de acordo com um padrão ético de confiança e de lealdade, de modo a permitir a concretização das legítimas expectativas que justificaram a celebração do pacto.

5. Os deveres anexos, decorrentes da função integrativa da boa-fé objetiva, resguardam as expectativas legítimas de ambas as partes na relação contratual, por intermédio do cumprimento de um dever genérico de lealdade, que se manifesta especificamente, entre outros, no dever de informação, que impõe que o contratante seja alertado sobre fatos que a sua diligência ordinária não alcançaria isoladamente.

9. O princípio da boa-fé objetiva já incide desde a fase de formação do vínculo obrigacional, antes mesmo de ser celebrado o negócio jurídico pretendido pelas partes. Precedentes.

10. Ainda que caiba aos contratantes verificar detidamente os aspectos essenciais do negócio jurídico (*due diligence*), notadamente nos contratos empresariais, esse exame é pautado pelas informações prestadas pela contraparte contratual, que devem ser oferecidas com a lisura esperada pelos padrões (*standards*) da boa-fé objetiva, em atitude cooperativa.

11. O incumprimento do contrato distingue-se da anulabilidade do vício do consentimento em virtude de ter por pressuposto a formação válida da vontade, de forma que a irregularidade de comportamento somente é revelada de forma superveniente; enquanto na anulação a irregularidade é congênita à formação do contrato.

12. Na resolução do contrato por inadimplemento, em decorrência da inobservância do dever anexo de informação, não se trata de anular o negócio jurídico, mas sim de assegurar a vigência da boa-fé objetiva e da comutatividade (equivalência) e sinalagmaticidade (correspondência) próprias da função social do contrato entabulado entre as partes.

13. Na hipótese dos autos, a moldura fática delimitada pelo acórdão recorrido consignou que: a) ainda na fase pré-contratual, a franqueadora criou na franqueada a expectativa de que o retorno da capital investido se daria em torno de 36 meses; b) apesar de transmitir as informações de forma clara e legal, o fez com qualidade e amplitude insuficientes para que pudessem subsidiar a correta tomada de decisão e as expectativas corretas de retornos; e c) a probabilidade de que a franqueada recupere o seu capital investido, além do caixa já perdido na operação até o final do contrato, é mínima, ou quase desprezível.

14. Recurso especial provido. (BRASIL. Superior Tribunal de Justiça. Terceira Turma. Recurso Especial 1.862.508/SP. Relatora para acórdão Ministra Nancy Andrighi, julgado em 24.11.2020. Disponível em: www.stj.jus.br. Acesso em: 6 abr. 2023).

O julgamento do recurso deu-se por maioria e a discussão travada consistiu no questionamento acerca do direito de ser informado e o direito de buscar a informação nos contratos simétricos. A esse respeito, o voto vencido do ministro Ricardo Villas Bôas Cueva menciona doutrina de Paula Forgioni, destacando que um agente econômico pode presumir que seu parceiro possui totais condições de celebrar negócios jurídicos, bem como de praticar todos os atos necessários ou que deveriam tê-los praticado para obter todas as informações, ainda mais quando a franqueada anuiu em realizar uma análise independente. Já o voto vencedor da ministra Nancy Andrighi sustentou, em síntese, que a "geração de expectativas não é contrastada pelo dever de diligência (*due diligence*) nas contratações empresariais – consideradas havidas entre contratantes em situações de igualdade, de paridade de condições (...)".[150]

Consta ainda no voto vencedor que a franqueadora, a despeito de não ter falsificado os dados disponibilizados para a franqueada, acabou por instituir "uma expectativa legítima de retorno de investimento que não tinha condições de se concretizar, não oferecendo à recorrente elementos mínimos para a tomada consciente da decisão de formalização do contrato".[151]

Ao final, concluiu-se que tampouco a investigação independente efetivada pela franqueada poderia lhe levar a desconfiar, em decorrência da boa-fé objetiva, das informações que recebeu da franqueadora. Consequentemente, o dever de informação estaria preenchido caso fosse hábil a assegurar a viabilidade do fim pretendido pelas partes.[152]

Nesse cenário, evidencia-se a exata dimensão a ser dada pelo dever anexo de informar nas relações advindas da economia colaborativa, que jamais poderão incidir de forma irrestrita ou trazer vantagens a um dos envolvidos em detrimento do outro.[153] Entretanto, nas relações firmadas entre o usuário-fornecedor com a plataforma digital, faz-se relevante considerar que se está diante de contrato de adesão, cujas cláusulas foram elaboradas pelo guardião de acesso sem qualquer possibilidade de discussão pelo usuário-fornecedor. Tanto é assim que o próprio Código Civil estabelece em seu art. 423 que nessas contratações as cláusulas am-

---

150. BRASIL. Superior Tribunal de Justiça. Terceira Turma. Recurso Especial 1.862.508/SP. Relatora para acórdão Ministra Nancy Andrighi, julgado em 24.11.2020. Disponível em: www.stj.jus.br. Acesso em: 6 abr. 2023.
151. BRASIL. Superior Tribunal de Justiça. Terceira Turma. Recurso Especial 1.862.508/SP. Relatora para acórdão Ministra Nancy Andrighi, julgado em 24.11.2020. Disponível em: www.stj.jus.br. Acesso em: 6 abr. 2023.
152. BRASIL. Superior Tribunal de Justiça. Terceira Turma. Recurso Especial 1.862.508/SP. Relatora para acórdão Ministra Nancy Andrighi, julgado em 24.11.2020. Disponível em: www.stj.jus.br. Acesso em: 6 abr. 2023.
153. SCHREIBER, Anderson; TEPEDINO, Gustavo (Org.). *Obrigações*. Rio de Janeiro: Forense, 2020, p. 39

bíguas ou contraditórias receberam interpretação mais favorável ao aderente. O inciso IV do art. 113 da referida legislação, por sua vez, determina que o negócio jurídico deve ser interpretado no sentido que for mais benéfico à parte que não redigiu o dispositivo, se identificável.

3.4 REPUTAÇÃO DO FORNECEDOR NA PLATAFORMA E SUA QUALIFICAÇÃO JURÍDICA: CONFIANÇA COMO ELEMENTO-CHAVE DO MERCADO COLABORATIVO

Até o advento da Primeira Guerra Mundial, vivia-se em um ambiente de segurança e acreditava-se na evolução da sociedade. Após, as pessoas perderam a confiança e surgiram novos valores com a Segunda Guerra Mundial, como as noções de sociedade pós-moderna e globalização, caracterizada pela "internacionalização de processos produtivos, passando a atividade econômica a se organizar de maneira global, com impactos nas relações sociais, principalmente com a intensificação do comércio no mundo".[154]

Essas alterações, somadas às novas tecnologias e, especialmente, à economia do compartilhamento, modificaram os costumes e os procedimentos até então adotados pelos indivíduos, fazendo com que a confiança,[155] até então baseada nas relações familiares, no companheirismo e nos vínculos de sanguíneos, adquirisse uma nova feição e se tornasse, nesse novo modelo econômico, "a principal amálgama das plataformas de compartilhamento",[156] cujas contratações são influenciadas pela boa-fé objetiva, por serem firmadas entre pessoas, em regra, desconhecidas, acentuando os riscos do negócio.

A confiança é, portanto, a responsável por possibilitar o advento e a continuidade das etapas comerciais, fazendo com que seus envolvidos atuem de forma coordenada para o atingimento do êxito.[157]

---

154. SCHWARTZ, Fábio. *A economia compartilhada e o novo conceito de fornecedor fiduciário nas relações de consumo*. Rio de Janeiro: Processo, 2020, p. 134-135.
155. Lucas Costa de Oliveira afirma: "A 'teoria da confiança' possui como principal preocupação a segurança do negócio jurídico, no sentido de proteger a legítima expectativa que a declaração de vontade causa no declaratário. Dessa maneira, aproxima-se da teoria declarativa, uma vez que estabelece a validade do negócio jurídico sempre que o declaratário esteja de boa-fé e não tenha agido com culpa. (...) Em outras palavras: 'o princípio da confiança não se aplica ao destinatário que não procedeu com legítima atenção, nem considerou os elementos que o teriam advertido da falta ou vício da vontade do declarante'". (OLIVEIRA, Lucas Costa de. Aspectos controversos sobre o erro no negócio jurídico: uma análise a partir da tensão entre autonomia e confiança. *Revista Brasileira de Direito Civil*, v. 10, n. 1, p. 20, jan.-mar. 2019).
156. SCHWARTZ, Fábio. *A economia compartilhada e o novo conceito de fornecedor fiduciário nas relações de consumo*. Rio de Janeiro: Processo, 2020, p. 136-138.
157. RODRIGUES, Cássio Monteiro. Impactos da inteligência artificial no fortalecimento da confiança nas relações de *sharing economy*. In: SILVA, Rodrigo da Guia; TEPEDINO, Gustavo (Coord.). *O Direito Civil na era da inteligência artificial*. São Paulo: Thomson Reuters Brasil, 2020, p. 472-473, 478.

Claudia Lima Marques a define como um "elemento central da vida em sociedade",[158] aduzindo que "confiar (*credere*) é manter, com fé (*fides*) e fidelidade, a conduta, as escolhas e o meio; confiança é aparência, informação, transparência, diligência e ética no exteriorizar vontades negociais".[159]

Bruno Miragem, por sua vez, relata que a confiança nas relações obrigacionais

> revela-se como condição ou influência decisiva do comportamento dos sujeitos da relação, uma vez que apenas porque ou confiam na reciprocidade da conduta do outro na relação, ou porque confiam na tutela do direito que torna exigível certo comportamento e sanciona a violação do dever, vão comportar-se de determinado modo. Em um sistema que privilegia a circulação de bens, valoriza-se a confiança.[160]

Sua proteção é feita por cláusulas gerais e conceitos indeterminados, que relatam os valores mais relevantes do sistema jurídico como a boa-fé objetiva, prevista nos arts. 113, 187 e 422 do Código Civil e os bons costumes, disciplinados nos arts. 122 e 187 do Código Civil[161] e se destina, como observa Enzo Roppo, "*garantir a estabilidade, a ligeireza, o dinamismo das relações contratuais* e, portanto, das transferências de riqueza".[162]

Trata-se, portanto, a confiança de fonte autônoma da obrigação, hábil a assegurar a reparação dos danos suportados por aquele que teve suas legítimas expectativas frustradas por confiar na conduta cuja execução lhe foi assegurada pelo outro. Todavia, as expectativas para serem protegidas devem ser justificadas e analisadas contextualmente, evitando-se as limitações decorrentes das "análises atomísticas. O despertar ou não de confiança haverá de ser aferido a partir da valoração da integralidade do comportamento do *alter* e da inserção no meio em que atua".[163-164]

---

158. MARQUES, Claudia Lima. *Confiança no comércio eletrônico e a proteção do consumidor*: um estudo dos negócios jurídicos de consumo no comércio eletrônico. São Paulo: Ed. RT, 2004, p. 31.
159. MARQUES, Claudia Lima. *Confiança no comércio eletrônico e a proteção do consumidor*: um estudo dos negócios jurídicos de consumo no comércio eletrônico. São Paulo: Ed. RT, 2004, p. 32.
160. MIRAGEM, Bruno. A proteção da confiança no Direito Privado: notas sobre a contribuição de Claudia Lima Marques para a construção do conceito no direito brasileiro. *Revista de Direito do Consumidor*, v. 114, nov.-dez. 2017, DTR\2017\7037.
161. PETERSEN, Luiza. Expectativas legítimas tuteladas pela boa-fé: critério para qualificação. *Revista de Direito Privado*, v. 105, jul.-set. 2020, DTR\2020\11446.
162. ROPPO, Enzo. *O contrato*. Trad. Ana Coimbra e M. Januário C. Gomes. Coimbra, Portugal: Almedina, 2009, p. 301.
163. CATALAN, Marcos. *A morte da culpa na responsabilidade contratual*. São Paulo: Ed. RT, 2013, p. 269-270.
164. Luiza Petersen relata que da noção de confiança "é possível identificar um elemento comum, sendo o conceito relacionado a uma situação de crença, de expectativa, de esperança. Nesse sentido percebe-se que confiança e expectativa são conceitos que se aproximam. É no contexto da proteção da confiança em que o conceito de expectativa legítima via encontrar espaço de desenvolvimento enquanto crença legítima, digna de tutela. A rigor, a noção de expectativa legítima vai se confundir, em certa medida,

A jurisprudência já se debruçou sobre o dever de indenizar decorrente da quebra da confiança em questão na qual se discutia a existência de vínculo obrigacional entre a indústria de alimentos e agricultores. O relator responsável pelo julgamento do recurso, Desembargador Ruy Rosado de Aguiar Junior, justificou seu entendimento na responsabilidade pela confiança, ao dizer que, a despeito de não se ter elaborado um documento escrito representativo da compra e venda, os agricultores teriam confiado na palavra empenhada pela indústria, nos mesmos moldes realizados nos anos anteriores.[165]

Entendeu-se, na ocasião, que teria ocorrido infração ao princípio da boa-fé objetiva, que acaba impondo aos envolvidos os deveres anexos de lealdade, informação, esclarecimento, veracidade, honestidade, dentre outros, e integra todo o processo constitutivo da relação contratual.[166]

Daí a possibilidade de o Poder Judiciário realizar a tutela da confiança, baseada na boa-fé objetiva. Sua aplicabilidade na responsabilidade civil contratual faz com que a obrigação não se limite apenas ao cumprimento dos deveres de prestação principal e secundário, como também dos deveres anexos ou laterais de conduta.[167]

Na responsabilidade civil extracontratual, a incidência da boa-fé objetiva e, portanto, da confiança, dar-se-á sobretudo nas hipóteses em que a indenização deveria ser cumprida *in natura*, retornando-se às partes ao *status quo ante*. "Como nessa hipótese o devedor é obrigado a fazer o que era necessário para cumprir a sua obrigação, é evidente que os deveres secundários de atenção às necessidades do credor estão aí incluídos".[168]

Nas relações oriundas da economia compartilhada, a confiança igualmente se torna relevante, quer pela necessidade de ser observada a boa-fé objetiva, quer pelo fato de a aquisição de produtos e serviços ser efetivada mediante a procura por fornecedores confiáveis.[169]

---

com o próprio conceito de confiança legítima, representando uma situação digna de tutela de acordo com o princípio da confiança, enquanto mandamento de proteção das legítimas expectativas, impondo 'sobre todos o dever de não se comportar de forma lesiva aos interesses e expectativas despertadas no outro'". (PETERSEN, Luiza. Expectativas legítimas tuteladas pela boa-fé: critério para qualificação. *Revista de Direito Privado*, v. 105, jul.-set. 2020, DTR\2020\11446).

165. MARTINS-COSTA, Judith H. Crise e modificação da ideia de contrato no direito brasileiro. *Revista de Direito do Consumidor*, v. 3, jul.-set. 1992, DTR\1992\417.
166. MARTINS-COSTA, Judith H. Crise e modificação da ideia de contrato no direito brasileiro. *Revista de Direito do Consumidor*, v. 3, jul.-set. 1992, DTR\1992\417.
167. BECKER, Anelise. Elementos para uma teoria unitária da responsabilidade civil. *Revista de Direito do Consumidor*, v. 13, jan.-mar. 1995, DTR/1995/17.
168. BECKER, Anelise. Elementos para uma teoria unitária da responsabilidade civil. *Revista de Direito do Consumidor*, v. 13, jan.-mar./1995, DTR/1995/17.
169. GARCIA, Letícia Silva. *Mecanismo de reputação em ambientes peer-to-peer baseado na teoria da interação social de Piaget*. Tese (Doutorado). 82 p. + Anexos. Universidade Federal do Rio Grande do

Anteriormente às tecnologias, a troca de experiências e a busca pela confiança eram feitas pelos indivíduos "boca a boca".[170] Embora ainda subsista essa forma de publicidade, a internet incrementou os processos comunicativos, tornando-se um instrumento de comunicação cotidiana dos indivíduos, que se encontram ligados à rede mundial de computadores para obter as informações necessárias acerca de produtos e serviços.[171] A transparência nas relações torna-se um dever a ser cumprido por todos os envolvidos.[172]

O objetivo era mitigar a desconfiança existente nas informações constantes dos sites de venda. Isso foi o que ocorreu nos anos de 2010 com o AliExpress – site oriundo da China, nominado no Brasil como Alibaba –, que realizava a venda de produtos originários de diversos países, cobrando valores significativamente inferiores aos praticados no mercado brasileiro, com a promessa de entrega em até 40 dias. Essa desconfiança, todavia, não impediu a concretização das vendas, que inicialmente compreendia valores inexpressivos e que foram aumentando conforme melhorasse a confiança e as entregas fossem realizadas.[173]

Posteriormente, na economia do compartilhamento, os mecanismos destinados ao fornecimento de informações tornaram-se mais eficientes com a atuação da plataforma digital, também denominada guardião do acesso ou *gatekeeper*.

Um dos exemplos dessa melhoria se verifica quando o usuário consumidor decide utilizar o aplicativo Uber para contratar um motorista, denominado também de usuário-fornecedor, para o levar a determinado local, ocasião em que desde logo toma conhecimento do nome do motorista, foto, veículo e sua

---

Sul. Centro Interdisciplinar de Novas Tecnologias. Programa de Pós-graduação em Informática na Educação. Porto Alegre, 2004, p. 22-33.
170. Yanko Marcius de Alencar Xavier, Fabrício Germano Alves e Kleber Soares de Oliveira Santos advertem: "Como se percebe, no período anterior à internet, as reputações ocorriam por meio da conversa entre familiares, amigos, publicidade em massa e até mesmo por boatos (divulgação boca a boca). Apesar de ainda existirem, porém em uma dimensão inferior, prevalece na sociedade pós-moderna a metodologia criada em decorrência do avanço tecnológico. Vários instrumentos de reputação (*feedback*) foram elaborados em sítios eletrônicos de *e-commerce*." (XAVIER, Yanko Marcius de Alencar; ALVES, Fabricio Germano; SANTOS, Kleber Soares de Oliveira. Economia compartilhada: compreendendo os principais aspectos desse modelo disruptivo e os seus reflexos na relação de consumo e no mercado econômico. *Revista de Direito do Consumidor*, v. 128, mar.-abr. 2020, DTR\2020\4000).
171. SCHWARTZ, Fábio. *A economia compartilhada e o novo conceito de fornecedor fiduciário nas relações de consumo*. Rio de Janeiro: Processo, 2020, p. 145.
172. SOUZA, Carlos Affonso Pereira de; LEMES, Ronaldo. Aspectos jurídicos da economia do compartilhamento: função social e tutela da confiança. *Revista de Direito da Cidade*, v. 8, n. 4, p. 1770, 2016.
173. MARASSI, Alessandra de Castro Barros. *Os serviços colaborativos da economia compartilhada e as transformações na noção de confiança nas interações práticas de consumo nas redes sociais digitais*: uma cartografia dos processos de criação na cultura. Tese (Doutorado em Comunicação e Semiótica). 152 p. Pontifícia Universidade Católica de São Paulo. São Paulo, 2018, p. 107.

avaliação. Na Airbnb, o hóspede fica ciente das condições do imóvel, seu histórico de ocupações e avaliações, inclusive do usuário-anfitrião.[174]

A plataforma digital visa, portanto, gerar novas possibilidades de negócios, ao permitir que os envolvidos possam, por intermédio de sua atuação,

> "receber e enviar objetos, negociar a troca de bens, contratar serviços, compartilhar tempo, habilidade e ainda obter dados específicos relacionadas ao grau de satisfação daquelas que participam do negócio".[175]

Sua atuação habitual e com profissionalismo acaba por reduzir os custos da operação e acarreta melhoria no processo de tomada de decisão pelo consumidor, que se torna mais próximo do fornecedor, ao fazer uso dos canais de contato disponibilizados pela plataforma digital. Disso se extrai a diferença mais relevante entre as atividades das plataformas digitais e a dos demais serviços on-line. Trata-se do controle por ela exercido, que acaba por transformá-la em um *gatekeeper*, cuja interferência no negócio ocorre no ato de

a) direcionar o conteúdo dos bens e serviços;

b) delimitar os padrões mínimos de qualidade para os fornecedores;

c) criar os termos e condições de uso;

d) definir preços e o método de pagamento;

e) controlar o acesso dos consumidores (registro prévio na plataforma).[176]

Nesse contexto, a confiança gera a esperança de que a obrigação será cumprida pela contraparte ou que resultará em alguma vantagem. Sem ela, inexiste justificava para qualquer atuação colaborativa, ante a probabilidade de desaparecimento ou reconsideração da esperança sem que se obtenha o benefício. Disso se extrai que o risco do negócio é reduzido pela majoração da confiança entre os envolvidos, fazendo com que um dos interessados busque compreender o comportamento do outro mesmo tendo dificuldade para acompanhá-lo e controlá-lo. "Em resumo, temos um benefício e um risco na colaboração que

---

174. SOUZA, Carlos Affonso Pereira de; LEMES, Ronaldo. Aspectos jurídicos da economia do compartilhamento: função social e tutela da confiança. *Revista de Direito da Cidade*, v. 8, n. 4, p. 1770, 2016.
175. XAVIER, Yanko Marcius de Alencar; ALVES, Fabricio Germano; SANTOS, Kleber Soares de Oliveira. Economia compartilhada: compreendendo os principais aspectos desse modelo disruptivo e os seus reflexos na relação de consumo e no mercado econômico. *Revista de Direito do Consumidor*, v. 128, mar.-abr. 2020, DTR\2020\4000.
176. XAVIER, Yanko Marcius de Alencar; ALVES, Fabricio Germano; SANTOS, Kleber Soares de Oliveira. Economia compartilhada: compreendendo os principais aspectos desse modelo disruptivo e os seus reflexos na relação de consumo e no mercado econômico. *Revista de Direito do Consumidor*, v. 128, mar.-abr. 2020, DTR\2020\4000.

por falta de possibilidade de monitoramento e controle, exige uma previsão de comportamento como forma de mitigar o risco".[177]

A despeito da relevância da confiança na economia colaborativa, o papel relacionado à regulação das atividades para seu efetivo e regular funcionamento é realizado por *softwares*, que possibilitam a realização de avaliações para a criação de mecanismos para estabelecer a reputação dos usuários. A reputação, assim, caracteriza-se por ser um estímulo para a confiança que, embora celebrada entre os usuários fornecedor e consumidor, é intermediada pelos algoritmos que formam as avaliações.[178]

O sistema de reputação diferencia-se da confiança pelo fato daquele representar o pensamento que a comunidade possui sobre determinando indivíduo, ao passo que esse último está relacionado à opinião de uma pessoa sobre outra.[179]

Consequentemente, a confiança passa a ser analisada pelo sistema de avaliação, executado pelos algoritmos, da reputação dos envolvidos,[180] auxiliando na formação da contratação inicial[181] e servindo de estímulo para a melhoria dos serviços prestados pelos prestadores e pela própria plataforma digital.[182] Ou seja, é o trabalho desenvolvido, em regra, pelos sistemas de reputação da plataforma digital que gera mais confiança nos usuários, que se submetem ao controle das atividades e pela padronização de comportamentos, já que o usuário consumidor é igualmente classificado.[183]

---

177. PACHECO FILHO, Ulysses Pereira. *Como o sistema de reputação baseado em avaliação mútua é utilizado por participantes provedores da economia compartilhada*. Dissertação (Mestrado). 160 p. Escola de Administração de Empresas de São Paulo. Fundação Getúlio Vargas. São Paulo, 2018, p. 36-37.
178. MARASSI, Alessandra de Castro Barros. *Os serviços colaborativos da economia compartilhada e as transformações na noção de confiança nas interações práticas de consumo nas redes sociais digitais*: uma cartografia dos processos de criação na cultura. Tese (Doutorado em Comunicação e Semiótica). 152 p. Pontifícia Universidade Católica de São Paulo. São Paulo, 2018, p. 108.
179. PACHECO FILHO, Ulysses Pereira. *Como o sistema de reputação baseado em avaliação mútua é utilizado por participantes provedores da economia compartilhada*. Dissertação (Mestrado). 160 p. Escola de Administração de Empresas de São Paulo. Fundação Getúlio Vargas. São Paulo, 2018, p. 44.
180. MARASSI, Alessandra de Castro Barros. *Os serviços colaborativos da economia compartilhada e as transformações na noção de confiança nas interações práticas de consumo nas redes sociais digitais*: uma cartografia dos processos de criação na cultura. Tese (Doutorado em Comunicação e Semiótica). 152 p. Pontifícia Universidade Católica de São Paulo. São Paulo, 2018, p. 110-111.
181. PACHECO FILHO, Ulysses Pereira. *Como o sistema de reputação baseado em avaliação mútua é utilizado por participantes provedores da economia compartilhada*. Dissertação (Mestrado). 160 p. Escola de Administração de Empresas de São Paulo. Fundação Getúlio Vargas. São Paulo, 2018, p. 33.
182. SOUZA, Carlos Affonso Pereira de; LEMES, Ronaldo. Aspectos jurídicos da economia do compartilhamento: função social e tutela da confiança. *Revista de Direito da Cidade*, v. 8, n. 4, p. 1772, 2016.
183. DIAS, Jefferson Aparecido; BARBOSA, Bruno Torquete. O valor econômico da reputação em aplicativos que promovem a economia compartilhada e sua percepção como mecanismo de segurança. *Economy Analysis of Law Review*, v. 12, n. 1, p. 11, jan.-abr. 2021.

Assim, pode-se afirmar que o sistema de reputação, formado por *feedbacks* e escores, caracteriza-se por ser centralizado ou descentralizado. No primeiro, a avaliação do usuário é recolhida por uma autoridade central, em regra, a plataforma digital, cujas notas atribuídas comporão o cálculo da avaliação final, executada por um programa de computador, que as disponibiliza aos demais membros. O segundo sistema, denominado descentralizado, não conta com o auxílio da autoridade central, sendo a avaliação feita pelos próprios usuários.[184]

Assim, dois elementos do sistema centralizado merecem ser destacados:

> *Comunicação:* há uma forma de comunicação centralizada que permite que participantes forneçam as notas das transações realizadas e que elas possam ser acessadas pelos participantes antes da realização de uma transação ou colaboração;
>
> *Método computacional de reputação:* a autoridade central deve ter uma forma informatizada para cálculo da nota de um participante específico baseado nas notas de participantes que se relacionaram com este participante. Outras informações podem ser agregadas a este cálculo como comentários.[185]

Outrossim, os sistemas de reputação podem ainda ser classificados de formas distintas. Na primeira, que se relaciona à natureza da avaliação, classificam-se como estáticos, quando as informações inseridas no sistema por ocasião da elaboração do cadastro não podem ser alteradas, ou dinâmicos, nos quais as informações "são obtidas de forma permanente e contínua, através de diferentes técnicas de avaliação dos objetos envolvidos na transação".[186]

A segunda classificação considera o domínio da avaliação, que se caracterizam como absolutos ou relativos. No primeiro, a análise é feita a partir de um conjunto de valores previamente estabelecidos, "que contém significação em si mesmos. São relativos quando a avaliação se dá de um objeto em relação a outro, sendo o resultado da avaliação produto da comparação".[187]

---

184. PACHECO FILHO, Ulysses Pereira. *Como o sistema de reputação baseado em avaliação mútua é utilizado por participantes provedores da economia compartilhada.* Dissertação (mestrado). 160 p. Escola de Administração de Empresas de São Paulo. Fundação Getúlio Vargas. São Paulo, 2018, p. 46.
185. PACHECO FILHO, Ulysses Pereira. *Como o sistema de reputação baseado em avaliação mútua é utilizado por participantes provedores da economia compartilhada.* Dissertação (mestrado). 160 p. Escola de Administração de Empresas de São Paulo. Fundação Getúlio Vargas. São Paulo, 2018, p. 46.
186. GARCIA, Letícia Silva. *Mecanismo de reputação em ambientes peer-to-peer baseado na teoria da interação social de Piaget.* Tese (Doutorado). 82 p. + Anexos. Universidade Federal do Rio Grande do Sul. Centro Interdisciplinar de Novas Tecnologias. Programa de Pós-graduação em Informática na Educação. Porto Alegre, 2004, p. 35.
187. GARCIA, Letícia Silva. *Mecanismo de reputação em ambientes peer-to-peer baseado na teoria da interação social de Piaget.* Tese (Doutorado). 82 p. + Anexos. Universidade Federal do Rio Grande do Sul. Centro Interdisciplinar de Novas Tecnologias. Programa de Pós-graduação em Informática na Educação. Porto Alegre, 2004, p. 35.

Os sistemas de reputação ainda podem ser negativos, positivos ou mistos, conforme sejam constituídos de listas negras ou de boas referências, ou ainda contemplem "uma escala de valores em que são classificados os usuários, tenham estes reputação positiva ou negativa".[188]

Por fim, os sistemas de reputação podem ser internos, quando realizados pelos próprios fornecedores, e externos, efetivados por empresa especializadas, como o Reclame Aqui, ou órgãos públicos, como a plataforma Consumidor.gov.br.

A plataforma digital Airbnb contempla que sua política de avaliações de acomodações e experiências tem por finalidade assegurar a confiança entre os usuários, auxiliando-os não só no processo de reserva, como também no recebimento de *feedback* à melhoria dos serviços. As avaliações devem ser imparciais e relevantes, vedando-se comportamentos discriminatórios, explícitos, prejudiciais, fraudulentos, ilegais ou em desacordo com a política de conteúdo. Por fim, a plataforma adverte que não faz a mediação relacionada à veracidade do conteúdo, mas disponibiliza o direito de resposta.[189]

A plataforma digital Uber, por sua vez, relata que suas avaliações são anônimas, mútuas e feitas por estrelas, que variam de 1 a 5, a partir da experiência da viagem. Ou seja, ao término da viagem é disponibilizado aos usuários consumidor e fornecedor um mecanismo de avaliação mútua, ocasião em que será solicitado um esclarecimento por escrito quando for escolhido menos de 5 estrelas. São consideradas a média das 500 últimas avaliações recebidas do usuário fornecedor.[190]

A Booking.com adota critério distinto de avaliação, que somente pode ser iniciado após a reserva, de modo a se averiguar terem sido subscritas por hóspedes que usufruíram do imóvel. Ao término da viagem, as informações são inseridas e a plataforma faz a averiguação nos comentários acerca da existência de palavras inadequadas, assim como da veracidade, adicionando-as na sequência no site.[191]

---

188. GARCIA, Letícia Silva. *Mecanismo de reputação em ambientes peer-to-peer baseado na teoria da interação social de Piaget*. Tese (Doutorado). 82 p. + Anexos. Universidade Federal do Rio Grande do Sul. Centro Interdisciplinar de Novas Tecnologias. Programa de Pós-graduação em Informática na Educação. Porto Alegre, 2004, p. 36.
189. AIRBNB. *Políticas de avaliações do Airbnb*. Disponível em: https://www.airbnb.com.br/help/article/2673. Acesso em: 7 abr. 2023.
190. UBER. *Como funcionam as avaliações com estrelas*. Disponível em: https://www.uber.com/br/pt-br/drive/basics/how-ratings-work/#:~:text=Ap%C3%B3s%20cada%20viagem%2C%20os%20usu%-C3%A1rios,uma%20viagem%20ou%20pessoa%20espec%C3%ADfica. Acesso em: 7 abr. 2023.
191. BOOKING.COM. *Como funciona?* Disponível em: https://www.booking.com/reviews.pt-br.html?aid=360920;label=New_Portuguese_PT_ROW_14224742526-u1LjyAmAJDW8Qz5NVRWT-9QS217966041052;pl:ta:p1:p2:ac:ap:neg;ws=&gclid=Cj0KCQjw_r6hBhDdARIsAMIDhV8nBFql-CgMU-sgM8n0uUYyNg8w1MDCoRn_z2mpa_Q2V5RGj9j9VATgaAo1mEALw_wcB. Acesso em: 7 abr. 2023.

O Reclame Aqui, por sua vez, é um site no qual se pode formular reclamações de fornecedores e prestadores. A relevância de suas atividades fez com que mais de 92% dos consumidores consultassem a reputação de empresas antes de celebrar a contratação. Tal mecanismo realiza o cálculo da reputação de forma automatizada, sendo vedado o anonimato, a partir de banco de dados sigiloso e não comercializável. O site ainda apresenta os critérios para apuração da reputação, que é abalizado nas avaliações dos consumidores:

> Baseado nas avaliações dos consumidores, o Reclame AQUI analisa alguns critérios para a formulação da reputação. São eles:
>
> 1. Índice de Resposta (IR) – Porcentagem de reclamações respondidas, sendo que apenas a primeira resposta é considerada;
>
> 2. Média das Avaliações (Nota do Consumidor) (MA) – Leva em consideração apenas reclamações finalizadas e avaliadas. Corresponde à média aritmética das notas (variando de 0 a 10) concedidas pelos reclamantes para avaliar o atendimento recebido.
>
> 3. Índice de Solução (IS) – Leva em consideração apenas reclamações finalizadas e avaliadas. Corresponde à porcentagem de reclamações onde os consumidores, ao finalizar, consideraram que o problema que originou a reclamação foi resolvido. Essas reclamações são representadas pelo ícone de *status* verde.
>
> 4. Índice de Novos Negócios (Voltaria a fazer negócios?) (IN) – Leva em consideração apenas reclamações finalizadas e avaliadas. Corresponde à porcentagem de reclamações onde os consumidores, ao finalizar, informaram que, sim, voltariam a fazer negócios com a empresa.
>
> Para cálculo da Avaliação do Reclame Aqui (AR) é feita uma média ponderada baseada nestes critérios acima.
>
> Todos os critérios possuem valores que variam de 0 a 100, com exceção da Média (varia de 0 a 10), assim o valor da média das avaliações é multiplicado por 10, para estar na mesma escala das demais.
>
> Os critérios possuem pesos distintos, conforme segue abaixo:
>
> Índice de Resposta – Peso 2
>
> Média das Avaliações (Nota do Consumidor) – Peso 3
>
> Índice de Solução – Peso 3
>
> Índice de Novos Negócios (Voltaria a fazer negócios?) – Peso 2
>
> Assim a fórmula para obtenção da Avaliação do Reclame Aqui é a seguinte:
>
> AR = ((IR * 2) + (MA * 10 * 3) + (IS * 3) + (IN * 2)) / 100
>
> Para 8 =< AR <= 10, ÓTIMO
>
> Para 7 =< AR <= 7,9, BOM
>
> Para 6 =< AR <= 6,9, REGULAR
>
> Para 5 =< AR <= 5,9, RUIM
>
> Para AR < 5, NÃO RECOMENDADA
>
> Essa fórmula só é aplicada se a empresa passar por 2 avaliações prévias:

1. Possuir índice de resposta superior a 50%. Se possuir um índice de resposta inferior a 50%, ela automaticamente é categorizada como NÃO RECOMENDADA. Isso é feito para garantir que empresas que não respondem a seus consumidores não sejam beneficiadas, pois todos os parâmetros analisados são obtidos a partir do atendimento realizado pelas empresas;

2. Possuir um número de avaliações igual ou superior a 10. Se possuir menos, a empresa ficará com reputação SEM ÍNDICE.[192]

O Consumidor.gov.br, por sua vez, consiste em um serviço público e gratuito que permite o contato direto entre consumidores e fornecedores para a solução de conflitos pela internet. Funciona concomitantemente com os Procons dos estados e municípios, Defensoria Pública, Ministério Público e Poder Judiciário, estando a participação dos fornecedores condicionada à assinatura do termo de adesão, no qual assumem o compromisso de "conhecer, analisar e investir todos os esforços possíveis para a solução dos problemas".[193]

O sistema de reputação de cada empresa, indicativo do desempenho do fornecedor na solução dos problemas apresentados pelos consumidores, pode ser consultado diretamente no site Consumidor.gov.br e é apurado da seguinte forma:

Total de Reclamações Finalizadas: corresponde ao total de reclamações que já tiveram os prazos de resposta da empresa e de avaliação do consumidor finalizados.

Índice de Solução: corresponde à soma das reclamações avaliadas como resolvidas pelos consumidores mais as reclamações finalizadas não avaliadas pelos consumidores, dividida pelo total de reclamações finalizadas (Resolvidas, Não Resolvidas e Não Avaliadas).

(Reclamações Finalizadas Resolvidas + Reclamações Finalizadas Não Avaliadas) / Total de Reclamações Finalizadas

Satisfação com o atendimento: corresponde à média das notas de satisfação dos consumidores com o atendimento prestado pela empresa. Esse índice considera apenas as reclamações avaliadas pelos consumidores (notas de 1 a 5).

Soma das notas de avaliação de satisfação / Total de Reclamações Avaliadas

Reclamações Respondidas: corresponde ao total de reclamações respondidas pela empresa, dividido pela quantidade de reclamações finalizadas (Finalizadas Avaliadas e Finalizadas Não Avaliadas).

Soma das Reclamações Respondidas Finalizadas / Reclamações Finalizadas

Prazo Médio de Resposta: corresponde à média do prazo de resposta da empresa, ou seja, à soma dos dias transcorridos entre a data de abertura pelo consumidor e a data de resposta pela empresa de todas as Reclamações Finalizadas Respondidas, dividida pelo total de Reclamações Finalizadas Respondidas.

Soma dos prazos de resposta / Total de Reclamações Finalizadas Respondidas

---

192. RECLAMEAQUI. *Como funciona*. Disponível em: https://www.reclameaqui.com.br/como-funciona/. Acesso em: 7 abr. 2023.
193. BRASIL. CONSUMIDOR.GOV.BR. *Conheça o Consumidor.gov.br*. Disponível em: https://www.consumidor.gov.br/pages/conteudo/publico/1. Acesso em: 7 abr. 2023.

Obs.: nos *rankings* apresentados no link "Indicadores" – aba "Gerais", caso duas ou mais empresas apresentem indicadores iguais, será exibida primeiro a empresa que possui mais reclamações no período. Se a quantidade de reclamações também for igual, as empresas serão apresentadas em ordem alfabética.[194]

A credibilidade e transparência do Consumidor.gov.br ainda resulta na veiculação do boletim de atividades anuais, com a apresentação, dentre outros pontos, de gráficos relacionados às reclamações por segmento e índice de solução por segmento. No ano de 2022 apurou-se:

Gráfico 1. Reclamações por segmento.[195]

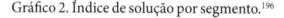

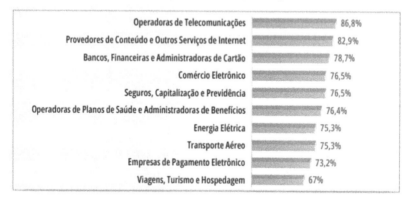

Gráfico 2. Índice de solução por segmento.[196]

---

194. BRASIL. CONSUMIDOR.GOV.BR. *Conheça o Consumidor.gov.br*. Disponível em: https://www.consumidor.gov.br/pages/conteudo/publico/1. Acesso em: 7 abr. 2023.
195. BRASIL. CONSUMIDOR.GOV.BR. Indicadores. *Boletim Consumidor.gov.br*. 2022. Disponível em: https://www.consumidor.gov.br/pages/publicacao/externo/. Acesso em: 7 abr. 2023.
196. BRASIL. CONSUMIDOR.GOV.BR. Indicadores. *Boletim Consumidor.gov.br*. 2022. Disponível em: https://www.consumidor.gov.br/pages/publicacao/externo/. Acesso em: 7 abr. 2023.

Nesse contexto, a busca pela confiança nos negócios oriundos da economia compartilhada resultou na elaboração de mecanismos de reputação dos usuários, cuja gestão pode incumbir às plataformas digitais, que se tornaram, em última análise, responsáveis pela viabilidade e continuidade dos negócios presentes em sua área de atuação.

A relevância da atividade é tão expressiva que o sistema de reputação do site Reclame Aqui foi utilizado pelo Poder Judiciário como um dos elementos de prova para o reconhecimento de prática ilegal de prestador de serviços, que inicialmente noticiou ao consumidor que o serviço ofertado seria gratuito e, na sequência, encaminhou-lhe a fatura para pagamento. É o que se extrai do acórdão do recurso inominado 0003899-06.2019.8.16.0103, que menciona: "as alegações prefaciais de que o serviço teria sido ofertado sem qualquer custo são corroboradas pelos documentos acostados no mov. 1.4, bem como pelas inúmeras reclamações realizadas por consumidores no site 'Reclame Aqui'".[197]

A ementa do acórdão contempla:

> Matéria residual. Direito consumerista. Alteração de dados cadastrais. Lista telefônica. Aduz a autora que foi contatada pelas rés com a oferta gratuita de atualização de dados e inserção do nome da empresa na lista telefônica. Afirma que foi informada pelo preposto das rés que o referido serviço não teria custo. Dispõe que aceitou a proposta e enviou o contrato assinado a primeira ré, mas que, no entanto, após realizar a leitura mais atenta do contrato constatou a cobrança de valores pela prestação do serviço. Diante disso, no dia seguinte ligou para a primeira ré e solicitou o cancelamento do serviço. Diz que 8 (oito) dias após o cancelamento foi surpreendida com a cobrança da importância de r$ 459,00 (quatrocentos e cinquenta e nove reais), referente ao contrato cancelado. Afirma que no dia 30 de julho de 2019 realizou uma cirurgia, razão pela qual a empresa ficou aos cuidados de sua filha, que recebeu as ligações das rés e em virtude da ameaça de inscrição do nome da empresa nos cadastros de restrição ao crédito, realizou o pagamento de boleto bancário em nome da primeira ré, no valor de r$ 459,00 (quatrocentos e cinquenta e nove reais). Pelo exposto, ingressou a autora com a presente ação requerendo a declaração de inexigibilidade do débito, a restituição, em dobro, do valor pago, bem como a condenação das rés ao pagamento de indenização por danos morais. As rés apresentaram contestação e sobreveio sentença que julgou procedente a ação, para declarar nulo o contrato entabulado entre as partes, determinar a restituição da quantia de r$ 920,00 (novecentos e vinte reais) e condenar as rés ao pagamento de r$ 3.000,00 (três mil reais), a título de indenização por danos morais. As rés apresentaram recurso inominado aduzindo, em síntese, a legalidade da contratação realizada entre as partes. Pois bem. A autora afirma que ao constatar que a prestação de serviço ofertada pelas rés não era gratuita, entrou em contato com a primeira ré e solicitou o cancelamento do serviço, nos termos do art. 49 do CDC. Frise-se que as alegações prefaciais de que o serviço teria sido

---

197. BRASIL. Tribunal de Justiça do Paraná. Terceira Turma Recursal. Recurso Inominado 0003899-06.2019.8.16.0103. Relator Juiz de Direito Fernando Swain Ganem, julgado em 16/11/2020. Disponível em: www.tjpr.jus.br. Acesso em: 6 abr. 2023.

ofertado sem qualquer custo são corroboradas pelos documentos acostados no mov. 1.14, bem como pelas inúmeras reclamações realizadas por consumidores no site "reclame aqui". Assim, caberia as rés afastar as alegações prefaciais, consoante preceitua o art. 373, II, do CPC, o que poderia ter sido facilmente realizado com a juntada da ligação em que a autora contrata o serviço. Diante disso, do exame do conjunto probatório, não verifico qualquer fundamento para afastar a condenação imposta as rés. Sentença mantida pelos próprios fundamentos. Exegese do art. 46 da lei 9.099/95. Recurso conhecido e desprovido.[198]

Denota-se, portanto, que o incremento dessas atividades resultou no aumento do senso de profissionalismo dos envolvidos, de modo que os mecanismos de reputação se tornassem um novo ativo, dotado de conteúdo econômico, que pode ser transferido de uma plataforma digital para outra[199] e tenham por finalidade, conforme já demonstrado, assegurar a confiança, transparência e credibilidade para este novo modelo econômico.

Tal constatação se justifica no fato de que a confiança, elemento relevante na relação contratual colaborativa, encontra-se fortemente relacionada com a boa-fé objetiva. Isso porque a economia do compartilhamento, ao contrário do modelo do individualismo proprietário estabelecido pelo Estado Moderno, busca assegurar o acesso aos bens e serviços, sobretudo aos não proprietários, e fundamenta-se na adoção de comportamentos éticos e sustentáveis. Logo, a confiança e a boa-fé objetiva trazem credibilidade à relação contratual colaborativa, de modo a que se possa concluir que, sem tais instrumentos, a economia compartilhada não poderia atingir a importância para o cotidiano das relações sociais.

---

198. BRASIL. Tribunal de Justiça do Paraná. Terceira Turma Recursal. Recurso Inominado 0003899-06.2019.8.16.0103. Relator Juiz de Direito Fernando Swain Ganem, julgado em 16/11/2020. Disponível em: www.tjpr.jus.br. Acesso em: 6 abr. 2023.
199. DIAS, Jefferson Aparecido; BARBOSA, Bruno Torquete. O valor econômico da reputação em aplicativos que promovem a economia compartilhada e sua percepção como mecanismo de segurança. *Economy Analysis of Law Review*, v. 12, n. 1, p. 13, jan.-abr. 2021.

4
EFICÁCIA DOS DIREITOS FUNDAMENTAIS NA RELAÇÃO CONTRATUAL COLABORATIVA

4.1 RELAÇÃO CONTRATUAL COLABORATIVA COMO UM INSTRUMENTO DE RISCO DE LESÃO AOS DIREITOS FUNDAMENTAIS DOS USUÁRIOS

A economia colaborativa trouxe expressivas melhorias à qualidade de vida dos indivíduos, que puderam ter acesso a inúmeros produtos e serviços cuja aquisição não era possível de ser efetivada ou se entendia desnecessária, dispensando-se o comparecimento às lojas físicas. Por intermédio desse conceito, as contratações se tornaram possíveis de serem efetivadas pelas novas tecnologias, mediante a utilização, por exemplo, de *smartphones*.

Esse novo modelo econômico representa, portanto, uma ferramenta de significativa importância para o atingimento da dignidade da pessoa humana dos usuários consumidores, que passam a ser cada vez mais incluídos na sociedade, com a melhoria dos atributos da personalidade, cidadania e direitos fundamentais.

Não obstante essas expressivas vantagens, representativas de uma progressiva melhoria das condições de vida dos indivíduos, evidenciadas sobretudo pelo aumento da inclusão social, tem-se apurado que as relações contratuais colaborativas igualmente se transformaram em um instrumento de risco de lesões aos direitos fundamentais dos usuários. Tal prática é decorrência da celebração de negócios em um ambiente virtual, sem contato direto entre os envolvidos, que permite aos usuários fornecedores e às plataformas digitais – superiores técnica e economicamente em relação aos usuários consumidores – atuarem de forma a se preocuparem apenas com o aumento expressivo da lucratividade de suas atividades, olvidando-se de observarem o valor da confiança e sua tutela por meio da boa-fé objetiva.

As pessoas com deficiência, atuantes na economia colaborativa, têm seus direitos fundamentais assegurados especialmente pela Lei 13.146/2015,[1] cujo art. 1º estabelece a necessidade de "assegurar e a promover, em condições de igualdade, o exercício dos direitos e das liberdades fundamentais por pessoa com deficiência, visando à sua inclusão social e cidadania".

Seu art. 6º, que alterou o critério funcional até então adotado para proporcionar autonomia patrimonial e existencial para esses indivíduos,[2] determina que a deficiência não afeta a capacidade civil da pessoa, assegurando-lhe, nos termos do art. 4º, o "direito à igualdade de oportunidades com as demais pessoas e não sofrerá nenhum tipo de discriminação".

Às plataformas digitais incumbirá, portanto, adotar procedimentos que garantam a efetiva inclusão das pessoas com deficiência como consumidoras nesse ramo de atividade, atentando-se ao fato de que a ausência de contato presencial não a eximirá de qualquer responsabilidade por eventuais violações aos seus direitos fundamentais. Idêntico procedimento também deve ser adotado na defesa dos dados das pessoas com deficiência, especialmente por se estar diante de vulnerabilidade mais elevada, ocasionada pela ausência de conhecimento dos riscos que incidem sobre a coleta e o tratamento dos dados pessoais, que está condicionado ao consentimento de seu titular.[3]

Semelhante atitude também deve ser realizada na defesa dos direitos fundamentais de idosos, crianças e adolescentes, atentando-se igualmente para o fato de ser ilícita qualquer atitude discriminatória às mulheres ou por motivo de crença religiosa, cor, dentre outros – presente, por exemplo, na recusa de usuários fornecedores de ceder temporariamente imóvel para mulheres ou negros, por exemplo.

Outra hipótese de risco de danos aos direitos fundamentais dos usuários consumidores tem ocorrido nas ilegalidades perpetradas nas campanhas publicitárias veiculadas nos meios digitais. Com efeito, a publicidade é definida como "a divulgação de informações com escopo na difusão de produtos e serviços – de modo que estes sejam adquiridos – para o público consumidor, sendo o instrumento de aproximação dos produtos/serviços do fornecedor".[4]

---

1. BRASIL. Casa Civil. Lei 13.146, de 6 de julho de 2015. Institui a lei brasileira de inclusão da pessoa com deficiência (Estatuto da Pessoa com Deficiência).
2. LIMA, Taísa Maria Macena de; VIEIRA, Marcelo de Mello; SILVA, Beatriz de Almeida Borges e. Reflexões sobre as pessoas com deficiência e sobre os impactos da Lei 13.146/2015 no estudo dos planos dos negócios jurídicos. *Revista Brasileira de Direito Civil*, Belo Horizonte, v. 14, p. 31-32, out.-dez. 2017.
3. BERGSTEIN, Laís; TRAUTWEIN, José Roberto Della Tonia. Desafios da tutela da pessoa com deficiência no comércio eletrônico. *Revista de Direito do Consumidor*, v. 125, set.-out. 2019, DTR\2019\40950.
4. BARBOSA, Caio César do Nascimento; SILVA, Michael César; BRITO, Priscila Ladeira Alves de. Publicidade ilícita e influenciadores digitais: novas tendências da responsabilidade civil. *Revista IBERC*, v. 2, n. 2, p. 5, maio-ago. 2019.

Como se sabe, a atuação voltada à obtenção de lucro na internet está condicionada à realização de campanhas publicitárias. Sites, aplicativos e perfis fazem uso de um tipo de negócio que gera uma falsa noção de gratuidade, pelo fato de os usuários não se obrigarem a efetuar o pagamento de qualquer importância direta pela sua utilização. Todavia, acabam sendo forçados a aceitarem "a publicidade, isso quando não permitem também a exploração de seus dados pessoais para, dentre outras finalidades, promover a maior acurácia das mensagens publicitárias que lhe serão dirigidas".[5] Além disso, utiliza-se da gratuidade de conteúdo para angariar e orientar os consumidores para os "sites patrocinados ou aplicativos que efetivamente gerem receitas".[6]

A evolução do mercado publicitário on-line tornou-se expressiva. Suas receitas a partir de 2016 correspondem a aproximadamente 50% de todo o valor auferido por esse ramo de atividade, que se desenvolveu em três etapas. A primeira foi conduzida pelo Yahoo!, que adotou a estratégia de comercializar *banners* em sítios específicos, como exemplificativamente se constatou na prática de determinada empresa de adquirir *banners* em sites voltados para sua atividade. A segunda etapa foi desenvolvida pelo Google, e consistiu na procura por assuntos, produtos e serviços, que eram encaminhados para sítios específicos e que pagavam para tal prática. A terceira fase, por sua vez, foi executada pelo Facebook, que

> permitiu um salto no foco da publicidade, identificando mais detalhadamente o perfil de cada usuário para produzir mensagens mais personalizadas. Por meio do uso do aprendizado de máquina e do *big data*, é possível cruzar diferentes parâmetros e analisar grandes volumes de dados para identificar padrões de comportamento de consumidores. Tal modelo levou o Facebook a ocupar a segunda posição no *ranking* mundial de receitas publicitárias na internet.[7]

A Lei 8.078/1990 estabelece no inciso IV do art. 6º que o consumidor tem o direito básico de ser protegido "contra a publicidade enganosa e abusiva, métodos comerciais coercitivos ou desleais, bem como outras práticas e cláusulas abusivas impostas no fornecimento de produtos e serviços".

O art. 37 da lei consumerista, por sua vez, veda toda publicidade enganosa ou abusiva. Na primeira, conceituada no § 1º[8] do referido dispositivo legal,

---

5. CAPUCHO, Fabio Jun. Responsabilidade civil dos titulares de perfis em redes sociais pela publicidade danosa. *Revista IBERC*, v. 4, n. 3, set.-dez. 2021.
6. TIGRE, Paulo Bastos. Plataformas tecnológicas e a economia do compartilhamento. In: TIGRE, Paulo Bastos; PINHEIRO, Alessandro Maia (Coord.) *Inovações em serviços na economia do compartilhamento*. São Paulo: Saraiva Educação, 2019, p. 36.
7. TIGRE, Paulo Bastos. Plataformas tecnológicas e a economia do compartilhamento. In: TIGRE, Paulo Bastos; PINHEIRO, Alessandro Maia (Coord.) *Inovações em serviços na economia do compartilhamento*. São Paulo: Saraiva Educação, 2019, p. 37-38.
8. § 1º É enganosa qualquer modalidade de informação ou comunicação de caráter publicitário, inteira ou parcialmente falsa, ou, por qualquer outro modo, mesmo por omissão, capaz de induzir em erro

tem-se uma imperfeição no processo de tomada de decisão do consumidor, que certamente deixaria de contratar se tivesse sido adequadamente informado.[9] A abusiva, prevista no § 2º[10] do art. 37 da Lei 8.078/1990, é definida como "a publicidade antiética, que fere a vulnerabilidade do consumidor, que fere valores sociais básicos, que fere a própria sociedade como um todo".[11]

Uma das formas de lesão aos direitos fundamentais dos usuários consumidores praticadas pelas plataformas digitais consiste no marketing de influência, no qual se utiliza o poder de convencimento dos influenciadores digitais, que espontaneamente incentivam a aquisição dos produtos e serviços ao tentarem afastar o conteúdo publicitário de sua atuação.[12]

Em outras palavras, tal prática está relacionada ao comportamento do influenciador digital, que se vincula a outras pessoas por atuar como um indivíduo comum nas plataformas digitais e estabelece uma relação tão acentuada de confiança que acaba forçando a aquisição dos produtos e serviços pelo usuário consumidor. Isso ocorre usualmente pela inserção de anúncios pelos influenciadores digitais nas mídias sociais, como as plataformas YouTube, Facebook, dentre outras, logo após receberem as informações dos produtos ou serviços comercializados pelo fornecedor,[13] de modo a que, em algumas oportunidades, a verificação da eficiência ou pertinência da compra pelo consumidor seja abstraída "do campo de investigação crítica, apelando para a persuasão ligada a sentimentos".[14]

Outra espécie se verifica na denominada publicidade invasiva, espécie do gênero publicidade abusiva, que acaba por violar a privacidade do usuário-con-

---

o consumidor a respeito da natureza, características, qualidade, quantidade, propriedades, origem, preço e quaisquer outros dados sobre produtos e serviços.

9. BORGES, Gustavo; FILÓ, Mauricio da Cunha Savino. Consumo, publicidade e inteligência artificial: (necessários) limites à tecnologia persuasiva no constante assédio do consumidor. *Revista de Direito do Consumidor*, v. 136, p. 211, jul.-ago. 2021.
10. § 2º É abusiva, dentre outras a publicidade discriminatória de qualquer natureza, a que incite à violência, explore o medo ou a superstição, se aproveite da deficiência de julgamento e experiência da criança, desrespeita valores ambientais, ou que seja capaz de induzir o consumidor a se comportar de forma prejudicial ou perigosa à sua saúde ou segurança.
11. MARQUES, Claudia Lima. *Contratos no Código de Defesa do Consumidor*: o novo regime das relações contratuais. 8. Ed., rev., atual. e ampl. São Paulo: Ed. RT, 2016, p. 913.
12. BORGES, Gustavo; FILÓ, Mauricio da Cunha Savino. Consumo, publicidade e inteligência artificial: (necessários) limites à tecnologia persuasiva no constante assédio do consumidor. *Revista de Direito do Consumidor*, v. 136, p. 220-221, jul.-ago. 2021.
13. BARBOSA, Caio César do Nascimento; SILVA, Michael César; BRITO, Priscila Ladeira Alves de. Publicidade ilícita e influenciadores digitais: novas tendências da responsabilidade civil. *Revista IBERC*, v. 2, n. 2, p. 10-11, maio-ago. 2019.
14. BORGES, Gustavo; FILÓ, Mauricio da Cunha Savino. Consumo, publicidade e inteligência artificial: (necessários) limites à tecnologia persuasiva no constante assédio do consumidor. *Revista de Direito do Consumidor*, v. 136, p. 220-221, jul.-ago. 2021.

sumidor, atingindo sua personalidade. Tal prática surgiu e foi expandida com o desenvolvimento das tecnologias e a evolução da informatização, que inseriram no cotidiano dos consumidores o envio inesperado de correspondências eletrônicas, ligações e mensagens, que ingressam na vida das pessoas, afrontando sua intimidade e gerando dificuldades diárias.[15]

A MailChimp é uma plataforma criada como tecnologia de marketing inteligente e que atua como opção ao *software* de correspondência eletrônica, realizando e compartilhando postagens de outras plataformas, como o Instagram.[16] Sua atuação, segundo se extrai de seu site, preocupa-se com os dados pessoais e a privacidade dos que receberão as correspondências eletrônicas, dispondo em seus quadros funcionais de equipe jurídica que atua juntamente com seus "desenvolvedores e engenheiros para garantir que nossos produtos e recursos estejam em conformidade com as leis internacionais de privacidade e *spam* aplicáveis".[17]

Ocorre, todavia, que determinadas publicidades tornam-se tão insistentes que acabam impossibilitando qualquer iniciativa dos consumidores, que são atingidos em sua dignidade e paz, especialmente quando as correspondências eletrônicas indevidamente encaminhadas fazem com que os provedores de correio eletrônico as disponibilizem em caixas de entrada próprias. Isso pode fazer com que os consumidores não tenham acesso aos expedientes que efetivamente teriam interesse em receber, que foram encaminhadas para a caixa de *spam*.[18]

A ocorrência de danos também se verifica na prática do assédio, presente nas plataformas digitais assim que um indivíduo ingressa nas mídias sociais e passa a ter sua privacidade submetida à risco pelas empresas atuantes no segmento de marketing. A utilização desses aplicativos pelos usuários consumidores faz com que seja elaborado o *profile*, também conhecido por perfil, que visa consolidar seus dados, a fim de possibilitar a apuração dos conteúdos acessados e sua localização física. A partir dessas informações, o usuário consumidor passa a ser assediado com o recebimento de correspondências eletrônicas, mensagens de telefones, dentre outras práticas, que acabam violando seus direitos da personalidade.[19]

---

15. SANTANA, Héctor Valverde; CHERMAN, Yuri César. Publicidade invasiva: ofensa a direitos da personalidade. *Revista de Direito do Consumidor*, v. 112, p. 181, jul.-ago. 2017.
16. MAILCHIMP. *Nossa história*. Disponível em: https://mailchimp.com/pt-br/about/. Acesso em: 3 mar. 2023.
17. MAILCHIMP. *Segurança*. Disponível em: https://mailchimp.com/pt-br/about/. Acesso em: 3 mar. 2023.
18. SANTANA, Héctor Valverde; CHERMAN, Yuri César. Publicidade invasiva: ofensa a direitos da personalidade. *Revista de Direito do Consumidor*, v. 112, p. 182, jul.-ago. 2017.
19. BORGES, Gustavo; FILÓ, Mauricio da Cunha Savino. Consumo, publicidade e inteligência artificial: (necessários) limites à tecnologia persuasiva no constante assédio do consumidor. *Revista de Direito do Consumidor*, v. 136, p. 224, jul.-ago. 2021.

A publicidade realizada pela internet é feita nos computadores e, sobretudo, nos *smartphones*, sendo certo que a "propaganda persegue usuários com perfil econômico, etário e cultural desejado ou que já tenham demonstrado interesse em determinados produtos ou serviços na internet".[20]

O assédio, portanto, consiste na prática hostil, que força o consumidor a adquirir o produto ou serviço, com base em "emoções, medos, confiança em relação a terceiros, abusando da posição de *expert* do fornecedor e das circunstâncias especiais do consumidor, como idade e a condição social".[21]

Daí a necessidade de se coibir o assédio através do *habeas mente* – expressão elaborada por Fernando Martins, que se destina a proteger o direito ao sossego do corpo da pessoa, tanto físico quanto virtual. Aludido expediente atua de forma negativa, determinando que não sejam enviadas campanhas de publicidade não solicitadas pelo consumidor. Dentre os exemplos do *habeas mente*, tem-se a determinação da Agência Nacional de Telecomunicações (Anatel) para que as empresas atuantes no setor de telefonia efetuassem a implantação de "uma base de dados centralizada dos consumidores que não tem interesse em receber conteúdos de *telemarketing*, instituindo um prazo de trinta dias para a adoção da determinação".[22]

Por fim, dentre os inúmeros exemplos de possível lesão dos direitos fundamentais dos usuários consumidores atuantes na economia do compartilhamento, ainda merece destaque o risco da ocorrência do dano pela privação de uso. A esse respeito, Rodrigo da Guia Silva adverte que a expressão uso possui vários significados no ordenamento jurídico brasileiro, dos quais pode advir o dever de indenizar caso aconteça sua privação, mesmo que momentânea. Uma das hipóteses dessa espécie de dano se encontra disposta no art. 582 do Código Civil, que estabelece a obrigação do comodatário, devidamente constituído em mora, de pagar alugueres ao comodante até a restituição da coisa emprestada. Outra está presente no art. 37-A da Lei 9.514/1997, que obriga o devedor fiduciário a adimplir taxa de ocupação do imóvel ao credor fiduciante ou a quem o suceder. O pagamento dessa taxa deve ser feito a partir da data da consolidação

---

20. TIGRE, Paulo Bastos. Plataformas tecnológicas e a economia do compartilhamento. In: TIGRE, Paulo Bastos; PINHEIRO, Alessandro Maia (Coord.). *Inovações em serviços na economia do compartilhamento*. São Paulo: Saraiva Educação, 2019, p. 38.
21. BASAN, Arthur Pinheiro; JACOB, Muriel Amaral. *Habeas mente*: a responsabilidade civil como garantia fundamental contra o assédio de consumo em tempos de pandemia. *Revista IBERC*, v. 3, n. 2, p. 172, maio-ago. 2020.
22. BORGES, Gustavo; FILÓ, Mauricio da Cunha Savino. Consumo, publicidade e inteligência artificial: (necessários) limites à tecnologia persuasiva no constante assédio do consumidor. *Revista de Direito do Consumidor*, v. 136, p. 226, jul.-ago. 2021.

da propriedade fiduciária no patrimônio do credor fiduciante até a data em que este, ou seus sucessores, vier a ser imitido na posse do imóvel.[23]

Na economia do compartilhamento, a ocorrência do dano pela privação de uso pode ser exemplificada na reserva de imóvel para que o consumidor e familiares pudessem utilizá-lo temporariamente durante as férias escolares de inverno. Uma das condições para o fechamento do negócio entre os usuários fornecedor e consumidor, com o auxílio do guardião do acesso, consistiu na confirmação de que estaria em pleno funcionamento a sauna e o sistema de aquecimento do imóvel. Contudo, assim que adentraram no bem, constatou-se que tanto a sauna quanto o sistema de aquecimento não estavam funcionando. Diante disso, o usuário consumidor aciona o fornecedor e a plataforma digital solicitando a realização dos reparos, vindo, ao constatar a desídia na resolução dos defeitos em equipamentos cujo funcionamento foi caracterizado como imprescindível para a celebração do contrato, a contratar empresa especializada para tal finalidade, a fim de os usufruir. É evidente, portanto, a violação de direito fundamental do usuário consumidor, que tem assegurado, dentre outros, o direito ao recebimento de indenização por privação de uso.

Daí a relevante observação de Gustavo Tepedino e Rodrigo da Guia Silva, ao tratarem da possibilidade de se reconhecer o dever de indenizar autonomamente os danos emergentes decorrentes da privação de uso:

> Se é verdade, como parece, que a faculdade de usar é interesse juridicamente tutelado, e que, conseguintemente, pode haver lesões ao interesse juridicamente tutelado do uso, a supressão dessa prerrogativa de usar – por integrar o próprio domínio – tem a aptidão, só por si, a deflagrar o dever de reparar. Como em qualquer hipótese de interesse jurídico, o merecimento de tutela depende de circunstâncias fáticas que demonstrem a compatibilidade da situação jurídica aos valores do ordenamento. Vale dizer, o centro de interesse sujeita-se, necessariamente, ao controle de ilicitude, abusividade e merecimento de tutela, como todas as situações jurídicas, permitindo-se, assim, o controle social na legalidade constitucional.
>
> Por evidente, todo o exposto acerca do dano emergente autônomo decorrente da supressão temporária da prerrogativa de usar (usualmente denominado *dano da privação do uso*) não exclui, mas antes corrobora, a cumulatividade com outras parcelas indenizatórias tradicionalmente reconhecidas. Assim, é plenamente possível, inclusive, a cumulação do dano emergente em comento com danos emergentes de natureza permanente (o valor dispendido com o conserto do carro, por exemplo).[24]

---

23. SILVA, Rodrigo da Guia Silva. A privação do uso como fonte de indenizar. Universidade Federal do Rio Grande do Sul. *Cadernos do Programa de Pós-graduação em Direito (PPGDir)*, v. XI, n. 2, p. 212-213, 2016.
24. TEPEDINO, Gustavo; SILVA, Rodrigo da Guia. Novos bens jurídicos, novos danos ressarcíveis: análise dos danos decorrentes da privação de uso. *Revista de Direito do Consumidor*, v. 129, maio-jun. 2020, DTR\2020\7460.

Igualmente se tem reconhecido o direito de recebimento de lucros cessantes em decorrência da privação de uso. É o que se verifica no atraso da entrega de imóvel por ato culposo do alienante ou no esbulho possessório de imóvel impedindo seu proprietário de utilizá-lo.[25] Tais situações evidentemente podem ocorrer no âmbito da economia colaborativa, sobretudo quando a unidade cedida para uso temporário se encontra ocupada por terceiro, impedindo a sua utilização pelo usuário fornecedor e até mesmo pelo usuário consumidor.

Nesse contexto de acentuada preocupação com os direitos fundamentais dos consumidores, especialmente os participantes da economia do compartilhamento, tem-se a necessidade de atendimento da conclusão apresentada por Paulo Ricardo Schier, que, com base nos ensinamentos de Hans Peter Schneider, adverte que a Constituição Federal de 1988 deve ser analisada em conformidade com os direitos fundamentais, incumbindo ao ente público atender aos anseios das pessoas e não o contrário.[26]

Ocorre, todavia, que essa preocupação com a tutela dos direitos fundamentais nem sempre esteve presente no ordenamento jurídico brasileiro, a exemplo do que acontecia nas Constituições anteriores a de 1988, e de outros países.

Com efeito, não obstante se verifique "uma certa concepção de constituição" na Antiguidade e na Idade Média,[27] foi com o Estado de Direito Liberal e o surgimento das Constituições escritas, dentre as quais se destacam a dos Estados Unidos em 1787 e a da França no ano de 1791, ocasião em que se deu início ao "Constitucionalismo moderno ou formal".[28-29]

---

25. TEPEDINO, Gustavo; SILVA, Rodrigo da Guia. Novos bens jurídicos, novos danos ressarcíveis: análise dos danos decorrentes da privação de uso. *Revista de Direito do Consumidor*, v. 129, maio-jun. 2020, DTR\2020\7460.
26. SCHIER, Paulo Ricardo. Ensaio sobre a supremacia do Interesse Público sobre o Privado e o Regime Jurídico dos Direitos Fundamentais. In: SARMENTO, Daniel. *Interesses públicos versus interesses privados*: desconstruindo o Princípio da Supremacia do Interesse Público. Rio de Janeiro: Editora Lumen Juris, 2007, p. 222.
27. SCHIER, Paulo Ricardo. Ensaio sobre a supremacia do Interesse Público sobre o Privado e o Regime Jurídico dos Direitos Fundamentais. In: SARMENTO, Daniel. *Interesses públicos versus interesses privados*: desconstruindo o Princípio da Supremacia do Interesse Público. Rio de Janeiro: Editora Lumen Juris, 2007, p. 220.
28. BRETAS, Carla Panza; MATTOS, Kennedy Josué Greeca de; SCHIER, Paulo Ricardo. Teoria do Direito e da Constituição no contexto do neoconstitucionalismo pós-positivista: análise quanto à racionalidade. *Revista da Faculdade de Direito da UFRGS*, Porto Alegre, n. 35, v. especial, p. 117, dez. 2016.
29. Paulo Ricardo Schier assevera: "A Constituição, documento normalmente escrito que ocupa o centro do sistema jurídico, é fenômeno relativamente recente. Surgiu, no processo de formação do Estado moderno, como tentativa de estabelecer limites racionais ao exercício do poder (principalmente no contexto da transição do Estado Absolutista ao Estado de Direito) em vista da necessidade de tutela e proteção de um certo núcleo de direitos fundamentais. A própria ideia de Constituição já indica o seu *telos* justificador, o seu compromisso com a modernidade, qual seja, o de ubicar o homem no centro

Tanto é assim que Joaquim José Gomes Canotilho assevera que a "França revolucionária deixou-nos um legado decisivo para a compreensão do Estado de Direito. Não há Estado de Direito onde não houver uma constituição feita pela nação (entenda-se: pelos representantes da nação)".[30]

Assim é que se entende que a base filosófica do Estado de Direito Liberal "é a doutrina dos direitos do homem, elaborada pelo jusnaturalismo, segundo o qual os homens têm, por natureza e independentemente de sua vontade, determinados direitos que lhe são inerentes e invioláveis".[31-32]

Bodo Pieroth sustenta que o Estado de Direito está relacionado às seguintes "noções básicas: a vinculação jurídica do Estado e a autonomia do indivíduo".[33] A primeira corresponde ao entendimento de que o poder é efetivado pelo Direito e não por aquilo que seus governantes concluem ser correto, vinculando os indivíduos e o próprio Estado. Já a autonomia das pessoas é o fundamento dos direitos humanos, na medida em que o Estado de Direito "incorpora em si a proteção da liberdade pessoal e política do cidadão".[34]

Nesse momento é que se tem o efetivo surgimento dos direitos fundamentais[35] nas Constituições escritas, dotados de caráter individual, oponíveis em face do Estado, atuando como direitos de defesa, "demarcando uma zona de não intervenção do Estado e uma esfera de autonomia individual em face de seu poder".[36] Assim, os direitos fundamentais limitam o poder do Estado para a pro-

---

do mundo, como produtor/interventor das relações sociais e do Direito. (SCHIER, Paulo Ricardo. *Comissões parlamentares de inquérito e o conceito de fato determinado*. Tese (Doutorado em Direito). 188 p. Universidade Federal do Paraná. Curitiba, 2002, p. 17).
30. CANOTILHO, Joaquim José Gomes. Estado de Direito. Lisboa: Fundação Mário Soares, 1999. Disponível em: http://www.casacomum.org/cc/visualizador?pasta+005702#!28. Acesso em: 6 abr. 2023.
31. BEDIN, Gilmar Antonio; GHISLENI, Pâmela Copetti. Direito e democracia: uma leitura do pensamento político de Norberto Bobbio. *Revista Direitos Fundamentais & Democracia*, v. 20, p. 82, jul.-dez. 2016.
32. Rodrigo Ramina de Lucca assevera: "Apenas depois das revoluções americanas e francesa, quando os constituintes puderam construir uma nova ordem jurídica fundada sobre o indivíduo, é que a teoria dos direitos naturais adquiriu 'real concretização política'". (LUCCA, Rodrigo Ramina de. *A motivação das decisões judiciais civis em um Estado de Direito*: necessária proteção da segurança jurídica. Dissertação (Mestrado em Direito Processual Civil). 370 p. Universidade de São Paulo. São Paulo, 2013, p. 28).
33. PIEROTH, Bodo. O desenvolvimento do Estado de Direito na Alemanha. Trad. Luís Marcos Sander. *Revista Eletrônica do TRT-4*, ano XI, n. 186, p. 49, nov. 2015.
34. PIEROTH, Bodo. O desenvolvimento do Estado de Direito na Alemanha. Trad. Luís Marcos Sander. *Revista Eletrônica do TRT-4*, ano XI, n. 186, p. 49-51, nov. 2015.
35. Manoel Gonçalves Ferreira Filho assevera: "No esquema liberal, a constituição é acima de tudo a garantia dos direitos fundamentais do homem. É, numa construção imaginosa e hábil, a garantia desses direitos contra o Estado ao mesmo tempo que é a lei desse Estado, o estabelecimento em linhas nítidas e inflexíveis de sua organização básica". (FERREIRA FILHO, Manoel Gonçalves. Estado de direito e Estado legal. *Revista de Direito Administrativo*, Rio de Janeiro, v. 157, p. 22, 1984).
36. SARLET, Ingo Wolfgang. *A eficácia dos direitos fundamentais*: uma teoria geral dos direitos fundamentais na perspectiva constitucional. 12. Ed. rev. Atual. e ampl. Porto Alegre: Livraria do Advogado Editora, 2015, p. 43,46-47.

teção e equilíbrio da liberdade individual, bem como para a divisão de poderes para prevenir abusos.[37]

O Direito, nesse período, via o homem como um ser livre, com capacidade de pensar e de exteriorizar sua opinião ou convicção. Disso decorre a noção de que "todos os homens são iguais em direitos (subjetivos)".[38]

Assim é que surge a compreensão de que o século XIX é o século do Estado de Direito, que corresponde à eliminação da arbitrariedade da atividade do Estado que afeta os cidadãos.[39-40]

O Estado de Direito Liberal ainda se notabilizou pela impossibilidade, praticamente integral, de ingerência do ente público nas questões sociais e econômicas. Ou seja, não incidiria nas questões envolvendo particulares. Sua intervenção era em questões específicas com o propósito exclusivo de assegurar "a liberdade de concorrência (poder de polícia) e para exercer atividades que, embora necessárias à sociedade, não possuíam validade econômica que justificasse o seu desempenho pela burguesia".[41-42] Caracterizado pelo viés individualista, os direitos fundamentais no Estado de Direito Liberal eram dotados de cunho negativo, voltado a assegurar um dever de não interferência ou abstenção estatal. Busca-se, portanto, a relevância aos direitos à vida, liber-

---

37. GRIMM, Dieter. *Constitucionalismo y derechos fundamentales*. Traducción: Raúl Sanz Burgos y José Luis de Baena Simón. Madrid: Editorial Trotta, 2006, p. 29.
38. FERREIRA FILHO, Manoel Gonçalves. Estado de direito e Estado legal. *Revista de Direito Administrativo*, Rio de Janeiro, v. 157, p. 19, 1984.
39. ZABREBELSKI, Gustavo. *El derecho dúctil*: ley, derechos y justicia. Traducción: Marina Gascón. 6. Ed. Madrid: Editorial Trotta, 2007, p. 21.
40. Daniel Sarmento assevera: "Na síntese de Carl Schmidtt, o Estado Burguês de Direito, que expressava os valores do liberalismo, foi construído a partir de dois princípios básicos: um princípio de distribuição e um princípio de organização. Como destacou o constitucionalista, '*o princípio de divisão – liberdade do indivíduo em princípio ilimitada, poder do Estado em princípio limitado* – encontra a sua expressão em uma série de direitos de liberdade ou direitos fundamentais', enquanto '*o princípio da organização está contido na teoria da separação dos poderes (...) que atua no interesse do controle recíproco e da limitação destes poderes*". (SARMENTO, Daniel. Interesses públicos *vs.* Interesses privados na perspectiva da teoria e da filosofia constitucional. In: SARMENTO, Daniel. *Interesses públicos versus interesses privados*: desconstruindo o princípio de supremacia do interesse público. Rio de Janeiro: Editora Lumen Juris, 2007, p. 36).
41. SCHIER, Adriana da Costa Ricardo. *Regime jurídico do serviço público*: garantia fundamental do cidadão e proibição de retrocesso social. Tese (Doutorado em Direito do Estado). 214 p. Universidade Federal do Paraná. Curitiba, 2009, p. 3.
42. Jorge Reis Novaes aponta que o Estado de Direito Liberal notabilizou-se pelas separações entre política e economia, Estado e moral e Estado e sociedade civil. (NOVAES, Jorge Reis. Contributo para uma teoria do Estado de Direito: do Estado de Direito liberal ao Estado Social e Democrática de Direito. *Separata de Suplemento ao Boletim da Faculdade de Direito da Universidade de Coimbra*, 1987, p. 51-52).

dade, propriedade e igualdade perante a lei[43-44] – temas considerados como os mais relevantes pelo revogado Código Civil de 1916, atualmente aplicáveis na legislação civilista vigente, que também determina a incidência dos valores previstos na Constituição Federal de 1988.

Pode-se assim dizer que a atuação da autoridade estava vinculada à liberdade da sociedade, baseada em um equilíbrio recíproco determinado pela lei,[45-46] que passou a ser caracterizada no Estado de Direito Liberal pela razão.

Nos Estados Unidos da América prevalece a teoria denominada *state action*, que determina a incidência dos direitos fundamentais apenas nas relações entre o Estado e os particulares. Sua incidência na relação entre privados ocorre tão somente no tocante à 13ª emenda constitucional, que aboliu a escravatura.[47]

Seus defensores argumentam a necessidade de sua observância baseados "na literalidade do texto constitucional norte-americano, que se refere apenas aos Poderes Públicos na maioria das cláusulas consagradoras de direitos fundamentais".[48] Além disso, aduzem que deve prevalecer a autonomia privada, bem como o atendimento do pacto federativo, especialmente porque nos Estados Unidos é de incumbência dos Estados-Membros legislar sobre questões atinentes ao Direito Privado.[49]

---

43. SARLET, Ingo Wolfgang. *A eficácia dos direitos fundamentais*: uma teoria geral dos direitos fundamentais na perspectiva constitucional. 12. ed. rev. Atual. e ampl. Porto Alegre: Livraria do Advogado Editora, 2015, p. 46-47.
44. Marcelo Schenk Duque afirma que "no Estado liberal os direitos fundamentais eram vistos como um instituto específico das relações Estado/indivíduo, como típico direito de defesa (*Abwehrrechte*), que limitavam o poder do Estado perante os indivíduos, quando esse ultrapasse seus limites. A conclusão lógica é que no contexto histórico de surgimento do Estado liberal, as ameaças aos direitos fundamentais que provinham do Estado eram as únicas que preocupavam". (DUQUE, Marcelo Schenk. *Curso de direitos fundamentais*: teoria e prática. São Paulo: Ed. RT, 2014, p. 37).
45. ZABREBELSKI, Gustavo. *El derecho dúctil*: ley, derechos y justicia. Traducción: Marina Gascón. 6. ed. Madrid: Editorial Trotta, 2007, p. 23.
46. Clayton Gomes de Medeiros assevera: "A proteção da liberdade trazida pelo Estado Liberal, segundo Jorge Reis Novais se deu para que a livre iniciativa de cada membro da sociedade e o funcionamento espontâneo do mercado pudessem resultar na máxima vantagem para todos, porém para que estes resultados se produzissem seria necessário que as leis internas da economia pudessem se desenvolver sem interferências exteriores, principalmente do Estado". (MEDEIROS, Clayton Gomes de. *Da boa administração pública* – princípio e direito fundamental: breves elementos para sua concretização. Dissertação (Mestrado em Direitos Fundamentais e Democracia). 132 p. Centro Universitário Autônomo do Brasil (UniBrasil). Curitiba, 2015, p. 33).
47. SARMENTO, Daniel; GOMES, Fábio Rodrigues. A eficácia dos direitos fundamentais nas relações entre particulares: o caso das relações de trabalho. *Revista TST*, Brasília, v. 77, n. 4, p. 63, out.-dez. 2011.
48. SARMENTO, Daniel; GOMES, Fábio Rodrigues. A eficácia dos direitos fundamentais nas relações entre particulares: o caso das relações de trabalho. *Revista TST*, Brasília, v. 77, n. 4, p. 63, out.-dez. 2011.
49. MARETTI, Luis Marcello Bessa. A eficácia dos direitos fundamentais nas relações entre particulares. *Revista de Direito Público*, Londrina, v. 5, n. 3, p. 83, dez. 2010.

Todavia, a teoria da *state action* foi mitigada posteriormente pela própria Suprema Corte dos Estados Unidos da América, que passou a utilizar a *public function theory*, na qual se aplicam os direitos fundamentais em questões referentes a particulares quando um deles realizar "atividade de natureza tipicamente estatal".[50] Ou seja, passou-se a determinar que os direitos fundamentais devem ter incidência nas relações jurídicas envolvendo privados, "a) quando um particular ou entidade privada exerce função estatal típica; b) quando existirem pontos de contato e aspectos comuns suficientes para que se possa imputar ao Estado a responsabilidade pela conduta oriunda do particular".[51]

Aludida teoria, a despeito das mitigações efetivadas por decisões judiciais, não deu o correto disciplinamento aos direitos fundamentais, especialmente se for considerado que os maiores indícios ou violações originam-se "de grupos, pessoas ou organizações privadas. (...) Tal teoria está profundamente associada ao radical individualismo que caracteriza a Constituição e a cultura jurídica e social dos Estados Unidos".[52]

Nesse contexto, evidencia-se que o ordenamento jurídico brasileiro, sobretudo o Código Civil de 1916, fundamentava-se nos valores do Estado de Direito Liberal e inadmitia a incidência dos direitos fundamentais nas questões relacionadas aos particulares, aplicando-se apenas como limitador ao arbítrio estatal em suas relações com os privados.

Conforme será demonstrado na sequência, o término do Estado de Direito Liberal com o advento do Estado Social de Direito e, sobretudo, da Constituição Federal de 1988 e do Código Civil de 2002, resultou em uma alteração dos valores existentes, fazendo com que o sujeito, e não mais a propriedade isoladamente, se tornasse relevante nas questões particulares, de modo a que os direitos fundamentais passaram a incidir nas relações entre privados, sobretudo nas decorrentes da economia do compartilhamento, caracterizadas a princípio por três integrantes, sendo um deles o usuário consumidor considerado como vulnerável e parte mais fraca na relação.

---

50. MARETTI, Luis Marcello Bessa. A eficácia dos direitos fundamentais nas relações entre particulares. *Revista de Direito Público*, Londrina, v. 5, n. 3, p. 84, dez. 2010.
51. SARLET, Ingo Wolfgang. Direitos fundamentais e Direito Privado: algumas considerações em torno da vinculação dos particulares aos direitos fundamentais. *Boletim Científico da Escola Superior do Ministério Público da União*, ano 4, n. 16, p. 200, jul.-set. 2005.
52. SARMENTO, Daniel; GOMES, Fábio Rodrigues. A eficácia dos direitos fundamentais nas relações entre particulares: o caso das relações de trabalho. *Revista TST*, Brasília, v. 77, n. 4, p. 63, out.-dez. 2011.

4.2 DIREITOS FUNDAMENTAIS NA RELAÇÃO COLABORATIVA: ENTRE OS MODELOS DE CONSTITUCIONALIZAÇÃO E DE CONVERGÊNCIA NO DIREITO PRIVADO

4.2.1 Modelo de Constitucionalização: eficácia direta dos Direitos Fundamentais nas relações privadas

A compreensão de que os direitos fundamentais não incidiriam nas relações particulares acabou dificultando sua proteção, na medida em que a tutela de todas as pretensões obrigatoriamente dependeria da existência de Lei.

Da mesma forma, resultou no entendimento de que o Código Civil se caracterizaria como a Constituição do Direito Privado, bem como na instituição de uma dicotomia entre o Direito Público e o Direito Privado, fazendo com que os interesses dos particulares não estivessem na esfera de atuação estatal. Todavia, o advento das legislações extravagantes no século XX extinguiram a visão centralizadora atribuída ao Código Civil e, consequentemente, da dicotomia entre o Direito Público e o Direito Privado.[53]

A isso deve ser acrescido o fato de que a derrota alemã e o encerramento da Segunda Guerra Mundial fizeram com que Estados e indivíduos passassem a se preocupar com os direitos humanos, visando evitar os lamentáveis atos praticados pelos Estados Totalitários, que fulminaram a dignidade das pessoas. Tanto é assim que a Organização das Nações Unidas promulgou a Declaração Universal dos Direitos do Homem em 1948, cujo art. 1º prevê que "Todas as pessoas nascem livres e iguais em dignidade e direitos".[54]

René Ariel Dotti assevera que supracitada Declaração objetiva proteger os direitos e as liberdades no âmbito internacional, sem, todavia, possuir força jurídica obrigatória. Também estabelece em seus arts. 3º a 14 os direitos do ser humano, dentre os quais se destacam, por exemplo, a vida, a liberdade, a segurança, a personalidade jurídica etc.[55]

Foi nesse momento que entrou em vigência a Lei Fundamental da Alemanha de 1949, que dá prevalência à democracia, aos direitos fundamentais e à tutela

---

53. BOLESINA, Iuri; GERVASONI, Tamiris Alessandra. O dever de fundamentação aos direitos fundamentais no Direito Privado: análise concreta. *Revista da Faculdade de Direito do Sul de Minas*, v. 33, n. 2, p. 174-175, jun.-dez. 2017.
54. MORAES, Maria Celina Bodin de. O jovem Direito Civil Constitucional. *Civilistica.com*. Rio de Janeiro, ano 1, n. 1, jul.-set. 2012.
55. DOTTI, René Ariel. *Proteção da vida privada e liberdade de informação*: possibilidades e limites. São Paulo: Ed. RT, 1980, p. 18.

da dignidade da pessoa humana.[56] Tem-se ainda o surgimento da doutrina do neoconstitucionalismo, caracterizada pela supremacia e incidência da Constituição sobre todos os ramos dos Direito,[57] assim como pela rigidez das normas constitucionais e a existência de um controle de constitucionalidade das leis,[58] as quais devem obrigatoriamente estarem em conformidade com a Constituição.

Assim, como bem observa Paulo Ricardo Schier, "A referência do neoconstitucionalismo é a constituição material e o estado de direito substancial, ou predomínio do paradigma constitucional".[59-60]

Nesse contexto é que se tem a discussão acerca da incidência dos direitos fundamentais nas relações entre particulares, sobretudo após a Lei Fundamental Alemã de 1949 ter estabelecido que "Os direitos fundamentais seguintes vinculam o Poder Legislativo, Executivo e Judicial como direito diretamente aplicável".[61]

O Tribunal Constitucional Alemão reconheceu a incidência dos direitos fundamentais nas relações privadas em dois casos paradigmáticos. O primeiro deles aconteceu em 1950, quando um indivíduo chamado Lüth solicitou que proprietários e usuários de cinema realizassem o "boicote de um novo filme, argumentando que o diretor do mesmo rodara um filme antissemitista durante o período do nacional-socialismo".[62] As Cortes cíveis concluíram que tal prática seria ilícita por infringir os bons costumes. Na sequência, ao analisar recurso

---

56. BARROSO, Luís Roberto. *Curso de Direito Constitucional contemporâneo*: os conceitos fundamentais e a construção do novo modelo. São Paulo: Saraiva, 2009, p. 35.
57. SARLET, Ingo Wolfgang. Neoconstitucionalismo e influência dos direitos fundamentais no Direito Privado: algumas notas sobre a evolução brasileira. In: SARLET, Ingo Wolfgang. Constituição, direitos fundamentais e Direito Privado. 3. ed., rev. e ampl. Porto Alegre: Livraria do Advogado Editora, 2010, p. 13-14.
58. MARTINS NETO, João dos Passos; THOMASELLI, Bárbara Lebarbenchon Moura. Do Estado de Direito ao Estado de Justiça. *Revista Sequência – Estudos Jurídicos e Políticos*, v. 34, n. 67, p. 310, dez. 2013.
59. SCHIER, Paulo Ricardo. Constitucionalização e 20 anos da Constituição: reflexão sobre a exigência de concurso público (entre a isonomia e a segurança jurídica). *Revista de Direitos Fundamentais & Democracia*, v. 6, 2009. Disponível em: https://revistaeletronicardfd.unibrasil.com.br. Acesso em: 14 mar. 2021.
60. Peter Häberle preconiza: "O conceito 'Estado Constitucional' somente pode ser esboçado aqui como o Estado em que o poder público é juridicamente constituído e limitado através de princípios constitucionais materiais e formais: Direitos Fundamentais, Estado Social de Direito, Divisão de Poderes, independência dos Tribunais, – em que ele é controlado de forma pluralista e legitimado democraticamente". (HÄBERLE, Peter. *Estado constitucional cooperativo*. Trad. Marcos Augusto Maliska e Elisete Antoniuk. Rio de Janeiro: Renovar, 2007, p. 6).
61. ERICHSEN, Hans-Uwe. A eficácia dos direitos fundamentais na Lei Fundamental Alemã no Direito Privado. In: GRUNDMANN, Stefan et al. *Direito Privado, Constituição e fronteiras*: encontros da Associação Luso-alemã de Juristas no Brasil. 2. ed., rev., atual. e ampl. São Paulo: Ed. RT, 2014, p. 21.
62. CANARIS, Claus-Wilhelm. A influência dos direitos fundamentais sobre o Direito Privado na Alemanha. In: SARLET, Ingo Wolfgang. *Constituição, direitos fundamentais e Direito Privado*. 3. ed., rev. e ampl. Porto Alegre: Livraria do Advogado, 2010, p. 208.

constitucional, o Tribunal Constitucional Alemão alterou o entendimento anterior aduzindo que ele teria infringido a liberdade de expressão de Lüth, prevista no art. 5º, I, da Lei Fundamental. Daí a observação de Claus-Wilhelm Canaris, no sentido de que a Corte, nessa decisão, "cunhou a expressão, entrementes também célere, do efeito da irradiação dos direitos fundamentais sobre o privado (...)".[63]

Em outro julgamento, o Tribunal Constitucional Alemão tratou no caso *Mephisto*, relacionado com o conflito entre o direito de personalidade e a liberdade artística, "enquanto derivações do princípio da dignidade humana".[64] Discutiu-se se os filhos adotivos do ator e diretor de teatro Gustaf Grondgen poderiam requerer perante o Poder Judiciário a proibição da publicação do romance *Mephisto*, sob o entendimento de que ele violava a memória e a imagem de Grondgen. Ao decidir a questão, o Tribunal Estadual de Hamburgo indeferiu o requerimento e autorizou a publicação. Na sequência, o Tribunal Superior de Hamburgo acolheu o pedido e vetou a publicação, tendo, mais tarde, o Tribunal Constitucional Alemão rejeitado o pedido de revisão "sob a alegação de que o direito de liberdade artística encontra limite imanente (imanente Begrezung) no direito de personalidade assegurado constitucionalmente".[65]

Essas modificações introduzidas pelo neoconstitucionalismo passaram a incidir no Brasil com a Constituição Federal de 1988, cujas normas produzem efeitos sobre todos os ramos do Direito, especialmente o Privado, de forma a afastar a visão patrimonial até então prevalecente para instituir "uma concepção em que se privilegia o desenvolvimento e a dignidade da pessoa humana concretamente considerada, em suas relações interpessoais".[66] Consequentemente, tem-se a extinção da dicotomia entre o Direito Público e o Direito Privado, que passam a se auxiliarem mutuamente na aplicação das normas jurídicas. É o que se verifica no contrato de compra e venda, que interessa aos contratantes e produz efeitos que repercutem no interesse público e do próprio Estado – que

---

63. CANARIS, Claus-Wilhelm. A influência dos direitos fundamentais sobre o Direito Privado na Alemanha. In: SARLET, Ingo Wolfgang. Constituição, Direitos Fundamentais e Direito Privado. 3ª edição, revista e ampliada. Porto Alegre: Livraria do Advogado, 2010, p. 208-209.
64. MENDES, Gilmar Ferreira. *Colisão dos direitos fundamentais*: liberdade de expressão e comunicação e direito à honra e à imagem. 2001. Disponível em: https://www.editorajc.com.br/colisao-dos-direitos-fundamentais-liberdade-de-expressao-e-comunicacao-e-direito-a-honra-e-a-image/. Acesso em: 24 jul. 2023.
65. MENDES, Gilmar Ferreira. *Colisão dos direitos fundamentais*: liberdade de expressão e comunicação e direito à honra e à imagem. 2001. Disponível em: https://www.editorajc.com.br/colisao-dos-direitos-fundamentais-liberdade-de-expressao-e-comunicacao-e-direito-a-honra-e-a-image/. Acesso em: 24 jul. 2023.
66. FACHIN, Luiz Edson. *Direito Civil*: sentidos, transformações e fim. Rio de Janeiro: Renovar, 2015, p. 58-59.

passa a se preocupar com temas relacionados ao objeto contratual, existência de abusividade nas cláusulas.[67]

Luiz Edson Fachin afirma que não mais se verifica uma nítida separação entre o interesse público e o interesse particular. Hodiernamente, constata-se "um complemento entre o interesse público e o privado, sendo difícil conceber um interesse privado que seja completamente autônomo, independente, isolado do interesse público".[68]

Assim, pode-se entender que os direitos fundamentais positivados na Constituição Federal de 1988 passam a disciplinar o Código Civil, incidindo, portanto, nas relações envolvendo particulares.[69]

Entretanto, passa-se a questionar de que forma essa eficácia dos direitos fundamentais incidirá nas relações privadas. De forma imediata, dispensando a atuação legislativa ou mediata, condicionada à existência de lei anterior.

Ao estabelecer a dignidade da pessoa humana como um dos princípios fundamentais da República, a Constituição Federal de 1988 determina a tutela integral do indivíduo.[70-71] Ou seja, institui-se uma cláusula geral de proteção do ser humano, dotada de caráter positivo e negativo, que autoriza a predominância dos interesses existenciais no confronto com os patrimoniais.[72]

A esse respeito, Judith Martins-Costa assevera:

> É que, conquanto a maior parte dos direitos fundamentais apareça, numa primeira leitura, como direitos defensivos, protegendo os indivíduos contra a ação do Poder Público e impondo, a esse, *deveres de abstenção*, isto é, interditos ao exercício das liberdades públicas, percebe-se que, ao lado dessas garantias, surgem outros direitos, com outros efeitos – *efeitos*

---

67. BOLESINA, Iuri; GERVASONI, Tamiris Alessandra. O dever de fundamentação aos direitos fundamentais no Direito Privado: análise concreta. *Revista da Faculdade de Direito do Sul de Minas*, v. 33, n. 2, p. 177, jun.-dez. 2017.
68. FACHIN, Luiz Edson. *Direito Civil*: sentidos, transformações e fim. Rio de Janeiro: Renovar, 2015, p. 62.
69. BOLESINA, Iuri; GERVASONI, Tamiris Alessandra. O dever de fundamentação aos direitos fundamentais no Direito Privado: análise concreta. *Revista da Faculdade de Direito do Sul de Minas*, v. 33, n. 2, p. 177, jun.-dez. 2017.
70. SARMENTO, Daniel. *Dignidade da pessoa humana*: conteúdo, trajetórias e metodologia. 2. ed. Belo Horizonte: Fórum, 2016, p. 89.
71. Teresa Negreiros adverte: "(...) a doutrina civil-constitucional defende a adoção do princípio da dignidade da pessoa humana no âmbito das relações interprivadas, postulando, a partir dessa premissa, uma tutela especial aos interesses não patrimoniais, em confronto com os interesses patrimoniais. De acordo com essa metodologia estudada, o princípio constitucional da dignidade da pessoa humana serve de fonte para a renovação dos institutos do Direito Civil, sob o padrão axiológico determinado pela Constituição, em conformidade com o projeto social ali perfilhado." (NEGREIROS, Teresa. *Teoria do contrato*: novos paradigmas. 2. ed. Rio de Janeiro: Renovar, 2006, p. 84-85).
72. MEIRELES, Rose Melo Venceslau. *Autonomia privada e dignidade humana*. Rio de Janeiro: Renovar, 2009, p. 8.

positivos – impondo ao Poder Público não só deveres de abstenção, mas também *deveres de proteção*, consistentes numa obrigação positiva para o Estado de adotar medidas hábeis a assegurar a proteção ou a *promoção* do exercício das liberdades civis e dos demais Direitos Fundamentais.[73]

Nesse cenário é que a Constituição da República contemplou os fundamentos dos contratos, os quais, em síntese, consistem na observância aos princípios da dignidade da pessoa humana, dos valores sociais e da livre iniciativa, assim como da solidariedade social. Além disso, referida observância se verifica também na necessidade de defesa do consumidor e do ato jurídico perfeito, assim como dos princípios do trabalho humano, da propriedade privada e sua função social. Por fim, os fundamentos constitucionais dos contratos se aplicam ainda à defesa do meio ambiente, à repressão ao abuso econômico e na atuação do Estado, nos termos do art. 174 da Constituição da República como agente normativo e regulador da atividade econômica.

No § 1º de seu art. 5º, a Constituição Federal de 1988 estabelece que "As normas definidoras dos direitos e garantias fundamentais têm aplicação imediata". Com base nesse dispositivo, a teoria da eficácia direta tem sido aplicada na República Federativa do Brasil tanto nas relações do Estado com particulares como nas relações privadas,[74] inclusive nas oriundas da economia do compartilhamento, de modo a que se possa igualmente assegurar o cumprimento da dignidade dos usuários. Até mesmo porque, é na economia colaborativa que se tem a presença do usuário consumidor, reconhecidamente vulnerável pelo Código de Defesa do Consumidor.

Um dado relevante a ser considerado reside no fato de que o reconhecimento da força normativa da Constituição Federal de 1988 fez com que ela se tornasse "fonte de direitos e obrigações independentemente da intermediação do legislador".[75]

Idêntica é a conclusão de Pietro Perlingieri, para quem inexistem

portanto, argumentos que contrariem a aplicação direta dos princípios constitucionais: a norma constitucional pode, mesmo sozinha (quando não existirem normas ordinárias que disciplinem a *fattispecie* em consideração), ser a fonte da disciplina de uma relação jurídica

---

73. MARTINS-COSTA, Judith. Os direitos fundamentais e a opção culturalista do novo Código Civil. In: SARLET, Ingo Wolfgang. *Constituição, direitos fundamentais e Direito Privado*. 3. ed. Porto Alegre: Livraria do Advogado, 2010, p. 84.
74. SARLET, Ingo Wolfgang. A influência dos direitos fundamentais no Direito Privado: notas sobre a evolução brasileira. In: GRUDMANN, Stefan; MENDES, Gilmar; MARQUES, Claudia Lima; BALDUS, Christian; MALHEIROS, Manuel. *Direito Privado, constituição e fronteiras*. São Paulo: Ed. RT, 2014, p. 63-64.
75. BARROSO, Luís Roberto. *O constitucionalismo democrático no Brasil*: crônica de um sucesso imprevisto. Disponível em: www.luisrobertobarroso.com.br. Acesso em: 8 mar. 2023.

de Direito Civil. Essa solução é a única permitida se se reconhece a preeminência das normas constitucionais – e dos valores por ela expressos – em um ordenamento unitário, caracterizado por esses conteúdos. (...) A relação direta entre intérprete e norma constitucional tenta evitar o isolamento desta última do restante sistema normativo, confirmando a unidade do ordenamento e a consequente superação da tradicional entre público e privado.[76]

Todavia, como bem ressalta Ingo Wolfgang Sarlet, a eficácia direta e imediata dos direitos fundamentais nas relações privadas deve ser *prima facie*, no sentido de que,

> em princípio, podem e devem ser extraídos efeitos diretamente das normas de direitos fundamentais também em relação aos atores privados, não resultando obstaculizada pela falta ou insuficiência de regulação legal. Que somente as circunstâncias de cada caso concreto, as peculiaridades de cada direito fundamental e do seu âmbito de proteção, as disposições legais vigentes e a observância dos métodos de interpretação e solução de conflitos entre direitos fundamentais (como é o caso da proporcionalidade adequada e da concordância prática) podem assegurar uma solução constitucionalmente adequada, resulta evidente e não está em contradição com a concepção aqui sustentada e, ainda, que com alguma variação, majoritariamente defendida e praticada no Brasil.[77]

Rosalice Fidalgo Pinheiro menciona o critério indicado por Marcos Augusto Maliska para a aplicabilidade dos direitos fundamentais nas relações privadas, com a redução da autonomia privada quando se constatar a vulnerabilidade de uma das partes, ou se tratar de tema que envolva matéria de ordem pública, ou ainda nas hipóteses em que a realização da atividade privada estiver condicionada à autorização do Estado.[78]

O Supremo Tribunal Federal, por ocasião do julgamento do agravo regimental no recurso extraordinário com agravo 1.008.625/SP,[79] concluiu pela necessidade de manutenção de decisão que declarou a ilegalidade da recusa de ingresso da empresa agravada no quadro de determinada associação civil, na

---

76. PERLINGIERI, Pietro. *O Direito Civil na legalidade constitucional*. Trad. Maria Cristina De Cicco. Rio de Janeiro: Renovar, 2008, p. 589-590.
77. SARLET, Ingo Wolfgang. Neoconstitucionalismo e influência dos direitos fundamentais no Direito Privado: algumas notas sobre a evolução brasileira. In: SARLET, Ingo Wolfgang. Constituição, direitos fundamentais e Direito Privado. 3. ed., rev. e ampl. Porto Alegre: Livraria do Advogado Editora, 2010, p. 28.
78. PINHEIRO, Rosalice Fidalgo. *Contrato e direitos fundamentais*. Curitiba: Juruá Editora, 2009, p. 84.
79. Agravo interno no recurso extraordinário com agravo. Civil. Direito de associação. Recusa. Requisitos associativos. Necessidade de reexame do conjunto fático-probatório carreado aos autos e do estatuto social da associação. Incidência das súmulas 279 e 454 do STF. Eficácia horizontal dos direitos fundamentais. Agravo interposto sob a égide do novo código de processo civil. Honorários advocatícios. Sucumbência recíproca reconhecida pelo tribunal de origem. Impossibilidade de majoração nesta sede recursal. Artigo 85, § 11, do CPC/2015. Agravo desprovido. (BRASIL. Supremo Tribunal Federal. Primeira Turma. Agravo Regimental no recurso extraordinário com Agravo 1.008.625/SP. Relator Ministro Luiz Fux, julgado em 17.03.2017. Disponível em: www.stf.jus.br. Acesso em: 6 abr. 2023).

medida em que os direitos fundamentais vinculam os particulares. É o que se extrai do voto do relator, Ministro Luiz Fux:

> Demais disso, as normas definidoras dos direitos e garantias fundamentais têm aplicação imediata, não havendo bloqueio constitucional quanto à irradiação de efeitos dos direitos fundamentais às relações jurídicas de Direito Privado, tem-se que as normas definidoras de direitos e garantias fundamentais têm campo de incidência em qualquer relação jurídica, seja ela pública, mista ou privada, donde os direitos fundamentais assegurados pela Carta Política vinculam não apenas os poderes públicos, alcançando também as relações privadas.

A incidência dos direitos fundamentais também tem sido reconhecida nas contratações firmadas no âmbito das plataformas digitais. Com efeito, o Tribunal de Justiça de São Paulo, no julgamento da apelação cível 1005810-78.2020.8.26.0602, entendeu ser ilegal a recusa de usuário fornecedor em realizar o transporte de passageira acompanhada de seu cão-guia. No caso concreto, entendeu-se que tal prática viola o direito fundamental da consumidora de ser transportada em igualdade de condições com os demais usuários, eliminando-se as barreiras e os obstáculos para sua acessibilidade:

> Transporte de pessoas – Indenização por dano moral – Aplicativo de transporte Uber – Legitimidade passiva – Reconhecimento – Empresa exerce a atividade de intermediação do serviço de transporte, aproximando os motoristas cadastrados em sua plataforma e os passageiros usuários do aplicativo. CDC – Aplicabilidade – Reconhecimento – Artigo 7º, parágrafo único – Solidariedade entre os participantes da cadeia de fornecimento do serviço. Recusa de atendimento de passageiro acompanhado de cão-guia – Estatuto da Pessoa Portadora de Deficiência – Lei 13.146, de 6 de julho de 2015 – Restrição indevida de direito fundamental – Violação a dever de transporte em igualdade de condições com as demais pessoas e a eliminação de barreiras e obstáculos ao seu acesso – Artigo 46 do Estatuto – Falha na prestação do serviço – Reconhecimento – Responsabilidade objetiva da ré – Dano moral configurado – Dificuldade injustificada de acesso a transporte oferecido ao público em geral – Fatos da causa que por si sós vilipendiam a dignidade do autor, ultrapassada a linha do mero aborrecimento – Indenização devida – *Quantum* indenizatório – Arbitramento em patamar adequado – Observância aos princípios da razoabilidade e proporcionalidade – Regra de equilíbrio – Extensão e consequência da injustiça – Pretensão à majoração ou redução afastada – Inaplicabilidade da Súmula 54 do C. STJ ao caso – Termo inicial dos juros de mora e correção monetária – Arbitramento – Honorários advocatícios – Adequação para incidência cobre o valor da condenação, conforme critérios do artigo 85, § 2º do CPC Recurso da ré provido em parte, recurso do autor não provido.[80]

---

80. BRASIL. Tribunal de Justiça de São Paulo. Décima Oitava Câmara de Direito Privado. Apelação Cível 1005810-78.2020.8.26.0602. Relator Henrique Rodrigues Clavisio, julgado em 07.06.2022. Disponível em: www.tjsp.jus.br. Acesso em: 9 maio 2023.

No julgamento da apelação cível 1014224-92.2021.8.26.0032, a 26ª Câmara de Direito Privado do Tribunal de Justiça de São Paulo reconheceu o dever da plataforma digital e do usuário fornecedor em indenizar usuária consumidora que foi discriminada pelo motorista de aplicativo que se recusou a levá-la ao local previamente ajustado pelo fato dela ser deficiente e utilizar cadeira de rodas. Ou seja, a conduta discriminatória violou o direito fundamental de igualdade de oportunidades da usuária consumidora, gerando o direito de indenizar tanto da plataforma digital quanto do usuário fornecedor, por ser àquela "quem organiza a atividade negocial, estabelece as diretrizes para prestadores e clientes, fixa os preços dos serviços".[81]

> Apelação cível – Ação de indenização por danos morais e materiais – Serviço de transporte de passageiros por aplicativo. Relação de consumo. Pertinência subjetiva da demanda bem evidenciada. Discriminação por parte de prestador de serviços da empresa requerida. Responsabilidade civil da fornecedora pelo vício dos serviços, a quem compete a organização e estabelece as diretrizes para a utilização do aplicativo de transporte de passageiros. Ofensa aos ditames da Lei Federal 13.146/15 (Estatuto da Pessoa com Deficiência). Dano moral configurado, em razão dos dissabores e percalços pelos quais passou a parte autora. Indenização mantida, porque em consonância com os princípios da razoabilidade e proporcionalidade. Autorização para o levantamento das verbas indenizatórias pela guardiã do autor. Sentença parcialmente reformada. Preliminar afastada. Recurso do autor parcialmente provido – Apelo da ré desprovido.[82]

O Poder Judiciário não tem atuado apenas quando se está diante de violação de direito fundamental do usuário consumidor de plataformas digitais. Suas decisões invariavelmente também se destinam a assegurar o exercício desses direitos, evitando-se, assim, a infração. Nesse sentido se pronunciou a 9ª Câmara de Direito Privado do Tribunal de Justiça de São Paulo, que, no julgamento da apelação cível 1002463-70.2020.8.26.0009, entendeu que a avaliação negativa realizada por consumidor na rede social Facebook e no sistema externo de reputação Reclame Aqui, sem qualquer excesso ou ofensa, consistiria no exercício regular de um direito de crítica, de acordo com a liberdade de expressão prevista na Constituição Federal de 1988. Extrai-se da ementa:

> Apelação cível. Ação de reparação de danos. Avaliação negativa efetuada pelo réu na rede social Facebook e na plataforma Reclame Aqui. Alegação de postagens ofensivas e inverídicas que teriam ocasionado danos à autora. Sentença de improcedência. Mérito.

---

81. BRASIL. Tribunal de Justiça de São Paulo. Vigésima Sexta Câmara de Direito Privado. Apelação Cível 1014224-92.2021.8.26.0032. Relator Desembargador Antonio Nascimento, julgado em 08.02.2023. Disponível em: www.tjsp.jus.br. Acesso em: 9 maio 2023.
82. BRASIL. Tribunal de Justiça de São Paulo. Vigésima Sexta Câmara de Direito Privado. Apelação Cível 1014224-92.2021.8.26.0032. Relator Desembargador Antonio Nascimento, julgado em 08.02.2023. Disponível em: www.tjsp.jus.br. Acesso em: 9 maio 2023.

Veiculação de postagens na internet. Alegação de abalo à reputação da autora e de excessos quando do exercício de seus direitos fundamentais por parte do réu. Evidente falha na prestação de serviços da autora. Violação do dever de informar. Omissão em relação à informação de que o anterior proprietário do veículo era empresa locadora de automóveis. Inteligência do art. 31, *caput* do CDC. Patente dificuldade para dissolução do negócio jurídico. Não constatação de narrativa falaciosa. Plataformas digitais que viabilizam aos usuários lançamento de avaliação dos serviços prestados. Postagens que buscam noticiar potenciais consumidores; avaliar produtos e serviços; e solucionar eventuais problemas. Réu que agiu em consonância com o direito à liberdade de expressão e com o exercício regular do direito de crítica. Improcedência mantida. Motivação do decisório adotado como julgamento em segundo grau. Honorários recursais. Aplicação da regra do art. 85, § 11 do CPC. Verba honorária majorada para R$ 1.500,00 (mil e quinhentos reais). Resultado. Recurso não provido.[83]

O acórdão proferido ainda reconheceu a licitude da avaliação realizada aduzindo, em síntese, que as ferramentas tecnológicas visam permitir que as informações sobre a qualidade dos serviços sejam compartilhadas, fazendo com que os usuários possam exercer o direito de crítica e manifestação da vontade, a fim de permitir que os demais consumidores tenham acesso às informações. Além disso, pontuou que as tecnologias utilizadas permitem o direito de resposta e permitem que as empresas possam "cultivar a confiança e o diálogo com seus consumidores, a fim de viabilizar que exponham sua perspectiva do ocorrido".[84]

Assim, denota-se a incidência direta e imediata *prima facie* dos direitos fundamentais na relação particulares no ordenamento jurídico brasileiro, nas relações contratuais colaborativas, nas quais estão presentes as plataformas digitais.

4.2.2 Cláusula geral de boa-fé objetiva e os direitos fundamentais na relação contratual colaborativa

Não obstante a incidência direta e imediata *prima facie* dos direitos fundamentais nas relações privadas, ainda se faz necessária a análise da teoria da eficácia mediata ou indireta dos direitos fundamentais, em razão da relevância atribuída pelo Código Civil de 2002 às cláusulas gerais.

Idealizada por Günter Dürig, aludida teoria aduz que os direitos fundamentais não seriam introduzidos nas relações particulares como direitos sub-

---

83. BRASIL. Tribunal de Justiça de São Paulo. Nona Câmara de Direito Privado. Apelação Cível 1002463-70.2020.8.26.0009. Relator Desembargador Edson Luiz de Queiroz, julgado em 10.12.2021. Disponível em: www.tjsp.jus.br. Acesso em: 6 abr. 2023.
84. BRASIL. Tribunal de Justiça de São Paulo. Nona Câmara de Direito Privado. Apelação Cível 1002463-70.2020.8.26.0009. Relator Desembargador Edson Luiz de Queiroz, julgado em 10.12.2021. Disponível em: www.tjsp.jus.br. Acesso em: 6 abr. 2023.

jetivos, passíveis de serem alegados com fundamento na Constituição. Diverge em relação à eficácia imediata apontando que sua aceitação fulminaria com a autonomia privada e descaracterizaria o Direito Privado, transformando-o em uma materialização do direito constitucional. Por fim, relata forte preocupação com a concessão de poderes ilimitados ao Poder Judiciário, decorrente do caráter vago das normas previstas na Constituição.[85]

Seus adeptos defendem ainda que os direitos fundamentais acabam inspirando as relações privadas, fazendo com que as divergências passem a ser dirimidas pelas regras estabelecidas pelo legislador, que deve observar, de forma imediata, os valores constitucionais no processo legislativo.[86-87]

Trata-se da técnica regulamentar, prevalente nas codificações e legislações contemporâneas, compreendida pela elaboração de dispositivos legais abstratos e específicos sobre determinado assunto, cujos efeitos incidirão a partir de sua ocorrência concreta.[88]

A motivação para a adoção desse posicionamento é a de que a lei representa o expediente mais adequado para estipular o alcance dos direitos fundamentais, ofertando mais garantias para assegurar o atingimento da segurança jurídica.[89]

Outra forma de incidência indireta dos direitos fundamentais nas relações privadas é realizada "a partir da interpretação e integração de cláusulas abertas e conceitos indeterminados, criados pelo legislador".[90-91] Daí o entendimento de

---

85. SARMENTO, Daniel; GOMES, Fábio Rodrigues. A eficácia dos direitos fundamentais nas relações entre particulares: o caso das relações de trabalho. *Revista TST*, Brasília, v. 77, n. 4, p. 666-67, out.-dez. 2011.
86. SARMENTO, Daniel; GOMES, Fábio Rodrigues. A eficácia dos direitos fundamentais nas relações entre particulares: o caso das relações de trabalho. *Revista TST*, Brasília, v. 77, n. 4, p. 68, out.-dez. 2011.
87. Rosalice Fidalgo Pinheiro sustenta: "Embora não ingressem no Direito Privado como direitos subjetivos, dotados de oponibilidade *erga omnes*, os direitos fundamentais representam princípios objetivo, uma ordem de valores, cuja eficácia irradiante ocorre por meio de pontes entre o Público e o Privado". (PINHEIRO, Rosalice Fidalgo. *Contrato e direitos fundamentais*. Curitiba: Juruá Editora, 2009, p. 65).
88. PERLINGIERI, Pietro. *O Direito Civil na legalidade constitucional*. Trad. Maria Cristina De Cicco. Rio de Janeiro: Renovar, 2008, p. 240.
89. UBILLOS, Juan María Bilbao. ¿En qué medida vinculan a los particulares los derechos fundamentales? In: SARLET, Ingo Wolfgang. *Constituição, direitos fundamentais e Direito Privado*. Porto Alegre: Livraria do Advogado Editora, 2010, p. 271.
90. SAMPAIO, Marília de Ávila e Silva. *Aplicação dos direitos fundamentais nas relações entre particulares e a boa-fé objetiva*. Rio de Janeiro: Lumen Juris, 2006, p. 125.
91. Gilmar Ferreira Mendes adverte: "Embora tenha rejeitado expressamente a possibilidade de aplicação imediata dos direitos fundamentais às relações privadas (*unmittelbare drittwirkung*), entendeu o Tribunal Constitucional alemão que a ordem de valores formulada pelos direitos fundamentais deve ser fortemente considerada na interpretação do Direito Privado. Os direitos fundamentais não se destinam a solver diretamente conflitos de Direito Privado, devendo a sua aplicação realizar-se mediante os meios colocados à disposição pelo próprio sistema jurídico. Segundo esse entendimento, compete, em primeira linha, ao legislador a tarefa de realizar ou concretizar os direitos fundamentais no âmbito

que a eficácia mediata mitigaria a teoria que impede a incidência dos direitos fundamentais nas relações entre particulares, especialmente por serem eles que "exprimem uma ordem de valores que se irradia por todos os campos do ordenamento, inclusive sobre o Direito Privado, cujas normas têm de ser interpretadas à sua luz".[92]

Todavia, a despeito da importância dogmática da discussão acerca da eficácia horizontal dos direitos fundamentais, tem-se por relevante a observação de Pietro Perlingieri, no sentido de que se faz necessário assegurar que as normas constitucionais possuam efetiva aplicabilidade às relações jurídicas.[93]

Gustavo Tepedino, por sua vez, adverte que não mais se justifica o questionamento acerca da teoria a ser aplicada para a incidência dos direitos fundamentais nas relações particulares, na medida em que se está diante de um sistema jurídico unitário, do qual se extrai que a norma prevista na Constituição obrigatoriamente predomine sobre as leis ordinárias, que devem estar em conformidade com os valores constitucionais. Consequentemente, denota-se que como "toda norma deve ser interpretada à luz dos valores constitucionais, com estes imbricando-se, verifica-se tão somente uma teoria da interpretação, qual seja, a interpretação constitucional".[94]

Disso se extrai que a Constituição Federal de 1988 acabou por influenciar o Código Civil de 2002 também no tocante a presença de normas jurídicas abertas, em manifesta oposição ao modelo fechado e completo do revogado Código Civil de 1916.[95] Instituiu-se uma legislação baseada na eticidade, com o predomínio das cláusulas gerais,[96] que se encontram fundamentadas em "janelas abertas para a mobilidade da vida, pontes que o ligam a outros corpos normativos – mesmo os extrajudiciais – e avenidas, bem trilhadas, que o vinculam, dialeticamente, aos princípios e regras constitucionais".[97]

---

das relações privadas". (MENDES, Gilmar Ferreira. Direitos fundamentais: eficácia das garantias constitucionais nas relações privadas. In: GRUNDMANN, Stefan et al. *Direito Privado, constituição e fronteiras*: encontros da Associação Luso-alemã de Juristas no Brasil. 2. ed., rev., atual. e ampl. São Paulo: Ed. RT, 2014, p. 42).

92. SARMENTO, Daniel; GOMES, Fábio Rodrigues. A eficácia dos direitos fundamentais nas relações entre particulares: o caso das relações de trabalho. *Revista TST*, Brasília, v. 77, n. 4, p. 68, out.-dez. 2011.

93. PERLINGIERI, Pietro. *O Direito Civil na legalidade constitucional*. Trad. Maria Cristina De Cicco. Rio de Janeiro: Renovar, 2008, p. 590.

94. TEPEDINO, Gustavo. Ordem pública e relações jurídicas privadas. *Boletim Científico da Escola Superior do Ministério Público da União*, ano 7, 28/29, p. 205-206, jul.-dez. 2008.

95. MARTINS-COSTA, Judith H. O Direito Privado como um "sistema em construção" – as cláusulas gerais no projeto do Código Civil brasileiro. *Revista dos Tribunais*, v. 753, jul. 1998, DTR\1998\572.

96. ASCENSÃO, José de Oliveira. Cláusulas gerais e segurança jurídica no Código Civil de 2002. *Jus Scriptum* – boletim do núcleo de estudantes luso-brasileiros da Faculdade de Direito da Universidade de Lisboa, ano II, n. 4, p. 5, jul.-set. 2006.

97. MARTINS-COSTA, Judith H. O Direito Privado como um "sistema em construção" – as cláusulas gerais no projeto do Código Civil brasileiro. *Revista dos Tribunais*, v. 753, jul. 1998, DTR\1998\572.

Nesse contexto, evidencia-se que as cláusulas gerais representam essas janelas, pontes e avenidas dos modernos códigos civis. Isto porque conformam o meio legislativamente hábil a permitir o ingresso, no ordenamento jurídico codificado, de princípios valorativos, ainda inexpressos legislativamente, de *standards*, máximas de conduta, arquétipos exemplares de comportamento, de dever de conduta não previstos legislativamente (e, por vezes, nos casos concretos, também não advindos da autonomia privada), de direitos de deveres configurados segundo os usos do tráfego jurídico, de diretivas econômicas, sociais e políticas, de normas, enfim, constantes de universos metajurídicos, viabilizando a sua sistematização e permanente ressistematização no ordenamento jurídico.[98]

As cláusulas gerais, portanto, podem ser definidas como uma técnica legislativa na qual são instituídos parâmetros jurídicos abertos, que se caracterizam por serem vagos, permitindo a inserção de princípios que não integram as codificações e a renovação de sua análise "a partir de indicações de programas voltados para a realização do bem da coletividade".[99-100]

Nesse sentido, José de Oliveira Ascensão adverte que mencionado instrumento legislativo representa os parâmetros valorativos existentes nas normas a fim de se obter sua interpretação e aplicabilidade.[101] Por serem dotadas de significativa amplitude semântica, as cláusulas gerais não buscam responder a todas as questões[102] e sequer autorizam a resolução do caso concreto por intermédio da subsunção do fato à norma,[103] passível de ser realizado apenas quando se estiver diante da técnica de regulamentação. Atuando como metanormas, as cláusulas gerais acabam encaminhando o juiz "para critérios aplicativos determináveis ou para outros espaços do sistema ou através de variáveis tipologias sociais, dos usos e costumes objetivamente vigorantes em determinada ambiência social".[104]

---

98. MARTINS-COSTA, Judith H. O Direito Privado como um "sistema em construção" – as cláusulas gerais no projeto do Código Civil brasileiro. *Revista dos Tribunais*, v. 753, jul. 1998, DTR\1998\572.
99. SAMPAIO, Marília de Ávila e Silva. *Aplicação dos direitos fundamentais nas relações entre particulares e a boa-fé objetiva*. Rio de Janeiro: Lumen Juris, 2006, p. 141-142.
100. Pietro Perlingieri adverte: "As cláusulas gerais, portanto, são uma técnica legislativa que consente a concretização e especificação das múltiplas possibilidades de atuação de um princípio, agindo contemporaneamente como critério de controle da compatibilidade entre princípios e regras". (PERLINGIERI, Pietro. *O Direito Civil na legalidade constitucional*. Trad. Maria Cristina De Cicco. Rio de Janeiro: Renovar, 2008, p. 240).
101. ASCENSÃO, José de Oliveira. Um direito de cláusulas gerais? Sentido e limites. *Nomos. Revista do Programa de Pós-graduação em Direito da Universidade Federal do Ceará*, v. 33, n. 2, p. 302, jul.-dez. 2013.
102. MARTINS-COSTA, Judith H. O Direito Privado como um "sistema em construção" – as cláusulas gerais no projeto do Código Civil brasileiro. *Revista dos Tribunais*, v. 753, jul. 1998, DTR\1998\572.
103. SAMPAIO, Marília de Ávila e Silva. *Aplicação dos direitos fundamentais nas relações entre particulares e a boa-fé objetiva*. Rio de Janeiro: Lumen Juris, 2006, p. 143.
104. MARTINS-COSTA, Judith H. O Direito Privado como um "sistema em construção" – as cláusulas gerais no projeto do Código Civil brasileiro. *Revista dos Tribunais*, v. 753, jul. 1998, DTR\1998\572.

A esse respeito, Pietro Perlingieri relata que

> as cláusulas gerais não têm valor axiológico autônomo e completo, porque são preenchidas por valores que se encontram não apenas na realidade social, mas nos princípios normativos de relevância hierarquicamente superior, sejam esses constitucionais, comunitários ou internacionais.[105]

A decisão do Poder Judiciário na aplicação das normas, por sua vez, não pode ser arbitrária, mas vinculada, formando-se pela repetição dos casos submetidos à análise e confirmação da *ratio decidendi* dos julgamentos, de modo a se obter o significado da cláusula geral e seu caráter normativo.[106]

Assim, as cláusulas gerais tornam-se responsáveis pelo equilíbrio do sistema jurídico, por meio da equidade, com base no justo, que somente poderá ser efetivado quando se autoriza o juiz a atuar de acordo com os valores e princípios do sistema jurídico.[107]

Dentre as inúmeras cláusulas gerais existentes, tem-se a boa-fé objetiva, que, dentre outras finalidades, estabelece uma regra de conduta impondo sua observância aos contratantes em todos os momentos da relação contratual, compreendidos desde as fases pré-contratual até a pós-contratual.

Sua relevância é expressiva aos contratos por representar no sistema contemporâneo o critério ético que deve norteá-los, cuja essência consiste na lealdade, correção e veracidade.[108]

Nesse cenário, o surgimento da economia do compartilhamento representa um novo modelo contratual, que, ao assegurar o acesso aos bens e serviços àqueles que não podem adquiri-los, rompe com o sistema até então existente, abalizado na propriedade. Ou seja, se o desejo de fazer uso de uma furadeira para realizar serviços domésticos anteriormente dependia da sua aquisição, hodiernamente, com a economia colaborativa, o usuário consumidor pode utilizá-la por determinado período, mediante cessão feita pelo usuário fornecedor. Tudo isso somente é possível de ser realizado graças as novas tecnologias e à atuação da plataforma digital, que atua na aproximação, na regulamentação e no controle das atividades desenvolvidas pelos usuários consumidor e fornecedor para a obtenção do resultado útil.

---

105. PERLINGIERI, Pietro. *O Direito Civil na legalidade constitucional*. Trad. Maria Cristina De Cicco. Rio de Janeiro: Renovar, 2008, p. 239.
106. MARTINS-COSTA, Judith H. O Direito Privado como um "sistema em construção" – as cláusulas gerais no projeto do Código Civil brasileiro. *Revista dos Tribunais*, v. 753, jul. 1998, DTR\1998\572.
107. CALGARO, Gerson Amauri. O Direito Privado como meio de efetivação de direitos fundamentais. *Doutrinas Essenciais de Responsabilidade Civil*, v. 1, out. 2011, DTR\2007\636.
108. NEGREIROS, Teresa. *Teoria do contrato*: novos paradigmas. 2. ed. Rio de Janeiro: Renovar, 2006, p. 116.

A esse respeito, Claudia Lima Marques adverte que a economia colaborativa acaba por aperfeiçoar as definições e questionar, apesar da singeleza e de se estar diante de negócios jurídicos advindos do Estado de Direito Liberal, como a compra e venda, permuta e empréstimos, que se coligam com o vínculo jurídico de intermediação. Prossegue em seus argumentos aduzindo que a economia compartilhada

> Renova os conceitos, pois se diminuiu a perenidade do "acesso" aos bens de consumo – aquele que acessa não é mais "proprietário" –, multiplica este acesso aos produtos e serviços, compartilhando-os no tempo e entre múltiplas pessoas, de carros, pinturas famosas a casas e sofás (...). Esta nova tendência da economia acabou revalorizando contratos de serviços, fazeres imateriais negociados no mundo digital, mas prestados agora, novamente, no mundo real – e bem real – dos negócios.[109]

Mas em que consiste a atuação desses envolvidos para assegurar o resultado útil? De que forma isso pode acontecer? Quais seriam os efeitos jurídicos advindos da economia colaborativa?

A resposta a esses questionamentos é obtida a partir da noção de obrigação como processo desenvolvida por Clóvis do Couto e Silva, da qual se extrai a necessidade de que essas atuações atinjam todas as etapas da relação contratual, fazendo com que elas sejam concretizadas de forma eficaz, em atendimento aos interesses das partes.

Claudia Lima Marques, ao tratar da relação obrigacional sob a perspectiva dos doutrinadores da Alemanha, assevera estar-se diante de

> uma "fila" ou uma "série" de deveres de conduta e contratuais (*Reihe von Leistungspflichten und weiteren Verhaltenspflichten*), vistos no tempo, ordenados logicamente, unidos por uma finalidade. Esta finalidade, este sentido único (*sinnhaftes Gefüge*), que une e organiza a relação contratual, é a realização dos interesses legítimos das partes (*vollständigen Befriedigung der Leistungsinteressen aller Gläubiger*), realização do objetivo do contrato e posterior desaparecimento da relação (*Erloschen*).[110]

Na economia do compartilhamento, a noção de obrigação como processo pode ser vista pelo comportamento ético dos envolvidos, de modo a que os usuários consumidores tenham efetivamente acesso ao produto e serviço, efetivando a sua restituição ao final ao usuário fornecedor, que, por sua vez, competirá prestar todas as informações para que o usuário consumidor possa

---

109. MARQUES, Claudia Lima. A nova noção de fornecedor no consumo compartilhado: um estudo sobre as correlações do pluralismo contratual e o acesso ao consumo. *Revista de Direito do Consumidor*, v. 111, ano 26, p. 249, maio-jun. 2017.
110. MARQUES, Claudia Lima. *Contratos no Código de Defesa do Consumidor*: o novo regime das relações contratuais. 8. ed., rev., atual. e ampl. São Paulo: Ed. RT, 2016, p. 223.

efetivamente ter acesso àquilo que exatamente pretendia, entregando o bem ou prestando o serviço.

E qual seria a atuação da plataforma digital? Se anteriormente as partes faziam as aquisições em lojas físicas ou até mesmo pelo telefone, pois havia uma confiança entre os fornecedores e consumidores, que em regra se conheciam, pode-se afirmar que às plataformas digitais representam o elo de credibilidade e/ou a base de sustentação para as atividades desenvolvidas na economia compartilhada.

Assim, é correto afirmar que os contratos firmados sob a égide da economia do compartilhamento são coligados, e não independentes entre si, de modo a que se possa evidenciar que essa operação econômica esteja representada por uma pluralidade de relações jurídicas, que se relacionam para o atingimento do resultado útil pretendido pelos envolvidos.

Ao contrário do anunciado por algumas plataformas digitais, sua atividade não consiste apenas na intermediação das partes. Sua atuação é tão expressiva que elas passaram a ser nominadas como *gatekeeper* ou guardião do acesso, responsáveis pela credibilidade e segurança à atividade, sobretudo porque, em regra, os usuários consumidores e fornecedores não se conhecem e firmam relações jurídicas com o auxílio de novas tecnologias. Daí a conclusão de Claudia Lima Marques, no sentido de que o guardião do acesso "abre a porta do negócio de consumo".[111]

Entretanto, a atividade das plataformas digitais precisa ser mais bem esclarecida. A consulta aos aplicativos demonstra que as plataformas digitais coletam as informações dos produtos e serviços ofertados e as publicam em seus aplicativos, por meio de fotos disponibilizadas pelos usuários fornecedores para demonstrar as condições de habitabilidade para o acesso às moradias por determinado período, por exemplo. Idêntico procedimento se verifica nos aplicativos de automóveis, que, ao ofertarem três opções de veículos,[112] preocupam-se em assegurar a qualidade do transporte, a fim de permitir aos usuários consumidores escolher o tipo de serviço a ser contratado.

---

111. MARQUES, Claudia Lima. A nova noção de fornecedor no consumo compartilhado: um estudo sobre as correlações do pluralismo contratual e o acesso ao consumo. *Revista de Direito do Consumidor*, v. 111, ano 26, p. 249, maio-jun. 2017.
112. UBER. *Requisitos para os motoristas parceiros*. Disponível em: https://www.uber.com/br/pt-br/drive/requirements/. Acesso em: 22 mar. 2023.

Opções	Qualquer veículo com todos esses requisitos:
UberX	a) veículos com, no máximo, 10 anos de fabricação ou conforme regulamentação do município; b) 4 portas e 5 lugares; c) ar-condicionado.
Uber Comfort	a) 4 portas e 5 lugares; b) ar-condicionado; c) mínimo de 100 viagens completas; d) idade veicular, modelos aceitos e médias de avaliações mínimas pelos usuários variando por cidade.
Uber Black	a) 4 portas e 5 lugares; b) ar-condicionado; c) mínimo de 100 viagens completas; d) idade veicular, determinados modelos de veículos e média mínima de avaliações pelos usuários. Esses requisitos variam de cidade para cidade.

A plataforma digital ainda ressalva expressamente que não serão aceitos, em quaisquer categorias, os carros com *placa vermelha, pick-ups, vans e caminhonetes. Igualmente não poderão ser cadastrados veículos com adesivos ou plotagem, objeto de sinistro e/ou com modificação no sistema de suspensão e/ou de freios.*[113] *Além disso, tem-se a menção ao fato de que serão verificados os antecedentes criminais dos usuários fornecedores antes do início das atividades, facultando-se aos consumidores fazerem uso do U-Acompanha, que permite o compartilhamento da placa do veículo com seus contatos e sua localização em tempo real.*[114]

A fim de melhorar a experiência e as condições de acesso aos serviços, a plataforma digital Uber ainda noticia a possibilidade de serem acrescentados pontos de paradas adicionais em qualquer viagem, com a possibilidade de divisão dos valores a serem pagos entre os usuários consumidores[115] ou, ainda, a contratação do transporte por motocicleta, com a vantagem de o motorista buscar o usuário consumidor no local em que se encontra, sem a necessidade de deslocamentos.[116]

A plataforma digital Airbnb, por sua vez, disponibiliza informações acerca da localização e fotografias do imóvel, a fim de que os usuários consumidores possam ter pleno conhecimento das condições e características do imóvel para

---

113. UBER. *Requisitos para os motoristas parceiros.* Disponível em: https://www.uber.com/br/pt-br/drive/requirements/. Acesso em: 22 mar. 2023.
114. UBER. *Conheça algumas dicas para fazer viagens mais seguras com Uber Moto.* Disponível em: https://www.uber.com/pt-BR/blog/seguranca-e-uber-moto/. Acesso em: 23 mar. 2023.
115. UBER. *Paradas adicionais.* Disponível em: https://www.uber.com/br/pt-br/ride/how-it-works/multiple-stops/. Acesso em: 23 mar. 2023.
116. UBER. *Conheça algumas dicas para fazer viagens mais seguras com Uber Moto.* Disponível em: https://www.uber.com/pt-BR/blog/seguranca-e-uber-moto/. Acesso em: 23 mar. 2023.

celebrarem o negócio jurídico. Além disso, fornecem o índice de reputação dos usuários fornecedores, chamados anfitriões, permitindo a averiguação de sua credibilidade, por se tratar de pessoa até então desconhecida. Também disponibiliza acomodações exclusivas e adaptadas para pessoas com deficiência e fornece inúmeros mecanismos para o combate à discriminação, dentre as quais se destaca o expediente denominado reserva instantânea, na qual o usuário consumidor pode efetuar a reserva do imóvel sem a necessidade de ser aprovado pelo usuário fornecedor ou ainda a implantação de mecanismos para que o anfitrião somente tenha acesso à foto do hóspede após aceitar a reserva.[117]

Além disso, oferece aos anfitriões o serviço AirCover, que executa a análise do usuário consumidor que realiza a reserva, vindo, inclusive, a efetivar o bloqueio ao constatar a possibilidade de elevado risco de festas não permitidas e danos à propriedade. Também proporciona aos usuários fornecedores a proteção contra danos e um seguro civil para a hipótese de acontecer de um hóspede se machucar ou ter seus pertences danificados ou roubados.[118]

A relevância da atividade da plataforma digital, hábil a comprovar que não se está diante apenas da mera intermediação, também pode ser verificada no comércio de produtos. Com efeito, a plataforma digital Enjoei permite a qualquer indivíduo criar uma loja virtual para a venda de produtos, realizando o respectivo anúncio no site ou aplicativo que possui, como noticiado, mais de 1 milhão de vendedores. Para tanto, basta realizar um cadastro e os anúncios com as respectivas fotos. Ainda é disponibilizado o sistema "Enjoei Pro", instituído com o objetivo de auxiliar os vendedores, por realizar as atividades de fotografia, publicação e administração dos produtos. Ou seja, trata-se de um auxílio na atividade do usuário fornecedor, que passa a contar com um serviço especializado se assim desejar.[119]

Dentre as inúmeras atividades dessa plataforma digital no processo de compra e venda, tem-se a possibilidade de os interessados na aquisição de produtos formularem uma contraproposta ao vendedor, que poderá aceitá-la ou indicar um novo valor. A partir daí, o pretenso comprador terá duas horas para realizar o pagamento e adquirir o produto. Após o decurso desse lapso temporal, a oferta ou a contraproposta será disponibilizada para pessoas que curtiram o item.

---

117. AIRBNB. *A luta contra discriminação e a inclusão*. Disponível em: https://www.airbnb.com.br/against-discrimination. Acesso em: 23 mar. 2023.
118. AIRBNB. *AirCover para anfitriões*. Disponível em: https://www.airbnb.com.br/aircover-for-hosts. Acesso em: 23 mar. 2023.
119. ENJOEI. *Com vender*. Disponível em: https://www.enjoei.com.br/c/como-vender?gclid=Cj0KCQjwlPWgBhDHARIsAH2xdNdIWqhAxFhoPGurcJCIGci9_Vs5bu7stkdAcdvo_aNTYf9yQT08kxgaAmgfEALw_wcB. Acesso em: 24 mar. 2023.

Entretanto, exercendo sua função de disciplinar a atividade, a plataforma digital disciplina as propostas dispondo que os produtos devem custar mais de R$ 15,00 e que o valor apresentado em contraproposta deve corresponder, no máximo, a 40% do sugerido inicialmente pelo vendedor.[120]

A plataforma digital Enjoei cobra do vendedor uma comissão de 18% mais uma tarifa fixa, que oscila entre R$ 3,50 a R$ 50,00, conforme o valor total da venda. Caso seja feita a opção pelo serviço Enjoei Pro, a comissão passa a ser de 50% do valor da venda, mais uma tarifa fixa que oscila entre R$ 7,50 a R$ 50,00, de acordo com o tempo de publicação das peças, de até 90 dias a mais de 360 dias.[121]

Os pagamentos podem ser feitos por boleto bancário, cartão de crédito e, inclusive, por crédito Enjoei, consistente no saldo oriundo de vendas, como também de reembolsos de compras anteriores.[122] Já o recebimento dos valores pelos vendedores pode ser feito pelo Enjubank – plataforma que funciona como uma carteira digital, na qual o dinheiro fica guardado para ser utilizado em compras no site ou para ser sacado pelo usuário em uma conta bancária.[123]

Também é ofertado um canal para o contato do consumidor junto ao fornecedor para a hipótese de não recebimento do produto, dispondo que eventual atraso ensejará o agendamento para cancelamento, que efetivamente acontecerá após o 11º dia, ocasião em que o reembolso ou estorno será solicitado.[124]

A atuação consistente e incisiva das plataformas digitais nas relações envolvendo usuários fornecedor e consumidor, decorrentes da profissionalização de suas atividades e, sobretudo, por ser ela a responsável pela credibilidade e segurança das negociações praticadas no âmbito da economia do compartilhamento, podendo, inclusive, descadastrá-los, faz com que elas se tornem responsáveis pelos atos lesivos aos usuários consumidores. Consequentemente, tem-se a nulidade das cláusulas de isenção de responsabilidades em seu favor, baseadas simplesmente na alegação de que se está diante de mera intermediação.

---

120. ENJOEI. *Oferta*. Disponível em: https://www.enjoei.com.br/ajuda/comecando-no-enjoei/comecando-a-vender/dicas-de-como-vender-mais/ferramentas-para-alavancar-as-vendas/oferta. Acesso em: 24 mar. 2023.
121. ENJOEI. *Serviços, comissões e tarifas*. Disponível em: https://www.enjoei.com.br/l/tarifas. Acesso em: 24 mar. 2023.
122. ENJOEI. *Formas de pagamento*. Disponível em: https://www.enjoei.com.br/ajuda/comecando-no-enjoei/comecando-a-comprar/formas-de-pagamento. Acesso em: 24 mar. 2023.
123. ENJOEI. *Quando recebo*. Disponível em: https://www.enjoei.com.br/ajuda/comecando-no-enjoei/comecando-a-vender/quando-e-como-recebo-o-dinheiro/quando-recebo. Acesso em: 24 mar. 2023.
124. ENJOEI. *Meu produto não foi enviado*. Disponível em: https://www.enjoei.com.br/ajuda/compras/entregas-e-prazos/problemas-com-entrega-de-produto/meu-produto-nao-foi-enviado. Acesso em: 24 mar. 2023.

Até mesmo porque a relação firmada é de consumo e a Constituição Federal de 1988 instituiu tratar-se a defesa do consumidor de um direito fundamental e um princípio a ser observado pela ordem econômica. A entrada em vigor do Código de Defesa do Consumidor, em atendimento ao art. 48 do Ato das Disposições Constitucionais Transitórias, aponta ter sido identificado um sujeito de direitos fundamentais, o consumidor, ensejando, assim, a edificação de "um sistema de normas e princípios orgânicos para protegê-lo e efetivar seus direitos".[125]

A necessidade de defesa do direito do consumidor, sobretudo nas relações baseadas na economia do compartilhamento é tão acentuada que o Código de Defesa do Consumidor estabelece, em seu art. 4º, que a Política Nacional das Relações de Consumo visa atender as necessidades do consumidor, devendo serem observados, dentre outros, sua vulnerabilidade e a harmonização dos interesses dos participantes das relações de consumo e compatibilização da proteção do consumidor com a necessidade de desenvolvimento econômico e tecnológico, de modo a viabilizar os princípios nos quais se funda a ordem econômica, sempre com base na boa-fé e equilíbrio nas relações entre consumidores e fornecedores.

Logo, por se estar diante de uma relação assimétrica, evidencia-se que nas disposições do art. 4º do Código de Defesa do Consumidor se encontram as "normas objetivo",[126] ou seja, nele se encontram positivados "os objetivos que animam a nova lei, (...) a *ratio* das normas do próprio CDC",[127] sobretudo porque os contratos de adesão, com suas cláusulas previamente elaboradas pelas plataformas digitais, têm-se demonstrado uma fonte de lesões aos direitos fundamentais dos usuários consumidores.

Outrossim, a despeito do risco de lesões, a economia colaborativa também pode ser compreendida como um instrumento de tutela e promoção dos direitos fundamentais dos usuários consumidores. Para tanto, apresenta-se a eficácia dos direitos fundamentais nas relações privadas, notadamente por meio da boa-fé objetiva.

Isso porque a boa-fé objetiva fundamenta-se na cláusula geral da dignidade da pessoa humana,[128] sujeitando-se, assim, aos valores constitucionais, fazendo

---

125. MARQUES, Claudia Lima. *Contratos no Código de Defesa do Consumidor*: o novo regime das relações contratuais. 8. ed., rev., atual. e ampl. São Paulo: Ed. RT, 2016, p. 410.
126. MARTINS-COSTA. Judith. *A boa-fé no Direito Privado*: critérios para a sua aplicação. 2. ed. São Paulo: Saraiva Educação, 2018, p. 323.
127. MARQUES, Claudia Lima. Código Brasileiro de Defesa do Consumidor e o Mercosul. *Revista da Faculdade de Direito da Universidade Federal do Rio Grande do Sul*, n. 10, p. 145, jul. 1994.
128. Gustavo Tepedino adverte: "Com efeito, a escolha da dignidade da pessoa humana como fundamento da República, associada ao objetivo fundamental de erradicação da pobreza e da marginalização, e de redução das desigualdades sociais, juntamente com a previsão do § 2º do art. 5º, no sentido de não exclusão de quaisquer direitos e garantias, mesmo que não expressos, desde que decorrentes dos

com que a dignidade do indivíduo acabe por suceder a autonomia da pessoa, "na medida em que se passa a encarar as relações obrigacionais como um espaço da cooperação e solidariedade entre as partes e, sobretudo, de desenvolvimento da personalidade humana".[129]

Outro exemplo de como a economia compartilhada atua no desenvolvimento da pessoa humana se verifica na plataforma digital Worldpackers, cujos termos de serviços indicam que sua atividade incrementa "as relações colaborativas de aprendizados e intercâmbio cultural entre essas partes, onde o Viajante pode ajudar o Anfitrião e receber em troca hospedagem gratuita, alimentação e outros benefícios a serem combinados (...)".[130] Para tanto, basta ao usuário consumidor adquirir os planos individuais, cujos valores oscilam entre US$ 49,00 a US$ 99,00, ou em duplas, nos valores entre US$ 59,00 e US$ 119,00. Ambos podem ser utilizados por até 1 ano.[131]

Aos usuários fornecedores não se exige qualquer pagamento, bastando apenas que efetuem o cadastro e atendam aos requisitos da plataforma digital.[132] Na cidade de Curitiba, um dos hostels cadastrados na plataforma digital Wordlpackers é o Garibaldi, que solicita que os usuários consumidores atuem por seis horas diárias como ajudante de cozinha, limpeza ou auxílio nas tarefas domésticas ou de recepção. Em contrapartida, oferece dois dias livres por semana, uso de quarto compartilhado ou de equipe, café da manhã e lavanderia gratuitas, cozinha equipada para produzir sua alimentação e desconto em restaurantes e passeios pela cidade.[133]

A boa-fé objetiva, uma vez positivada sob os contornos de uma cláusula geral, pode ser utilizada para tutelar os direitos fundamentais[134] na economia

---

princípios adotados pelo Texto Maior, configuram uma verdadeira *cláusula geral de tutela e promoção da pessoa humana*, tomada como valor máximo do ordenamento". (TEPEDINO, Gustavo. Crise de fontes normativas e técnica legislativa na parte geral do Código Civil de 2002. In: TEPEDINO, Gustavo. *Temas de Direito Civil*. Rio de Janeiro: Renovar, 2006, t. II, p. 13).

129. NEGREIROS, Teresa. *Teoria do contrato*: novos paradigmas. 2. ed. Rio de Janeiro: Renovar, 2006, p. 118-119.
130. WORLDPACKERS. *Termos e serviços*. Disponível em: https://www.worldpackers.com/pt-BR/terms. Acesso em: 26 mar. 2023.
131. WORLDPACKERS. *Escolha seu plano para se tornar membro*. Disponível em: https://www.worldpackers.com/pt-BR/get_verified?next_step_path=%2Fpt-BR%2Ftopics%2Fcomo-funciona. Acesso em: 26 mar. 2023.
132. WORLDPACKERS. *Dúvidas iniciais sobre ser um Anfitrião Worldpackers*. Disponível em: https://help.worldpackers.com/hc/pt-br/articles/5158634056461-D%C3%BAvidas-Iniciais-sobre-ser-Anfitri%C3%A3o-Worldpackers#h_01FZBP6FDC4NKJSXRQWB0FFZCH. Acesso em: 26 mar. 2023.
133. WORLDPACKERS. *Hostel*. Disponível em: https://www.worldpackers.com/pt-BR/positions/43428. Acesso em: 26 mar. 2023.
134. Bruno Nunes Barbosa Miragem adverte: "Os direitos fundamentais, no sentido que se tem observado na moderna doutrina constitucional, constituem a base axiológica e lógica sobre a qual se assenta o

do compartilhamento. Baseada na solidariedade,[135] prevista na Constituição Federal de 1988 como um dos objetivos da República, acaba por impor às partes não apenas a adoção de um comportamento ético, como também solidário e colaborativo, voltado à obtenção do resultado útil, em todas as fases do contrato, desde as negociações preliminares até a pós-contratual.

Considerando-se o fim pretendido nas relações de consumo, o princípio da boa-fé tem uma incidência distinta das demais relações, em atenção ao reconhecimento da vulnerabilidade do consumidor e a necessidade de se equilibrar a relação consumerista. Pode-se, então, afirmar que a boa-fé objetiva, como cláusula geral por meio da qual incidem os direitos fundamentais nas relações interprivadas, estabelece um dever de proteção aos envolvidos na relação colaborativa, especialmente da plataforma digital e do usuário fornecedor, que se tornam responsáveis pela defesa dos direitos fundamentais do usuário consumidor.

Tal dever de conduta decorre da cláusula geral da boa-fé objetiva e deverá ser analisado no caso concreto, a partir da noção de homem médio, a fim de se assegurar uma previsibilidade de atuação nos contratos.[136] Ou seja, pode-se concluir que a cláusula geral da boa-fé objetiva atua não apenas na consecução da operação econômica prevista no contrato da economia colaborativa, mas, sobretudo, na tutela dos direitos fundamentais dos usuários consumidores, em face da teoria da eficácia indireta nas relações interprivadas.

Isso porque, como bem observa Robert Alexy, os direitos fundamentais efetivamente inspiram as relações privadas, de modo a que se possa entender que essa atuação "deve ocorrer sobretudo na concretização das cláusulas gerais do Direito Privado",[137] dentre as quais se destaca a boa-fé objetiva.

---

ordenamento jurídico". (MIRAGEM, Bruno Nunes Barbosa. O direito do consumidor como direito fundamental – consequências jurídicas de um conceito. *Revista de Direito do Consumidor*, v. 43, jul.-set. 2002, DTR\2002\739.

135. Paulo Nalin afirma: "Desenha-se a conduta de solidariedade entre sujeitos de direito, aqui particularizando a figura dos sujeitos contratantes, à atenção que deve ser dispensada, tanto na formação, quando na definição do negócio jurídico, no senso de ser imperiosa a colaboração entre eles, especialmente, mas não exclusivamente, no momento da execução contratual. Em uma expressão, a solidariedade constitucional é corretora das autonomias privadas envolvidas na relação jurídica, sem embargo de alguma outra função essencial ao próprio contrato. Portanto, na falta de melhor critério que possa traduzir um perfil mais concreto de aplicação da solidariedade contratual, parece mostrar-se aceitável a aproximação deste valor constitucional ao princípio da boa-fé contratual, como, aliás, parte da doutrina tem procurado fazer". (NALIN, Paulo. *Do contrato*: conceito pós-moderno em busca de sua formulação na perspectiva civil-constitucional. 2. ed. Curitiba: Juruá, 2008, p. 177-178).
136. SAMPAIO, Marília de Ávila e Silva. *Aplicação dos direitos fundamentais nas relações entre particulares e a boa-fé objetiva*. Rio de Janeiro: Lumen Juris, 2006, p. 148.
137. ALEXY, Robert. *Teoria dos direitos fundamentais*. Trad. Virgílio Afonso da Silva. 2. ed. São Paulo: Malheiros Editores, 2015, p. 526.

Assim, evidencia-se que a boa-fé objetiva norteia os contratos firmados na economia do compartilhamento, atuando para impedir a ocorrência de lesões e, sobretudo, como expediente para a promoção e tutela dos usuários consumidores.

4.2.3 Modelo de Convergência: os deveres de proteção na relação contratual colaborativa

Outra teoria que disciplina a incidência dos direitos fundamentais nas relações entre particulares é a dos deveres de proteção. Daniel Sarmento adverte que um grupo relevante de doutrinadores alemães entende "que a doutrina dos deveres de proteção constitui a forma mais exata para solucionar a questão da projeção destes direitos no âmbito das relações privadas".[138]

Aludida teoria se baseia no entendimento de que as normas que disciplinam os direitos fundamentais fazem com que os entes estatais sejam obrigados a tutelar os "particulares contra agressões aos bens jurídicos fundamentais constitucionalmente assegurados, inclusive quando essas agressões forem oriundas de outros particulares".[139]

Ao Estado, destinatário principal de todos os direitos fundamentais, incumbe deixar de praticar quaisquer atos que venham a infringi-los, como também os tutelar, sobretudo quando a lesão for praticada nas relações particulares. Para a teoria dos deveres de proteção, compete ao Poder Legislativo o encargo de defender os direitos fundamentais no exercício de sua função legislativa.[140]

Daniel Sarmento e Fábio Rodrigues Gomes, com base nos ensinamentos de Claus-Wilhelm Canaris, advertem essa vinculação do legislador na elaboração de leis privadas é direta e imediata, motivada no art. 1º, n. 3, da Lei Fundamental Alemã, e no princípio da supremacia das normas constitucionais.[141]

A discussão, todavia, surge quando se constata a omissão legislativa no processo de elaboração da Lei e se indaga se o Poder Judiciário pode supri-la. Rholden Botelho de Queiroz afirma que na Alemanha Stefan Oeter posiciona-se pela impossibilidade de atuação do Poder Judiciário, incumbindo o dever

---

138. SARMENTO, Daniel. *Direitos fundamentais e relações privadas*. 2. ed. Rio de Janeiro: Lumen Juris, 2006, p. 216.
139. SARLET, Ingo Wolfgang. Direitos fundamentais e Direito Privado: algumas considerações em torno da vinculação dos particulares aos direitos fundamentais. *Boletim Científico da Escola Superior do Ministério Público da União*, ano 4, n. 16, p. 215, jul.-set. 2005.
140. QUEIROZ, Rholden Botelho de. Da eficácia direta dos direitos fundamentais nas relações privadas. *Nomos. Revista do Programa de Pós-graduação em Direito da Universidade Federal do Ceará*, v. 25, p. 200-201, 2006.
141. SARMENTO, Daniel; GOMES, Fábio Rodrigues. A eficácia dos direitos fundamentais nas relações entre particulares: o caso das relações de trabalho. *Revista TST*, Brasília, v. 77, n. 4, p. 73, out.-dez. 2011.

de proteção apenas ao Poder Legislativo.[142] Daniel Sarmento e Fábio Rodrigues Gomes, por sua vez, relatam que Claus-Wilhelm Canaris preconiza que a função jurisdicional, assim como a legislativa, encontram-se ligadas de forma negativa e positiva aos direitos fundamentais tanto nas questões entre particulares e o Estado quanto naquelas que envolvem os particulares.

> Isto porque, no caso da vinculação negativa, haveria apenas um comportamento exigível dos Poderes Públicos, que é a abstenção de intervenção no âmbito do direito fundamental em causa. Já no que tange à vinculação positiva, existiria, em regra, uma maior liberdade de conformação por parte do legislador ou do juiz, uma vez que normalmente há múltiplas formas constitucionalmente admissíveis para assegurar a proteção dos direitos fundamentais.[143]

O Tribunal Constitucional Federal da Alemanha adotou a teoria dos deveres de proteção em ação, na qual uma empresa atuante no setor de vinhos rescindiu contrato firmado com um de seus representantes comerciais em decorrência da prática de ato culposo. O representante comercial questionou a validade da cláusula de não concorrência pelo lapso temporal de dois anos, prevista no Código Comercial, aduzindo estar-se diante de infração ao seu direito fundamental de exercício de profissão. A Corte acolheu o requerimento do representante comercial aduzindo que a referida legislação não levou em conta a necessidade de se obter o consentimento do representante comercial. Como isso não aconteceu no caso concreto, entendeu-se pela infração da norma ao direito fundamental de exercício de profissão.[144]

O Ministro Luiz Fux, em voto proferido no julgamento da Ação Direta de Inconstitucionalidade 4.277/DF,[145] reconheceu a aplicabilidade da teoria dos deveres de proteção, afirmando ser o Estado obrigado a tutelar e oportunizar

---

142. QUEIROZ, Rholden Botelho de. Da eficácia direta dos direitos fundamentais nas relações privadas. *Nomos. Revista do Programa de Pós-graduação em Direito da Universidade Federal do Ceará*, v. 25, p. 200-201, 2006.
143. SARMENTO, Daniel; GOMES, Fábio Rodrigues. A eficácia dos direitos fundamentais nas relações entre particulares: o caso das relações de trabalho. *Revista TST*, Brasília, v. 77, n. 4, p. 74, out.-dez. 2011.
144. PINHEIRO, Rosalice Fidalgo. *Contrato e direitos fundamentais*. Curitiba: Juruá Editora, 2009, p. 41.
145. "(...) 1. O Estado é responsável pela proteção e promoção dos direitos fundamentais, à luz da teoria dos deveres de proteção.
2. O Governador do Estado atende o requisito da pertinência temática para deflagração do controle concentrado de constitucionalidade dos atos do Poder Público na defesa dos direitos fundamentais de seus cidadãos.
3. A garantia institucional da família, insculpida no art. 226, *caput*, da Constituição da República, pressupõe a existência de relações de afeto, assistência e suporte recíprocos entre os membros, bem como a existência de um projeto coletivo, permanente e duradouro de vida em comum e a identidade de uns perante os outros e cada um deles perante a sociedade.
4. A união homoafetiva se enquadra no conceito constitucionalmente adequado de família.
5. O art. 226, § 3º, da Constituição deve ser interpretado em conjunto com os princípios constitucionais da igualdade, da dignidade da pessoa humana – em sua vertente da proteção da autonomia individual

os direitos fundamentais, atuando, portanto, tanto no viés negativo quanto no positivo.[146]

A teoria dos deveres de proteção é igualmente aplicada na economia colaborativa, na medida em que obriga o Estado a interferir nas relações particulares com a finalidade de tutelar os direitos fundamentais, sobretudo nas situações em que se verifica a assimetria entre os envolvidos, a fim de se equilibrar as relações.

Logo, é evidente incumbir ao Poder Legislativo elaborar leis que tornem as relações contratuais colaborativas mais simétricas, a fim de se assegurar a igualdade material entre todos os envolvidos. É o que se verifica, por exemplo, com a entrada em vigor do Código de Defesa do Consumidor – legislação instituída com a proposta de proteger o sujeito consumidor, parte vulnerável e mais fraca nas relações consumeristas.

Ao Poder Judiciário igualmente incumbirá a defesa dos interesses dos usuários, especialmente dos consumidores nos contratos firmados no âmbito da economia colaborativa, quer reconhecendo a abusividade de cláusulas previstas em termos e condições de uso, elaboradas unilateralmente pelo guardião do acesso, quer determinando o pagamento de indenização por danos morais e/ou materiais ocasionados por atos ilícitos praticados pelas plataformas digitais e/ou usuários fornecedores.

Daí a oportuna observação de Daniel Sarmento, no sentido de que

> só faz sentido obrigar o Estado a impedir uma lesão a um direito fundamental causada por particular, se se aceitar também que ao particular em questão não é lícito causar aquela lesão – vale dizer, que ele também está vinculado ao respeito dos direitos fundamentais (...).[147]

A cláusula geral da boa-fé objetiva, que determina aos participantes da relação contratual colaborativa a observância dos deveres acessórios de conduta, relaciona-se com a teoria dos deveres de proteção, assim como com as demais elencadas anteriormente, por se destinarem a defesa dos direitos fundamentais.

– e da segurança jurídica, de modo a conferir guarida às uniões homoafetivas nos mesmos termos que a confere às uniões estáveis heterossexuais.

6. Interpretação conforme a Constituição do art. 1.723 do Código Civil de 2002, para permitir sua aplicação às uniões homoafetivas.

7. Pedidos julgados procedentes. (BRASIL. Supremo Tribunal Federal. Tribunal Pleno. Ação Direta de Inconstitucionalidade 4.277/DF. Relator Ministro Ayres Britto, julgado em 05/05/2011. Disponível em: www.stf.jus.br. Acesso em: 6 abr. 2023).

146. BRASIL. Supremo Tribunal Federal. Tribunal Pleno. Ação Direta de Inconstitucionalidade 4.277/DF. Relator Ministro Ayres Britto, julgado em 05.05.2011. Disponível em: www.stf.jus.br. Acesso em: 6 abr. 2023.

147. SARMENTO, Daniel. *Direitos fundamentais e relações privadas*. 2. ed. Rio de Janeiro: Lumen Juris, 2006, p. 220.

Esse vínculo encontra-se presente no fato de que a cláusula geral da boa-fé objetiva estabelece um dever anexo de proteção na teoria da eficácia mediata, que deverá ser observado por um particular na defesa dos direitos fundamentais do outro. Já na teoria dos deveres de proteção, pode-se afirmar que a referida cláusula geral da boa-fé objetiva, por ser dotada de conteúdo normativo, igualmente acarreta um dever de proteção aos direitos fundamentais de uma parte privada em relação ao outro particular.

A existência desse dever de proteção pode levar a sobreposição de teorias, a qual não se mostra desarrazoado, na medida em que obriga os envolvidos a efetivamente defenderem os direitos fundamentais.

Nesse contexto, denota-se que a cláusula geral da boa-fé objetiva consiste em um dever de conduta a ser observado e que é atingido com a mesma finalidade por métodos distintos, assim compreendidos como as teorias da eficácia indireta e dos deveres de proteção dos direitos fundamentais. Ou seja, tanto em uma como na outra teoria, a cláusula geral da boa-fé objetiva se utiliza de um dever de proteção, que deve ser considerado por uma parte para a defesa dos direitos fundamentais da outra.

Idêntica conclusão igualmente se aplica à relação contratual colaborativa, que determina incumbir a todos os envolvidos observarem a boa-fé objetiva e, consequentemente, tutelarem os direitos fundamentais das outras partes, especialmente do usuário consumidor.

Entretanto, tem-se observado que parte da doutrina critica a aplicabilidade das cláusulas gerais, especialmente a da boa-fé objetiva, quando se trata da incidência da teoria da eficácia imediata dos direitos fundamentais nas relações privadas. Em tais circunstâncias entende-se que aludida teoria resultaria na

> inutilidade das cláusulas gerais, já que o mesmo resultado seria alcançado ao se retirar diretamente da Constituição direitos subjetivos oponíveis aos particulares, pois os direitos fundamentais conduziriam diretamente a proibições e intervenções nas relações privadas, importando em verdadeira destruição do direito contratual e da responsabilidade civil (...).[148]

Em resposta a esse questionamento, entende-se que os direitos fundamentais não poderiam ser recepcionados apenas por intermédio das cláusulas gerais, sob pena de diminuir sua importância. Com efeito, por se estar diante de um Estado Democrático de Direito, que resultou na inserção do Poder Judiciário como defensor da Constituição, evidencia-se que o juiz não atuaria arbitrariamente na aplicação das cláusulas gerais, caracterizadas pelo seu caráter aberto, em de-

---

148. PINHEIRO, Rosalice Fidalgo. *Contrato e direitos fundamentais*. Curitiba: Juruá, 2009, p. 70.

trimento à autonomia privada. Assim, "a vinculação direta dos particulares aos direitos fundamentais não representa qualquer ameaça a autonomia privada".[149]

Na verdade, modifica-se o enfoque que envolve a boa-fé e a autonomia privada, fazendo com que aquela deixe de ser considerada como um *"instrumento alternativo, reativo, antagônico, mas fundamentalmente construtivo*, à luz da qual essa resta funcionalizada".[150]

Por conseguinte, opera-se o reverso da "repersonalização" – a "despatrimonialização" –, como revela Carmem Lúcia Silveira Ramos: *"não significa a exclusão do conteúdo patrimonial do Direito, mas a funcionalização do próprio sistema econômico, diversificando sua valoração qualitativa, no sentido de direcioná-lo para proibir respeitando a dignidade da pessoa humana (e o meio ambiente) e distribuir as riquezas com maior justiça".*[151]

Logo, a necessidade de proteção dos direitos fundamentais, inclusive no âmbito da economia compartilhada, nos moldes defendidos pela teoria dos deveres de proteção aplica-se tanto ao Estado quanto aos privados.

4.3 RELAÇÃO CONTRATUAL COLABORATIVA COMO INSTRUMENTO DE REALIZAÇÃO DOS DIREITOS FUNDAMENTAIS

4.3.1 Relação contratual colaborativa como instrumento do direito de acesso

A Constituição Federal de 1988, ao estabelecer o princípio da dignidade da pessoa humana como um dos fundamentos da República, acaba por instituir uma cláusula geral que modifica as bases e os fundamentos do Direito Privado, fazendo com que os valores patrimoniais passem a serem destinados ao desenvolvimento do indivíduo e funcionalizados aos existenciais.[152]

A isso devem ser somadas as previsões constitucionais que instituem a cidadania como outro fundamento da República e a erradicação da pobreza e da marginalização, com a redução das desigualdades sociais e regionais como seus objetivos fundamentais.

---
149. PINHEIRO, Rosalice Fidalgo. *Contrato e direitos fundamentais*. Curitiba: Juruá, 2009, p. 71-72.
150. PINHEIRO, Rosalice Fidalgo. *Princípio da boa-fé nos contratos*: o percurso teórico e sua recepção no direito brasileiro. Curitiba: Juruá, 2015, p. 310-311.
151. PINHEIRO, Rosalice Fidalgo. *Princípio da boa-fé nos contratos*: o percurso teórico e sua recepção no direito brasileiro. Curitiba: Juruá, 2015, p. 311.
152. TEPEDINO, Gustavo. Acesso aos direitos fundamentais, bens comuns e unidade sistemática do ordenamento. In: MATOS, Ana Carla Hamatiuk; TEIXEIRA, Ana Carolina Brochado; TEPEDINO, Gustavo (Coord.). Direito Civil, Constituição e unidade do sistema. *Anais do Congresso Internacional de Direito Civil Constitucional*. V Congresso do IBDCivil. Belo Horizonte: Fórum, 2019, p. 17.

A cidadania consiste no local público em que o indivíduo recebe a proteção estatal e possa aprimorar suas capacidades. Seu incentivo resultará na emancipação da pessoa, de modo a que deixe de contar com o amparo do Estado para sua subsistência e seja efetivamente inserida na sociedade, transformando-se em agente de sua "própria história, libertos das dominações (políticas, ideológicas, pedagógicas, sociais e econômicas) para interferir democraticamente nas decisões que afetam a sua vida e a coletividade".[153]

Nesse cenário, denota-se que a Constituição da República passa a dar forte ênfase aos direitos fundamentais, especialmente para os que buscam assegurar o acesso dos indivíduos a determinadas bens, dentre os quais se destacam

> por exemplo, no artigo 196, que prevê o *"acesso* universal e igualitário às ações e serviços" para "promoção, proteção e recuperação" da saúde; no artigo 206, I, o qual estabelece que o ensino será ministrado com base no princípio da "igualdade de condições para o *acesso* e permanência na escola"; no artigo 215, no qual se estatui que o Estado garantirá a todos "o pleno exercício dos direitos culturais e *acesso* às fontes da cultura nacional, e apoiará e incentivará a valorização e a difusão das manifestações culturais"; no artigo 79 do Ato Constitucional das Disposições Transitórias, em que se estatui o Fundo de Combate e Erradicação da Pobreza com o objetivo de "viabilizar a todos os brasileiros acesso a níveis dignos de subsistência".[154]

Ainda se tem outros direitos fundamentais relacionados ao acesso, como o relativo à informação, à propriedade, que deverá atender sua função social, ao Poder Judiciário, dentre outros.

Essas preocupações, sobretudo a de assegurar o acesso dos indivíduos não proprietários a determinados produtos e serviços, acabam por romper com a lógica proprietária do Estado Moderno, que se preocupava apenas com o indivíduo, que poderia fazer uso de seu bem da forma que entendesse. Ao não proprietário, por sua vez, competiria o encargo de não violar, sob qualquer pretexto, o direito de propriedade do titular.

Gustavo Tepedino assevera que a necessidade de defesa dos interesses dos não proprietários acarretou, especialmente com a Constituição Federal de 1988, uma alteração na relação jurídica de Direito real, que passa de simples à complexa. No Código Civil de 1916, a propriedade era vista apenas sob o enfoque estrutural, baseada nos poderes concedidos ao proprietário. Com as Constituições de 1946 e de 1967, assim como com a Emenda 01/1969, foram inseridas as noções de função social da propriedade, que acabaram sendo aprimoradas na Constituição Federal

---

153. CAMBI, Eduardo; LIMA, Jairo Néia. Direito fundamental à inclusão social (e sua eficácia nas relações entre particulares). *Revista de Direito Privado*, v. 44, out.-dez. 2010, DTR\2010\817.
154. TEPEDINO, Gustavo. Editorial: direitos fundamentais e o acesso aos bens: entrem em cone os *commons*. *Revista Brasileira de Direito Civil*, v. 15, p. 11, jan.-mar. 2018.

de 1988, que afastou a ideia até então prevalecente de que sua utilização se limitava a de um princípio que direcionava a atuação do legislador infraconstitucional. Isso aconteceu com o reconhecimento do direito fundamental da função social da propriedade, que, juntamente com os princípios da dignidade da pessoa humana e dos objetivos da construção de uma sociedade livre, justa e solidária, com a redução das desigualdades sociais e regionais, levaram ao reconhecimento de que a propriedade também deveria atender aos direitos existenciais e sociais. A propriedade afasta-se, desse modo, de sua tradicional feição de direito subjetivo absoluto, ou, ainda, limitado apenas negativamente, para se converter

> em situação jurídica complexa, que enfeixa poderes, deveres, ônus e obrigações, e cujo conteúdo passa a depender de interesses extraproprietários, a serem regulados no âmbito de cada relação jurídica.[155]

É o que se verifica com o direito fundamental da função social da propriedade, que se destina, dentre outros pontos, a assegurar o acesso dos não proprietários aos bens, a exemplo do que acontece na Lei de Locações, cuja vigência se destina principalmente a tutelar os interesses dos inquilinos, e na Lei 6.766, de 19 de dezembro de 1979, que dispõe sobre o parcelamento do solo urbano e dá outras providências.[156]

O direito de propriedade, portanto, na forma em que se encontra disposto na Constituição da República de 1988, torna imprescindível a compatibilização dos direitos do proprietário com os do não proprietário. Logo, a propriedade acaba por se transformar em um expediente necessário para o cumprimento do "escopo constitucional. A função social, por conseguinte, parece capaz de moldar o direito de propriedade em sua essência, constituindo a causa da atribuição dos poderes do proprietário".[157]

Tais expedientes ainda se destinam a assegurar o exercício da cidadania, propiciando um direito amplo ao acesso, que se diferencia da acessibilidade e do modelo do Estado Moderno, embasado no individualismo proprietário, por se caracterizar como expediente necessário para permitir a inserção social do não proprietário, sobretudo daquele que não dispõe dos recursos para a compra

---

155. TEPEDINO, Gustavo. O princípio da função social no direito civil contemporâneo. *Revista do Ministério Público do Rio de Janeiro*, n. 54, p. 147-151, out.-dez. 2014.
156. ALBUQUERQUE JÚNIOR, Roberto Paulino. *A relação jurídica real no Direito contemporâneo*: por uma Teoria Geral do Direito das Coisas. Tese (doutorado em Direito). 169 p. Programa de Pós-graduação em Direito. Centro de Ciências Jurídicas. Universidade Federal de Pernambuco. Recife, 2010, p. 113.
157. TEPEDINO, Gustavo. Acesso aos direitos fundamentais, bens comuns e unidade sistemática do ordenamento. In: MATOS, Ana Carla Hamatiuk; TEIXEIRA, Ana Carolina Brochado; TEPEDINO, Gustavo (Coord.). Direito Civil, Constituição e unidade do sistema. *Anais do Congresso Internacional de Direito Civil Constitucional*. V Congresso do IBDCivil. Belo Horizonte: Forum, 2019, p. 17.

ou entende não ser relevante sua aquisição. Ou seja, o direito de amplo acesso altera a compreensão acerca do modo de vida em sociedade, que deixa de ser individualista para se tornar inclusivo e destinado à promoção e concretização dos direitos fundamentais.

Paulo Ricardo Schier, Flávia Balduíno Brazzale e Francieli Korquievicz Morbini, ao tratarem do amplo direito de acesso assegurado às pessoas com deficiência, aduzem que se está diante de instrumento necessário para o atingimento dos objetivos fundamentais elencados no art. 3º da Constituição Federal de 1988. Além disso, demonstram a busca pelo fortalecimento de um "compromisso de 'transformação da realidade brasileira' que por forma consequencial exige-se que sejam perseguidos e implementados 'tanto pelo Estado quanto pela sociedade'".[158]

Disso se extrai a relevante observação de Eroulths Cortiano Junior, no sentido de que o Direito Civil na atualidade, é existencialista e inclusivo. Ou seja, tem-se um novo Direito Civil baseado no acesso, "Um Direito Civil de dignidade".[159] Ou nas palavras de Ricardo Luis Lorenzetti, hodiernamente busca-se "o favorecimento ao acesso ao consumo. Existe uma evidente falha de mercado, que tem características estruturais, mediante a qual os bens não chegam aos consumidores".[160]

A relação contratual colaborativa efetivamente visa assegurar o direito ao acesso, a fim de que se possa reduzir as desigualdades sociais e aprimorar a cidadania dos indivíduos não proprietários, que passam a poder utilizar, de forma manifestamente inclusiva, dos produtos e serviços que anteriormente somente poderiam ser utilizados pelos proprietários.[161]

---

158. SCHIER, Paulo Ricardo; BRAZZALE, Flávio Balduíno; MORBINI, Francieli Korquievicz. Para além da acessibilidade: o direito de acesso amplo como direito fundamental à pessoa com deficiência. In: LORENZETTO, A. M.; MORBINI, Francieli Korquievicz (Org.). *Direitos fundamentais em debate*. Florianópolis, SC: Emais, 2022, p. 36.
159. COURTIANO JUNIOR, Eroulths. As quatro fundações do Direito Civil: ensaio preliminar. *Revista da Faculdade de Direito da Universidade Federal do Paraná*, v. 45, 2006, p. 102.
160. LORENZETTI, Ricardo Luis. *Fundamentos do Direito Privado*. São Paulo: Ed. RT, 1998, p. 542.
161. Arun Sundararajan afirma: "De forma geral, a perspectiva vislumbrada aqui é de crescimento inclusivo. Afinal de contas, embora haja exceções, as pessoas que escolhem anunciar quartos de hóspedes no Airbnb, conceder crédito no Funding Circle ou alugar carro no RelayRides normalmente são pessoas que possuem menos – e não mais – capital. Talvez não sejam pobres, mas certamente não fazem parte do tal 1% do *Occupy Wall Street*. Aqueles que estudam no Coursera talvez sejam excluídos que não conseguiram estudar em um curso tradicional de alta qualidade por quatro anos. Os mecanismos tradicionais de controle de acesso, que talvez impedissem que muitos trabalhadores se tornassem proprietários ou investidores, estão mais frouxos." (SUNDARARAJAN, Arun. *Economia compartilhada*: o fim do emprego e a ascensão do capitalismo de multidão. Trad. André Botelho. São Paulo: Editora Senac São Paulo, 2018, p. 179).

A esse respeito, assevera Paulo Roberto da Silva que "a desigualdade só diminuirá quando prevalecerem os nossos comportamentos cotidianos que promovem a diluição do poder social, a inclusão".[162]

Nesse sentido, disciplinam os itens 2 e 5 das considerações gerais da Resolução 2017/2003, do Parlamento Europeu, de 15 de junho de 2017, que dispõe sobre uma Agenda Europeia para a Economia Colaborativa:

> 2. Considera que, se desenvolvida de forma responsável, a economia colaborativa cria oportunidades significativas para os cidadãos e consumidores, que beneficiam do aumento da concorrência, da existência de serviços personalizados, de uma maior oferta e de preços mais baixos; realça que o crescimento neste setor é impulsionado pelos consumidores, permitindo-lhes que assumam um papel mais ativo.
>
> (...)
>
> 5. É de opinião de que a economia colaborativa cria novas oportunidades empresariais interessantes e estimula o emprego e o crescimento, desempenhando amiúde um papel importante no sentido de tornar o sistema económico não só mais eficiente, mas também sustentável do ponto de vista social e ambiental, contribuindo dessa forma para uma melhor distribuição de recursos e ativos que, de outro modo, permaneceriam subutilizados e para a transição rumo a uma economia circular; (...)[163]

Por se estar diante de um acesso hábil a implementar os direitos fundamentais e reduzir as desigualdades sociais, pode-se afirmar que a economia colaborativa pode ser utilizada como instrumento facilitador da inserção de pessoas, até então desempregadas, no mercado de trabalho, a exemplo do que ocorre com as plataformas digitais Uber, na geração de riquezas com a comercialização de produtos e serviços que até então não eram mais utilizados, como roupas, livros, produtos de jardinagem, dentre outros. Isso também acontece na locação de espaços para fins de trabalho, que, além de diminuir os custos operacionais aos contratantes, acaba por auxiliá-los na troca de ideias decorrentes do convívio com outras pessoas no mesmo ambiente, evitando-se o problema de isolamento social.

Nesse cenário, denota-se que a relação contratual colaborativa, além de representar um instrumento de circulação de riquezas e uma operação econômica, acabou se transformando um expediente também responsável pela efetiva promoção dos direitos fundamentais e representativa da inclusão social e do desenvolvimento dos indivíduos. Está-se, portanto, de um amplo direito de

---

162. SILVA, Paulo Roberto da. *Economia, consciência e abundância*: de agentes econômicos de destruição a regeneradores da Teia da Vida. 2. ed. Rio de Janeiro: Bambual Editora, 2019, p. 44.
163. PARLAMENTO EUROPEU. *Resolução do Parlamento Europeu, de 15 de junho de 2017, sobre uma Agenda Europeia para a Economia Colaborativa (2017/2003(INI))*. Disponível em: https://www.europarl.europa.eu/doceo/document/TA-8-2017-0271_PT.html. Acesso em: 3 maio 2023.

acesso, que se distingue da noção de acessibilidade, revelando-se, assim, como instrumento hábil para a realização de direitos fundamentais.

Outrossim, a atuação da relação contratual colaborativa não se limita a promover os direitos fundamentais das pessoas isoladamente consideradas, mas também a de todos os membros da sociedade.

A esse respeito, sustenta Ricardo Luis Lorenzetti que o direito dos contratos deixou de se relacionar única e exclusivamente com a tutela dos direitos individuais, por intermédio da autonomia privada, para atuar em conformidade com a regulamentação legal. Tal conclusão encontra-se presente no fato de que a autonomia privada representa aquilo que os contratantes desejam que aconteça, ao passo que a regulamentação legal se relaciona com o que ela almeja. Disso decorre o entendimento de que, por se estar hodiernamente em uma sociedade complexa, a relação entre os contratantes torna-se também relevante para os outros membros da sociedade. Tais circunstâncias foram majoradas com o fenômeno dos contratos em massa, como se verifica, exemplificativamente, no "impacto socioeconômico das cláusulas abusivas no seguro, ou na venda de imóveis para moradia, ou no crédito".[164]

O consumo exacerbado, somado ao processo de massificação dos bens, resultou em questionamentos éticos acerca da forma como os indivíduos vivem e consomem, ante a constatação de que as gerações futuras poderiam não utilizar de um meio ambiente saudável e em harmônico.[165]

Assim é que surgem os direitos fundamentais de terceira geração, nominados também como de solidariedade[166] e de fraternidade, que afasta inicialmente a titularidade da pessoa individualmente considerada, "destinando-se à proteção de

---

164. LORENZETTI, Ricardo Luis. *Fundamentos do Direito Privado*. São Paulo: Ed. RT, 1998, p. 538-539.
165. COLZANI, Ana Luiza. *Aplicação do dano social como instrumento à sustentabilidade da sociedade de consumo*. Dissertação (Mestrado acadêmico em Ciência Jurídica). 115 p. Universidade do Vale do Itajaí (Univali); Curso de Master Universitario en Derecho Ambiental y de la Sostenidad de Alicante (Espanha). Itajaí, 2017, p. 44.
166. Daniel Sarmento sustenta: "Assim, é possível afirmar que quando a Constituição estabelece como um dos objetivos fundamentais da República brasileira 'construir uma sociedade livre, justa e solidária, ela não está apenas enunciando uma diretriz política desvestida de qualquer eficácia normativa. Pelo contrário, ela expressa um princípio jurídico, que, apesar da sua abertura e indeterminação semântica, é dotado de algum grau de eficácia imediata e que pode atuar, no mínimo, como vetor interpretativo da ordem jurídica como um todo. Na verdade, a solidariedade implica o reconhecimento de que, embora cada um de nós componha uma individualidade, irredutível ao todo, estamos também todos juntos, de alguma forma irmanados por um destino comum. Ela significa que a sociedade não deve ser o *locus* da concorrência entre indivíduos isolados, perseguindo projetos pessoais antagônicos, mas sim um espaço de diálogo, cooperação e colaboração entre pessoas livres e iguais, que se reconheçam como tais". (SARMENTO, Daniel. *Direitos fundamentais e relações privadas*. 2. ed. Rio de Janeiro: Lumen Juris, 2006, p. 295-296).

grupos humanos (família, povo, nação), e se caracterizando, consequentemente, como direitos de titularidade coletiva ou difusa".[167-168]

Tais direitos são transindividuais, por não possuírem um titular determinado, mas sim vários indivíduos indeterminadamente. São ainda indivisíveis, pelo simples fato de não ser possível fragmentar sua prestação, de modo que seu cumprimento representa a defesa de todos os membros da sociedade e sua lesão produz igualmente efeitos sobre todos.[169]

A doutrina indica que neles se encontram, por exemplo, compreendidos os direitos "ao desenvolvimento, ao meio ambiente e qualidade de vida, bem como o direito à conservação e utilização do patrimônio histórico e cultural e o direito à comunicação".[170]

A relação contratual colaborativa igualmente busca a tutela dos direitos difusos, já que sua atuação almeja, com o compartilhamento dos bens e serviços, preservar não só a construção de uma sociedade livre, justa e solidária, como também assegurar a existência de um meio ambiente ecologicamente equilibrado.

Assim, denota-se que o Código de Defesa do Consumidor, por incidir em tais relações, visa também defender e promover os direitos metaindividuais, constituídos pelos direitos difuso, coletivo em sentido estrito e individuais homogêneos. Com efeito, a defesa dos direitos difusos dos consumidores, especialmente os que atuam na relação contratual colaborativa, pode acontecer em inúmeras cir-

---

167. SARLET, Ingo Wolfgang. *A eficácia dos direitos fundamentais*: uma teoria geral dos direitos fundamentais na perspectiva constitucional. 12. ed. rev. atual. e ampl. Porto Alegre: Livraria do Advogado Editora, 2015, p. 48.
168. Camila Monteiro Santos Stohrer afirma: "Os direitos fundamentais de primeira geração encontram respaldo na Revolução Francesa, e tratam da liberdade individual. Para Vicente Paulo, tais direitos caracterizam-se por impor ao Estado um dever de abstenção, de não fazer, de não interferência, de não intromissão no espaço de autodeterminação de cada indivíduo. (...) Assim, infere-se que os direitos fundamentais de primeira geração compreendem, entre outros, o direito à vida, à propriedade e à liberdade *per se*. (...) Já a segunda geração de direitos fundamentais surge com o advento do século XX, tendo sua origem se dado devido às reflexões ideológicas e ao pensamento antiliberal deste mesmo século. Estão relacionados aos direitos sociais, culturais, coletivos e econômicos, dando ensejo a uma maior atuação do Estado, e diferenciando-se assim dos direitos de primeira geração, quando se objetivava tão somente uma atitude de abstenção estatal. Deste modo, tais direitos requerem uma política ativa dos poderes públicos de forma a garantir seu exercício, e se realizam por intermédio das prestações e serviços públicos". (STOHRER, Camila Monteiro Santos. Direitos fundamentais e tributação: a importância dos tributos na manutenção dos direitos. Programa de Pós-graduação *Stricto Sensu* em Ciência Jurídica da Univali. *Revista Eletrônica Direito e Política*, v. 7, n. 3, p. 1698-1699, jul.-set. 2012).
169. SARMENTO, Daniel. *Direitos fundamentais e relações privadas*. 2. ed. Rio de Janeiro: Lumen Juris, 2006, p. 317-318.
170. SARLET, Ingo Wolfgang. *A eficácia dos direitos fundamentais*: uma teoria geral dos direitos fundamentais na perspectiva constitucional. 12. ed. rev. atual. e ampl. Porto Alegre: Livraria do Advogado Editora, 2015, p. 48.

cunstâncias, compreendendo, por exemplo, a oferta e a publicidade de produtos e serviços pelas plataformas digitais, especialmente a enganosa e a que não presta todas as informações necessárias para que seja possível ter conhecimento pleno do que está sendo adquirido.[171]

A propriedade, especialmente após o advento do acesso, passa a ter por finalidade a tutela dos direitos dos proprietários, dos não proprietários e, sobretudo, dos direitos fundamentais dos futuros proprietários, ou seja, das pessoas que pretendem ter. Tais circunstâncias resultaram em um novo significado à propriedade, especialmente da noção de pertencimento, da qual se extrai a compreensão de que a propriedade e o domínio possuem concepções diferentes e que se completam. Enquanto a primeira consiste em uma relação jurídica complexa, que associa o título aos não proprietários, e representa poderes, obrigações, aptidões e encargos do titular,[172] "desde que ele o faça de modo a realizar a dignidade da pessoa humana, que, como pontuado, deve ser aplicado de acordo com a sua função social",[173] o segundo acaba por representar "o poder imediato do titular sobre a coisa, que se exprime nas clássicas faculdades de uso, gozo e disposição. O domínio é por essência refratário ao acesso e compartilhamento, ostentando o atributo da exclusividade".[174]

Entretanto, com o surgimento do século XXI, o pertencimento perde relevância, já que se passa a buscar gestão nos bens essenciais, "que deve garantir o acesso ao bem e prever a participação dos sujeitos interessados, mediante uma administração guiada pelo princípio da solidariedade".[175] Ou seja, atualmente, busca-se assegurar o acesso aos produtos e serviços, que devem ser utilizados pelos eventuais interessados, sujeitando-se a um modo de administrar solidário, previsto no inciso I, do art. 3º, da Constituição Federal de 1988.[176]

---

171. VERBICARO, Dennis. O impacto da economia de compartilhamento na sociedade de consumo e seus desafios regulatório. *Revista de Direito do Consumidor*, v. 113, p. 71, set.-out. 2017, DTR\2017\6588.
172. ROSENVALD, Nelson. *Cinco conceitos que ressignificam a propriedade*. 2019. Disponível em: https://www.nelsonrosenvald.info/single-post/2019/06/04/cinco-conceitos-que-ressignificam-a-propriedade. Acesso em: 6 maio 2023.
173. LEHFELD, Lucas Souza; NUNES, Danilo Henrique; SILVA, Jonatas Santos. Ressignificação da função socioambiental da propriedade como direito difuso: multititularidade e cidadania pós-Covid-19. *Revista Juris Poiesis*, v. 23, n. 22, p. 325, 2020.
174. ROSENVALD, Nelson. *Cinco conceitos que ressignificam a propriedade*. 2019. Disponível em: https://www.nelsonrosenvald.info/single-post/2019/06/04/cinco-conceitos-que-ressignificam-a-propriedade. Acesso em: 6 maio 2023.
175. ROSENVALD, Nelson. *Cinco conceitos que ressignificam a propriedade*. 2019. Disponível em: https://www.nelsonrosenvald.info/single-post/2019/06/04/cinco-conceitos-que-ressignificam-a-propriedade. Acesso em: 6 maio 2023.
176. LEHFELD, Lucas Souza; NUNES, Danilo Henrique; SILVA, Jonatas Santos. Ressignificação da função socioambiental da propriedade como direito difuso: multititularidade e cidadania pós-Covid-19. *Revista Juris Poiesis*, v. 23, n. 22, p. 326, 2020.

A multititularidade, por sua vez, abre espaço para uma nova era dos Direitos reais, que ultrapassam a noção de função social da propriedade. Isso porque a multititularidade, no tocante aos direitos difusos, subtraem o caráter excludente da propriedade e inseri em seu lugar uma propriedade inclusiva,

> que passa a conviver com uma titularidade autônoma – pertencente à sociedade. Em sede de bens comuns, elimina-se o atributo da exclusividade, pois é da índole dessa nova forma de pertencimento, o acesso simultâneo e o compartilhamento de bens simultaneamente suscetíveis de valoração econômica (quanto à sua disponibilidade) e social (indisponíveis ao mercado posto atrelados à cidadania.[177]

Os direitos coletivos em sentido estrito e os individuais homogêneos, que se encontram regulamentados juntamente com os difusos no art. 81[178] do Código de Defesa do Consumidor, são também instrumentos para a tutela e promoção dos direitos fundamentais na relação contratual colaborativa.

O Código de Defesa do Consumidor, inclusive, permite a utilização da convenção coletiva de consumo, disciplinada em seu art. 107.

> Art. 107. As entidades civis de consumidores e as associações de fornecedores ou sindicatos de categoria econômica podem regular, por convenção escrita, relações de consumo que tenham por objeto estabelecer condições relativas ao preço, à qualidade, à quantidade, à garantia e características de produtos e serviços, bem como à reclamação e composição do conflito de consumo.
>
> § 1º A convenção tornar-se-á obrigatória a partir do registro do instrumento no cartório de títulos e documentos.
>
> § 2º A convenção somente obrigará os filiados às entidades signatárias.
>
> § 3º Não se exime de cumprir a convenção o fornecedor que se desligar da entidade em data posterior ao registro do instrumento.

---

177. ROSENVALD, Nelson. *Cinco conceitos que ressignificam a propriedade*. 2019. Disponível em: https://www.nelsonrosenvald.info/single-post/2019/06/04/cinco-conceitos-que-ressignificam-a-propriedade. Acesso em: 6 maio 2023.
178. Art. 81. A defesa dos interesses e direitos dos consumidores e das vítimas poderá ser exercida em juízo individualmente, ou a título coletivo.
    Parágrafo único. A defesa coletiva será exercida quando se tratar de:
    I – interesses ou direitos difusos, assim entendidos, para efeitos deste código, os transindividuais, de natureza indivisível, de que sejam titulares pessoas indeterminadas e ligadas por circunstâncias de fato;
    II – interesses ou direitos coletivos, assim entendidos, para efeitos deste código, os transindividuais, de natureza indivisível de que seja titular grupo, categoria ou classe de pessoas ligadas entre si ou com a parte contrária por uma relação jurídica base;
    III – interesses ou direitos individuais homogêneos, assim entendidos os decorrentes de origem comum.

A partir desse instrumento legal, seria possível a tutela e a promoção dos direitos fundamentais coletivos dos consumidores, mediante, como bem observa Dennis Verbicaro, a correção, no viés coletivo, de

> algumas das muitas vicissitudes de uma sociedade doente pelo consumo irresponsável e pela proliferação de práticas empresariais abusivas levadas a efeito sob a lógica de que agir na infralegalidade compensa economicamente, sobretudo porque os danos ocorrem no atacado e as condenações, que dependem do intrincado e ritualizado labirinto forense, são entregues no varejo e em valores cada vez mais aviltantes, banalizando a tutela de bens jurídicos relevantes ao consumidor.[179]

Um dos pontos mais relevantes para a defesa desses direitos fundamentais se verifica na veiculação de práticas voltadas ao cumprimento das responsabilidades sociais pelos usuários fornecedores e/ou pelas plataformas digitais. A adoção desse expediente, em linhas gerais, mostra aos usuários consumidores que as boas práticas adotadas se inserem no seu modo de vida e objetivam a fidelização das empresas que igualmente atuam em prol da sociedade.

A Uber, por exemplo, assumiu o compromisso de se tornar uma plataforma digital com zero emissões de carbono. Seu plano de ação possui as seguintes etapas:[180]

Milhões de viagens por dia, zero emissões de carbono.

Esse é o nosso compromisso com todas as pessoas do planeta. O caminho para chegar lá passa por veículos elétricos, viagens compartilhadas, ônibus, trens, bicicletas e patinetes. Mudanças drásticas como essas não são fáceis nem rápidas. Por isso, queremos compartilhar o nosso plano com você.

- **2020**
  Anúncio do compromisso global de se tornar uma plataforma de viagens por aplicativo sem emissões de carbono

- **2025**
  Centenas de milhares de motoristas parceiros farão a transição para veículos elétricos por meio do nosso programa Green Future

- **2030**
  A Uber opera como uma plataforma de mobilidade sem emissão de carbono no Canadá, na Europa e nos EUA

- **2040**
  No mundo todo, 100% das viagens feitas em veículos sem emissão de carbono ou em micromobilidade e transporte público

---

179. VERBICARO, Dennis. A convenção coletiva de consumo como instrumento catalisador do debate político qualificado nas relações de consumo. *Revista de Direito do Consumidor*, v. 111, maio-jun. 2017, DTR\2017z1597.
180. UBER. *Sustentabilidade*. A Uber tem um compromisso com a sua cidade. Disponível em: https://www.uber.com/br/pt-br/about/sustainability/. Acesso em: 6 maio 2023.

A Airbnb, por sua vez, instituiu programa permitindo que anfitriões possam arrecadar valores ao hospedarem usuários consumidores comprometidos com causas defendidas por organizações sociais sem fins lucrativos. Segundo o site da plataforma digital, é necessário encontrar um usuário fornecedor, denominado anfitrião de impacto social, que atue concretamente em benefício de uma organização social sem fins lucrativos. Após deve ser feito o registro e a submissão a um por um processo de validação, para, na sequência, realizar a apresentação da causa para se obter pessoas interessadas no projeto social.[181]

Não obstante, ainda subsistam inúmeras reclamações acerca da atuação das plataformas digitais, como ausência de informações completas acerca dos usuários fornecedores e dos serviços a serem prestados, denota-se que as relações contratuais colaborativas se tornaram instrumento de efetiva promoção dos direitos fundamentais individuais e metaindividuais.

4.3.2 Direito fundamental do usuário aos dados pessoais na relação contratual colaborativa: uma cessão temporária de uso?

A *Web* 1.0 resultou em um incremento do tráfego de dados pessoais dos indivíduos que faziam uso da rede mundial de computadores. Entretanto, nesse momento, tinha-se uma atuação passiva dos usuários, caracterizada pela leitura de periódicos "impressos ou observadores de *outdoors* publicitários em vias públicas. A mensagem emitida era unidirecional, cujo conteúdo era elaborado por empresas especializadas".[182-183]

Com a *Web* 2.0, tem-se o aumento gradual da disseminação dos dados pessoais pelos próprios usuários da internet, que passaram a adotar um comportamento ativo e participativo, com a emissão de opiniões sobre temas dos mais variados. Constata-se ainda a inserção dos dados pessoais pelos seus titulares nas diversas plataformas digitais, visando fazer uso dos serviços nelas disponi-

---

181. AIRBNB. *Experiências de impacto social*. Disponível em: https://www.airbnb.com.br/d/social-impact-host#:~:text=de%20impacto%20social%3F-,Por%20que%20o%20Airbnb%20tem%20um%20programa%20de%20impacto%20social,que%20preocupam%20os%20moradores%20locais. Acesso em: 3 maio 2023.
182. COLOMBO, Cristiano; FACCHINI NETO, Eugênio. Mineração de dados e análise preditiva: reflexões sobre violações ao direito de privacidade na sociedade da informação e critérios para sua adequada implementação à luz do ordenamento brasileiro. *Revista de Direito, Governança e Novas Tecnologias*, v. 3, n. 2, p. 60-61, jul.-dez. 2017.
183. Diego Borges afirma: "A *Web* 1.0 começou de uma maneira isolada, onde eram poucos os lares com PCs conectados à rede global, principalmente por conta das conexões discadas e seus empecilhos da época. Foi nesse período que também surgiram recursos comuns nos dias de hoje, como o e-mail e as notícias compartilhadas através de sites e portais". (BORGES, Diego. O que é a *Web* 3.0 e quais são os seus desafios? *Tecmundo*, 2 fev. 2023. Disponível em: https://www.tecmundo.com.br/internet/257665-web-3-0-desafios.htm. Acesso em: 26 abr. 2023).

bilizados, como transporte de passageiros,[184] utilização temporária de imóveis, dentre outros. Ou seja, as plataformas digitais passaram a ser municiadas com informações relacionadas aos números de documento de identidade, cadastro de pessoas físicas, endereços residenciais, comerciais e eletrônicos, números de cartão de crédito etc.[185]

Atualmente predomina a *Web* 3.0, cujo atributo mais relevante consiste na possibilidade de os serviços serem prestados de forma descentralizada. É o que ocorre com a disseminação das nuvens de dados, que permitem a divisão "do processamento e fazer com que muitos aplicativos – que antes dependiam de um único servidor – possam ter recursos hospedados em diferentes partes".[186]

Nesse cenário, evidencia-se a necessidade de serem protegidos os dados pessoais dos consumidores, sobretudo dos integrantes da relação contratual colaborativa, que os transmitiram às plataformas digitais na confiança de que seriam utilizados de forma adequada e sem possibilidade de sofrerem lesões aos seus interesses patrimoniais e/ou extrapatrimoniais.

A legislação brasileira, de modo geral, buscou tutelar os dados pessoais dos indivíduos, como se verifica, por exemplo, no Código de Defesa do Consumidor, na Lei de Acesso à Informação, na Lei do Cadastro Positivo e no Marco Civil da Internet.[187]

---

184. COLOMBO, Cristiano; FACCHINI NETO, Eugênio. Mineração de dados e análise preditiva: reflexões sobre violações ao direito de privacidade na sociedade da informação e critérios para sua adequada implementação à luz do ordenamento brasileiro. *Revista de Direito, Governança e Novas Tecnologias*, v. 3, n. 2, p. 61, jul.-dez. 2017.
185. Danilo Amoroso sustenta: "O "2.0" indica uma nova versão da internet, um novo capítulo, novos rumos para a grande rede. O objetivo é fornecer aos navegantes mais criatividade, compartilhamento de informação e, mais que tudo, colaboração entre eles, fazendo com que esses navegantes tomem parte nesta revolução. Com base nestes conceitos, explodiram serviços de relacionamentos sociais, páginas repletas de vídeos, *wikis*, blogs e outros serviços com um traço em comum: a participação efetiva do usuário nos dois sentidos do tráfego de informação: recebe-se conteúdo dinâmico, fornece-se o mesmo tipo de informação com a mesma facilidade. O mais interessante disto tudo é que não se trata de uma revolução tecnológica ou atualização brusca. É simplesmente uma mudança na maneira de promover conteúdo dinâmico através da internet". (AMOROSO, Danilo. O que é a Web 2.0? *Tecmundo*, 2 fev. 2023. Disponível em: https://www.tecmundo.com.br/web/183-o-que-e-web-2-0-.htm. Acesso em: 26 abr. 2023).
186. BORGES, Diego. O que é a *Web* 3.0 e quais são os seus desafios? *Tecmundo*, 2 fev. 2023. Disponível em: https://www.tecmundo.com.br/internet/257665-web-3-0-desafios.htm. Acesso em: 26 abr. 2023.
187. LUCCA, Newton; MARTINS, Guilherme Magalhães; QUEIROZ, Renata Capriolli Zocatelli. Lei Geral de Proteção de Dados (LGPD) e Lei da Privacidade do Consumidor da Califórnia (CCPA): análise crítica da proteção dos dados do consumidor no Brasil e no estado da Califórnia. *Revista de Direito do Consumidor*, v. 145, jan.-fev./2023, DTR\2023\184.

A Constituição Federal de 1988, com o advento da Emenda Constitucional 115, de 10 de fevereiro de 2022,[188] acresceu o inciso LXXIX ao rol dos direitos fundamentais indicados no art. 5º, para assegurar, "nos termos da lei, o direito à proteção dos dados pessoais, inclusive nos meios digitais". Também foram inseridos o inciso XXVI ao art. 21, para estabelecer a competência da União para "organizar e fiscalizar a proteção e o tratamento de dados pessoais, nos termos da lei", bem como o inciso XXX ao art. 22, objetivando instituir a competência privativa da União para legislar sobre "proteção e tratamento de dados pessoais".[189]

Todavia, foi com a Lei 13.709, de 14 de agosto de 2018,[190] conhecida como Lei Geral de Proteção de Dados Pessoais, que se deu o início de um novo regramento da tutela dos dados pessoais no Brasil. Fundamentada em legislações internacionais, como a *General Data Protection Regulation* (GDPR), vigente na União Europeia desde maio de 2018, "a nova regulamentação de dados pessoais busca conferir maior segurança e responsabilidade no fluxo de dados pessoais no País".[191]

Aludida legislação motiva-se ainda na Constituição Federal de 1988, sobretudo no art. 1º, III, que estabelece a dignidade da pessoa humana como um dos princípios fundamentais da República, e nos arts. 5º, X e XII, que tratam respectivamente dos direitos fundamentais da inviolabilidade da intimidade, vida privada, honra, imagem dos indivíduos e da inviolabilidade dos dados pessoais.[192] Também contempla expressamente que sua finalidade é a de tutelar, além dos direitos fundamentais anteriormente mencionados, "o livre desenvolvimento da pessoa natural". O inciso I do art. 5º, define dado pessoal como a "informação relacionada a pessoa natural identificada ou identificável".

Laura Schertel Mendes e Danilo Doneda sustentam que a Lei Geral de Proteção de Dados Pessoais possui cinco eixos fundamentais. O primeiro deles relaciona-se à incidência material da legislação, que se notabiliza por ser genérica,

---

188. BRASIL. Casa Civil. Emenda Constitucional 115, de 10 de fevereiro de 2002. Altera a Constituição Federal para incluir a proteção de dados pessoais entre os direitos e garantias fundamentais e para fixar a competência privativa da União para legislar sobre proteção e tratamento de dados pessoais. Disponível em: https://www.planalto.gov.br/ccivil_03/constituicao/Emendas/Emc/emc115.htm#art1. Acesso em: 28 abr. 2023.
189. LUCCA, Newton; MARTINS, Guilherme Magalhães; QUEIROZ, Renata Capriolli Zocatelli. Lei Geral de Proteção de Dados (LGPD) e Lei da Privacidade do Consumidor da Califórnia (CCPA): análise crítica da proteção dos dados do consumidor no Brasil e no estado da Califórnia. *Revista de Direito do Consumidor*, v. 145, jan.-fev./2023, DTR\2023\184.
190. BRASIL. Casa Civil. Lei 13.709, de 14 de agosto de 2018. Lei Geral de Proteção de Dados. Disponível em: http://www.planalto.gov.br/ccivil_03/_ato2015-2018/2018/lei/l13709.htm. Acesso em: 7 abr. 2023.
191. BERGSTEIN, Lais. Direito à portabilidade na Lei Geral de Proteção de Dados. *Revista dos Tribunais*, v. 1003, maio/2019, DTR\2019z26075.
192. BERGSTEIN, Lais. Direito à portabilidade na Lei Geral de Proteção de Dados. *Revista dos Tribunais*, v. 1003, maio/2019, DTR\2019z26075.

dotada de unicidade e fundamentada na tutela dos dados pessoais dos indivíduos, pouco importando o caráter público ou privado da relação jurídica. As exceções à aplicabilidade da lei encontram-se previstas no art. 4º.[193-194]

Já o segundo eixo principal encontra-se presente na licitude do tratamento dos dados pessoais (art. 5º, X, da Lei Geral de Proteção de Dados Pessoais),[195] que está condicionado ao atendimento dos requisitos previstos nos arts. 7º[196] e

---

193. Art. 4º Esta Lei não se aplica ao tratamento de dados pessoais:
 I – realizado por pessoa natural para fins exclusivamente particulares e não econômicos;
 II – realizado para fins exclusivamente:
 a) jornalístico e artísticos; ou
 b) acadêmicos, aplicando-se a esta hipótese os arts. 7º e 11 desta Lei;
 III – realizado para fins exclusivos de:
 a) segurança pública;
 b) defesa nacional;
 c) segurança do Estado; ou
 d) atividades de investigação e repressão de infrações penais; ou
 IV – provenientes de fora do território nacional e que não sejam objeto de comunicação, uso compartilhado de dados com agentes de tratamento brasileiros ou objeto de transferência internacional de dados com outro país que não o de proveniência, desde que o país de proveniência proporcione grau de proteção de dados pessoais adequado ao previsto nesta Lei.
194. MENDES, Laura Schertel; DONEDA, Danilo. Reflexões iniciais sobre a nova Lei Geral de Proteção de Dados. *Revista de Direito do Consumidor*, v. 120, nov.-dez. 2018, DTR\2018\22645.
195. Art. 5º Para os fins desta Lei, considera-se: (...)
 X – tratamento: toda operação realizada com dados pessoais, como as que se referem a coleta, produção, recepção, classificação, utilização, acesso, reprodução, transmissão, distribuição, processamento, arquivamento, armazenamento, eliminação, avaliação ou controle da informação, modificação, comunicação, transferência, difusão ou extração;
196. Art. 7º O tratamento de dados pessoais somente poderá ser realizado nas seguintes hipóteses:
 I – mediante o fornecimento de consentimento pelo titular;
 II – para o cumprimento de obrigação legal ou regulatória pelo controlador;
 III – pela administração pública, para o tratamento e uso compartilhado de dados necessários à execução de políticas públicas previstas em leis e regulamentos ou respaldadas em contratos, convênios ou instrumentos congêneres, observadas as disposições do Capítulo IV desta Lei;
 IV – para a realização de estudos por órgão de pesquisa, garantida, sempre que possível, a anonimização dos dados pessoais;
 V – quando necessário para a execução de contrato ou de procedimentos preliminares relacionados a contrato do qual seja parte o titular, a pedido do titular dos dados;
 VI – para o exercício regular de direitos em processo judicial, administrativo ou arbitral, esse último nos termos da Lei 9.307, de 23 de setembro de 1996 (Lei de Arbitragem);
 VII – para a proteção da vida ou da incolumidade física do titular ou de terceiro;
 VIII – para a tutela da saúde, exclusivamente, em procedimento realizado por profissionais de saúde, serviços de saúde ou autoridade sanitária;
 IX – quando necessário para atender aos interesses legítimos do controlador ou de terceiro, exceto no caso de prevalecerem direitos e liberdades fundamentais do titular que exijam a proteção dos dados pessoais; ou
 X – para a proteção do crédito, inclusive quanto ao disposto na legislação pertinente.

23[197] da supracitada Lei. Dentre as hipóteses a serem observadas, tem-se ainda a necessidade de obtenção do consentimento do titular, que deve ser livre, claro, sem qualquer dúvida e para um fim específico.[198]

Ainda se tem o tratamento dos dados pessoais sensíveis, dispostos no art. 5º, II,[199] para os quais se exige que o consentimento do titular seja prestado "de forma específica e destacada, para finalidade específica".[200] Ou seja, a disciplina do consentimento harmoniza-se com a *General Data Protection Regulation*.[201]

O terceiro eixo é constituído por princípios e pelos direitos do detentor dos dados pessoais, os quais visam instituir um

> arcabouço de instrumentos que proporcionem ao cidadão meios para o efetivo controle do uso de seus dados por terceiros. Por outro, confere unidade sistêmica à própria disciplina da proteção de dados pessoais – que, seja pelas suas características intrínsecas, seja pelo fato de se inserir em uma tradição já amadurecida em diversos outros países, se insere em nosso ordenamento com características próprias, que se deixem entrever talvez com maior relevância justamente ao se atentar para a particularidade dos princípios e direitos próprios à matéria.[202]

O quarto eixo discorre sobre os encargos atribuídos aos agentes de tratamento dos dados pessoais, com a fixação de limites para a atuação e de métodos a serem observados a fim de se trazer segurança e assegurar as garantias aos titulares.

---

197. Art. 23. O tratamento de dados pessoais pelas pessoas jurídicas de direito público referidas no parágrafo único do art. 1º da Lei 12.527, de 18 de novembro de 2011 (Lei de Acesso à Informação), deverá ser realizado para o atendimento de sua finalidade pública, na persecução do interesse público, com o objetivo de executar as competências legais ou cumprir as atribuições legais do serviço público, desde que:
I – sejam informadas as hipóteses em que, no exercício de suas competências, realizam o tratamento de dados pessoais, fornecendo informações claras e atualizadas sobre a previsão legal, a finalidade, os procedimentos e as práticas utilizadas para a execução dessas atividades, em veículos de fácil acesso, preferencialmente em seus sítios eletrônicos;
II – (Vetado); e
III – seja indicado um encarregado quando realizarem operações de tratamento de dados pessoais, nos termos do art. 39 desta Lei; e
IV – (Vetado)
198. MENDES, Laura Schertel; DONEDA, Danilo. Reflexões iniciais sobre a nova Lei Geral de Proteção de Dados. *Revista de Direito do Consumidor*, v. 120, nov.-dez. 2018, DTR\2018\22645.
199. (...) II – dado pessoal sensível: dado pessoal sobre origem racial ou étnica, convicção religiosa, opinião política, filiação a sindicato ou a organização de caráter religioso, filosófico ou político, dado referente à saúde ou à vida sexual, dado genético ou biométrico, quando vinculado a uma pessoa natural; (...).
200. MENDES, Laura Schertel; DONEDA, Danilo. Reflexões iniciais sobre a nova Lei Geral de Proteção de Dados. *Revista de Direito do Consumidor*, v. 120, nov.-dez. 2018, DTR\2018\22645.
201. TEFFÉ, Chiara Spadaccini; VIOLA, Mario. Tratamento de dados pessoais na LGPD: estudo sobre as bases legais. *Civilistica.com*. Rio de Janeiro, ano 9, n. 1, p. 7, 2020.
202. MENDES, Laura Schertel; DONEDA, Danilo. Reflexões iniciais sobre a nova Lei Geral de Proteção de Dados. *Revista de Direito do Consumidor*, v. 120, nov.-dez. 2018, DTR\2018\22645.

Ao controlador e ao operador incumbem, nos termos do art. 37, "manter registro das operações de tratamento de dados pessoais que realizarem, especialmente quando baseado no legítimo interesse".[203]

Em síntese, denota-se que o controlador é o responsável por emitir as determinações relacionadas ao tratamento dos dados pessoais. Ao operador, por sua vez, incumbe efetivar "o tratamento dos dados pessoais em nome do controlador".[204]

O controlador é ainda o responsável por indicar o encarregado pelo tratamento dos dados pessoais, a quem compete, dentre outras funções, receber reclamações e comunicações dos titulares, dando os devidos esclarecimentos. Também possui a função de orientar funcionários e demais envolvidos acerca dos procedimentos a serem adotados, bem como o de executar as demais competências estabelecidas pelo controlador ou pelas normas regulamentares.[205] Ao controlador ainda compete dar cumprimento ao art. 18, VI, da Lei Geral de Proteção de Dados e realizar a eliminação dos dados pessoais, após solicitação do titular, observando-se o disposto no art. 16[206] da referida legislação.

Por fim, o quinto eixo trata da responsabilização objetiva dos danos, dispondo que o dever de indenizar não recairá sobre tais agentes quando eles demonstrarem não terem feito o tratamento dos dados ou que, a despeito de tê-lo efetivado, não violaram a legislação ou ainda que o dano decorre de ato praticado exclusivamente pelo titular dos dados pessoais ou por terceiros.[207]

A tutela dos dados pessoais é tema de suma relevância para as plataformas digitais, também conhecidas como guardiãs do acesso, e demonstram que a economia do compartilhamento tem se dedicado a se tornar cada vez mais um instrumento de promoção dos direitos fundamentais, a despeito de subsistir um

---

203. MENDES, Laura Schertel; DONEDA, Danilo. Reflexões iniciais sobre a nova Lei Geral de Proteção de Dados. *Revista de Direito do Consumidor*, v. 120, nov.-dez. 2018, DTR\2018\22645.
204. SIMÃO FILHO, Adalberto. Limites e contornos da responsabilidade civil dos agentes de tratamento de dados: diálogo entre o CDC e a LGPD. *Revista IBERC*, v. 4, n. 2, p. 40, set.-dez. 2021.
205. MENDES, Laura Schertel; DONEDA, Danilo. Reflexões iniciais sobre a nova Lei Geral de Proteção de Dados. *Revista de Direito do Consumidor*, v. 120, nov.-dez. 2018, DTR\2018\22645.
206. Art. 16. Os dados pessoais serão eliminados após o término de seu tratamento, no âmbito e nos limites técnicos das atividades, autorizada a conservação para as seguintes finalidades:
    I – cumprimento de obrigação legal ou regulatória pelo controlador;
    II – estudo por órgão de pesquisa, garantida, sempre que possível, a anonimização dos dados pessoais;
    III – transferência a terceiro, desde que respeitados os requisitos de tratamento de dados dispostos nesta Lei; ou
    IV – uso exclusivo do controlador, vedado seu acesso por terceiro, e desde que anonimizados os dados.
207. MENDES, Laura Schertel; DONEDA, Danilo. Reflexões iniciais sobre a nova Lei Geral de Proteção de Dados. *Revista de Direito do Consumidor*, v. 120, nov.-dez. 2018, DTR\2018\22645.

longo caminho a ser percorrido, sobretudo em decorrência da diuturna evolução das tecnologias.

Evidentemente que as plataformas digitais, por receberem os dados pessoais dos usuários com o preenchimento do cadastro inicial, devem se submeter aos cinco eixos fundamentais discriminados, de modo a efetivamente cumpri-los, evitando violações e, sobretudo, implementando medidas para o desenvolvimento de seus usuários.

O próprio sistema reputacional instituído pelas plataformas digitais para aferir a qualidade dos serviços prestados pode se tornar causa de significativa lesão aos direitos da privacidade, na medida em que, ao formular uma reclamação, os usuários correm o sério risco de passar a receber inúmeras correspondências eletrônicas, mensagens de texto em seu *smartphone*, dentre outros.

O Reclame Aqui, por exemplo, aponta queixa formulada por usuário consumidor que preencheu cadastro visando à obtenção de crédito na plataforma digital Bom Pra Crédito. Com a não aceitação da proposta pelo usuário consumidor, tem-se a reclamação de que aludida plataforma digital passou a buscar contato sucessivo e reiterado mesmo depois do pedido para sua cessação. Em resposta, a Bom Pra Crédito afirmou que já teria realizado o cancelamento do envio de mensagens e ressaltou que a exclusão total deveria acontecer em até sete dias úteis. Além disso, solicitou o envio de correspondência eletrônica caso os contatos persistissem.[208]

Assim, denota-se que as plataformas digitais atuantes no segmento da economia do compartilhamento têm se dedicado à tutela dos dados pessoais. A Uber dispensa extensa explicação ao tema, dispondo que a Uber BV e a Uber Technologies Inc. seriam os responsáveis pelo tratamento dos dados pessoais na Europa, no Reino Unido e na Suíça. Em outros países, a responsável é apenas a Uber Technologies Inc. Além disso, noticia efetuar o recolhimento dos dados disponibilizados pelos utilizadores, dos instituídos por ocasião da prestação dos serviços e de "outras fontes, como outros utilizadores, proprietários de contas, parceiros de negócios, fornecedores de soluções financeiras e de seguros e autoridades governamentais".[209]

Os dados são utilizados para a prestação dos serviços, assim como para a melhoria da segurança e tutela dos usuários, auxílio, investigação e comunicação.

---

208. RECLAME AQUI. *Não insira seus dados pessoais nessa empresa*. 5 jan. 2023. Disponível em: https://www.reclameaqui.com.br/bom-pra-credito/não-insira-seus-dados-pessoais-nessa-empresa_01EohW8BsvFa9ddd/. Acesso em 30 abr. 2023.
209. UBER. *Aviso de privacidade da Uber*. 20 abr. 2023. Disponível em: https://www.uber.com/legal/pt-br/document/?country=brazil&lang=pt-br&name=privacy-notice. Acesso em: 28 abr. 2023.

Também faz uso deles para fins de propaganda e procedimentos previstos na legislação. Por fim, a Uber exemplifica como utiliza os dados pessoais:

Por exemplo, retemos dados:

- Enquanto as contas dos utilizadores estiverem ativas, se esses dados forem necessários para fornecer os nossos serviços. Por exemplo, informações de perfil de utilizador e credenciais.
- Durante sete anos, se necessário, para cumprir os requisitos fiscais. Por exemplo, informações da viagem ou do local de entrega dos motoristas e dos parceiros de entrega.
- Por períodos definidos conforme necessário para fins de segurança ou prevenção de fraude. Por exemplo, retemos candidaturas incompletas de motoristas durante um ano e candidaturas rejeitadas de motoristas durante sete anos.
- Após pedidos de eliminação da conta, se necessário, quer para fins de segurança, proteção, prevenção de fraude ou conformidade com requisitos legais quer devido a problemas relacionados com a conta do utilizador (como um crédito pendente ou uma reclamação ou litígio não resolvido).[210]

A Airbnb igualmente trata do tema de forma extensa, dispondo dos dados pessoais que são coletados dos usuários consumidores e de terceiros, os quais, nessa última hipótese, acontecem quando se tem o ingresso na plataforma por intermédio das contas, por exemplo, do Facebook ou Google. Tais informações são utilizadas, dentre outras finalidades, para prestação, melhoria e desenvolvimento dos serviços, assim como para criar um ambiente seguro e confiável. O compartilhamento dos dados pessoais somente é feito após a obtenção do consentimento ou de acordo com suas condições. Ao final estabelece a possibilidade de os dados serem eliminados, ocasião em que a plataforma digital expressamente ressalta:

- Poderemos reter alguns de seus dados pessoais conforme for necessário para nossos interesses comerciais legítimos, como prevenção de lavagem de dinheiro, detecção e prevenção de fraude e melhorias de segurança. Por exemplo, se suspendermos uma Conta do Airbnb por motivos de fraude ou segurança, poderemos reter certas informações da conta em questão para evitar que aquele Membro abra uma nova conta no futuro.
- Poderemos reter e usar seus dados pessoais na medida necessária para cumprir nossas obrigações legais. Por exemplo, o Airbnb e o Airbnb

---

210. UBER. *Aviso de privacidade da Uber*. 20 abr. 2023. Disponível em: https://www.uber.com/legal/pt-br/document/?country=brazil&lang=pt-br&name=privacy-notice. Acesso em: 28 abr. 2023.

Payments podem manter algumas de suas informações para cumprir obrigações relacionadas a impostos, relatórios legais e auditorias.

- As informações que você compartilhou com outras pessoas (por exemplo, avaliações e publicações em fóruns) podem continuar visíveis publicamente no Airbnb, mesmo depois que sua conta do Airbnb for cancelada.
- Como mantemos o Airbnb de forma a evitar perda e destruição acidental ou maliciosa, cópias residuais de seus dados pessoais poderão permanecer em nossos sistemas de backup por um período de tempo limitado.[211]

Nesse cenário, evidencia-se que a utilização dos dados pessoais pelas plataformas digitais atuantes na economia colaborativa, por serem passíveis de eliminação, conforme disposto na Lei Geral de Proteção de Dados, caracteriza-se como uma cessão temporária de uso, a ser utilizada, em regra, mediante o consentimento da pessoa física.

Outrossim, os pontos elencados evidenciam que as plataformas digitais, de modo geral, buscam tutelar os dados pessoais dos indivíduos, embora seja manifesta a necessidade de aprimoramento constante de tal prática, especialmente dos procedimentos a serem adotados, em razão do avanço das tecnologias e da importância de a economia colaborativa continuar agindo como um instrumento de promoção dos direitos fundamentais.

4.4 PROIBIÇÃO DE DISCRIMINAÇÃO NA RELAÇÃO CONTRATUAL COLABORATIVA

Um dos pontos de grande repercussão na relação contratual colaborativa se verifica na discussão relacionada às práticas discriminatórias. Isso ocorre, por exemplo, quando o usuário fornecedor, que disponibiliza em plataformas digitais seus produtos e serviços ao público em geral, recusa-se a compartilhá-los aos usuários consumidores por questões relativas a gênero, etnia, religião, dentre outros.

Annalisa Cocco relata que as relações oriundas da economia do compartilhamento, baseadas na confiança e no envolvimento de pessoas, em regra,

---

211. AIRBNB. *Política de privacidade.* 25 jan. 2023. Disponível em: https://www.airbnb.com.br/help/article/3175?_ga=2.255313608.15887642.1682614301-1390306707.1679062707&_set_bev_on_new_domain=1682614257_ODU2OWI2NjRiYTRm. Acesso em: 28 abr. 2023.

desconhecidas, suscitam dois princípios de expressiva relevância, quais sejam, a inclusão e o respeito.[212-213]

A isso devem ser somados a prevalência dos valores existenciais, decorrentes da inserção da pessoa no centro das relações, atentando-se ao fato de que se poderia entender que a recusa à cessão de uso estaria dentro da esfera de liberdade do usuário fornecedor. Por outro lado, por se encontrar disponível em plataforma digital de oferta pública, estar-se-ia diante de prática discriminatória, que infringiria inúmeras normas internacionais e nacionais.

No âmbito internacional, a Declaração Universal dos Direitos Humanos, proclamada pela Assembleia Geral das Nações Unidas em Paris, no dia 10 de dezembro de 1948, veda práticas discriminatórias, ao dispor em seu art. 1º que "Todos os seres humanos nascem livres e iguais em dignidade e em direitos. Dotados de razão e de consciência, devem agir uns para com os outros em espírito de fraternidade".[214]

Em seu art. 2º, por sua vez, disciplina:

> Todos os seres humanos podem invocar os direitos e as liberdades proclamados na presente Declaração, sem distinção alguma, nomeadamente de raça, de cor, de sexo, de língua, de religião, de opinião política ou outra, de origem nacional ou social, de fortuna, de nascimento ou de qualquer outra situação. Além disso, não será feita nenhuma distinção fundada no estatuto político, jurídico ou internacional do país ou do território da naturalidade da

---

212. COCCO, Annalisa. I rapporto contrattuali nell'economia della condiviosone. Collana: *Pubblicazioni della Scuola di specializzazione in diritto civille dell'Università di Camerino*. Napoli: Edizione Scientifiche Italiane, 2020, p. 183 e 189.
213. A plataforma digital Airbnb, ao tratar da inclusão e do respeito, sustenta: "*Inclusão*: acolhemos pessoas de todas as origens com hospitalidade e mente aberta. Fazer parte do Airbnb, como anfitrião ou hóspede, significa tornar-se parte de uma comunidade inclusiva. Polarização, preconceito, racismo e ódio não têm lugar em nossa plataforma, nem em nossa comunidade. Embora seja exigido que os anfitriões sigam todas as leis aplicáveis que proíbem a discriminação com base em critérios como raça, religião, nacionalidade e outros listados abaixo, temos o compromisso de fazer mais do que simplesmente cumprir as exigências mínimas estabelecidas por lei. *Respeito*: respeitamos uns aos outros em nossas interações e atividades. O Airbnb tem ciência de que as normas culturais e as leis variam em diferentes partes do mundo e espera que anfitriões e hóspedes ajam de acordo com as leis locais e tratem uns aos outros com respeito, mesmo quando as opiniões possam não refletir suas crenças ou sua formação. Os membros do Airbnb trazem para nossa comunidade uma incrível diversidade de experiências, crenças e costumes. Ao conectar pessoas de diferentes origens, o Airbnb promove a maior compreensão e valorização das características comuns compartilhadas por todos os seres humanos e desconstrói o preconceito proveniente do equívoco, da falta de informação e da falta de compreensão". (AIRBNB. *Política de não discriminação*. Disponível em: https://www.airbnb.com.br/help/article/2867. Acesso em: 23 abr. 2023).
214. ORGANIZAÇÃO DAS NAÇÕES UNIDAS. *Declaração Universal dos Direitos Humanos*. Disponível em: https://brasil.un.org/sites/default/files/2020-09/por.pdf. Acesso: em 21 abr. 2023.

pessoa, seja esse país ou território independente, sob tutela, autônomo ou sujeito a alguma limitação de soberania.[215]

No plano nacional, a Constituição Federal de 1988 também proíbe a discriminação em seus arts, 3º, IV,[216] 5º, XLI,[217] dentre outros. A legislação ordinária posiciona-se em idêntico sentido, como se verifica, exemplificativamente, na proibição da cobrança de preços diferenciados para um mesmo produto ou serviço, nos arts. 39, V[218] e X,[219] e 51, X,[220] Código de Defesa do Consumidor,[221] assim como no Estatuto da Pessoa com Deficiência, em seu art. 4º[222] e 5º.[223]

Na União Europeia, tem-se a Diretiva 2004/113/CE,[224] que determina a incidência do princípio da igualdade entre homens e mulheres para o acesso a bens e serviços. Aludido expediente veda a discriminação direta e indireta, dispondo que as distinções de tratamento somente poderão ser tidas como lícitas

---

215. ORGANIZAÇÃO DAS NAÇÕES UNIDAS. *Declaração Universal dos Direitos Humanos*. Disponível em: https://brasil.un.org/sites/default/files/2020-09/por.pdf. Acesso: em 21 abr. 2023.
216. Art. 3º Constituem objetivos fundamentais da República Federativa do Brasil: (...)
    IV – promover o bem de todos, sem preconceitos de origem, raça, sexo, cor, idade e quaisquer outras formas de discriminação.
217. Art. 5º Todos são iguais perante a lei, sem distinção de qualquer natureza, garantindo-se aos brasileiros e aos estrangeiros residentes no País a inviolabilidade do direito à vida, à liberdade, à igualdade, à segurança e à propriedade, nos termos seguintes: (...)
    XLI – a lei punirá qualquer discriminação atentatória dos direitos e liberdades fundamentais; (...).
218. Art. 39. É vedado ao fornecedor de produtos ou serviços, dentre outras práticas abusivas: (...)
    V – exigir do consumidor vantagem manifestamente excessiva;
219. Art. 39. É vedado ao fornecedor de produtos ou serviços, dentre outras práticas abusivas: (...)
    X – elevar sem justa causa o preço de produtos ou serviços.
220. Art. 51. São nulas de pleno direito, entre outras, as cláusulas contratuais relativas ao fornecimento de produtos e serviços que: (...)
    X – permitam ao fornecedor, direta ou indiretamente, variação do preço de maneira unilateral; (...).
221. BERGSTEIN, Lais; TRAUTWEIN, José Roberto. A proibição de discriminação e os critérios do cálculo atuarial nos contratos de seguros. *Revista da Academia Brasileira de Direito Civil*, v. 4, p. 55, 2022.
222. Art. 4º Toda pessoa com deficiência tem direito à igualdade de oportunidades com as demais pessoas e não sofrerá nenhuma espécie de discriminação.
    § 1º Considera-se discriminação em razão da deficiência toda forma de distinção, restrição ou exclusão, por ação ou omissão, que tenha o propósito ou o efeito de prejudicar, impedir ou anular o reconhecimento ou o exercício dos direitos e das liberdades fundamentais de pessoa com deficiência, incluindo a recusa de adaptações razoáveis e de fornecimento de tecnologias assistivas.
    § 2º A pessoa com deficiência não está obrigada à fruição de benefícios decorrentes de ação afirmativa., tortura, crueldade, opressão e tratamento desumano ou degradante.
223. Art. 5º A pessoa com deficiência será protegida de toda forma de negligência, discriminação, exploração, violência, tortura, crueldade, opressão e tratamento desumano ou degradante.
    Parágrafo único. Para os fins da proteção mencionada no *caput* deste artigo, são considerados especialmente vulneráveis a criança, o adolescente, a mulher e o idoso, com deficiência.
224. UNIÃO EUROPEIA. Diretiva 2004/113/CE do Conselho de 13 de dezembro de 2004. *Jornal Oficial da União Europeia*. Disponível em: http://eur-lex.europa.eu/legalcontent/PT/TXT/PDF/?uri=CELEX:32004L0113&from=PT. Acesso em 21 abr. 2023.

se "forem justificadas por um objetivo legítimo e desde que os meios utilizados para o alcançar sejam adequados e necessários".[225]

A definição de discriminação direta é apresentada no art. 2º da Diretiva 2004/113/CE, que, ao tratar particularmente da discriminação relacionada às questões de gênero, "a conceitua como aquela empregada no intuito de afrontar a integridade física ou moral do outro em razão das características ou sinais discriminatórios que possa possuir".[226-227]

A discriminação indireta é a que perpassa da pessoa ao grupo do qual ela faz parte e encontra-se presente nos acontecimentos, nos parâmetros supostamente igualitários, que acabam inserindo um grupo de indivíduos em posição manifestamente desfavorável em relação aos demais. Pode acontecer

> tanto no campo da autonomia privada (a exemplo das piadas jocosas, remuneração a menor para trabalhadores em regime parcial cuja maioria era integrante de mulheres), como da atuação pública quando desenvolver "política de neutralidade e da indiferença do aparato estatal para com as vítimas da discriminação", sem atendê-las em suas particularidades.[228]

Assim, evidencia-se que a proibição de discriminação estabelecida pela Diretiva 2004/113/CE está condicionada à oferta ao público de bens e serviços, assim como que tal oferecimento não se encontre no âmbito da vida particular e da família do indivíduo que o esteja realizando. Ou seja, sua ocorrência não possui qualquer relação com a natureza pública ou privada da atividade desenvolvida pelo ofertante.[229]

---

225. BERGSTEIN, Lais; TRAUTWEIN, José Roberto. A proibição de discriminação e os critérios do cálculo atuarial nos contratos de seguros. *Revista da Academia Brasileira de Direito Civil*, v. 4, 2022, p. 57.
226. BRAZALLE, Flávia Balduino. *A pessoa com deficiência e a ruptura no regime das incapacidades*. Dissertação (Mestrado em Direitos Fundamentais e Democracia). 219 p. Centro Universitário Autônomo do Brasil (UniBrasil). Curitiba, 2017, p. 97.
227. Jorge Cesa Ferreira da Silva afirma: "Como já referido acima, a chamada 'discriminação direta' corresponde à definição técnica mais próxima do significado de discriminação na linguagem comum. Ela ocorre quando há distinção de tratamento entre pessoas, individual ou coletivamente consideradas, pelo qual uma ou algumas recebem tratamento menos favorável em razão de algum critério juridicamente protegido, sem que haja uma justificativa fundada que sustente a distinção feita. Dito de modo mais sintético, ocorre discriminação direta quando há uma ligação entre um tratamento menos favorável dispensado a alguém em razão de alguma característica protegida. É o que processa, por exemplo, quando o critério 'raça' é utilizado para vedar ingresso de pessoas a certos locais abertos ao público (...)". (SILVA, Jorge Cesa Ferreira. *Antidiscriminação e contrato*: a integração entre proteção e autonomia. São Paulo: Thomson Reuters Brasil, 2020, p. 108).
228. BRAZALLE, Flávia Balduino. *A pessoa com deficiência e a ruptura no regime das incapacidades*. Dissertação (Mestrado em Direitos Fundamentais e Democracia). 219 p. Centro Universitário Autônomo do Brasil (UniBrasil). Curitiba, 2017, p. 98.
229. RULL, Ariadna Aguilera. Prohibición de discriminación y libertad de contratación. *InDret: Revista para El Análisis del Derecho*. ISSN 1698-739X, n. 1, p. 6, 2009.

Francisco J. Infante Ruiz ainda menciona a existência de outras Diretivas da União Europeia que vedam a discriminação. Dentre as existentes, tem-se a menção à 2000/43/CE do Conselho, de 29 de junho de 2000, que obriga a igualdade de tratamento independentemente da origem racial ou étnica, e à Diretiva 2000/78/CE do Conselho, de 27 de novembro de 2000, que determina a igualdade de tratamento nas relações de emprego e atividade profissional.[230]

A exposição mencionada é relevante para o trabalho ora desenvolvido, na medida em que demonstra a necessidade de se observar práticas antidiscriminatórios inclusive nas relações da economia colaborativa, já que ela, como se sabe, igualmente se submete à Constituição Federal de 1988 e às outras legislações mencionadas.

De modo geral, pode-se afirmar que as plataformas digitais têm avançado na tentativa de cessação das práticas discriminatórias, fazendo com que a atividade desenvolvida se torne um instrumento para a promoção dos direitos fundamentais.

No caso da Airbnb, os questionamentos sobre a adoção de procedimentos discriminatórios tiveram início em 2008, a partir de denúncia formulada na rede social Twitter por Quirtina Crittenden. Segundo ela, seus pedidos de hospedagem eram sucessivamente recusados pelo usuário fornecedor por questões raciais e somente teria sido aceito após ela modificar seu nome para Tina e alterar sua foto por um cenário de uma cidade. Outro acontecimento é mencionado pelo afro-americano Gregory Selden, que relata ter seu pedido de hospedagem recusado por questões de raça. Na sequência, o mesmo usuário fornecedor o aceitou quando ele utilizou um perfil distinto, contendo uma foto de um indivíduo de pele branca.[231]

O diretor executivo da Airbnb, Brian Chescky, em carta enviada aos membros da plataforma digital em setembro de 2016, afirmou que práticas discriminatórias se opõem à finalidade precípua da plataforma digital, consistente no pertencimento. Segundo ele, os procedimentos preconceituosos e discriminatórios não podem acontecer nas atividades da plataforma, que passará a combatê-los de forma ininterrupta.[232]

---

230. RUIZ, Francisco J. Infante. El desarrollo de la prohibición de no discriminar en el derecho de contratos y su consideración en la jurisprudencia. *Revista Aranzadi de Derecho Patrimonial*, n. 30, p. 173-174, enero-abril 2013.
231. COCCO, Annalisa. I rapporto contrattuali nell'economia della condiviosone. Collana: *Pubblicazioni della Scuola di specializzazione in diritto civille dell'Università di Camerino*. Napoli: Edizione Scientifiche Italiane, 2020, p. 185-186.
232. MOCK, Brentin. As black travelers turn away, Airbnb creates new anti-bias policies. *Bloomberg*, 8 set. 2016. Disponível em: https://www.bloomberg.com/news/articles/2016-09-08/airbnb-asks-hosts-to-be-less-racist-with-new-anti-bias-policies-as-it-loses-black-customers. Acesso em: 21 abr. 2023.

Foi ainda apresentado um relatório contemplando as iniciativas a serem implementadas pela Airbnb, das quais merecem destaque a atualização da política de atuação contra a discriminação, que passou a ter assentimento obrigatório pelos membros a partir de novembro de 2016. Além disso, a plataforma digital estimulou a adoção do expediente denominado reserva instantânea, na qual o usuário consumidor faz a reserva sem ter que contar previamente com a anuência do usuário fornecedor. Também foi diminuída a relevância das fotos de perfis, dando-se prevalência às informações pessoais, objetivando a cessação das práticas discriminatórias, efetivadas pela simples consulta à fisionomia. Igualmente foi modificado o cancelamento, por se ter apurado que determinados usuários fornecedores recusavam reservas sob a alegação de indisponibilidade; entretanto, posteriormente permitiam a reserva por usuários consumidores de outra origem étnica. Para coibir tais práticas, a Airbnb passou a não permitir o agendamento nesse mesmo dia.[233] Também foi criada a política "Portas Abertas", que determina a obrigatoriedade de a plataforma digital alojar qualquer usuário consumidor que acusar ter sido vítima de discriminação, em um local similar ou em local distinto.[234] Por fim, apurou-se a necessidade da própria equipe, que passou a participar de cursos a fim de constatar e sanar procedimentos preconceituosos.[235]

No ano de 2018, a plataforma digital fez uma alteração visando que os usuários fornecedores somente pudessem ver a foto de perfil do usuário consumidor depois que concordassem com a reserva.[236] Em 2019, foi lançado o Project Lighthouse, que tem por objetivo constatar, apurar a extensão e fazer cessar as práticas discriminatórias. Seu funcionamento contou com o auxílio de organização de defesa dos direitos civis e da privacidade, podendo os usuários optarem por não o integrarem.[237]

---

233. SALOMÃO, Karin. Airbnb divulga medidas para combater casos de preconceitos. *Exame*, 14 set. 2016. Disponível em: https://exame.com/negocios/airbnb-divulga-medidas-para-combater-casos-de-preconceito/. Acesso em: 21 abr. 2023.
234. MOCK, Brentin. As black travelers turn away, Airbnb creates new anti-bias policies. *Bloomberg*, 8 set. 2016. Disponível em: https://www.bloomberg.com/news/articles/2016-09-08/airbnb-asks-hosts-to-be-less-racist-with-new-anti-bias-policies-as-it-loses-black-customers. Acesso em: 21 abr. 2023.
235. SALOMÃO, Karin. Airbnb divulga medidas para combater casos de preconceitos. *Exame*, 14 set. 2016. Disponível em: https://exame.com/negocios/airbnb-divulga-medidas-para-combater-casos-de-preconceito/. Acesso em: 21 abr. 2023.
236. TOBIN, Michael. Airbnb anti-discrimination study finds bias persists in bookings. *Bloomberg*, 13 dez. 2022. Disponível em: https://www.bloomberg.com/news/articles/2022-12-13/airbnb-anti-discrimination-study-finds-bias-persists-in-bookings?leadSource=uverify%20wall. Acesso em: 21 abr. 2023.
237. AIRBNB. *Uma nova maneira de combater a discriminação no Airbnb*. 15 jun. 2020. Disponível em: https://www.airbnb.com.br/resources/hosting-homes/a/a-new-way-were-fighting-discrimination-on-airbnb-201. Acesso em: 21 abr. 2023.

Em novo estudo publicado em dezembro de 2022, a Airbnb relacionou o resultado dos procedimentos que vem adotando para cessar a discriminação. Apurou-se que a taxa de concordância com as reservas feitas por usuários consumidores negros no ano de 2021 foi de 91,4%. Já a dos usuários consumidores brancos foi de 94,1%. A taxa de asiáticos e latinos foi de 93,4%. Os critérios utilizados basearam-se em 750 mil pedidos feitos ocasionalmente, com base na foto e no primeiro nome do usuário consumidor. A plataforma digital noticiou que reforçará a adesão ao programa de reservas instantâneas, fazendo com que pessoas com identidade apuradas e que possuam boa reputação sejam consideradas à despeito de não possuir nenhuma avaliação anterior.[238]

Por fim, consta nas políticas de não discriminação da Airbnb a possibilidade de o usuário fornecedor ser suspenso da plataforma na hipótese de "recusar indevidamente hóspedes que pertençam a classes protegidas ou usar linguagem que demonstre que suas ações foram motivadas por fatores proibidos por esta política".[239]

Todavia, a plataforma digital desobriga expressamente o usuário fornecedor de aceitar reserva de pessoas do mesmo gênero que realizar o compartilhamento de "espaços com seus hóspedes (por exemplo, banheiro, cozinha ou áreas sociais). (...) No entanto, caso não existam espaços compartilhados, você não pode recusar um hóspede por causa do gênero".[240]

A plataformas digitais atuantes no transporte de passageiros igualmente têm enfrentado questionamentos relativos à discriminação.

A esse respeito, pesquisadores da Massachusetts Institute of Technology e das Universidades de Stanford e Washington solicitaram que indivíduos voluntariamente solicitassem 1.500 corridas em Seattle e Boston a fim de aferir o período em que se aguardava a chegada do usuário fornecedor, o percentual de rejeição, a recusa, o lapso temporal e o percurso adotado para levar o usuário consumidor ao seu destino. Na cidade de Seattle, os usuários consumidores negros aguardaram 35% a mais para que suas solicitações fossem aceitas pelos aplicativos Uber e Lyft.

---

238. TOBIN, Michael. Airbnb anti-discrimination study finds bias persists in bookings. *Bloomberg*, 13 dez. 2022. Disponível em: https://www.bloomberg.com/news/articles/2022-12-13/airbnb-anti-discrimination-study-finds-bias-persists-in-bookings?leadSource=uverify%20wall. Acesso em: 21 abr. 2023.
239. AIRBNB. *Política de não discriminação*. Disponível em: https://www.airbnb.com.br/help/article/2867. Acesso em: 23 abr. 2023.
240. AIRBNB. *Dúvidas sobre a política de não discriminação do Airbnb*. Disponível em: https://www.airbnb.com.br/help/article/1435. Acesso em: 23 abr. 2023.

Já em Boston, os usuários consumidores negros tiveram seus pedidos recusados "três vezes mais que os participantes brancos ao usar o Uber".[241]

Ao final, apurou-se que as práticas discriminatórias eram adotadas pelos usuários fornecedores, não tendo qualquer relação com a plataforma digital. Além disso, constatou-se que a discriminação ocorre pela consulta ao nome e à foto, acessíveis antes de os usuários fornecedores concordarem em realizar o transporte. Logo, sugeriu-se que o acesso a tais informações somente aconteça após a aceitação da solicitação de transporte pelo usuário fornecedor.[242]

Outro dado preocupante relacionado às práticas discriminatórias se constata no relatório feito pelo "sindicato Rideshare Drivers United (RDU) e pela Asian Americans Advancing Justie – Asian Law Caucus (ALC), uma organização de direitos civis com foco na população asiática".[243]

Aludido expediente relata que as plataformas digitais Uber e Lyft têm o hábito excluir usuários fornecedores por motivos insignificantes, como problemas de avaliação. Dos usuários fornecedores que participaram da pesquisa, dois terços deles foram excluídos, dos quais 69% não eram de cor branca e 57% eram brancos. O relatório também apontou que 30% dos participantes sequer receberam qualquer justificativa para o cancelamento e 42% afirmaram que o motivo se deu por queixas de usuários consumidores.[244]

Trata-se de questão de extrema relevância, que inclusive resultou na propositura de ação dirigida ao Tribunal Federal do Distrito Norte da Califórnia, interposta por Thomas Liu, que acusa o método de reputação por estrelas de ser discriminatório, "com base na raça, tanto porque tem um impacto diferente sobre motoristas não brancos, quanto porque o Uber está ciente de que os passageiros são propensos a discriminar em sua avaliação dos motoristas".[245]

---

241. SALOMÃO, Karin. Motoristas do Uber e Lyft discriminam negros nos EUA, diz estudo. *Exame*, 3 nov. 2016. Disponível em: https://exame.com/negocios/motoristas-do-uber-e-lyft-discriminam-negros-diz-estudo/. Acesso em: 23 abr. 2023.
242. SALOMÃO, Karin. Motoristas do Uber e Lyft discriminam negros nos EUA, diz estudo. *Exame*, 3 nov. 2016. Disponível em: https://exame.com/negocios/motoristas-do-uber-e-lyft-discriminam-negros-diz-estudo/. Acesso em: 23 abr. 2023.
243. SCHURIG, Sofia. Motoristas de APP sofrem com discriminação e suspensões injustas, diz relatório. *Núcleo*, 1º mar. 2023. Disponível em: https://nucleo.jor.br/curtas/2023-03-01-motoristas-app-suspensoes-relatorio/. Acesso em: 23 abr. 2023.
244. SCHURIG, Sofia. Motoristas de APP sofrem com discriminação e suspensões injustas, diz relatório. *Núcleo*, 1 mar. 2023. Disponível em: https://nucleo.jor.br/curtas/2023-03-01-motoristas-app-suspensoes-relatorio/. Acesso em: 23 abr. 2023.
245. MACIEL, Rui. Uber sofre processo porque estaria discriminando motoristas que não são brancos. *Canaltech*, 27 out. 2020. Disponível em: https://canaltech.com.br/juridico/uber-sofre-processo-porque-estaria-discriminando-motoristas-que-nao-sao-brancos-173672/. Acesso em: 23 abr. 2023.

A Uber manifestou-se sobre a ação dizendo ter tomado medidas para reduzir o preconceito e passou a solicitar mais esclarecimentos aos usuários consumidores que avaliassem com menos de cinco estrelas os usuários fornecedores. Além disso, aduziu que a ação seria improcedente, atentando-se ao fato de que "o compartilhamento de caronas reduziu muito o preconceito para motoristas e passageiros, que agora têm acesso mais justo e equitativo ao trabalho e transporte do que nunca".[246]

A política de não discriminação da Uber aponta claramente que não serão permitidas quaisquer práticas discriminatórias dos usuários ou motoristas ou parceiros fundamentados em:

- Raça/etnia
- Religião
- Nacionalidade
- Necessidades especiais
- Orientação sexual
- Sexo
- Estado civil
- Identidade de gênero
- Idade
- Qualquer outra característica protegida por lei federal ou estadual aplicável
- Tais discriminações incluem, entre outras, a recusa em aceitar solicitações com base em qualquer uma dessas características.
- Qualquer usuário ou motorista parceiro que violar nossas políticas perderá o acesso ao app da Uber.[247]

Além disso, a plataforma digital Uber tem lançado campanhas educativas antidiscriminatórias, contendo as seguintes frases em publicidades divulgadas em diversos locais, dentre pontos de ônibus e redes sociais:[248]

---

246. MACIEL, Rui. Uber sofre processo porque estaria discriminando motoristas que não são brancos. *Canaltech*, 27 out. 2020. Disponível em: https://canaltech.com.br/juridico/uber-sofre-processo-porque-estaria-discriminando-motoristas-que-nao-sao-brancos-173672/. Acesso em: 23 abr. 2023.
247. UBER. *Política de não discriminação*. Disponível em: https://help.uber.com/pt-BR/riders/article/pol%C3%ADtica-de-n%C3%A3o-discrimina%C3%A7%C3%A3o?nodeId=a6c8ff85-677d-47e3-912f-895161d0828e. Acesso em: 23 abr. 2023.
248. GAZETA DO POVO. *Uber manda mensagem a usuários*: "Se você é racista, a Uber não é para você. Gazeta do Povo. 12 maio 2021. Disponível em: https://www.gazetadopovo.com.br/vida-e-cidadania/breves/uber-manda-mensagem-a-usuarios-se-voce-e-racista-a-uber-nao-e-para-voce/. Acesso em: 23 abr. 2023.

Figuras 4.1 e 4.2. Campanhas do Código de Condutas da Uber em 2020.[249]

Outra campanha antidiscriminatória veiculada pela Uber contempla as seguintes expressões:

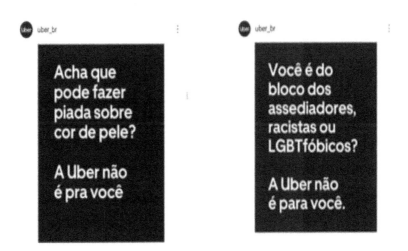

Fonte: reprodução do perfil @uber_br/Instagram.

---

249. EVANGELO, Naiara Silva. "Acha que pode fazer piada sobre cor da pele? A Uber não é para você": políticas empresariais antirracistas no contexto da economia colaborativa. *XVIII Simpósio Nacional da ABCiber*. Virtualização da vida: futuros imediatos, tecnopolíticas e reconstrução do comum no cenário pós-pandemia. 16-19 dez. 2020. Escola de Comunicações da Universidade Federal do Rio de Janeiro. Disponível em: https://abciber.org.br/simposios/index.php/abciber/index/schedConfs/archive. Acesso em: 23 abr. 2023.

Entretanto, denota-se que as normas éticas previstas nos códigos de conduta instituídos pelas plataformas digitais, a despeito de sua relevância e de representarem significativo avanço, têm se mostrado, por si só, insuficientes para a cessação das práticas discriminatórias que efetivamente resultam na lesão os direitos fundamentais dos usuários.

A partir desse cenário, com o objetivo de resolver o problema de pesquisa, evidencia-se a necessidade de utilização da cláusula geral da boa-fé objetiva, que, por ser dotada de conteúdo normativo, impõe deveres jurídicos aos envolvidos na relação contratual colaborativa, compelindo-os a tutelar os direitos fundamentais da outra parte, especialmente do usuário consumidor, considerado como parte mais fraca e vulnerável.

CONCLUSÃO

A tese ora desenvolvida objetivou responder ao seguinte problema de pesquisa: *É possível tutelar os direitos fundamentais dos usuários na relação contratual colaborativa?*

Com a finalidade de responder ao questionamento, procurou-se demonstrar que a economia do compartilhamento modificou o modelo contratual até então existente, baseado na aquisição da propriedade, para se fundamentar no acesso, com a denominação de relação contratual colaborativa.

Esse novo sistema contratual alterou, ainda, a forma com que os indivíduos vivem em sociedade, fazendo com que a preocupação apenas com o consumo desenfreado e a produção de bens se tornasse colaborativa e voltada também para a preservação ambiental a fim de resguardar o direito da atual e das futuras gerações.

Para evitar reduzir ou até afastar os efeitos decorrentes das crises econômicas que impactaram significativamente o cotidiano mundial, como a de 2008, os indivíduos, contando com o auxílio das novas tecnologias, passaram a utilizar seu próprio veículo para amealhar recursos com o transporte de passageiros ou com a cessão de uso temporário de imóvel ou parte dele para pessoas que não podiam pagar alugueres e/ou perderam sua residência.

Além disso, tem-se como relevante o fato de que a relação contratual colaborativa não apenas assegurou o direito de acesso, mas representou a possibilidade de compartilhamento de bens existenciais, de modo a que a sociedade contemporânea voltasse seus olhares aos serviços, informações, tempo e geração de experiências, ao invés dos bens corpóreos, objeto de tutela pelo sistema contratual proprietário.

A evolução das novas tecnologias contribuiu significativamente para a consolidação desse novo modelo contratual colaborativo, na medida em que essas operações econômicas passaram a contar com a participação de pelo menos três participantes, quais sejam, a plataforma digital, denominada ainda como guardião do acesso ou *gatekeeper*, e os usuários consumidor e fornecedor.

A relação contratual colaborativa, ao contrário da prevista pelo modelo anterior, baseado na lógica proprietária e que tinha o contrato como um instrumento, passou a ser concretizada com a celebração de diversos contratos, classificados como coligados, para o atingimento do objetivo comum. Para tanto, basta aos usuários fornecedor e consumidor aderirem aos termos e condições de uso estabelecidos prévia e unilateralmente pelas plataformas digitais, que doravante exercem o controle integral da atividade, disciplinando a forma de sua execução, os pagamentos a serem feitos e impondo aos usuários um sistema de reputação que poderá acarretar, dentre outras possibilidades, a sua exclusão da plataforma digital.

Essa atuação da plataforma digital se justifica na necessidade de se trazer confiança, segurança e credibilidade à relação contratual colaborativa, já que suas operações econômicas, distintamente do sistema anterior, que contava com o comparecimento do consumidor à loja física do fornecedor, é concretizada no ambiente virtual e em regra por pessoas que não se conhecem. Logo, importa ao usuário consumidor saber se terá acesso ao bem ou serviço que efetivamente procura ao realizar o pagamento, enquanto a plataforma digital e o usuário fornecedor se preocupam com a contrapartida e a devolução do bem.

Daí a relevância da confiança gerada pela atuação do guardião do acesso, que está fortemente relacionada ao risco, tendo em vista que os usuários, ao confiarem, acabam aceitando o risco porque acreditam no resultado positivo da transação.

Nessas relações, invariavelmente, as plataformas procuram afastar sua responsabilidade por meio de cláusulas contratuais. Entretanto, a concepção de obrigação como processo acaba por lhe impor a observância da cláusula geral da boa-fé objetiva, conferindo-lhes um dever de proteção e de colaboração, que consiste na análise da reputação dos envolvidos para assegurar o cumprimento satisfatório das obrigações.

Esse papel, essencial à relação contratual colaborativa, não permite às plataformas digitais eximirem-se de suas responsabilidades sob o pretexto de serem meras intermediárias. Ao contrário, a forma com que atuam faz com que elas se transformem em um elemento-chave do negócio e sejam caracterizadas como parte nos contratos coligados firmados no âmbito da relação contratual colaborativa.

Nesse contexto é que o problema de pesquisa começa a ter relevância, ante a necessidade de serem tutelados os direitos fundamentais dos usuários da relação contratual colaborativa, eis que os contratos coligados nela efetivados impõem que os envolvidos adotem um comportamento ético, destinado a fazer com que os usuários consumidores, mediante pagamento, acessem ao produto e serviço, devolvendo-o ao final. Aos usuários fornecedores incumbirá disponibilizar todas as informações ao consumidor para que ele concretamente possa ter acesso ao que busca, disponibilizando o bem ou realizando a prestação do serviço.

Assim, aponta-se que a regulamentação dos direitos fundamentais dos usuários na relação contratual colaborativa, ante a inexistência de legislação específica, deverá ser efetuada por intermédio da cláusula geral da boa-fé objetiva, que determina aos participantes a adoção de regras de conduta leais, solidárias, colaborativas e probas, dentre outras, desde a fase pré-contratual até a pós-contratual, a fim de que se obtenha o interesse comum das partes e, sobretudo, o da sociedade. Logo, é evidente que a boa-fé objetiva faz com que a plataforma digital adote todos os expedientes necessários para se evitar a lesão aos direitos fundamentais dos usuários, sob pena de repará-los, especialmente os danos existenciais, dentre os quais se destaca, por exemplo, a prestação inadequada dos serviços de cessão temporária de imóvel especialmente para fins de férias familiares, a violação dos dados pessoais e/ou às práticas discriminatórias de usuários, que se recusam a assegurar o acesso aos consumidores por questões de raça, etnia, religião etc. Igualmente, devem adotar todos os procedimentos para o adequado uso do sistema de reputação, sobretudo após o surgimento de questionamentos de que usuários fornecedores estariam sendo mal avaliados igualmente por questões raciais.

As cláusulas gerais, conforme demonstrado, são técnicas legislativas que acabam por estabelecer parâmetros jurídicos abertos, que, por serem vagos, autorizam a utilização dos valores elencados na Constituição Federal de 1988 na aplicação e interpretação do Direito, para se assegurar o bem da coletividade e trazer equilíbrio ao ordenamento jurídico vigente.

Outrossim, a despeito de se ter comprovado que a cláusula geral da boa-fé objetiva, deve ser utilizada para tutelar os direitos fundamentais dos usuários na relação contratual colaborativa, também se demonstrou que essa mesma cláusula geral, por impor a adoção de comportamentos destinados à proteção, cooperação e solidariedade entre seus partícipes, ou seja, deveres positivos de conduta, pode igualmente ser utilizada como instrumento necessário para a promoção e desenvolvimento da pessoa humana.

Isso acontece, por exemplo, quando a relação contratual colaborativa assegura o direito de acesso aos usuários, fazendo com que eles sejam inseridos socialmente e possam exercer com plenitude sua cidadania. Da mesma forma, demonstrou-se que as plataformas digitais também têm adotado iniciativas para evitar práticas discriminatórias.

Consequentemente, denota-se que a atuação das plataformas digitais na relação contratual colaborativa, objetiva evitar a ocorrência de lesões e promover os direitos fundamentais individuais e metaindividuais dos usuários, fazendo com que eles sejam cada vez mais inseridos socialmente, a fim de se atingir o princípio constitucional da dignidade da pessoa humana, a preservação do meio ambiente e o cumprimento das responsabilidades sociais, dentre as quais se enquadram os compromissos de melhoria de emissão de gases.

Assim, conclui-se que a relação contratual colaborativa, à despeito de ainda subsistir um longo caminho a ser percorrido, efetivamente se trata de um instrumento de tutela e de promoção dos direitos fundamentais de seus usuários.

POSFÁCIO

É inquietante o término da leitura desta belíssima obra de José Roberto Trautwein. Minucioso pesquisador, ele nos inspira a repensar alguns dos paradigmas do século XX. A percepção de um crescente rompimento da lógica proprietária para um novo modelo, que prioriza o direito de acesso a bens e serviços, abre novas perspectivas não apenas para o direito contratual, mas para a organização da sociedade contemporânea.

As inovações tecnológicas do último século ocasionaram uma hiperabundância[1] de bens e de comunicação publicitária persuasiva que acabaram por culminar no *hiperconsumo*.[2] Esse consumo intensivo provocou a diminuição das atividades coletivas e participativas,[3] resultando na tendência de individualização do homem em contraposição à consciência coletiva: a identidade das pessoas já não se dava por sua participação na comunidade, mas sim pelo que elas consumiam.

A relação contratual colaborativa no contexto da economia do compartilhamento surge como uma resposta a grandes desafios do século XX. Um primeiro aspecto que merece reflexão é o dos impactos socioeconômicos deste modelo econômico do compartilhamento. A escassez de recursos naturais e a gestão de resíduos pós-consumo são desafios relevantes na atualidade. O compartilhamento de bens e serviços, assim como a economia circular apresentam-se como alternativas de desenvolvimento sustentável.

As conexões interpessoais facilitadas pela internet impulsionaram a consolidação de novos grupos e, com isso, contribuíram para o ajuste de alguns padrões de consumo. A confiança e a cooperação são marcantes nesse novo modelo e, socialmente, o acesso a bens e serviços antes restritos àqueles com maior poder aquisitivo modificou o mercado de consumo e as próprias relações sociais e de trabalho.

---

1. MARQUES, Claudia Lima. *Contratos no Código de Defesa do Consumidor*: o novo regime das relações contratuais. 8. ed. São Paulo: Ed. RT, 2016. p. 203.
2. Expressão disseminada por Gilles Lipovetsky (*A felicidade paradoxal*: ensaio sobre a sociedade de hiperconsumo. 2007).
3. BRICENO, Tania; STAGL, Sigrid. The role of social processes for sustainable consumption. *Journal of Cleaner Production*, Reino Unido, v. 14, p. 1541-1551, abr. 2006.

O transporte, o deslocamento, o lazer e o trabalho autônomo foram facilitados, gerando oportunidades de negócios e a rentabilidade de bens ociosos. Mas o fenômeno a *uberização*,[4] ao mesmo tempo que incrementou a autonomia de trabalhadores, desobrigando-os de um regime de trabalho pautado na hierarquia e no controle, acentuou a sua vulnerabilidade, inclusive atribuindo-lhes a gestão dos riscos da atividade desempenhada.[5] A eficácia dos direitos fundamentais na relação contratual colaborativa, como bem aponta José Roberto Trautwein, é tema relevante e urgente a se pensar.

Merece atenção, em segundo lugar, a regulamentação jurídica sobre o emprego de inteligência artificial e dados pessoais em contratos compartilhados. Surge, em meio às relações contratuais colaborativas, a necessidade de proteção de direitos fundamentais relacionados ao uso de dados pessoais, sobretudo nas decisões automatizadas[6] perpetradas em sistemas opacos.

Nesses campos, que apenas recentemente assumiram uma posição de destaque no meio jurídico, os impactos às pessoas humanas ainda são muito pouco conhecidos. Ainda assim, o Judiciário tem recebido demandas relacionadas à perda do direito de acesso a plataformas da economia do compartilhamento, tanto por usuários quanto por prestadores de serviço que dependem dessas novas ferramentas. As decisões automatizadas pautam-se em informações desconhecidas pelo titular e em códigos protegidos pelo sigilo industrial, os seus impactos, entretanto, são bastante evidentes na esfera de direitos e interesses individuais. Se no modelo anterior a propriedade era o maior valor, na atualidade direito de acesso tornou-se vital – e invoca proteção do ordenamento jurídico.

O direito contratual do século XXI se desenvolve em um contexto de descodificação que foi muito bem apresentado na belíssima obra de José Roberto Trautwein. Nesse novo contexto, a tutela de direitos e interesses individuais deve ser pautada na articulação de princípios e valores de diversos microssistemas que coexistem no ordenamento jurídico. Enquanto no século XIX viveu-se uma "era da ordem", na qual os Códigos eram desenhados pelo legislador com base

---

4. Veja: RODRIGUES, Carlos Alexandre. A uberização das relações de trabalho, *Revista dos Tribunais*. v. 996, p. 311-341, out. 2018.
5. Uma pesquisa promovida pelo Instituto de Pesquisa Econômica Aplicada (Ipea) e do Instituto Brasileiro de Geografia e Estatística (IBGE) e divulgada pela BBC News Brasil revela que apenas 23% entregadores e motoristas autônomos paga contribuição ao INSS, ou seja: "os 77% que não contribuem com a Previdência Social, além de não terem seu tempo de trabalho contado para a aposentadoria, não estão protegidos em casos de acidentes". Disponível em: https://www.bbc.com/portuguese/brasil-64121410. Acesso em: 10 jan. 2024.
6. Veja, sobre o tema das decisões automatizadas: MUCELIN, Guilherme. *Direito de validação das decisões individuais automatizadas baseadas em perfis de consumidores*. Tese. (Doutorado em Direito). Universidade Federal do Rio Grande do Sul, Porto Alegre, 2022.

em regras precisas, o juiz devia apenas aplicar a lei, que era autossuficiente e não necessitava de outros textos para a resolução das lides, o Direito no século XXI sofre processos de recodificação, ressistematização e ressignificação dos seus institutos. As disposições antes determinadas e autossuficientes abrem caminho para regras, princípios e valores capazes de constituírem premissas básicas para o funcionamento do direito privado com flexibilidade, que permite a sua adaptabilidade.[7]

Esta obra, que tão bem apresenta a contratualidade na economia do compartilhamento, projeta o leitor para uma nova forma de se pensar as relações jurídicas e seus impactos econômicos, sociais e ambientais. Os desdobramentos da temática são extensos, permeiam diversas áreas do Direito e, certamente, inspirarão inúmeros profundos estudos. Parabenize-se o dedicado e talentoso pesquisador José Roberto Trautwein e a editora Foco por mais esta contribuição à evolução do Direito.

Laís Bergstein

Doutora em Direito pela Universidade Federal do Rio Grande do Sul (UFRGS), com ênfase em Direito do Consumidor e Concorrencial. Mestre em Direito Econômico e Socioambiental pela PUC/PR. Premiada com Menção Honrosa no Prêmio CAPES de Teses – 2019. Docente Permanente do programa de Mestrado Profissional em Direito, Mercado, Compliance e Segurança Humana da Faculdade CERS – PE. Pesquisadora visitante na Justus-Liebig-Universität Gießen, com financiamento do DAAD/CDEA, em 2018.

---

7. LORENZETTI, Ricardo Luis. *Fundamentos de Derecho Privado: Código Civil y Comercial de la Nación Argentina*. Ciudad Autónoma de Buenos Aires: La Ley, 2016. p. 53-64.

REFERÊNCIAS

AGUIAR JUNIOR, Ruy Rosado de. A boa-fé objetiva na relação de consumo. *Revista de Direito do Consumidor*, v. 14, abr.-jun. 1995, DTR\1995\151.

AIRBNB. *A luta contra discriminação e a inclusão*. Disponível em: https://www.airbnb.com.br/against-discrimination. Acesso em: 23 mar. 2023.

AIRBNB. *AirCover para anfitriões*. Disponível em: https://www.airbnb.com.br/aircover-for-hosts. Acesso em: 23 mar. 2023.

AIRBNB. *Dúvidas sobre a política de não discriminação do Airbnb*. Disponível em: https://www.airbnb.com.br/help/article/1435. Acesso em: 23 abr. 2023.

AIRBNB. *Experiências de impacto social*. Disponível em: https://www.airbnb.com.br/d/social-impact-host#:~:text=de%20impacto%20social%3F-,Por%20que%20o%20Airbnb%20tem%20um%20programa%20de%20impacto%20social,que%20preocupam%20os%20moradores%20locais.. Acesso em: 3 maio 2023.

AIRBNB. *Política de não discriminação*. Disponível em: https://www.airbnb.com.br/help/article/2867. Acesso em: 23 abr. 2023.

AIRBNB. *Política de privacidade*. 25 jan. 2023. Disponível em: https://www.airbnb.com.br/help/article/3175?_ga=2.255313608.15887642.1682614301-1390306707.1679062707&_set_bev_on_new_domain=1682614257_ODU2OWI2NjRiYTRm. Acesso em: 28 abr. 2023.

AIRBNB. *Políticas de avaliações do Airbnb*. Disponível em: https://www.airbnb.com.br/help/article/2673. Acesso em: 7 abr. 2023.

AIRBNB. *Termos de serviço*. Disponível em: https://www.airbnb.com.br/help/article/2908. Acesso em: 23 abr. 2023.

AIRBNB. *Uma nova maneira de combater a discriminação no Airbnb*. 15 jun. 2020. Disponível em: https://www.airbnb.com.br/resources/hosting-homes/a/a-new-way-were-fighting-discrimination-on-airbnb-201. Acesso em: 21 abr. 2023.

ALBUQUERQUE JÚNIOR, Roberto Paulino. *A relação jurídica real no Direito contemporâneo*: por uma Teoria Geral do Direito das Coisas. Tese (Doutorado em Direito). 169 p. Programa de Pós-graduação em Direito. Centro de Ciências Jurídicas. Universidade Federal de Pernambuco. Recife, 2010.

ALEXY, Robert. *Teoria dos direitos fundamentais*. Trad. Virgílio Afonso da Silva. 2. ed. São Paulo: Malheiros Editores, 2015.

ALPA, Guido. *L'età della decodificazione vent'anni doppo*. Dott. A. Milano: Giuffrè Editore, 1999.

AMARAL, Francisco. A descodificação do Direito Civil brasileiro. *Revista da Academia Brasileira de Letras Jurídicas*, v. 13-14, p. 109-125.

AMARAL, Francisco. *Direito Civil*: introdução. 5. ed., rev., atual. e ampl. Rio de Janeiro: Renovar, 2003.

AMOROSO, Danilo. O que é a Web 2.0? *Tecmundo*, 2 fev. 2023. Disponível em: https://www.tecmundo.com.br/web/183-o-que-e-web-2-0-.htm. Acesso em: 26 abr. 2023.

AREND, Rodrigo. Hotéis tradicionais abrem alas para o *short stay*. Imobi Report, 9 fev. 2023. Disponível em: https://imobireport.com.br/hoteis-tradicionais-abrem-alas-para-o-short-stay/. Acesso em: 16 abr. 2023.

ARENHARDT, Fernando Santos. *A boa-fé na relação contratual*: uma abordagem de Direito e Economia. Dissertação (Mestrado). 158 p. Universidade Federal do Rio Grande do Sul, Faculdade de Direito, Programa de Pós-graduação em Direito. Porto Alegre, RS, 2014.

ARROS, Letícia Soster. A ressignificação de institutos e instrumentos jurídicos tradicionais no centro dos negócios digitais: internetização da vida, compartilhamento e *smart contracts*. *Revista Direito e Novas Tecnologias*, v. 7, abr.-jun. 2020, DTR\2020\7816.

ASCENSÃO, José de Oliveira. Cláusulas gerais e segurança jurídica no Código Civil de 2002. *Jus Scriptum – boletim do núcleo de estudantes luso-brasileiros da Faculdade de Direito da Universidade de Lisboa*, ano II, n. 4, p. 5-13, jul.-set. 2006.

ASCENSÃO, José de Oliveira. Um direito de cláusulas gerais? Sentido e limites. *Nomos. Revista do Programa de Pós-graduação em Direito da Universidade Federal do Ceará*, v. 33, n. 2, p. 299-309, jul.-dez. 2013.

AZEVEDO, Álvaro Villaça. *Curso de Direito Civil*: teoria geral do Direito Civil – parte geral. 2. ed. São Paulo: Saraiva, 2019.

AZEVEDO, Antonio Junqueira de. Diálogos com a doutrina: entrevista com Antonio Junqueira de Azevedo. *Revista Trimestral de Direito Civil*, v. 34, p. 299-308, abr.-jun. 2008.

AZEVEDO, Antônio Junqueira de. *Negócio jurídico*: existência, validade e eficácia. 4. ed., atual. de acordo com o novo Código Civil (Lei 10.406, de 10.01.2002). São Paulo: Saraiva, 2017.

AZEVEDO, Antonio Junqueira. O Direito pós-moderno e a codificação. Universidade de São Paulo. *Revista da Faculdade de Direito*, v. 94, p. 3-12, 1999.

BARBOSA, Caio César do Nascimento; SILVA, Michael César; BRITO, Priscila Ladeira Alves de. Publicidade ilícita e influenciadores digitais: novas tendências da responsabilidade civil. *Revista IBERC*, v. 2, n. 2, p. 1-21, maio-ago. 2019.

BARBOSA, Mafalda Miranda. *Blockchain* e responsabilidade civil: inquietações em torno de uma realidade nova. *Revista de Direito da Responsabilidade*, ano 1, p. 206-244, 2019.

BARCELLONA, Pietro. *Diritto Privato e società moderna*. Napoli: Jovene, 1996.

BARCELLOS, Ana Paula Gonçalves Pereira de. Constituição e pluralismo jurídico: a posição particular do Brasil no contexto latino-americano. *Revista Brasileira de Políticas Públicas*, v. 9, n. 2, p. 171-181, ago. 2019.

BARCELONA, Pietro. *El individualismo propietario*. Madrid: Editorial Trotta, 1996.

BARRETO JÚNIOR, Walter Duarte. *Economia compartilhada*: um estudo para o Brasil. Dissertação (Mestrado). 131 p. Programa de Pós-graduação em Desenvolvimento Regional e Urbano (PPDRU), Universidade de Salvador (UNIFACS). Salvador: UNIFACS, 2020.

BARROSO, Lucas Abreu; CRUZ, Andreza Soares da. Funcionalização do contrato: o Direito Privado e a organização econômico-social contemporânea. *Revista Brasileira de Direito Comparado*, v. 28, p. 181-194, 2005.

BARROSO, Luís Roberto. *A dignidade da pessoa humana no Direito Constitucional contemporâneo*: a construção de um conceito jurídico à luz da jurisprudência mundial. Belo Horizonte: Editora Fórum, 2013.

BARROSO, Luís Roberto. *Curso de Direito Constitucional contemporâneo*: os conceitos fundamentais e a construção do novo modelo. São Paulo: Saraiva, 2009.

BARROSO, Luís Roberto. *O constitucionalismo democrático no Brasil*: crônica de um sucesso imprevisto. Disponível em: www.luisrobertobarroso.com.br. Acesso em: 8 mar. 2023.

BASAN, Arthur Pinheiro; JACOB, Muriel Amaral. *Habeas mente*: a responsabilidade civil como garantia fundamental contra o assédio de consumo em tempos de pandemia. *Revista IBERC*, v. 3, n. 2, p. 161-189, maio-ago. 2020.

BECKER, Anelise. Elementos para uma teoria unitária da responsabilidade civil. *Revista de Direito do Consumidor*, v. 13, jan.-mar. 1995, DTR/1995/17.

BEDIN, Gilmar Antonio; GHISLENI, Pâmela Copetti. Direito e democracia: uma leitura do pensamento político de Norberto Bobbio. *Revista Direitos Fundamentais & Democracia*, v. 20, p. 74-91, jul.-dez. 2016.

BERBERI, Marco Antonio Lima. *A arte após a morte do artista*: sucessão hereditária e direitos autorais. Tese (Doutorado). 169 p. Universidade Federal do Paraná. Programa de Pós-graduação em Direito. Curitiba: 2018.

BERGSTEIN, Laís. Conexidade contratual, redes de contratos e contratos coligados. *Revista de Direito do Consumidor*, v. 109, 2017, jan.-fev. 2017, DTR\2017\229.

BERGSTEIN, Lais. Direito à portabilidade na Lei Geral de Proteção de Dados. *Revista dos Tribunais*, v. 1003, maio 2019, DTR\2019z26075.

BERGSTEIN, Laís; KIRCHNER, Felipe. A proteção do consumidor na União Europeia com a formação de um mercado único digital. Campos Neurais. *Revista Latino-Americana de Relações Internacionais*, Santa Vitória do Palmar, RS, v. 2, n. 2, p. 24-46, maio-ago. 2020.

BERGSTEIN, Laís; TRAUTWEIN, José Roberto Della Tonia. Desafios da tutela da pessoa com deficiência no comércio eletrônico. *Revista de Direito do Consumidor*, v. 125, set.-out. 2019, DTR\2019\40950.

BERGSTEIN, Lais; TRAUTWEIN, José Roberto. A proibição de discriminação e os critérios do cálculo atuarial nos contratos de seguros. *Revista da Academia Brasileira de Direito Civil*, v. 4, p. 53-67, 2022.

BERGSTEIN, Laís; TRAUTWEIN, José Roberto. A tutela externa do crédito: aplicabilidade e fundamentação adotada pelos tribunais. *Redes: Revista Eletrônica Direito e Sociedade*. Canoas, v. 7, n. 3, p. 121-134, dez. 2019.

BINENBOJM, Gustavo. Novas tecnologias e mutações regulatórias nos transportes municipais de passageiros: um estudo a partir do caso UBER. *Revista de Direito da Cidade*, v. 8, n. 4, p. 1690-1706, 2016.

BIZAWU, Kiwongui; GIBRAN, Sandro Mansur; BARBOSA, Eduardo Vieira de Souza. O futuro do setor de energia no Brasil sob a perspectiva de uma sociedade do custo marginal zero. *Revista de Relações Internacionais no Mundo Atual*, v. 1, n. 22, p. 196-218, jan.-mar. 2019.

BIZELLI, Rafael Ferreira. Contratos existenciais: contextualização, conceito e interesses extrapatrimoniais. *Revista Brasileiro de Direito Civil*, v. 6, p. 69-94, out.-dez. 2015.

BOLESINA, Iuri; GERVASONI, Tamiris Alessandra. O dever de fundamentação aos direitos fundamentais no Direito Privado: análise concreta. *Revista da Faculdade de Direito do Sul de Minas*, v. 33, n. 2, p. 172-18, jun.-dez. 20179.

BOOKING.COM. *Como funciona?* Disponível em: https://www.booking.com/reviews.pt-br.html?aid=360920;label=New_Portuguese_PT_ROW_14224742526-u1LjyAm AJDW8Qz5NVRWT9QS217966041052:pl:ta:p1:p2:ac:ap:neg;ws=&gclid=Cj0KCQ jw_r6hBhDdARIsAMIDhV8nBFqlCgMU-sgM8n0uUYyNg8w1MDCoRn_z2mpa_Q2V5RGj9j9VATgaAo1mEALw_wcB. Acesso em: 7 abr. 2023.

BOOKING.COM. *Sobre a Booking.com*. Disponível em: https://www.booking.com/content/about.pt-br.html?aid=376377&label=bdot-gy7L_infjQ8w7JjcIiefRAS2677 78091953%3Apl%3Ata%3Ap1%3Ap22.563.000%3Aac%3Aap%3Aneg%3Afi%3At ikwd-334108349%3Alp1001634%3Ali%3Adec%3Adm%3Appccp%3DUmFuZG9t-SVYkc2RlIyh9YXwxhKG0pUU-3JdcXtALQMg. Acesso em: 6 abr. 2023.

BORGES, Diego. O que é a *Web* 3.0 e quais são os seus desafios? *Tecmundo*, 2 fev. 2023. Disponível em: https://www.tecmundo.com.br/internet/257665-web-3-0-desafios.htm. Acesso em: 26 abr. 2023.

BORGES, Gustavo; FILÓ, Mauricio da Cunha Savino. Consumo, publicidade e inteligência artificial: (necessários) limites à tecnologia persuasiva no constante assédio do consumidor. *Revista de Direito do Consumidor*, v. 136, p. 201-232, jul.-ago. 2021.

BRASIL. Tribunal de Justiça do Rio Grande do Sul. Décima Sétima Câmara Cível. Apelação Cível nº 50041652420198216001. Relatora Rosana Broglio Garbin, julgado em 31/03/2022. Disponível em: www.tjrs.jus.br. Acesso em: 6 abr. 2023.

BRASIL. Casa Civil. Constituição da República dos Estados Unidos do Brasil, de 16 de julho de 1934. Disponível em: https://www.planalto.gov.br/ccivil_03/constituicao/constituicao34.htm. Acesso em: 6 abr. 2023.

BRASIL. Casa Civil. Constituição da República Federativa do Brasil de 1988. Disponível em: http://www.planalto.gov.br/ccivil_03/constituicao/constituicao.htm. Acesso em: 7 abr. 2023.

BRASIL. Casa Civil. Constituição dos Estados Unidos do Brasil, de 18 de setembro de 1946. Disponível em: https://www.planalto.gov.br/ccivil_03/constituicao/constituicao46.htm. Acesso em: 7 abr. 2023.

BRASIL. Casa Civil. Emenda Constitucional 115, de 10 de fevereiro de 2002. Altera a Constituição Federal para incluir a proteção de dados pessoais entre os direitos e garantias fundamentais e para fixar a competência privativa da União para legislar sobre proteção e tratamento de dados pessoais. Disponível em: https://www.planalto.gov.br/ccivil_03/constituicao/Emendas/Emc/emc115.htm#art1. Acesso em: 28 abr. 2023.

BRASIL. Casa Civil. Lei 10.406, de 10 de janeiro de 2002. Institui o Código Civil. Disponível em: http://www.planalto.gov.br/ccivil_03/leis/2002/l10406compilada.htm. Acesso em: 6 abr. 2023.

BRASIL. Casa Civil. Lei 12.587, de 3 de janeiro de 2012. Institui as diretrizes da Política Nacional de Mobilidade Urbana; revoga dispositivos dos Decretos-leis 3.326, de 3 de junho de 1941, e 5.405, de 13 de abril de 1943, da Consolidação das Leis do Trabalho (CLT), aprovada pelo Decreto-lei 5.452, de 1º de maio de 1943, e das Leis 5.917, de 10 de setembro de 1973, e 6.261, de 14 de novembro de 1975; e dá outras providências. Disponível em: https://www.planalto.gov.br/ccivil_03/_ato2011-2014/2012/lei/l12587.htm. Acesso em: 7 abr. 2023.

BRASIL. Casa Civil. Lei 12.965, de 23 de abril de 2014. Estabelece princípios, garantias, direitos e deveres para o uso da Internet no Brasil. Disponível em: http://www.planalto.gov.br/ccivil_03/_ato2011-2014/2014/lei/l12965.htm. Acesso em: 6 abr. 2023.

BRASIL. Casa Civil. Lei 13.146, de 6 de julho de 2015. Institui a lei brasileira de inclusão da pessoa com deficiência (Estatuto da Pessoa com Deficiência).

BRASIL. Casa Civil. Lei 13.709, de 14 de agosto de 2018. Lei Geral de Proteção de Dados. Disponível em: http://www.planalto.gov.br/ccivil_03/_ato2015-2018/2018/lei/l13709.htm. Acesso em: 7 abr. 2023.

BRASIL. Casa Civil. Lei 13.777, de 20 de dezembro de 2018. Altera as Leis 10.406, de 10 de janeiro de 2002 (Código Civil) e 6.015, de 31 de dezembro de 1973 (Lei de Registros Públicos), para dispor sobre o regime jurídico da multipropriedade e seu registro. Disponível em: http://www.planalto.gov.br/ccivil_03/_ato2015-2018/2018/lei/L13777.htm. Acesso em: 6 abr. 2023.

BRASIL. Casa Civil. Lei 8.078, de 11 de setembro de 1990. Disponível em: http://www.planalto.gov.br/ccivil_03/leis/l8078compilado.htm. Acesso em: 6 abr. 2023.

BRASIL. Casa Civil. Lei 8.245, de 18 de outubro de 1991. Dispõe sobre as locações dos imóveis urbanos e os procedimentos a elas pertinentes. Disponível em: http://www.planalto.gov.br/ccivil_03/leis/l8245.htm. Acesso em: 7 abr. 2023.

BRASIL. CONSUMIDOR.GOV.BR. Conheça o Consumidor.gov.br. Disponível em: https://www.consumidor.gov.br/pages/conteudo/publico/1. Acesso em: 7 abr. 2023.

BRASIL. CONSUMIDOR.GOV.BR. Indicadores. Boletim Consumidor.gov.br. 2022. Disponível em: https://www.consumidor.gov.br/pages/publicacao/externo/. Acesso em: 7 abr. 2023.

BRASIL. Ministério das Comunicações. Internet das Coisas: um passeio pelo futuro que já é realidade no dia a dia das pessoas. 25 mar. 2021. Disponível em: https://www.gov.br/mcom/pt-br/noticias/2021/marco/internet-das-coisas-um-passeio-pelo-futuro-que-ja-e-real-no-dia-a-dia-das-pessoas. Acesso em: 6 abr. 2023.

BRASIL. Superior Tribunal de Justiça. Segunda Turma. Recurso Especial 586.316/MG. Relator Ministro Herman Benjamin, julgado em 17.04.2007. Disponível em: www.stj.jus.br. Acesso em: 6 abr. 2023.

BRASIL. Superior Tribunal de Justiça. Quarta Turma. Recurso Especial 1.406.245/SP. Relator Ministro Luis Felipe Salomão, julgado em 24.11.2020. Disponível em: www.stj.jus.br. Acesso em: 6 abr. 2023.

BRASIL. Superior Tribunal de Justiça. Quarta Turma. Recurso Especial 1.450.134/SP. Relator Ministro Luis Felipe Salomão, julgado em 25.10.2016. Disponível em: www.stj.jus.br. Acesso em: 6 abr. 2023.

BRASIL. Superior Tribunal de Justiça. Quarta Turma. Recurso Especial 1.819.075/RS. Relator Ministro Luis Felipe Salomão, relator para acórdão Ministro Raul Araújo, julgado em 20.04.2021. Disponível em: www.stj.jus.br. Acesso em: 6 abr. 2023.

BRASIL. Superior Tribunal de Justiça. Quarta Turma. Recurso Especial 1.966.032/DF. Rel. Ministro Luis Felipe Salomão, julgamento em 16.08.2022). Disponível em: www.stj.jus.br. Acesso em: 6 abr. 2023.

BRASIL. Superior Tribunal de Justiça. Segunda Turma. Recurso Especial 1.276.114/MG. Relator Ministro Og Fernandes, julgado em 04.10.2016. Disponível em: www.stj.jus.br. Acesso em: 6 abr. 2023.

BRASIL. Superior Tribunal de Justiça. Terceira Turma. Agravo interno no agravo em Recurso Especial 868.170/SP. Relator Ministro João Otávio de Noronha, julgado em 23.08.2016. Disponível em: www.stj.jus.br. Acesso em: 6 abr. 2023.

BRASIL. Superior Tribunal de Justiça. Terceira Turma. Agravo Regimental no agravo em Recurso Especial 193.379/RS. Relator Ministro Ricardo Villas Bôas Cueva, julgado em 02.05.2013. Disponível em: www.stj.jus.br. Acesso em: 6 abr. 2023.

BRASIL. Superior Tribunal de Justiça. Terceira Turma. Recurso Especial 1.051.065/AM. Relator Ministro Ricardo Villas Bôas Cueva, julgado em 21.02.2013. Disponível em: www.stj.jus.br. Acesso em 6 abr. 2023.

BRASIL. Superior Tribunal de Justiça. Terceira Turma. Recurso Especial 1.564.030/MG. Relator Ministro Marco Aurélio Bellizze, julgado em 09.08.2016. Disponível em: www.stj.jus.br. Acesso em: 6 abr. 2023.

BRASIL. Superior Tribunal de Justiça. Terceira Turma. Recurso Especial 1.783.076/DF. Relator Ministro Ricardo Villas Bôas Cueva, julgado em 14.05.2019. Disponível em: www.stj.jus.br. Acesso em: 6 abr. 2023.

BRASIL. Superior Tribunal de Justiça. Terceira Turma. Recurso Especial 1.862.508/SP. Relatora para acórdão Ministra Nancy Andrighi, julgado em 24.11.2020. Disponível em: www.stj.jus.br. Acesso em: 6 abr. 2023.

BRASIL. Superior Tribunal de Justiça. Terceira Turma. Recurso Especial 2.019.618/SP. Relatora Ministra Nancy Andrighi, julgado em 29.11.2022. Disponível em: www.stj.jus.br. Acesso em: 6 abr. 2023.

BRASIL. Supremo Tribunal Federal. Ação Direta de Inconstitucionalidade 4.613/DF. Relator Ministro Dias Toffoli, Pleno, julgado em 20.09.2018. Disponível em: www.stf.jus.br. Acesso em: 6 abr. 2023.

BRASIL. Supremo Tribunal Federal. Primeira Turma. Agravo Regimental no recurso extraordinário com Agravo 1.008.625/SP. Relator Ministro Luiz Fux, julgado em 17.03.2017. Disponível em: www.stf.jus.br. Acesso em: 6 abr. 2023.

BRASIL. Supremo Tribunal Federal. Tribunal Pleno. Ação Direta de Inconstitucionalidade 4.277/DF. Relator Ministro Ayres Britto, julgado em 05.05.2011. Disponível em: www.stf.jus.br. Acesso em: 6 abr. 2023.

BRASIL. Tribunal de Justiça de São Paulo. 23ª Câmara Extraordinária de Direito Privado. Apelação Cível 0209575-59.2011.8.26.0100. Relator Afonso Bráz, julgamento em 09.08.2017. Disponível em: www.tjsp.jus.br. Acesso em: 9 maio 2023.

BRASIL. Tribunal de Justiça de São Paulo. Décima Oitava Câmara de Direito Privado. Apelação Cível 1005810-78.2020.8.26.0602. Relator Henrique Rodrigues Clavisio, julgado em 07.06.2022. Disponível em: www.tjsp.jus.br. Acesso em: 9 maio 2023.

BRASIL. Tribunal de Justiça de São Paulo. Nona Câmara de Direito Privado. Apelação Cível 1002463-70.2020.8.26.0009. Relator Desembargador Edson Luiz de Queiroz, julgado em 10.12.2021. Disponível em: www.tjsp.jus.br. Acesso em: 6 abr. 2023.

BRASIL. Tribunal de Justiça de São Paulo. Sétima Câmara de Direito Privado. Apelação 1040227-96.2016.8.26.0602. Relator Miguel Brandi, julgado em 19.12.2018. Disponível em: www.tjsp.jus.br. Acesso em: 6 abr. 2023.

BRASIL. Tribunal de Justiça de São Paulo. Trigésima Sexta Câmara de Direito Privado. Apelação Cível 0000157-73.2011.8.26.0038. Relator Arantes Theodoro, julgado em 17.10.2017. Disponível em: www.tjsp.jus.br. Acesso em: 6 abr. 2023.

BRASIL. Tribunal de Justiça de São Paulo. Vigésima Sexta Câmara de Direito Privado. Apelação Cível 1014224-92.2021.8.26.0032. Relator Desembargador Antonio Nascimento, julgado em 08.02.2023. Disponível em: www.tjsp.jus.br. Acesso em: 9 maio 2023.

BRASIL. Tribunal de Justiça do Paraná. Décima Câmara Cível. Agravo de Instrumento 0032904-86.2022.8.16.0000. Relator Juiz de Direito Substituto em Segundo Grau Alexandre Kozechen, julgado em 05.02.2023. Disponível em: www.tjpr.jus.br. Acesso em: 6 abr. 2023.

BRASIL. Tribunal de Justiça do Paraná. Décima Quarta Câmara Cível. Apelação Cível 1.585.408-1. Relator Desembargador Marco Antonio Antoniassi, julgado em 08.02.2017. Disponível em: www.tjpr.jus.br. Acesso em: 6 abr. 2023.

BRASIL. Tribunal de Justiça do Paraná. Décima Sétima Câmara Cível. Apelação Cível 0019261-29.2020.8.16.0001. Relator Desembargador Mario Luiz Ramidoff, julgamento em 02.05.2022. Disponível em: www.tjpr.jus.br. Acesso em: 6 abr. 2023.

BRASIL. Tribunal de Justiça do Paraná. Quinta Câmara Cível. Apelação Cível 0071202-13.2019.8.16.0014. Relator Desembargador Rogério Ribas, julgado em 07.12.2020. Disponível em: www.tjpr.jus.br. Acesso em: 6 abr. 2023.

BRASIL. Tribunal de Justiça do Paraná. Quinta Turma Recursal dos Juizados Especiais. Recurso Inominado 0008971-84.2019.8.16.0131. Relatora Juíza de Direito da Turma Recursal dos Juizados Especiais Manuela Tallão Benke, julgado em 1º.03.2021. Disponível em: www.tjpr.jus.br. Acesso em: 6 abr. 2023.

BRASIL. Tribunal de Justiça do Paraná. Terceira Turma Recursal. Recurso Inominado 0003899-06.2019.8.16.0103. Relator Juiz de Direito Fernando Swain Ganem, julgado em 16.11.2020. Disponível em: www.tjpr.jus.br. Acesso em: 6 abr. 2023.

BRASIL. Tribunal de Justiça do Paraná. Turma Recursal Única. Recurso Inominado 0000002-00.8000.0.70.9800. Relator Juiz de Direito Telmo Zaions Zainki, julgado em 09/05/2008. Disponível em: www.tjpr.jus.br. Acesso em: 6 abr. 2023.

BRASIL. Tribunal de Justiça do Rio de Janeiro. Terceira Câmara Cível. Apelação 0113259-38.2018.8.19.0001. Relatora Desembargadora Fernanda Fernandes Coelho Arrabida Paes, julgado em 16/12/2020. Disponível em: www.tjrj.jus.br. Acesso em: 6 abr. 2023.

BRASIL. Tribunal de Justiça do Rio Grande do Sul. Primeira Câmara Cível. Agravo de Instrumento 5102170-86.2022.8.21.7000. Relator Desembargador Guinther Spode, julgado em 24.10.2022. Disponível em: www.tjrs.jus.br. Acesso em: 6 abr. 2023.

BRAZALLE, Flávia Balduino. *A pessoa com deficiência e a ruptura no regime das incapacidades*. Dissertação (Mestrado em Direitos Fundamentais e Democracia). 219 p. Centro Universitário Autônomo do Brasil (UniBrasil). Curitiba, 2017.

BRETAS, Carla Panza; MATTOS, Kennedy Josué Greeca de; SCHIER, Paulo Ricardo. Teoria do Direito e da Constituição no contexto do neoconstitucionalismo pós-positivista: análise quanto à racionalidade. *Revista da Faculdade de Direito da UFRGS*, Porto Alegre, n. 35, v. especial, p. 115-130, dez. 2016.

BÜRGER, Marcelo Luiz Francisco de Macedo. *O(s) silêncio(s) no negócio jurídico*: reflexões sobre a apreensão dos silêncios na teoria do negócio jurídico. Dissertação (Mestrado em Direito das Relações Sociais). 179 p. Universidade Federal do Paraná. Curitiba, 2016.

CALGARO, Gerson Amauri. O Direito Privado como meio de efetivação de direitos fundamentais. *Doutrinas Essenciais de Responsabilidade Civil*, v. 1, out. 2011, DTR\2007\636.

CAMBI, Eduardo; LIMA, Jairo Néia. Direito fundamental à inclusão social (e sua eficácia nas relações entre particulares). *Revista de Direito Privado*, v. 44, out.-dez. 2010, DTR\2010\817.

CANARIS, Claus-Wilhelm. A influência dos direitos fundamentais sobre o Direito Privado na Alemanha. In: SARLET, Ingo Wolfgang. *Constituição, direitos fundamentais e Direito Privado*. 3. ed., rev. e ampl. Porto Alegre: Livraria do Advogado, 2010.

CANOTILHO, Joaquim José Gomes. *Estado de Direito*. Lisboa: Fundação Mário Soares, 1999. Disponível em: http://www.casacomum.org/cc/visualizador?pasta+005702#!28. Acesso em: 6 abr. 2023.

CAPUCHO, Fabio Jun. Responsabilidade civil dos titulares de perfis em redes sociais pela publicidade danosa. *Revista IBERC*, v. 4, n. 3, p. 1-20, set.-dez. 2021.

CARPENA, Heloisa. Airbnb e a responsabilidade por danos causados aos consumidores na economia compartilhada. *Revista de Direito do Consumidor*, v. 129, maio-jun. 2020, DTR\2020\7466.

CARPENA, Heloisa. *O consumidor no direito da concorrência*. Rio de Janeiro: Renovar, 2005.

CARVALHO JÚNIOR, Marcelo Araújo. *Multipropriedade imobiliária e coligação contratual*. Dissertação (Mestrado). 117 p. Universidade Federal de Pernambuco. Centro de Ciências Jurídicas. Programa de Pós-graduação em Direito. Recife, 2019.

CARVALHO, Leandro de. *Economia criativa*: acesso e distribuição de bens culturais. Dissertação (Mestrado em Economia Política). 100 p. Pontifícia Universidade Católica de São Paulo. São Paulo: 2009.

CASCAES, Amanda Celli. A interpretação dos contratos coligados. *Revista Jurídica Luso-brasileira*, v. 3, p. 101-133, 2018.

CASTRO, Diana Loureira Paiva de; OLIVA, Milena Donato. As cláusulas de não indenizar nas relações de consumo e nos contratos de adesão em relações civis. *Revista de Direito do Consumidor*, v. 129, maio-jun. 2020, DTR\2020\748.

CATALAN, Marcos. *A morte da culpa na responsabilidade contratual*. São Paulo: Ed. RT, 2013.

CATALAN, Marcos; AMATO, Claudio. Novos itinerários da contratação informática: do contrato inteligente ao contrato algorítmico. *Civilistica.com*. Rio de Janeiro, ano 11, n. 3, p. 1-37, 2022.

CAUMONT, Arturo. Por uma teoria ética do contrato. Trad. Maria Eduarda Trevisan Kroeff. Revisão da tradução: Marcos Catalan. *Redes: Revista Eletrônica Direito e Sociedade*, v. 8, n. 1, 2020, p. 91-101.

CENTRO UNIVERSITÁRIO AUTÔNOMO DO BRASIL (UNIBRASIL). *Biomedicina*. Disponível em: https://ingresseead.unibrasil.com.br/graduacao/biomedicina/. Acesso em: 6 abr. 2023.

CENTRO UNIVERSITÁRIO AUTÔNOMO DO BRASIL (UNIBRASIL). *Polos*. Disponível em: https://polos.unibrasil.com.br/. Acesso em: 6 abr. 2023.

CERON, Marcelo; FARAH, Osvaldo Elias. O empreendedorismo e o turismo: ações empreendedoras no setor de agências de viagens e turismo contra o fenômeno da desintermediação. Programa de Pós-graduação em Administração, Universidade de Blumenau. *Revista de Negócios*, v. 10, n. 3, p. 157-168, jul.-set. 2005.

COCCO, Annalisa. *I rapporto contrattuali nell'economia della condiviosone*. Collana: Pubblicazioni della Scuola di specializzazione in diritto civile dell'Università di Camerino. Napoli: Edizione Scientifiche Italiane, 2020.

COLOMBO, Cristiano; FACCHINI NETO, Eugênio. Mineração de dados e análise preditiva: reflexões sobre violações ao direito de privacidade na sociedade da informação e critérios para sua adequada implementação à luz do ordenamento brasileiro. *Revista de Direito, Governança e Novas Tecnologias*, v. 3, n. 2, p. 59-87, jul.-dez. 2017.

COLZANI, Ana Luiza. *Aplicação do dano social como instrumento à sustentabilidade da sociedade de consumo*. Dissertação (Mestrado acadêmico em Ciência Jurídica). 115 p. Universidade do Vale do Itajaí (Univali); Curso de Master Universitario en Derecho Ambiental y de la Sostenidad de Alicante (Espanha). Itajaí, 2017.

CORDEIRO, António Menezes. A boa-fé nos finais do século XX. *Revista da Ordem dos Advogados (ROA)*, ano 56, v. III, p. 891-892, dez. 1996.

CORDEIRO, António Menezes. *Tratado de Direito Civil*: parte geral: negócio jurídico. 4. ed., ref. e atual. v. 2. Coimbra, Portugal: Almedina, 2018.

CORTIANO JUNIOR, Eroulths. *O discurso proprietário e suas rupturas*: prospectivas e perspectivas do ensino do direito de propriedade. Tese (Doutorado em Direito). 190 p. Universidade Federal do Paraná. Curitiba: 2001.

CORTIANO JÚNIOR, Eroulths; KANAYAMA, Rodrigo Luís. Notas para um estudo sobre os bens comuns. Constituição, Economia e Desenvolvimento: *Revista da Academia Brasileira de Direito Constitucional*, v. 8, n. 15, p. 480-491, jul.-dez. 2016.

COSTA, Ana Paula Motta; CARDOSO, Simone Tassinari. Paternidade socioafetiva e o pluralismo de fontes como instrumento de garantia de direitos. *Revista da Ajuris*, v. 41, n. 133, p. 83-111, mar. 2014.

COSTA, Judith Martins. Crise e modificação da ideia de contrato no direito brasileiro. *Doutrinas Essenciais Obrigações e Contratos*, v. 3, jun. 2011, DTR\2012\1946.

COSTA, Mário Júlio de Almeida. *Direitos das obrigações*. 12. ed., rev. e act. 2. reimp. Coimbra, Portugal: Almedina, 2013.

COURTIANO JUNIOR, Eroulths. As quatro fundações do Direito Civil: ensaio preliminar. *Revista da Faculdade de Direito da Universidade Federal do Paraná*, v. 45, p. 99-102, 2006.

COUTINHO, Lorena Giuberti. *Economia do compartilhamento e plataformas digitais*: riscos da competição em indústrias de alta tecnologia e mercados dos dois lados. Dissertação (Mestrado em Economia). 95 p. Programa de Pós-graduação em Economia da Faculdade de Economia, Administração e Contabilidade da Universidade de Brasília. Brasília: 2017.

CRÉTOIS, Pierre. La propriété repensée par l´acess. *Revue Internationale de Droit Economique*. Associação Internationale de Droit Economique, 2014/3, t. XXVIII, p. 319-334, DOI: 10.3917/ride.283.0319.

DALLARI, Dalmo de Abreu. *Tomo Direito Administrativo e Constitucional. Enciclopédia Jurídica da PUCSP*. São Paulo: Pontifícia Universidade Católica de São Paulo, 2017. Disponível em: https://enciclopediajuridica.pucsp.br/verbete/70/edicao-1/estado-democratico-e-social-de-direito. Acesso em: 3 jun. 2023.

DECOLAR. *Termos e condições gerais da Decolar*. Disponível em: https://www.decolar.com/legal/termos-e-condicoes. Acesso em: 6 abr. 2023.

DELPECH, Xavier. L'assurance les transports de personnes de l'economie collaborative : le caus du covoturage. *Juristourisme – le mensuel des acteurs du tourism & des loisirs*, n. 235, nov. 2020, ISSN 2108-0968.

DETROZ, Derlayne. *A hipervulnerabilidade e os direitos fundamentais do consumidor idoso no Direito brasileiro*. Dissertação (Mestrado em Direito). 153 p. Centro Universitário Autônomo do Brasil (UniBrasil). Curitiba: 2011.

DIAS, Jefferson Aparecido; BARBOSA, Bruno Torquete. O valor econômico da reputação em aplicativos que promovem a economia compartilhada e sua percepção como mecanismo de segurança. *Economy Analysis of Law Review*, v. 12, n. 1, p. 3-16, jan.-abr. 2021.

DIAS, Rebeca Fernandes. *Vida e Direito*: poder, subjetividade no contexto biopolítico. Dissertação (Mestrado em Direito). 285 p. Universidade Federal do Paraná. Curitiba: 2007.

DINIZ, Eduardo Henrique; CERNEV, Adrian Kremmer. *Blockchain*: revolução tecnológica à vista nos serviços. In: TIGRE, Paulo Bastos; PINHEIRO, Alessandro Maia (Coord.). *Inovações em serviços na economia do compartilhamento*. São Paulo: Saraiva Educação, 2019.

DIVINO, Sthéfano Bruno Santos. *Smart contracts*: conceitos, limitações, aplicabilidade e desafios. *Revista Jurídica Luso-brasileira*, ano 4, n. 6, p. 2771-2808, 2018.

DOTTI, René Ariel. *Proteção da vida privada e liberdade de informação*: possibilidades e limites. São Paulo: Ed. RT, 1980.

DUARTE, Ícaro de Souza. Monismo jurídico *versus* pluralismo jurídico: uma análise à luz do direito do trabalho. Universidade Estadual do Sudoeste da Bahia. *Revista do Núcleo de Estudos em Pesquisas de Ciências Sociais Aplicadas*, ano XI, n. 13, p. 59-75, jan.-jun. 2012.

DUQUE, Marcelo Schenk. *Curso de direitos fundamentais*: teoria e prática. São Paulo: Ed. RT, 2014.

EFING, Antonio Carlos. *Fundamentos do direito das relações de consumo*. 3. ed. Curitiba, PR: Juruá, 2011.

EFING, Antonio Carlos; SANTOS, Adrielly Pinho dos. Análise dos *smart contracts* à luz do princípio da função social dos contratos no direito brasileiro. *Revista Direito e Desenvolvimento*, v. 9, n. 2, p. 49-64, ago.-dez. 2018.

EHRHARDT JR., Marcos. *Responsabilidade civil pelo inadimplemento da boa-fé*. 2. ed., rev. e atual. Belo Horizonte: Fórum, 2017.

ENJOEI. *Com vender*. Disponível em: https://www.enjoei.com.br/c/como-vender?gclid=Cj0KCQjwlPWgBhDHARIsAH2xdNdIWqhAxFhoPGurcJCIGci9_Vs5bu7stkdAcdvo_aNTYf9yQT08kxgaAmgfEALw_wcB. Acesso em: 24 mar. 2023.

ENJOEI. *Formas de pagamento*. Disponível em: https://www.enjoei.com.br/ajuda/comecando-no-enjoei/comecando-a-comprar/formas-de-pagamento. Acesso em: 24 mar. 2023.

ENJOEI. *Meu produto não foi enviado*. Disponível em: https://www.enjoei.com.br/ajuda/compras/entregas-e-prazos/problemas-com-entrega-de-produto/meu-produto-nao-foi-enviado. Acesso em: 24 mar. 2023.

ENJOEI. *Oferta*. Disponível em: https://www.enjoei.com.br/ajuda/comecando-no-enjoei/comecando-a-vender/dicas-de-como-vender-mais/ferramentas-para-alavancar-as-vendas/oferta. Acesso em: 24 mar. 2023.

ENJOEI. *Quando recebo*. Disponível em: https://www.enjoei.com.br/ajuda/comecando-no-enjoei/comecando-a-vender/quando-e-como-recebo-o-dinheiro/quando-recebo. Acesso em: 24 mar. 2023.

ENJOEI. *Serviços, comissões e tarifas*. Disponível em: https://www.enjoei.com.br/l/tarifas. Acesso em: 24 mar. 2023.

ERICHSEN, Hans-Uwe. A eficácia dos direitos fundamentais na Lei Fundamental Alemã no Direito Privado. In: GRUNDMANN, Stefan et al. *Direito Privado, Constituição e fronteiras*: encontros da Associação Luso-alemã de Juristas no Brasil. 2. ed., rev., atual. e ampl. São Paulo: Ed. RT, 2014.

ESPINO, Gilmara; AIDAR, Marcelo. Um negócio saudável. *GVExecutivo*, v. 18, n. 1, p. 24-27, jan.-fev. 2019.

EVANGELO, Naiara Silva. "Acha que pode fazer piada sobre cor da pele? A Uber não é para você": políticas empresariais antirracistas no contexto da economia colaborativa. *XVIII Simpósio Nacional da ABCiber*. Virtualização da vida: futuros imediatos, tecnopolíticas e reconstrução do comum no cenário pós-pandemia. 16-19 dez. 2020. Escola de Comunicações da Universidade Federal do Rio de Janeiro. Disponível em: https://abciber.org.br/simposios/index.php/abciber/index/schedConfs/archive. Acesso em: 23 abr. 2023.

FACCHINI NETO, Eugênio. *Code civil* francês: gênese e difusão de um modelo. *Revista de Informação Legislativa*, v. 50, n. 198, p. 57-83, abr.-jun. 2013.

FACHIN, Luiz Edson. *Direito Civil*: sentidos, transformações e fim. Rio de Janeiro: Renovar, 2015.

FACHIN, Luiz Edson. Reflexões sobre risco e hiperconsumo. In: OLIVEIRA, Andressa Jarletti Gonçalves de; XAVIER, Luciana Pedroso (Org.). *Repensando o Direito do Consumidor III*: 25 anos do CDC: conquistas e desafios. Curitiba: OABPR, 2015, p. 22-41. (Coleção Comissões, v. 19).

FACHIN, Luiz Edson; BREKAILO, Uiara Andressa. *Apontamentos sobre aspectos da reforma do Código Civil Alemão na perspectiva de um novo arquétipo contratual*. BRASIL. Superior Tribunal de Justiça: doutrina: edição comemorativa, 20 anos. Brasília, DF: STJ, 2009.

FACHIN, Zulmar. Fragmentos de Teoria do Estado. *Revista Scienta Iuris*, Londrina, v. 4, 2000.

FALEIROS JÚNIOR, José Luiz de Moura; ROTH, Gabriela. Como a utilização do *blockchain* pode afetar institutos jurídicos tradicionais. Atuação. *Revista Jurídica do Ministério Público Catarinense*, Florianópolis, v. 14, n. 30, p. 39-59, jun.-nov. 2019.

FARIAS, Cristiano Chaves; ROSENVALD, Nelson. Curso de *Direito Civil*: obrigações. 11. ed., rev., ampl. e atual. Salvador: JusPodivm, 2017.

FARIAS, Cristiano Chaves; ROSENVALD, Nelson. *Curso de Direito Civil*: parte geral e LINDB. 19. ed., rev., ampl. e atual. Salvador: JusPodivm, 2021.

FERNANDES, Marcelo Cama Proença Fernandes. Série IDP – Contratos: eficácia e relatividade nas coligações contratuais. São Paulo: Saraiva, 2014.

FERRANTE, Riccardo. Los orígenes del modelo de codificación entre los siglos XIX y XX en Europa, con particular atención al caso italiano. *Revista de Derecho Privado*, n. 25, p. 29-53, julio-diciembre 2013.

FERREIRA FILHO, Manoel Gonçalves. Estado de direito e Estado legal. *Revista de Direito Administrativo*, Rio de Janeiro, v. 157, 1984.

FERREIRA, Jussara Borges; OLIVEIRA, Maria das Graças Macena Dias de. Função social e solidária da empresa e dos contratos no âmbito da crescente utilização dos *smart contracts*. *Revista Brasileira de Direito Civil*, v. 29, p. 243-265, jul.-set. 2021.

FIGUEIRA, Eliseu. *Renovação do sistema de Direito Privado*. Lisboa: Editorial Caminho S/A, 1989.

FONSECA, Ricardo Marcelo. *Modernidade e contrato de trabalho*: do sujeito de direito à sujeição jurídica. São Paulo: LTr, 2002.

FORNASIER, Mateus de Oliveira. Bancos de dados de consumidores no novo Direito Civil brasileiro: uma perspectiva crítica. *Observatório da Jurisdição Constitucional*, ano 6, v. 1, p. 62-88, 2013.

FORTUNATO, Aurélien. La relation contractuelle collaborative. *RTDCom*: Revue Trimestrielle de droit commercial et de droit économique, p. 19-37, janvier-mars 2019.

FÓRUM. *Termos e condições de uso*. Disponível em: https://www.editoraforum.com.br/termos-de-uso-site-institucional/?_route_=termos-e-condicoes. Acesso em: 7 abr. 2023.

FRANZONI, Massimo. El debate actual sobre el negocio jurídico em Italia. Revista *Ius Et Veritas*, n. 48, p. 36-53, julio 2014.

FRIEDE, Reis. Considerações sobre o juspositivismo. *Revista Direito em Debate*, v. 26, n. 48, ano XXVI, p. 84-116, jul.-dez. 2017.

FRITZ, Karina Nunes. A boa-fé objetiva e sua incidência na fase negocial: um estudo comparado com base na doutrina alemã. *Revista de Direito Privado*, v. 29, jun.-mar. 2007, DTR\2007\813.

GAMBA, João Roberto Gorini. *Direito de propriedade*: fundamentos históricos e filosóficos. 3. ed., rev. e ampl. Rio de Janeiro: Lumen Juris, 2021.

GARCIA, Letícia Silva. *Mecanismo de reputação em ambientes peer-to-peer baseado na teoria da interação social de Piaget*. Tese (Doutorado). 82p. + Anexos. Universidade Federal do Rio Grande do Sul. Centro Interdisciplinar de Novas Tecnologias. Programa de Pós-graduação em Informática na Educação. Porto Alegre, 2004.

GASSER, Axel. *Le role contractuel des tiers de confiance dans l'economie collaborative*. 2020, hal-03052708.

GAZETA DO POVO. *Uber manda mensagem a usuários*: "Se você é racista, a Uber não é para você. Gazeta do Povo. 12 maio 2021. Disponível em: https://www.gazetadopovo.com.br/vida-e-cidadania/breves/uber-manda-mensagem-a-usuarios-se-voce-e-racista-a-uber-nao-e-para-voce/. Acesso em: 23 abr. 2023.

GIUSTINA, Bianca Sant'anna Della. *O instituto da multipropriedade de bens móveis e corpóreos*: desafios diante da ausência de regulação específica em uma sociedade permeada pelo crescente fenômeno da economia compartilhada. Dissertação (Mestrado). 162 p. Programa de Pós-graduação em Direito. Universidade do Vale do Rio do Sinos. Porto Alegre, 2021.

GOMES, Orlando. A despersonalização da propriedade. In: GOMES, Orlando. *Contratos*. Rio de Janeiro: Forense, 1995.

GOMES, Orlando. *Contratos*. Rio de Janeiro: Forense, 1995.

GOMES, Rogério Zuel. A nova ordem contratual: pós-modernidade, contratos de adesão, condições gerais de contratação, contratos relacionais e redes contratuais. *Jurisprudência Catarinense*, Florianópolis, v. 32, n. 111/112, abr.-set. 2006.

GONDIN, Glenda Gonçalves. A metodologia da codificação: dez anos do atual Código Civil. *Revista da Faculdade de Direito da Universidade Federal de Minas Gerais*, n. 63, p. 279-306, jul.-dez. 2013.

GRAMADO PARKS. *O que é multipropriedade?* Disponível em: https://www.gramadoparks.com.br/o-que-e-multipropriedade. Acesso em: 6 abr. 2023.

GRAMSTRUP, Erik Frederico; ZANETTI, Andrea Cristina. Aspectos formativos do contrato na atualidade. Revista *Quaestio Iuris*, v. 12, n. 4, p. 675-696, 2019.

GRANDA, Fernando de Trazegnies. La transformación del derecho de propiedad. *Revista de la Facultad de Derecho*. Derecho PUCP, n. 33, p. 75-104, 1978.

GRIMM, Dieter. *Constitucionalismo y derechos fundamentales*. Traducción: Raúl Sanz Burgos y José Luis de Baena Simón. Madrid: Editorial Trotta, 2006.

GUILHERMINO, Everilda Brandão. *As titularidades de direito difuso e as relações privadas*. Tese (Doutorado). 233 p. Universidade Federal de Pernambuco. CCJ. Programa de Pós-graduação em Direito. Recife: 2017.

GUILHERMINO, Everilda Brandão. Bens difusos, a evolução do pertencimento. In: EHRHARDT JR, Marcos. *Vulnerabilidade e novas tecnologias*. Indaiatuba, SP: Foco, 2023.

GUTERRES, Thiago. A escola histórica do Direito e a escola austríaca: a influência de Savigny em Menger, Leoni e Hayek. *Interdisciplinary Journal Law and Economics*. São Paulo, v. 7, n. 1, p. 1-26, jan.-abr. 2019.

HÄBERLE, Peter. *Estado constitucional cooperativo*. Trad. Marcos Augusto Maliska e Elisete Antoniuk. Rio de Janeiro: Renovar, 2007.

HAICAL, Gustavo Luis da Cruz. O inadimplemento pelo descumprimento exclusivo de dever lateral advindo da boa-fé objetiva. *Revista dos Tribunais*, v. 900, out. 2010, DTR\2010\853.

HEINZER, William. *Troicmaison.com et la consommation collaborative*: ça change tout. Juristourisme – le mensuel des acteurs du tourism & des loisiris, 130, avril 2011, ISSN 2108-0968.

HESSE, Konrad. *Derecho Constitucional y Derecho Privado*. Traducción e introducción de Ignácio Gutiérrez Gutiérrez. Madrid: Editorial Civitas, S.A, 1995.

IRTI, Natalino. L'età dela decodificazione. *Doutrinas essenciais e contratos*. v. 1, jun./2011, DTR\2012\1191.

JURUÁ EDITORA. Juruá Ebooks – *Termos e condições de adesão e uso do conteúdo do aplicativo digital Juruá Digital* – Livros. Disponível em: https://www.jurua.com.br/digital/. Acesso em 7 abr. 2023.

KOLLER, Carlos Eduardo. *O direito de acesso à propriedade imóvel a partir da economia compartilhada*. Tese (Doutorado em Direito). 187 p. Pontifícia Universidade Católica do Paraná. Curitiba: 2019.

KONDER, Carlos Nelson; BANDEIRA, Paula Greco; TEPEDINO, Gustavo (Org.). *Contratos*. Rio de Janeiro: Forense, 2020.

KUBOTA, Luis Claudio. Inovação tecnológica em serviços educacionais. In: TIGRE, Paulo Bastos; PINHEIRO, Alessandro Maia (Coord.). *Inovações em serviços na economia do compartilhamento*. São Paulo: Saraiva Educação, 2019.

LAGO, Andrea Pedrollo; SOUZA, Rodrigo Tissot de; BAHIA, Carolina Medeiros. A responsabilidade civil das plataformas digitais de compartilhamento por danos ao consumidor usuário. In: MONTEIRO FILHO, Carlos Edison do Rego et al. *Responsabilidade civil nas relações de consumo*. Indaiatuba, SP: Editora Foco, 2022.

LAGOA ECO TOWERS. *Página inicial*. Disponível em: https://www.lagoaecotowers.com.br/. Acesso em: 6 abr. 2023.

LARENZ, Karl. *Derecho Civil*: parte general. Traducción: Miguel Izquierdo y Macías-Pievea. Santiago, Chile: Ediciones Olejnik, 2019.

LEHFELD, Lucas Souza; NUNES, Danilo Henrique; SILVA, Jonatas Santos. Ressignificação da função socioambiental da propriedade como direito difuso: multititularidade e cidadania pós-Covid-19. Revista *Juris Poiesis*, v. 23, n. 22, p. 325, p. 314-334, 2020.

LEONARDO, Rodrigo Xavier. Os contratos coligados. In: BRANDELLI, Leonardo. *Estudos em homenagem à Professora Véra Maria Jacob de Fradera*. Porto Alegre: Lejus, 2013.

LIMA, Caroline Melchiades Salvadego Guimarães de Souza; SANTOS, Pedro Henrique Amaducci Fernandes dos; MARQUESI, Roberto Wagner. Negócios jurídicos contemporâneos: a efetivação da dignidade da pessoa humana com alicerce nos contratos existenciais. *Civilistica.com*. Rio de Janeiro, ano 7, n. 3, p. 1-15, 2018.

LIMA, Iara Menezes. Escola da Exegese. *Revista Brasileira de Estudos Políticos*, v. 97, p. 105-122, jan.-jun. 2008.

LIMA, Taísa Maria Macena de; VIEIRA, Marcelo de Mello; SILVA, Beatriz de Almeida Borges e. Reflexões sobre as pessoas com deficiência e sobre os impactos da Lei 13.146/2015 no estudo dos planos dos negócios jurídicos. *Revista Brasileira de Direito Civil*, Belo Horizonte, v. 14, p. 17-39, out.-dez. 2017.

LÔBO, Paulo Luiz Neto. *Direito Civil*: contratos. v. 3. São Paulo: Saraiva, 2022.

LÔBO, Paulo. Direito Civil Constitucional. *Cadernos da Escola de Direito e Relações Internacional*. Centro Universitário Autônomo do Brasil (UniBrasil), v. 2, n. 13, p. 1-30, 2010.

LÔBO, Paulo. *Direito Civil*: contratos. 3. ed. São Paulo: Saraiva, 2017.

LÔBO, Paulo. *Direito Civil*: obrigações. 5. ed. São Paulo: Saraiva, 2017.

LOPES, José Reinaldo de Lima. *O Direito na história*: lições introdutórias. São Paulo: Max Limond, 2000.

LOPES, Miguel Maria de Serpa. *Curso de Direito Civil*: fontes das obrigações: contrato. v. III. Revista e atualizada por José Serpa Santa Maria. Rio de Janeiro: Freitas Bastos, 1991.

LORENZETTI, Ricardo Luis. *Fundamentos de Derecho Privado*: Código Civil y Comercial de la Nación Argentina. Ciudad Autónoma de Buenos Aires: La Ley, 2016.

LORENZETTI, Ricardo Luis. *Fundamentos do direito privado*. São Paulo: Ed. RT, 1998.

LORENZETTI, Ricardo Luis. *Teoria da decisão judicial*: fundamentos de Direito. Trad. Bruno Miragem. Notas: Claudia Lima Marques. 2. ed., rev. e atual. São Paulo: Ed. RT, 2010.

LOUREIRO, Uriel Paranhos; FONSECA, Bruno Gomes Borges da. *Crowdwork* e o trabalho *on demand*: a morfologia do trabalho no início do século XXI. *Argumenta Journal Law*, Jacarezinho, PR, n. 32, p. 184, p. 175-190, 2020.

LUCCA, Newton; MARTINS, Guilherme Magalhães; QUEIROZ, Renata Capriolli Zocatelli. Lei Geral de Proteção de Dados (LGPD) e Lei da Privacidade do Consumidor da Califórnia (CCPA): análise crítica da proteção dos dados do consumidor no Brasil e no estado da Califórnia. *Revista de Direito do Consumidor*, v. 145, jan.-fev. 2023, DTR\2023\184.

LUCCA, Rodrigo Ramina de. *A motivação das decisões judiciais civis em um Estado de Direito*: necessária proteção da segurança jurídica. Dissertação (Mestrado em Direito Processual Civil). 370 p. Universidade de São Paulo. São Paulo, 2013.

LUPION, Ricardo. Plano de saúde coletivo contratado por uma empresa: contrato existencial ou contrato de lucro? Por uma nova interpretação dos contratos empresariais: a dicotomia do século XXI. *Revista Direitos Fundamentais & Justiça*, ano 8, n. 29, p. 105-117, out.-dez. 2014.

MACIEL, Rui. Uber sofre processo porque estaria discriminando motoristas que não são brancos. *Canaltech*, 27 out. 2020. Disponível em: https://canaltech.com.br/juridico/uber-sofre-processo-porque-estaria-discriminando-motoristas-que-nao-sao-brancos-173672/. Acesso em: 23 abr. 2023.

MAILCHIMP. *Nossa história*. Disponível em: https://mailchimp.com/pt-br/about/. Acesso em: 3 mar. 2023.

MAILCHIMP. *Segurança*. Disponível em: https://mailchimp.com/pt-br/about/. Acesso em: 3 mar. 2023.

MARASSI, Alessandra de Castro Barros. *Os serviços colaborativos da economia compartilhada e as transformações na noção de confiança nas interações práticas de consumo nas redes sociais digitais*: uma cartografia dos processos de criação na cultura. Tese (Doutorado em Comunicação e Semiótica). 152 p. Pontifícia Universidade Católica de São Paulo. São Paulo, 2018.

MARETTI, Luis Marcello Bessa. A eficácia dos direitos fundamentais nas relações entre particulares. *Revista de Direito Público*, Londrina, v. 5, n. 3, p. 81-99, dez. 2010.

MARINANGELO, Rafael. *A violação positiva do contrato e o inadimplemento dos deveres laterais impostos pela boa-fé*. Dissertação (Mestrado em Direito). 178 p. Pontifícia Universidade Católica de São Paulo. São Paulo, 2005.

MARQUES, Alessandra Garcia. Pluralismo contratual e economia compartilhada: a responsabilidade civil dos fornecedores na sociedade em rede. *Revista de Direito do Consumidor*, v. 135, maio-jun./2021. DTR\2021\9057.

MARQUES, Claudia Lima. A nova noção de fornecedor no consumo compartilhado: um estudo sobre as correlações do pluralismo contratual e o acesso ao consumo. *Revista de Direito do Consumidor*, v. 111, ano 26, p. 247-268, maio-jun. 2017.

MARQUES, Claudia Lima. Código Brasileiro de Defesa do Consumidor e o Mercosul. *Revista da Faculdade de Direito da Universidade Federal do Rio Grande do Sul*, n. 10, p. 140-156, jul. 1994.

MARQUES, Claudia Lima. *Confiança no comércio eletrônico e a proteção do consumidor*: um estudo dos negócios jurídicos de consumo no comércio eletrônico. São Paulo: Ed. RT, 2004.

MARQUES, Claudia Lima. Contratos de *time-sharing* e a proteção dos consumidores: críticas ao Direito Civil em tempos pós-modernos. *Revista de Direito do Consumidor*, v. 22, abr.-jun. 1997, DTR\1997\673.

MARQUES, Claudia Lima. *Contratos no Código de Defesa do Consumidor*: o novo regime das relações contratuais. 8. ed., rev., atual. e ampl. São Paulo: Ed. RT, 2016.

MARQUES, Claudia Lima. Proposta de uma teoria geral dos serviços com base no Código de Defesa do Consumidor. A evolução das obrigações envolvendo serviços remunerados direta ou indiretamente. *Revista de Direito do Consumidor*, v. 33, jan.-mar. 2000, DTR\2000\721.

MARQUES, Claudia Lima; MIRAGEM, Bruno. *O novo Direito Privado e a proteção dos vulneráveis*. São Paulo: Ed. RT, 2012.

MARTINS NETO, João dos Passos; THOMASELLI, Bárbara Lebarbenchon Moura. Do Estado de Direito ao Estado de Justiça. *Revista Sequência – Estudos Jurídicos e Políticos*, v. 34, n. 67, p. 309-334, dez. 2013.

MARTINS, Guilherme Magalhães; LONGHI, João Victor Rozatti. Contratos conexos de consumo na internet: fornecedores de intermediação e sites de compras coletivas. *Revista de Direito do Consumidor*, v. 85, 2013, jan.-fev. 2017, DTR\2013\482.

MARTINS-COSTA, Judith H. Crise e modificação da ideia de contrato no direito brasileiro. *Revista de Direito do Consumidor*, v. 3, jul.-set./1992, DTR\1992\417.

MARTINS-COSTA, Judith H. O Direito Privado como um "sistema em construção" – as cláusulas gerais no projeto do Código Civil brasileiro. *Revista dos Tribunais*, v. 753, jul. 1998, DTR\1998\572.

MARTINS-COSTA, Judith. *A boa-fé no Direito Privado*: sistema e tópica no Direito Obrigacional. São Paulo: Ed. RT, 1999.

MARTINS-COSTA, Judith. Os campos normativos da boa-fé objetiva: as três perspectivas do direito privado brasileiro. In: AZEVEDO, Antonio Junqueira; TÔRRES, Heleno Taveira; CARBONE, Paolo. *Princípios do novo Código Civil brasileiro e outros temas*. São Paulo: Quartier Latin do Brasil, 2008.

MARTINS-COSTA, Judith. Os direitos fundamentais e a opção culturalista do novo Código Civil. In: SARLET, Ingo Wolfgang. *Constituição, direitos fundamentais e Direito Privado*. 3. ed. Porto Alegre: Livraria do Advogado, 2010.

MARTINS-COSTA. Judith. *A boa-fé no Direito Privado*: critérios para a sua aplicação. 2. ed. São Paulo: Saraiva Educação, 2018.

MEDEIROS, Clayton Gomes de. *Da boa administração pública* – princípio e direito fundamental: breves elementos para sua concretização. Dissertação (Mestrado em Direitos Fundamentais e Democracia). 132 p. Centro Universitário Autônomo do Brasil (UniBrasil). Curitiba, 2015.

MEIRELES, Rose Melo Venceslau. *Autonomia privada e dignidade humana*. Rio de Janeiro: Renovar, 2009.

MEIRELLES, Jussara. O ser e o ter na codificação civil brasileira: do sujeito virtual à cláusula patrimonial. In: FACHIN, Luiz Edson (Coord.). *Repensando fundamentos do Direito Civil brasileiro contemporâneo*. Rio de Janeiro: Renovar, 1998.

MELLO, Adriana Mandim Theodoro de. A função social do contrato e o princípio da boa-fé objetiva no novo Código Civil brasileiro. *Revista dos Tribunais*, v. 801, 2002, DTR\2002\376.

MELLO, Marcos Bernardes. *Teoria do fato jurídica*: plano da existência. 22. ed. São Paulo: Saraiva, 2019.

MENDES, Gilmar Ferreira. *Colisão dos direitos fundamentais*: liberdade de expressão e comunicação e direito à honra e à imagem. 2001. Disponível em: https://www.editorajc.com.br/colisao-dos-direitos-fundamentais-liberdade-de-expressao-e-comunicacao-e-direito-a-honra-e-a-image/. Acesso em: 24 jul. 2023.

MENDES, Gilmar Ferreira. Direitos fundamentais: eficácia das garantias constitucionais nas relações privadas. In: GRUNDMANN, Stefan et al. *Direito Privado, constituição e fronteiras*: encontros da Associação Luso-alemã de Juristas no Brasil. 2. ed., rev., atual. e ampl. São Paulo: Ed. RT, 2014.

MENDES, Laura Schertel; DONEDA, Danilo. Reflexões iniciais sobre a nova Lei Geral de Proteção de Dados. *Revista de Direito do Consumidor*, v. 120, nov.-dez. 2018, DTR\2018\22645.

MENDONÇA, Fábio. *Multipropriedade em Caldas Novas está saturada*. Turismo Compartilhado. Caldas Novas, 30 jun. 2021. Disponível em: https://turismocompartilhado.com.br/multipropriedade-em-caldas-novas-esta-saturada/. Acesso em: 6 abr. 2023.

MIRAGEM, Bruno Nunes Barbosa. O direito do consumidor como direito fundamental – consequências jurídicas de um conceito. *Revista de Direito do Consumidor*, v. 43, jul.-set./2002, DTR\2002\739.

MIRAGEM, Bruno. A proteção da confiança no Direito Privado: notas sobre a contribuição de Claudia Lima Marques para a construção do conceito no direito brasileiro. *Revista de Direito do Consumidor*, v. 114, nov.-dez. 2017, DTR\2017\7037.

MIRAGEM, Bruno. Novo paradigma tecnológico, mercado de consumo digital e o direito do consumidor. *Revista de Direito do Consumidor*, v. 125, p. 17-62, set.-out. 2019.

MIRAGEM, Bruno. *Teoria geral do Direito Civil*. Rio de Janeiro: Forense, 2021.

MIRANDA, Jorge. Os novos paradigmas do Estado Social. *XXXVII Congresso Nacional de Procuradores de Estado*. Instituto de Ciências Jurídico-Políticas; Centro de Investigação de Direito Público. Belo Horizonte, 28 set. 2011.

MOCK, Brentin. *As black travelers turn away, Airbnb creates new anti-bias policies*. Bloomberg, 8 set. 2016. Disponível em: https://www.bloomberg.com/news/articles/2016-09-08/airbnb-asks-hosts-to-be-less-racist-with-new-anti-bias-policies-as-it-loses-black-customers. Acesso em: 21 abr. 2023.

MODENEZI, Pedro. A relação entre o abuso do direito e a boa-fé objetiva. *Revista Direitos Fundamentais & Democracia*, v. 7, n. 7, p. 339, jan.-jun. 2010. Disponível em: www.unibrasil.com.br. Acesso em: 21 ago. 2022.

MORAES, Heloisa. Conheça as 8 melhores plataformas de *streaming* para assinar em 2023: compare preços, catálogos e muito mais. iDinheiro, 1º dez. 2022. Disponível em: https://www.idinheiro.com.br/author/heloisa-ribeiro/. Acesso em: 6 abr. 2023.

MORAES, Maria Celina Bodin de. A utilidade dos princípios na aplicação do direito. Editorial. *Civilistica.com*. Rio de Janeiro, ano 2, n. 1, jan.-mar./2013, p. 1-3.

MORAES, Maria Celina Bodin de. O conceito de dignidade humana: substrato axiológico e conteúdo normativo. In: SARLET, Ingo Wolfgang. *Constituição, direitos fundamentais e Direito Privado*. Porto Alegre: Livraria do Advogado Editora, 2010.

MORAES, Maria Celina Bodin de. O jovem Direito Civil Constitucional. *Civilistica.com*. Rio de Janeiro, ano 1, n. 1, jul.-set. 2012.

MORAES, Maria Celina Bodin. O Direito Civil Constitucional. In: MORAES, Maria Celina Bodin de. *Na medida da pessoa humana*: estudos de Direito Civil. Rio de Janeiro, 2016.

MOREIRA, Parcelli Dionizio. *Medida Provisória e tributação: a reserva de lei como uma garantia fundamental do cidadão-contribuinte*. Dissertação (Mestrado em Direitos Fundamentais e Democracia). 194 p. Centro Universitário Autônomo do Brasil. Curitiba, 2020.

MÖRKING, Francelize Alves. *A proteção dos direitos fundamentais do consumidor superendividado e o mínimo existencial*. Dissertação (Mestrado em Direito Fundamentais e Democracia). 130 p. Centro Universitário Autônomo do Brasil (UniBrasil). Curitiba: 2015.

MOTA, Pedro Lula. A economia do compartilhamento e a sociedade do custo marginal zero. *Terraço Econômico*, 1º jul. 2016. Disponível em: www.https://terracoeconomico.com.br/economia-do-compartilhamento-e-sociedade-do-custo-marginal-zero/. Acesso em: 6 abr. 2023.

MUCELIN, Guilherme Antônio Balczarek; DURANTE, Patrícia. Do celular à mesa de refeições: o compartilhamento de alimentos por meio de aplicativos e seus impactos no contexto da *sharing economy*. Revista *Res Severa Verum Gaudim*, v. 3, n. 2, p. 212-225, abr. 2018.

MUCELIN, Guilherme. Peers inc: a nova estrutura da relação de consumo na economia do compartilhamento. *Revista de Direito do Consumidor*, v. 118, jul.-ago. 2018, DTR\2018\19464.

MUCELIN, Guilherme; CUNHA, Leonardo Stocker Pereira da. *Relações trabalhistas ou não trabalhistas na economia do compartilhamento*. São Paulo: Thomson Reuters Brasil, 2021.

NALIN, Paulo. *Do contrato*: conceito pós-moderno em busca de sua formulação na perspectiva civil-constitucional. 2. ed. Curitiba: Juruá, 2008.

NEGREIROS, Teresa. *Teoria do contrato*: novos paradigmas. 2. ed. Rio de Janeiro: Renovar, 2006.

NOVAES, Jorge Reis. *Contributo para uma teoria do Estado de Direito*: do Estado de Direito Liberal ao Estado Social e Democrática de Direito. Separata de Suplemento ao Boletim da Faculdade de Direito da Universidade de Coimbra, 1987.

OLIVEIRA, Lucas Costa de. Aspectos controversos sobre o erro no negócio jurídico: uma análise a partir da tensão entre autonomia e confiança. *Revista Brasileira de Direito Civil*, v. 10, n. 1, p. 17-37, jan.-mar. 2019.

ORGANIZAÇÃO DAS NAÇÕES UNIDAS. *Declaração Universal dos Direitos Humanos*. Disponível em: https://brasil.un.org/sites/default/files/2020-09/por.pdf. Acesso: em 21 abr. 2023.

ORGANIZAÇÃO DAS NAÇÕES UNIDAS. *Objetivos de Desenvolvimento Sustentável* (Agenda 2030). 25-27 set. 2015). Disponível em: https://brasil.un.org/pt-br/91863-agenda-2030-para-o-desenvolvimento-sustent%C3%A1vel. Acesso em: 6 abr. 2023.

PACHECO FILHO, Ulysses Pereira. *Como o sistema de reputação baseado em avaliação mútua é utilizado por participantes provedores da economia compartilhada*. Dissertação (mestrado). 160 p. Escola de Administração de Empresas de São Paulo. Fundação Getúlio Vargas. São Paulo, 2018.

PARLAMENTO EUROPEU. Resolução do Parlamento Europeu, de 15 de junho de 2017, sobre uma Agenda Europeia para a Economia Colaborativa (2017/2003(INI)). Disponível em: https://www.europarl.europa.eu/doceo/document/TA-8-2017-0271_PT.html. Acesso em: 3 maio 2023.

PASQUALOTTO, Adalberto de Souza; SCALETSCKY, Carolina Livtin. Da responsabilidade da plataforma digital na economia compartilhada. *Revista de Direito do Consumidor*, v. 142, jul.-ago. 2022. DTR\2022\12119.

PAYPAL. *Página inicial*. Disponível em: https://www.paypal.com/br/home. Acesso em: 7 abr. 2023.

PEIXOTO, Francisco Davi Fernandes. Análise dos aspectos material e forma da Constituição. *Revista Direitos Fundamentais & Democracia*, v. 3, p. 1-15, 2008.

PEREIRA, Caio Mario da Silva. *Instituições de Direito Civil*: introdução ao Direito Civil. Teoria geral de Direito Civil. Rio de Janeiro: Forense, 2004. v. 1.

PEREIRA, Fabio Queiroz; REZENDE, Giuliana Alves Ferreira de. Regime jurídico dos contratos relacionados à plataforma Airbnb: plataforma e os usuários. Arquivo Jurídico. *Revista Jurídica da Universidade Federal do Piauí*, v. 7, n. 2, p. 31-46, jul.-dez. 2020.

PERLINGIERI, Pietro. *O Direito Civil na legalidade constitucional*. Trad. Maria Cristina De Cicco. Rio de Janeiro: Renovar, 2008.

PERLINGIERI, Pietro. *Perfis do Direito Civil*: introdução ao Direito Civil Constitucional. Trad. Maria Cristina De Cicco. 3. ed., rev. e ampl. Rio de Janeiro: Renovar, 2002.

PETERSEN, Luiza. Expectativas legítimas tuteladas pela boa-fé: critério para qualificação. *Revista de Direito Privado*, v. 105, jul.-set. 2020, DTR\2020\11446.

PIEROTH, Bodo. O desenvolvimento do Estado de Direito na Alemanha. Tradução: Luís Marcos Sander. *Revista Eletrônica do TRT-4*, ano XI, n. 186, p. 48-59, nov. 2015.

PINHEIRO, Rosalice Fidalgo. *Contrato e direitos fundamentais*. Curitiba: Juruá Editora, 2009.

PINHEIRO, Rosalice Fidalgo. *Princípio da boa-fé nos contratos*: o percurso teórico e sua recepção no direito brasileiro. Curitiba: Juruá, 2015.

PINHEIRO, Rosalice Fidalgo; TRAUTWEIN, José Roberto Della Tonia. A crise da Covid-19 e o dever de renegociar nos contratos de locação de imóveis urbanos. In: SILVA, Michael César et al. *Impactos do coronavírus no Direito*: diálogos, reflexões e perspectivas contemporâneas. Belo Horizonte: Editora Newton Paiva, 2022. v. II.

PINHEIRO, Rosalice Fidalgo; VAZ, Idovilde de Fátima Fernandes. Funções sociais das propriedades: a realização de direitos fundamentais nas situações proprietárias. *Cadernos da Escola de Direito e Relações Internacionais*. Centro Universitário Autônomo do Brasil (UniBrasil), v. 2, n. 15, p. 120-147, 2011.

PINTARELLI, Camila Kühl. *As bases constitucionais da economia compartilhada no Brasil*. Tese (Doutorado em Direito). 233 p. Pontifícia Universidade Católica de São Paulo. São Paulo: 2017.

PIRES, Eduardo. *Políticas públicas e regulamentação para a harmonização entre direitos de acesso às obras intelectuais musicais e os direitos autorais nas perspectivas da sociedade de informação e economia colaborativa*. Tese (Doutorado em Direito). 244 p. Universidade de Santa Cruz do Sul. Santa Cruz do Sul: 2019.

POMPEU, Ivan Guimarães; POMPEU, Renata Guimarães. O contrato como operação econômica: contributo científico a partir da obra de Enzo Roppo. *Revista da Faculdade Mineira de Direito*, v. 12, n. 23, p. 122-135, jan.-jun. 2011.

PRATA, Ana. *A tutela constitucional da autonomia privada*. Coimbra, Portugal: Almedina, 2017.

QUEIROZ, Rholden Botelho de. Da eficácia direta dos direitos fundamentais nas relações privadas. Nomos. *Revista do Programa de Pós-graduação em Direito da Universidade Federal do Ceará*, v. 25, p. 185-208, 2006.

RABIN, Alberto. A era do acesso: comunidades virtuais – tudo isto é ser humano. *Revista Contemporânea* (UERJ). Rio de Janeiro, v. 2, n. 2, p. 170-180, 2004.2.

RAMOS, Carmem Lucia Silveira. A constitucionalização do Direito Privado e a sociedade sem fronteiras. In: FACHIN, Luiz Edson (Coord.). *Repensando fundamentos do Direito Civil brasileiro contemporâneo*. Rio de Janeiro: Renovar, 1998.

RAMOS, Erasmo Marcos. A influência do Bürgerliches Gesetzbuch Alemão na Parte Geral do Código Civil Português. *Revista da Faculdade de Direito da Universidade Federal do Rio Grande do Sul*, v. 15, p. 75-98, 1998.

REALE, Miguel. *Visão geral do Projeto de Código Civil*. Disponível em: www.miguelreale.com.br. Acesso em: 7 abr. 2023.

REALE, Miguel. *Lições preliminares de Direito*. 27. ed. São Paulo: Saraiva, 2005.

RECLAME AQUI. *Como funciona*. Disponível em: https://www.reclameaqui.com.br/como-funciona/. Acesso em: 7 abr. 2023.

RECLAME AQUI. *Não insira seus dados pessoais nessa empresa*. 5 jan. 2023. Disponível em: https://www.reclameaqui.com.br/bom-pra-credito/nao-insira-seus-dados-pessoais-nessa-empresa_01EohW8BsvFa9ddd/. Acesso em 30 abr. 2023.

REY, Jorge Feliu. *Smart contract*: conceito, ecossistema e principais questões de direito privado. *Redes: Revista Eletrônica Direito e Sociedade*, v. 7, n. 3, p. 95-119, 2019.

RIFKIN, Jeremy. *A era do acesso*. Trad. Maria Lucia G. L. Rosa. São Paulo: Makron Books, 2001.

RIFKIN, Jeremy. *Sociedade marginal com custo zero*. São Paulo: M. Books do Brasil Editora, 2016.

RIPERT, Georges. A ordem econômica e a liberdade contratual. Trad. Letícia Resende e revisão de Adauto Vilela. *Rónai – Revista de Estudos Clássicos e Tradutórios*, v. 4, n. 2, p. 148-153, 2017.

ROCHA, Fernando Goulart. Multipropriedade hoteleira. *Revista Brasileira de Direito Civil*, v. 22, p. 55-72, out.-dez. 2019.

RODRIGUES, Cássio Monteiro. Impactos da inteligência artificial no fortalecimento da confiança nas relações de *sharing economy*. In: SILVA, Rodrigo da Guia; TEPEDINO, Gustavo (Coord.). *O Direito Civil na era da inteligência artificial*. São Paulo: Thomson Reuters Brasil, 2020.

ROHDEN, Simoni Fernanda; DURAYSKI, Juliana; TEIXEIRA, Ana Paula Pydd; MONTELONGO, Alfredo; ROSSI, Carlos Alberto Vargas. Consumo colaborativo: economia, modismo ou revolução. Desenvolve: *Revista de Gestão do Unilassale*, v. 4, n. 2, p. 9-24, jul. 2015.

ROMANO, Giuli. *Os desafios da desintermediação na logística*. 7 jan. 2020. São Paulo: Intelipost Consultoria e Tecnologia de Logística, 2020. Disponível em: https://www.intelipost.com.br/blog/desintermediacao-na-logistica/. Acesso em: 6 abr. 2023.

ROPPO, Enzo. *O contrato*. Trad. Ana Coimbra e M. Januário C. Gomes. Coimbra, Portugal: Almedina, 2009.

ROPPO, Vicenzo. El Derecho Privado en el sistema jurídico. Revista *Ius Et Veritas*, n. 51, p. 88-101, Diciembre 2015.

ROSENVALD, Nelson. *A natureza jurídica dos* smart contracts. 2019. Disponível em: https://www.nelsonrosenvald.info/single-post/2019/09/11/a-natureza-jur%C3%ADdica-dos-smart-contracts. Acesso em: 14 abr. 2023.

ROSENVALD, Nelson. *Cinco conceitos que ressignificam a propriedade*. 2019. Disponível em: https://www.nelsonrosenvald.info/single-post/2019/06/04/cinco-conceitos-que-ressignificam-a-propriedade. Acesso em: 6 maio 2023.

RUGGIERO, Roberto de. *Instituições de Direito Civil*. Tradução da 6. ed. italiana, com notas remissivas aos Códigos Civis brasileiro e português pelo Dr. Ary dos Santos. São Paulo: Saraiva, 1934. v. 1.

RUIZ, Francisco J. Infante. El desarrollo de la prohibición de no discriminar en el derecho de contratos y su consideración en la jurisprudencia. *Revista Aranzadi de Derecho Patrimonial*, n. 30, p. 169-197, enero-abril/2013.

RULL, Ariadna Aguilera. Prohibición de discriminación y libertad de contratación. InDret: *Revista para El Análisis del Derecho*. ISSN 1698-739X, n. 1, p. 1-30, 2009.

SALMAN, Jamili El Akchar; FUJITA, Jorge Shiguemitsu. Inovações tecnológicas baseadas na economia colaborativa ou economia compartilhada e a legislação brasileira: o caso Uber. *Revista de Direito, Economia e Desenvolvimento Sustentável*. Salvador, v. 4, n. 1, p. 92-112, jan.-jun. 2018.

SALOMÃO, Karin. Airbnb divulga medidas para combater casos de preconceitos. *Exame*, 14 set. 2016. Disponível em: https://exame.com/negocios/airbnb-divulga-medidas-para-combater-casos-de-preconceito/. Acesso em: 21 abr. 2023.

SALOMÃO, Karin. Motoristas do Uber e Lyft discriminam negros nos EUA, diz estudo. *Exame*, 3 nov. 2016. Disponível em: https://exame.com/negocios/motoristas-do-uber-e-lyft-discriminam-negros-diz-estudo/. Acesso em: 23 abr. 2023.

SAMPAIO, Marília de Ávila e Silva. *Aplicação dos direitos fundamentais nas relações entre particulares e a boa-fé objetiva*. Rio de Janeiro: Lumen Juris, 2006.

SANTANA, Héctor Valverde; CHERMAN, Yuri César. Publicidade invasiva: ofensa a direitos da personalidade. *Revista de Direito do Consumidor*, v. 112, p. 177-199, jul.-ago. 2017.

SANTOS, Ceres Linck; BASSANI, Matheus Linck. Tratamento jurídico de negócios jurídicos inválidos, ineficazes e descumpridos por empresas coligadas. *Revista de Direito Recuperacional e Empresa*, v. 9, jul.-set. 2018, DTR\2018\19786.

SANTOS, Eliane Ferreira dos. *Coworking*: uma construção discursiva do trabalho em face de mecanismos de poder biopolítico. Tese (doutorado CDAE). 201 p. Fundação Getúlio Vargas, Escola de Administração de Empresas de São Paulo. São Paulo: 2019.

SANTOS, José Beleza dos. *A simulação em Direito Civil*. 2. ed. São Paulo: LEJUS, 1999.

SARINGER, Giuliana. Bancos fecham mais de mil agências em um ano, e clientes reclamam de filas. *UOL*, 27 maio 2022. Disponível em: https://www.feebpr.org.br/noticia/QU8N-bancos-fecham-mais-de-mil-agencias-em-um-ano-e-clientes-reclamam-de-filas. Acesso em: 6 abr. 2023.

SARLET, Ingo Wolfgang. *A eficácia dos direitos fundamentais*: uma teoria geral dos direitos fundamentais na perspectiva constitucional. 12. ed. rev. atual. e ampl. Porto Alegre: Livraria do Advogado Editora, 2015.

SARLET, Ingo Wolfgang. A influência dos direitos fundamentais no Direito Privado: notas sobre a evolução brasileira. In: GRUDMANN, Stefan; MENDES, Gilmar; MARQUES, Claudia Lima; BALDUS, Christian; MALHEIROS, Manuel. *Direito Privado, constituição e fronteiras*. São Paulo: Ed. RT, 2014.

SARLET, Ingo Wolfgang. Direitos fundamentais e Direito Privado: algumas considerações em torno da vinculação dos particulares aos direitos fundamentais. *Boletim Científico da Escola Superior do Ministério Público da União*, ano 4, n. 16, p. 193-259, jul.-set. 2005.

SARLET, Ingo Wolfgang. Neoconstitucionalismo e influência dos direitos fundamentais no Direito Privado: algumas notas sobre a evolução brasileira. In: SARLET, Ingo Wolfgang. *Constituição, direitos fundamentais e Direito Privado*. 3. ed., rev. e ampl. Porto Alegre: Livraria do Advogado Editora, 2010.

SARLET, Ingo Wolfgang; GODOY, Arnaldo Sampaio de Moraes. *História Constitucional da Alemanha: da constituição da igreja de São Paulo à Lei Fundamental*. Porto Alegre: Editora Fundação Fênix, 2021.

SARMENTO, Daniel. *Dignidade da pessoa humana*: conteúdo, trajetórias e metodologia. 2. ed. Belo Horizonte: Fórum, 2016.

SARMENTO, Daniel. *Direitos fundamentais e relações privadas*. 2. ed. Rio de Janeiro: Lumen Juris, 2006.

SARMENTO, Daniel. Interesses públicos *vs.* interesses privados na perspectiva da teoria e da filosofia constitucional. In: SARMENTO, Daniel. *Interesses públicos versus interesses privados: desconstruindo o princípio de supremacia do interesse público*. Rio de Janeiro: Editora Lumen Juris, 2007.

SARMENTO, Daniel; GOMES, Fábio Rodrigues. A eficácia dos direitos fundamentais nas relações entre particulares: o caso das relações de trabalho. *Revista TST*, Brasília, v. 77, n. 4, p. 60-101, out.-dez. 2011.

SCHAPP, Jan. *Introdução ao Direito Civil*. Trad. Maria da Glória Lacerda Rurak e Klaus Peter Rurak. Porto Alegre: Sergio Antonio Fabris Ed., 2006.

SCHIER, Adriana da Costa Ricardo. *Regime jurídico do serviço público*: garantia fundamental do cidadão e proibição de retrocesso social. Tese (Doutorado em Direito do Estado). 214 p. Universidade Federal do Paraná. Curitiba, 2009.

SCHIER, Paulo Ricardo. *Comissões parlamentares de inquérito e o conceito de fato determinado.* Tese (Doutorado em Direito). 188p. Universidade Federal do Paraná. Curitiba, 2002.

SCHIER, Paulo Ricardo. Constitucionalização e 20 anos da Constituição: reflexão sobre a exigência de concurso público (entre a isonomia e a segurança jurídica). *Revista de Direitos Fundamentais & Democracia*, v. 6, 2009. Disponível em: https://revistaeletronicardfd.unibrasil.com.br. Acesso em: 14 mar 2021.

SCHIER, Paulo Ricardo. Ensaio sobre a supremacia do Interesse Público sobre o Privado e o Regime Jurídico dos Direitos Fundamentais. In: SARMENTO, Daniel. *Interesses públicos versus interesses privados*: desconstruindo o Princípio da Supremacia do Interesse Público. Rio de Janeiro: Editora Lumen Juris, 2007.

SCHIER, Paulo Ricardo; BRAZZALE, Flávio Balduíno; MORBINI, Francieli Korquievicz. Para além da acessibilidade: o direito de acesso amplo como direito fundamental à pessoa com deficiência. In: LORENZETTO, Andrei Meneses; MORBINI, Francieli Korquievicz (Org.). *Direitos fundamentais em debate* [recurso eletrônico]. Florianópolis [SC]: Emais, 2022.

SCHREIBER, Anderson. Manual de Direito Civil contemporâneo. São Paulo: Saraiva Educação, 2018.

SCHREIBER, Anderson; TEPEDINO, Gustavo (Org.). *Obrigações*. Rio de Janeiro: Forense, 2020.

SCHURIG, Sofia. Motoristas de APP sofrem com discriminação e suspensões injustas, diz relatório. *Núcleo*, 1º mar. 2023. Disponível em: https://nucleo.jor.br/curtas/2023-03-01-motoristas-app-suspensoes-relatorio/. Acesso em: 23 abr. 2023.

SCHWARTZ, Fábio. *A economia compartilhada e o novo conceito de fornecedor fiduciário nas relações de consumo*. Rio de Janeiro: Processo, 2020.

SELEME, Sérgio. Contrato e empresas: notas mínimas a partir da obra de Enzo Roppo. In: FACHIN, Luiz Edson (Coord.). *Repensando fundamentos do Direito Civil brasileiro contemporâneo*. Rio de Janeiro: Renovar, 1998.

SEN, Amartya. *Desenvolvimento como liberdade*. Trad. Laura Teixeira Motta. Revisão técnica: Ricardo Donimelli Mendes. 6. reimp. São Paulo: Companhia das Letras, 2010.

SERVIÇO NACIONAL DE APRENDIZAGEM COMERCIAL (SENAC). EAD – *Cursos por área*. Disponível em: https://www.ead.senac.br/cursos-por-area/. Acesso em: 6 abr. 2023.

SERVIÇO NACIONAL DE APRENDIZAGEM COMERCIAL (SENAC). *Página inicial*. Disponível em: https://www.senac.br/. Acesso em: 6 abr. 2023.

SILVA, Alexandre Barbosa da. *A propriedade sem registro*: o contrato e a aquisição da propriedade imóvel na perspectiva civil-constitucional. Tese (Doutorado em Direito). 307 p. Universidade Federal do Paraná. Curitiba, 2014.

SILVA, Almiro do Couto e. Romanismo e germanismo. *Revista da Faculdade de Direito da Universidade Federal do Rio Grande do Sul*, v. 13, p. 7, 1997.

SILVA, Caíque Tomaz Leite da; KATANO, Arthur Yuji. Da formalização à informatização das relações negociais: os *smart contracts*. *Revista de Direito e Novas Tecnologias*, v. 10, 2021, DTR\2021\135.

SILVA, Clóvis do Couto e. *A obrigação como processo*. Rio de Janeiro: FGV, 2006.

SILVA, Clóvis V. do Couto E. Para uma história dos conceitos no Direito Civil e no Direito Processual Civil (a atualidade do pensamento de Otto Karlowa e de Oskar Bülow). *Revista de Processo*, v. 37. jan.-mar. 1985, DTR\1985\6.

SILVA, Glacus Bedeschi da Silveira e. O *open banking* no Brasil e a transformação no modelo de negócios: podem os bancos tornarem-se plataformas? In: CHAVES, Natália Cristina; COLOMBI, Henry (Org.). *Direito e tecnologia*: novos modelos e tendências. Porto Alegre, RS: Editora FI, 2021.

SILVA, Jorge Cesa Ferreira. *A boa-fé e a violação positiva do contrato*. Rio de Janeiro: Renovar, 2002.

SILVA, Jorge Cesa Ferreira. *Antidiscriminação e contrato*: a integração entre proteção e autonomia. São Paulo: Thomson Reuters Brasil, 2020.

SILVA, Juliana Pedreira. *Contratos sem negócio jurídico*: crítica das relações contratuais de fato. São Paulo: Atlas, 2011.

SILVA, Paulo Roberto da. *Economia, consciência e abundância*: de agentes econômicos de destruição a regeneradores da Teia da Vida. 2. ed. Rio de Janeiro: Bambual Editora, 2019.

SILVA, Rodrigo da Guia Silva. A privação do uso como fonte de indenizar. Universidade Federal do Rio Grande do Sul. *Cadernos do Programa de Pós-graduação em Direito* (PPGDir), v. XI, n. 2, p. 207-239, 2016.

SILVA, Rodrigo da Guia. Equilíbrio e vulnerabilidade nos contratos: marchas e contramarchas do dirigismo contratual. *Civilistica.com*. Rio de Janeiro, ano 9, n. 3, 2020.

SILVA, Rodrigo da Guia; PINTO, Melaine Dreyer Breitenbach. Contratos inteligentes (*smart contracts*): esses estranhos (des)conhecido. *Revista Direito e Novas Tecnologias*, v. 5, out.-dez. 2019, DTR\2019\42399.

SILVA, Tamires Silva da; TONTINI, Julia; CARDOSO, Maiara Netto. Economia do compartilhamento: uma análise da produção científica internacional. *Biblioonline*, João Pessoa, v. 15, n. 3, p. 20, p. 19-31.

SIMÃO FILHO, Adalberto. Limites e contornos da responsabilidade civil dos agentes de tratamento de dados: diálogo entre o CDC e a LGPD. *Revista IBERC*, v. 4, n. 2, p. 38-52, set.-dez. 2021.

SIMÕES, Leila. Bike Rio: descubra as melhores dicas para usar a bicicleta carioca. *TransPortal*. Rio de Janeiro, 6 dez. 2022. Disponível em: http://www.transportal.com.br/noticias/rodoviaria-novorio/bike-rio. Acesso em: 6 abr. 2023.

SMORTO, Guido. *I contratti della sharing economy*. Roma: Società Editrice Del Foro Italiano, 2015.

SOARES, Ardyllis Alves. A economia compartilhada como inovação: reflexões consumeristas, concorrenciais e regulatórias. Revista eletrônica da Faculdade de Direito da Universidade Federal de Pelotas (UFPel). *Dossiê consumo e vulnerabilidade*: a proteção jurídica dos consumidores no século XXI, v. 3, n. 1, p. 51-72, jan.-jun. 2017.

SOUZA, Carlos Affonso Pereira de; LEMES, Ronaldo. Aspectos jurídicos da economia do compartilhamento: função social e tutela da confiança. *Revista de Direito da Cidade*, v. 8, n. 4, p. 1757-1777, 2016.

SOUZA, Eduardo Nunes de; RODRIGUES, Cássio Monteiro. *Aplicativos de economia compartilhada e a tutela da vulnerabilidade dos usuários*. Coluna Direito Civil. Forum, 6 abr. 2021.

SOUZA, Iuri Gregório de. Economia colaborativa. BRASIL. Câmara dos Deputados. *Consultoria Legislativa*. Disponível em: https://bd.camara.leg.br/bd/handle/bdcamara/30980. Acesso em: 7 abr. 2023.

SOUZA, José Fernando Vidal de; PAES, Marcela Papa. O consumo compartilhado: releitura dos sujeitos da cadeia de consumo. *Revista de Direito, Globalização e Responsabilidade nas Relações de Consumo*. Encontro virtual, v. 8, n. 1, p. 19-42, jan.-jul. 2022.

STAUT JUNIOR, Sérgio Said. A escola da Exegese: percurso histórico de uma simplificação e redução do direito. In: OPSUKA, Paulo Ricardo; CARBONERA, Silvana Maria (Org.). *Direito moderno e contemporâneo*: perspectivas críticas. Pelotas: Delfos, 2008.

STAUT JÚNIOR, Sérgio Said. *A posse no Direito brasileiro da segunda metade do século XIX ao Código Civil de 1916*. Tese – Doutorado em Direito. 211 p. Universidade Federal do Paraná. Curitiba, 2009.

STAUT JUNIOR, Sérgio Said; LUZ, Pedro Henrique Machado da. A questão da legitimidade do Direito: cautelas e caminhos possíveis. *Revista Jurídica da UFERSA*, v. 4, n. 7, p. 94-110, jan.-jun. 2020.

STEINER, Renata C. *Descumprimento contratual*: boa-fé e violação positiva do contrato. São Paulo: Quartier Latin, 2014.

STOHRER, Camila Monteiro Santos. Direitos fundamentais e tributação: a importância dos tributos na manutenção dos direitos. Programa de Pós-graduação *Stricto Sensu* em Ciência Jurídica da Univali. *Revista Eletrônica Direito e Política*, v. 7, n. 3, p. 1698-1699, p. 1694-1711, jul.-set. 2012.

SUNDARARAJAN, Arun. *Economia compartilhada*: o fim do emprego e a ascensão do capitalismo de multidão. Trad. André Botelho. São Paulo: Editora Senac São Paulo, 2018.

TARGA, Maria Luiza Baillo; RIEMENSCHNEIDER, Patricia Strauss. Função hermenêutica do princípio da boa-fé objetiva: interpretação dos contratos nas relações civis e de consumo. *Civilistica.com*. Rio de Janeiro, ano 11, n. 3, p. 1-28, 2022.

TAVARES, Jean Max; NEVES, Otaviano Francisco. O processo de desintermediação dos serviços turísticos: uma análise em um segmento de classe média com alta escolaridade. *Revista Acadêmica Observatório de Inovação do Turismo*, v. VI, n. 1, p. 1-20, 2011.

TEFFÉ, Chiara Spadaccini; VIOLA, Mario. Tratamento de dados pessoais na LGPD: estudo sobre as bases legais. *Civilistica.com*. Rio de Janeiro, ano 9, n. 1, p. 1-38, 2020.

TEPEDINO, Gustavo. A tutela da personalidade no ordenamento civil-constitucional brasileiro. In: TEPEDINO, Gustavo. *Temas de Direito Civil*. 4. ed. Rio de Janeiro: Renovar, 2008.

TEPEDINO, Gustavo. Acesso aos direitos fundamentais, bens comuns e unidade sistemática do ordenamento. In: MATOS, Ana Carla Hamatiuk; TEIXEIRA, Ana Carolina Brochado; TEPEDINO, Gustavo (Coord.). Direito Civil, Constituição e unidade do sistema. Anais do Congresso Internacional de Direito Civil Constitucional. *V Congresso do IBDCivil*. Belo Horizonte: Forum, 2019.

TEPEDINO, Gustavo. *Aspectos atuais da multipropriedade imobiliária*. p. 512. Disponível em: http://www.tepedino.adv.br/wpp/wp-content/uploads/2017/07/Aspectos_Atuais_Multipropriedade_imobiliaria_fls_512-522.pdf. Acesso em: 6 abr. 2023.

TEPEDINO, Gustavo. Crise de fontes normativas e técnica legislativa na parte geral do Código Civil de 2002. In: TEPEDINO, Gustavo. *Temas de Direito Civil*. Rio de Janeiro: Renovar, 2006. t. II.

TEPEDINO, Gustavo. Editorial: a nova lei da multipropriedade imobiliária. *Revista Brasileira de Direito Civil*, v. 19, p. 11-14, jan.-mar. 2019.

TEPEDINO, Gustavo. Editorial: direitos fundamentais e o acesso aos bens: entrem em cone os *commons*. *Revista Brasileira de Direito Civil*, v. 15, p. 11-14, jan.-mar. 2018.

TEPEDINO, Gustavo. Esboço de uma classificação funcional dos atos jurídicos. *Revista Brasileira de Direito Civil*, v. 1, p. 8-37, jul.-set. 2004.

TEPEDINO, Gustavo. O princípio da função social no Direito Civil contemporâneo. *Revista do Ministério Público do Rio de Janeiro*, n. 54, p. 141-154, out.-dez. 2014.

TEPEDINO, Gustavo. O velho projeto de um revelho Código Civil. In: TEPEDINO, Gustavo. *Temas de Direito Civil*. 4. ed. Rio de Janeiro: Renovar, 2008.

TEPEDINO, Gustavo. Ordem pública e relações jurídicas privadas. *Boletim Científico da Escola Superior do Ministério Público da União*, ano 7, n. 28/29, p. 191-208, jul.-dez. 2008.

TEPEDINO, Gustavo. Premissas metodológicas para a constitucionalização do Direito Civil. *Revista de Direito do Estado*, ano 1, n. 2, p. 37-53, abr.-jun. 2006.

TEPEDINO, Gustavo; SILVA, Rodrigo da Guia. Novos bens jurídicos, novos danos ressarcíveis: análise dos danos decorrentes da privação de uso. *Revista de Direito do Consumidor*, v. 129, maio-jun. 2020, DTR\2020\7460.

TEPEDINO, Gustavo; SILVA, Rodrigo da Guia. *Smart contracts* e a nova gestão do risco contratual. *Pensar: Revista de Ciências Jurídicas*, v. 26, n. 1, 2021.

TERRA. *Economia colaborativa já movimenta US$ 15 bilhões anualmente*. 8 fev. 2021. Disponível em: https://www.terra.com.br/noticias/economia-colaborativa-ja-movimenta-us-15-bilhoes-anualmente,da324623140142da553faf99b143a39et39g5klv.html. Acesso em: 12 maio 2023.

THEODORO JÚNIOR, Humberto; FIGUEIREDO, Helena Lanna. *Negócio jurídico*. Rio de Janeiro: Forense, 2021.

THOMSON REUTERS. *Termos de uso*. Disponível em: https://www.thomsonreuters.com.br/pt/termos-uso.html. Acesso em: 7 abr. 2023.

TIGRE, Paulo Bastos. Inovações em serviços de saúde. In: TIGRE, Paulo Bastos; PINHEIRO, Alessandro Maia (Coord.). *Inovações em serviços na economia do compartilhamento*. São Paulo: Saraiva Educação, 2019.

TIGRE, Paulo Bastos. Plataformas tecnológicas e a economia do compartilhamento. In: TIGRE, Paulo Bastos; PINHEIRO, Alessandro Maia (Coord.). *Inovações em serviços na economia do compartilhamento*. São Paulo: Saraiva Educação, 2019.

TIGRE, Paulo Bastos. Trajetórias e oportunidades das inovações em serviços. In: TIGRE, Paulo Bastos; PINHEIRO, Alessandro Maia (Coord.). *Inovações em serviços na economia do compartilhamento*. São Paulo: Saraiva Educação, 2019.

TIMM, Luciano Benetti. Descodificação, constitucionalização e reprivatização no Direito Privado: o Código Civil ainda é útil. *Revista de Direito Privado*, v. 27, 2006. DTR\2006\455.

TOBIN, Michael. Airbnb anti-discrimination study finds bias persists in bookings. *Bloomberg*, 13 dez. 2022. Disponível em: https://www.bloomberg.com/news/articles/2022-12-13/airbnb-anti-discrimination-study-finds-bias-persists-in-bookings?leadSource=uverify%20wall. Acesso em: 21 abr. 2023.

TONIAL, Nadya Regina Gusella. *A boa-fé objetiva nos contratos e sua fundamentação nas decisões judiciais*: um olhar sob o viés da sustentabilidade humanística e a teoria da argumentação jurídica de Manuel Atienza. Tese – Doutorado em Ciência Jurídica. 379 p. Universidade do Vale do Itajaí (Univali). Vale do Itajaí, nov. 2021.

TRAUTWEIN, José Roberto Della Tonia. *Os direitos fundamentais e a compensação do dano moral na responsabilidade contratual*. Dissertação (Mestrado em Direito). 169 p. Curitiba: UniBrasil, 2018.

TRAUTWEIN, José Roberto Della Tonia. Os direitos fundamentais e a inclusão social das pessoas com deficiência: a Convenção da ONU e a Lei 13.146/2015. In: SCHIER, Adriana da Costa Ricardo; GOMES, Eduardo Biacchi; SCHIER, Paulo Ricardo; GOLDENSTEIN, Adalberto Israel Barbosa de Amorim; ULIANA JUNIOR, Laercio Cruz; FLORES, Pedro Henrique Brunken (Org.). *Direitos fundamentais e democracia*: homenagem aos 10 anos do Mestrado em Direito do UniBrasil. Curitiba: Instituto Memória/Centro de Estudos da Contemporaneidade, 2016.

TROCADELIVROS. *Quem somos*. Disponível em: https://www.trocadelivros.com.br/quem-somos. Acesso em: 6 abr. 2023.

TUCCI, Rafael Lauria Marçal. Partilha do lucro na 'reversão de lucros líquidos' em patrimônio incomunicável. *Revista Jurídica Luso-brasileira*, ano 2, n. 1, p. 435-467, 2016.

TURETTA, André Luiz. A economia compartilhada como fator de competitividade para a indústria do futuro. *Agência Sistema Fiep*, Curitiba, 15 maio 2016. Disponível em: https://agenciafiep.com.br/2016/05/15/a-economia-compartilhada-como-fator-de-competitividade-para-a-industria-do-futuro/. Acesso em: 16 abr. 2023.

UBER. *As ofertas tecnológicas da Uber*. Disponível em: https://www.uber.com/br/pt-br/about/uber-offerings/#cities. Acesso em: 7 abr. 2023.

UBER. *Aviso de privacidade da Uber*. 20 abr. 2023. Disponível em: https://www.uber.com/legal/pt-br/document/?country=brazil&lang=pt-br&name=privacy-notice. Acesso em: 28 abr. 2023.

UBER. *Como funcionam as avaliações com estrelas*. Disponível em: https://www.uber.com/br/pt-br/drive/basics/how-ratings-work/#:~:text=Ap%C3%B3s%20cada%20viagem%2C%20os%20usu%C3%A1rios,uma%20viagem%20ou%20pessoa%20espec%C3%ADfica. Acesso em: 7 abr. 2023.

UBER. *Conheça algumas dicas para fazer viagens mais seguras com Uber Moto*. Disponível em: https://www.uber.com/pt-BR/blog/seguranca-e-uber-moto/. Acesso em: 23 mar. 2023.

UBER. *Paradas adicionais*. Disponível em: https://www.uber.com/br/pt-br/ride/how-it-works/multiple-stops/. Acesso em: 23 mar. 2023.

UBER. *Política de não discriminação*. Disponível em: https://help.uber.com/pt-BR/riders/article/pol%C3%ADtica-de-n%C3%A3o-discrimina%C3%A7%C3%A3o?nodeId=a6c8ff85-677d-47e3-912f-895161d0828e. Acesso em: 23 abr. 2023.

UBER. *Requisitos para os motoristas parceiros*. Disponível em: https://www.uber.com/br/pt-br/drive/requirements/. Acesso em: 22 mar. 2023.

UBER. *Sustentabilidade*. A Uber tem um compromisso com a sua cidade. Disponível em: https://www.uber.com/br/pt-br/about/sustainability/. Acesso em: 6 maio 2023.

UBILLOS, Juan María Bilbao. ¿En qué medida vinculan a los particulares los derechos fundamentales? In: SARLET, Ingo Wolfgang. *Constituição, direitos fundamentais e Direito Privado*. Porto Alegre: Livraria do Advogado Editora, 2010.

UNIÃO EUROPEIA. *Diretiva 2002/58/CE do Parlamento Europeu e do Conselho, de 12 de julho de 2002, relativa ao tratamento de dados pessoais e à proteção da privacidade no setor das comunicações eletrônicas*. Disponível em: https://edps.europa.eu/sites/edp/files/publication/dir_2002_58_pt.pdf. Acesso em: 6 abr. 2023.

UNIÃO EUROPEIA. *Diretiva 2004/113/CE do Conselho de 13 de dezembro de 2004. Jornal Oficial da União Europeia*. Disponível em: http://eur-lex.europa.eu/legalcontent/PT/TXT/PDF/?uri=CELEX:32004L0113&from=PT. Acesso em: 21 abr. 2023.

UNIÃO EUROPEIA. *Diretiva 2008/122/CE, do Parlamento Europeu e do Conselho de 14 de janeiro de 2009 sobre a proteção do consumidor relativamente a determinados aspectos dos contratos de utilização periódica de bens, de aquisição de produtos de férias de longa duração, de revenda e de troca*. Disponível em: https://eur-lex.europa.eu/legal-content/PT/TXT/PDF/?uri=CELEX:32008L0122&from=DE. Acesso em: 6 abr. 2023.

UNIÃO EUROPEIA. *Diretiva 94/47/CE do Parlamento Europeu e do Conselho, de 26 de outubro de 1994, relativa à proteção dos adquirentes quanto a certos aspectos dos contratos de aquisição de um direito de utilização a tempo parcial de bens imóveis*. Disponível em: https://eur-lex.europa.eu/legal-content/PT/TXT/PDF/?uri=CELEX:31994L0047&from=PT. Acesso em: 6 abr. 2023.

VERBICARO, Dennis. A convenção coletiva de consumo como instrumento catalisador do debate político qualificado nas relações de consumo. *Revista de Direito do Consumidor*, v. 111, maio-jun. 2017, DTR\2017z1597.

VERBICARO, Dennis. O impacto da economia de compartilhamento na sociedade de consumo e seus desafios regulatório. *Revista de Direito do Consumidor*, v. 113, set.-out. 2017, DTR\2017\6588.

VERBICARO, Dennis. A defesa processual coletiva do consumidor como expressão dos direitos da solidariedade. Revista *Juris Poiesis*, v. 21, n. 25, p. 68-90, 2018.

VIANNA, Manoel Victor de Mello; EHRHARDT JR., Marcos. Entre o direito de propriedade e o de acesso: (re)pensando o pertencimento na contemporaneidade. In: EHRHARDT JR, Marcos. *Vulnerabilidade e novas tecnologias*. Indaiatuba, SP: Foco, 2023.

WIEACKER, Franz. *História do Direito Privado moderno*. Trad. A. M. Botelho Hespanha. 2. ed. rev. Lisboa: Fundação Calouste Gulbenkian, 1967.

WOLKMER, Antonio Carlos. Idéias e instituições na modernidade jurídica. *Sequência Estudos Jurídicos e Políticos*, v. 16, n. 30, p. 17-23, 1995.

WOLKMER, Maria de Fátima S. Modernidade: nascimento do sujeito e subjetividade jurídica. *Revista de Informação Legislativa*, v. 41, n. 164, p. 31-46, out.-dez. 2004.

WORLDPACKERS. *Dúvidas iniciais sobre ser um Anfitrião* Worldpackers. Disponível em: https://help.worldpackers.com/hc/pt-br/articles/5158634056461-D%C3%BAvidas-Iniciais-sobre-ser-Anfitri%C3%A3o-Worldpackers#h_01FZBP6FDC4NKJSXRQWB0 FFZCH. Acesso em: 26 mar. 2023.

WORLDPACKERS. *Escolha seu plano para se tornar membro*. Disponível em: https://www.worldpackers.com/pt-BR/get_verified?next_step_path=%2Fpt-BR%2Ftopics%2Fcomo-funciona. Acesso em: 26 mar. 2023.

WORLDPACKERS. *Hostel*. Disponível em: https://www.worldpackers.com/pt-BR/positions/43428. Acesso em: 26 mar. 2023.

WORLDPACKERS. *Termos e serviços*. Disponível em: https://www.worldpackers.com/pt-BR/terms. Acesso em: 26 mar. 2023.

XAVIER, José Tadeu Neves. A aplicação da *suppressio (verwirkung)* no âmbito das relações privadas. *Revista Brasileira de Direito Civil*, v. 13, p. 61-92, jul.-set. 2017.

XAVIER, Yanko Marcius de Alencar; ALVES, Fabricio Germano; SANTOS, Kleber Soares de Oliveira. Economia compartilhada: compreendendo os principais aspectos desse modelo disruptivo e os seus reflexos na relação de consumo e no mercado econômico. *Revista de Direito do Consumidor*, v. 128, mar.-abr. 2020, DTR\2020\4000.

YAMASHITA, Hugo Tubone. *Cooperação empresarial*: contratos híbridos e redes empresariais. Coleção IDip. Portugal: Almedina, 2022.

ZABREBELSKI, Gustavo. *El derecho dúctil*: ley, derechos y justicia. Traducción: Marina Gascón. 6. ed. Madrid: Editorial Trotta, 2007.

ZANELATTO, Marco Antonio. Boa-fé objetiva: formas de expressão e aplicação. *Revista de Direito do Consumidor*, v. 100, jul.-ago. 2015, DTR\2015\13070.